北京航空学院文革资料选编

Selected Archival Documents on the Cultural Revolution of Beijing Institute of Aeronautics (I)

第一卷

批判与歌颂

启之编

美国华忆出版社
Remembering Publishing. USA

Copyright © 2025 by Remembering Publishing, LLC. USA

ISBN: 978-1-68560-150-8 (Paperback)
978-1-68560-151-5 (eBook)
Remembering Publishing, LLC
RememPub@gmail.com

Selected Archival Documents on the Cultural Revolution of Beijing Institute of Aeronautics (I)

By Qi Zhi

北京航空学院文革资料选编　第一卷

批判与歌颂

启 之 编

出　版：　美国华忆出版社
版　次：　2025年5月　第一版　第一次印刷
字　数：　293千字

All Rights Reserved.
No part of this book may be reproduced in any form or by any electronic or mechanical means, including information storage and retrieval systems, without permission in writing from the publisher. The only exception is by a reviewer, who may quote short excerpts in review.

作品内容受国际知识产权公约保护，版权所有，侵权必究

编者前言

一

本资料选编共五卷，第一卷分为两辑。第一辑是批判，本书将其分为四类，第一类是对刘少奇、邓小平、陶铸、彭德怀、陈毅、贺龙、徐向前、谭震林、陈再道、王恩茂、叶剑英、聂荣臻、潘梓年、武光、周天行等党政军领导人的批判。第二类是文艺批判，第三类是教育批判，第四类是对帝修反的批判。因字数的原因，第二类文艺批判和第三类教育批判仅以存目的方式出现在目录之中。在对领导人的批判中，数量最多的是批判刘少奇的文章，为节省篇幅，编者选有代表性的文章编入，同类的批判文章则以存目的方式在目录上列出标题、作者和出处。第二辑是歌颂文，本书收入歌颂林彪和江青之文，歌颂毛泽东的文章仅示存目。

第二卷分为两辑，第一辑"社论与评论"。所选文章系《红旗》编辑部撰写的社论、北航各系的造反组织或个人撰写的评论文章。第二辑"讲话与函电"。包括中央首长和中央文革成员的讲话，北航红旗战斗队总勤务员韩爱晶、井岗山等人在各种会议上的发言，以及该报中刊载的信函与电报等。

第三卷分为三辑，第一辑大字报。收入的大字报主要是文革初期北航八一纵队批评中央文革的大字报。第二辑"通讯与报道"收入的是北航红旗报中的新闻性文章。第三辑"公务与动态"。所选文章包括北航红旗战斗队总部和北航革委会的各种声明、公告、通知和该报在"校外新闻""最新动态""红色雷达站"等专栏刊载的校内外消息。

第四卷分为两辑，第一辑收入的是北航革委会对内发行的《清理阶级队伍战报》（简称清队战报）。第二辑北航文革大事记（1966年5月-1968年9月），是本书编者根据北大、清华、北师大、人大、地质学院等北京高校的文献资料、周良宵、顾菊英编写的《十年文革大事记》，以及北航红旗报和清队战报的资讯编撰而成。

第五卷分为两辑，第一辑口述，是韩爱晶 2010 年的口述，原来的文本约 18 万字，整理后得 17 万字有余。编者将其收入本书，得到了相关协议方的授权。第二辑回忆，收入了互联网上石兴国、韩爱晶的回忆文章，以及戴维堤长篇回忆录《逝世如斯》中的部分内容。此书 2003 年见于互联网，2007 年见修订版。

二

本书前三卷的内容主要选自北京航空学院造反组织创办的红旗报，此报是公开发行、全国订阅的报纸。这份报纸最初的主办者是红旗战斗队。1967 年 5 月 20 日，在这所学校成立了革命委员会之后，北航革委会和红旗总勤务站成为这家报纸共同的主办者。

该报自 1966 年 12 月 19 日创刊，至 1968 年 8 月 24 日停刊，版式是单面 8 开，每期四版、六版或八版，每周出版两期，共计 118 期。 另外，该报还与清华井冈山、地质学院东方红，建工新八一，河南红卫兵，武汉钢三司、新疆红二司等校外的造反组织联合出版了 14 期。两类相加共计 132 期。

本书的第四卷选自北航革委会主办的《清理阶级队伍战报》（简称清队战报）。该报自 1968 年 4 月 17 日出版，至 1968 年 8 月 24 日停刊，版式是小 8 开，每期四版，共计 43 期。考虑到《清理阶级队伍战报》限于院内发行，且国内外的图书馆、档案馆难得一见，本书将这 43 期报纸的内容全部照录，俾便研究者窥其全豹。

三

1. 本书所选资料按原件录入。叶冰冰女士承担了前四卷原件的拍照和文字的转换，赵培女士承担了前四卷全部和第五卷部分内容的文字校对，谨此致谢。

2. 原件中的误植，凡编者确认有误的，均予修改。如第 115 期刊载的歌颂江青一文，报上写的是"连载之六"，而在第116期续前的文章题目上又出现了"连载之六"的字样。显然，第116期的"连载之六"，是红旗报编辑的笔误。本书将其改为"连载之七"。对于编者不能确定的而有问题的文字，本书编者在该文后面加一括号，注明"原文如此"。

3. 原件中地、的、得；做、作，那、哪等常用字，用错之处多有，如"如何分配斗争果实，这是个原则问题，表明他是站在那个阶级立场上，维护那个阶级的利益。"这里的"那个"，应为"哪个"。此类影响理解的文字，本书予以改正。

4. 《清理阶级队伍战报》每号（期）的刊头右上角，皆有毛主席语录，兹一概从略。

5. 原件诸文中所引用的毛主席语录简繁体兼有，并皆排成黑体，本书将繁体改成简体，黑体改为宋体。

6. 原件中被批判者的姓名，或被上下颠倒，或向左右歪斜。本书恢复正常写法。

7. 鉴于国内的研究者难以从公共渠道查阅这两种报纸，本书在文字版之外，制作了这两种报纸原件的照相版，有需要者，请与出版方联系。

8. 原文中的附图、附件模糊不清，不便编入。欲知这些附图、附件内容者，请查阅原件的照相版。

9. 编者对口述中的重复、赘语做了删减，对口述中含混不清的表达予以保留。对回忆录中的误植、误标和知识性错误，做了力所能及的修改。

编者谨识
2025.4.20，于Oakland

目 录

编者前言 I

第一辑　批　判 1

一、批刘少奇 3

刘少奇：地主阶级的孝子贤孙
　　——刘少奇罪行调查报告之一　刘少奇罪行联合调查团 .. 3
　　《红旗》第10、11期，1967年2月10日【附件】

打倒大叛徒集团头子——刘少奇
　　《三六专案》联合战斗团 17
　　《红旗》第16、17期，1967年3月8日【附件】

彻底揭发批判控诉刘少奇的反革命历史罪行　李菁玉 31
　　《红旗》第19、20期，1967年3月21日-28日

彻底揭发批判控诉刘少奇的反革命历史罪行（续）　李菁玉.. 36
　　《红旗》第21、22期，1967年3月28日

刘氏《修养》的出笼与再版　红旗反修战斗队 51
　　《红旗》第24期，1967年4月4日

撕掉刘少奇市侩哲学的遮羞布
　　原二系党总支副书记　高进位 53
　　《红旗》第24期，1967年4月4日

刘氏《修养》就是叛徒哲学　追打刘邓兵团 55
　　《红旗》第25期，1967年4月6日

我为什么保了院党委
　　——控诉黑修养对我的毒害　2581 红旗战士 赵艳华 ... 57
　　《红旗》第25期，1967年4月6日

从文化大革命看我中刘氏《修养》之毒
　　红旗战士 原491大班政治指导员 范玉青 59
　　《红旗》第26期，1967年4月8日

要彻底批判资产阶级反动路线，必须彻底肃清
　　黑《修养》的流毒！ 原团委书记 王惠民 63
　　《红旗》第26期，1967年4月8日

打倒毒害青年的刽子手——刘少奇　5951 萧红深 65
　　《红旗》第26期，1967年4月8日

蚍蜉撼树谈何易，人间正道是沧桑　红旗《红浪》 67
　　《红旗》第27、28期，1967年4月15日

批判黑《修养》的根本就是我们要上台，他们要下台
　　红旗战士　田东 73
　　《红旗》第27、28期，1967年4月15日

《修养》资本主义复辟的宣言书　扬子江游击队 77
　　《红旗》第27、28期，1967年4月15日

看！刘少奇的狼子野心！
　　红旗4432《誓把刘少奇拉下马》战斗组 79
　　《红旗》第27、28期，1967年4月15日

齐心合力，痛打落水狗刘少奇
　　——致首都中学无产阶级革命派　本报编辑部 84
　　《红旗》第27、28期，1967年4月15日

刘少奇是兜售香港电影的大贩毒犯　科研处《战地黄花》.. 85
　　《红旗》第44期，1967年6月6日

二、批邓小平 92

揭开邓小平搞裴多菲俱乐部的黑幕 92
　　《红旗》第12期，1967年2月18日

地主阶级的孝子贤孙邓小平
　　——邓小平罪行调查材料之一　刘邓罪行联合调查团 97
　　《红旗》第30期，1967年4月20日

地主阶级的孝子贤孙邓小平
——邓小平罪行调查材料之二
　　刘邓罪行联合调查团..................100
　《红旗》第32、33期，1967年4月27日

地主阶级的孝子贤孙邓小平
——邓小平罪行调查材料之三
　　刘邓罪行联合调查团..................109
　《红旗》第35期，1967年5月4日

三、批陶铸......................................113

从"土地政策"报告看陶铸的反革命面目　王乃成......113
　《红旗》第70期，1967年9月19日

向陶铸讨还血债　蔡至平（蔡协民烈士之子）..........116
　《红旗》第75期，1967年10月31日

向陶铸讨还血债　蔡至平（蔡协民烈士之子）..........120
　《红旗》第77期，1967年11月14日

四、批彭德怀..................................124

打倒彭德怀，巩固无产阶级专政　1551《鸿鹰》战斗队....124
　《红旗》第54期，1967年7月26日

反党集团头目反革命修正主义分子彭德怀的主要罪行......127
　《红旗》第54期，1967年7月26日

痛批彭贼的意见书　《众志成城》战斗组..............135
　《红旗》第58、59合刊，1967年8月5日

誓把彭贼斗倒斗臭
——在七月廿六日斗争反革命修正主义分子彭德怀
大会上的发言　五系斗彭联络站......................138
　《红旗》第58、59合刊，1967年8月5日

看彭德怀的军事路线究竟是什么货色？　航空兵........144
　《红旗》第58、59合刊，1967年8月5日

五、批陈毅 ... 152

炮打陈毅，解放外事口　　北航红旗红一连 152
《红旗》第 24 期，1967 年 4 月 4 日

陈毅是十二月黑风的急先锋
　　——评陈毅十一月十三日、十一月二十九日的讲话
　　北航红旗红一连 159
《红旗》第 25 期，1967 年 4 月 6 日

陈毅在资本主义复辟逆流中的言论　　北航红旗红一连 163
《红旗》第 26 期，1967 年 4 月 8 日

六、批贺龙 ... 168

贺龙罪行录 168
《红旗》第 6 期，1967 年 1 月 18 日

七、批谭震林 ... 173

谭震林黑话录　　红旗《反逆流》 173
《红旗》第 19、20 期，1967 年 3 月 21 日

八、批徐向前 ... 180

坚决打倒徐向前　　北航红旗黄河战斗队红一连 180
《红旗》第 29 期，1967 年 4 月 18 日

徐向前是军内最大的走资派
　　——关于徐向前的揭发材料（一）　　红旗尖刀连 184
《红旗》第 61 期，1967 年 8 月 15 日

徐向前是军内最大走资派
　　——关于徐向前的揭发材料（二）　　红旗尖刀连 193
《红旗》第 62 期，1967 年 8 月 19 日

九、批叶剑英 ... 198

痛打落水狗叶剑英　　北航红旗钢铁纵队 198
《红旗》第 98 期，1968 年 4 月 10 日

十、批聂荣臻 202

聂荣臻在文化大革命中干了些什么？
红旗"孺子牛"战斗组 202
《红旗》第 3 期，1967 年 1 月 1 日

这是一批哪路人马？ 红旗追穷寇兵团 205
《红旗》第 5 期，1967 年 1 月 11 日

这是一批哪路人马（续） 红旗追穷寇兵团 210
《红旗》第 7 期，1967 年 1 月 19 日

炮打聂荣臻 ——彻底揭开科委机关阶级斗争盖子
李敏、刘宗江、薛增友等 214
《红旗》第 110 期，1968 年 7 月 2 日

我们同聂荣臻等人的斗争及其实质 北航红旗钢铁纵队 216
《红旗》第 110 期，1968 年 7 月 2 日

聂荣臻镇压革命群众运动罪责难逃 229
《红旗》第 113 期，1968 年 7 月 17 日

彻底清算聂荣臻在科技界犯下的修正主义罪行（一）
北航红旗卫东二分队 230
《红旗》第 116 期，1968 年 8 月 7 日

彻底清算聂荣臻在科技界犯下的修正主义罪行（二）
北航红旗卫东二分队 238
《红旗》第 117 期，1968 年 8 月 14 日

十一、批刘志坚 245

打倒三反分子刘志坚！ 红扫帚 245
《红旗》第 57 期，1967 年 8 月 5 日

十二、批陈再道 252

向陈再道之流讨还血债 本报记者述评 252
《红旗》第 54 期，1967 年 7 月 26 日

十三、批王恩茂 254

王恩茂是刘邓在新疆的代理人
——反革命修正主义分子王恩茂三反罪行简介
新疆红二司八一农学院革命造反兵团 254
《红旗》编辑部,新疆红二司《红卫兵》编辑部,1967年
8月29日

十四、批潘梓年 261

关于揪斗潘梓年的声明
北航《红旗》,清华《井冈山》,矿院《东方红》 261
体院《体育战报》联合版,1967年6月3日

潘梓年反革命言论摘录
北航《红旗》,清华《井冈山》,矿院《东方红》 263
体院《体育战报》联合版,1967年6月3日

潘梓年是大叛徒
北航《红旗》,清华《井冈山》,矿院《东方红》 266
体院《体育战报》联合版,1967年6月3日

十五、批武光 268

彻底剥开黑武光的画皮
——关于黑武光的第一批材料(一)
批斗武光专案组 268
《红旗》第98期,1968年4月10日

彻底剥开黑武光的画皮
——关于黑武光的第一批材料(二)
批斗武光专案组 275
《红旗》第99期,1968年4月17日

判黑武光死刑
——彻底批判大叛徒大特务武光推行修正主义教育
路线的罪行 刘天章四排 282
《红旗》第103期,1968年5月16日

十六、批周天行 287

彻底揭发、批判周天行推行修正主义建党路线的罪行
彻头彻尾的修正主义建党纲领
——剖析周天行的一讲党课　北航红旗红风战斗组 287
《红旗》第 100 期，1968 年 4 月 24 日

评反革命两面派周天行　红旗 迎春到 斩妖剑 292
《红旗》第 103 期，1968 年 5 月 16 日

评反革命两面派周天行（续）　红旗 迎春到 斩妖剑 297
《红旗》第 106 期，1968 年 5 月 29 日

十七、文艺批判（存目）

为什么给资产阶级知识分子涂脂抹粉　批判毒草影片《青春之歌》
　　红旗四·一七兵团文艺批判组
《红旗》第 38 期，1967 年 5 月 13 日

打出"全民文艺"的黑旗来干什么？——评周扬们精心
炮制的大毒草《为最广大的人民群众服务》　本报编辑部
《红旗》第 41 期，1967 年 5 月 27 日

撕开武训的画皮——武训丑史
《红旗》第 41 期，1967 年 5 月 27 日

《北京日报》近来在为谁说话　本报评论员
《红旗》第 42 期，1967 年 5 月 30 日

彻底粉碎反革命修正主义文艺黑线　北航红旗文艺口联络站
《红旗》第 42 期，1967 年 5 月 30 日

惊心动魄的阶级大搏斗——看周扬利用《白毛女》大反
毛主席革命文艺路线的狼子野心
　　中央工艺美术学院井冈山，文化部机关延安红旗总团
《红旗》第 42 期，1967 年 5 月 30 日

武训精神到底是什么精神？　郑　明
《红旗》第 42 期，1967 年 5 月 30 日

大毒草《逆风千里》出笼前后
《红旗》第 45 期，1967 年 6 月 10 日

十八、教育批判（存目）

1958-59 年在高教战线上两个司令部的斗争
901《高举红旗》战斗组
《红旗》第 32、33 期，1967 年 4 月 27 日

彻底批判高教战线上的黑纲领 ——《高教六十条》的出笼
背景和炮制过程　九○三三、九三二挥斥方遒战斗组
《红旗》第 46 期，1967 年 6 月 13 日

高教战线上复辟资本主义的黑纲领
——评《高教六十条》的反动本质（一）
《红旗》第 47 期，1967 年 6 月 17 日

高教战线上复辟资本主义的黑纲领
——评《高教六十条》的反动本质（二）
《红旗》第 50 期，1967 年 7 月 7 日

十九、批判帝修反 300

砸烂勃列日涅夫和柯西金的狗头
——把苏修的丑恶嘴脸揪出来示众　本报编辑部 300
《红旗》第 10、11 期，1967 年 2 月 10 日

打倒宫本显治
——宫本显治混蛋透顶　本报编辑部 304
《红旗》第 10、11 期，1967 年 2 月 10 日

苏修勾结印度尼西亚反动派罪责难逃　本报观察员 306
《红旗》第 13、14 期，1967 年 2 月 28 日

是马列主义还是修正主义
——评《关于"红卫兵"对我们党的激烈攻击》 309
《红旗》第 13、14 期，1967 年 2 月 28 日

戳穿宫本显治的画皮 312
《红旗》第 16、17 期，1967 年 3 月 8 日

同日本反修战士欢聚一堂 315
　　《红旗》第 19、20 期，1967 年 3 月 21 日

蒙修是苏修豢养的哈巴狗 317
　　《红旗》第 41 期，1967 年 5 月 27 日

把英帝扫进太平洋 319
　　《红旗》第 44 期，1967 年 6 月 6 日

从肖洛霍夫到刘少奇　2141《铲修尖兵》 320
　　《红旗》第 44 期，1967 年 6 月 6 日

印度反动派不投降就叫它灭亡　红旗《红扫帚》 323
　　《红旗》第 48 期，1967 年 6 月 20 日

宫本集团背叛马列主义罪责难逃　千钧棒 324
　　《红旗》第 49 期，1967 年 6 月 27 日

打倒奈温　本报编辑 327
　　《红旗》第 50 期，1967 年 7 月 1 日

打倒缅甸反动政府　红旗一兵 329
　　《红旗》第 51 期，1967 年 7 月 4 日

苏修小丑挡不住，复课闹革命的洪流　本报观察员 330
　　《红旗》第 53 期，1967 年 7 月 15 日

苏修电台攻击我校复课闹革命 332
　　《红旗》第 53 期，1967 年 7 月 15 日

第二辑　歌　颂 335

一、歌颂毛泽东（存目）

　　首都大专院校红卫兵代表大会《给毛主席的致敬信》
　　　　清华井冈山，北航红旗联合版，1967 年 3 月 3 日

　　北航革委会成立与庆祝大会给毛主席的致敬信
　　　　《红旗》第 39 期，1967 年 5 月 21 日

红心永向毛主席　韩爱晶、井岗山、田东、侯玉山
《红旗》第83期，1967年1月2日

我院首届活学活用毛主席著作积极分子大会给毛主席的致敬信
《红旗》第85、86期合刊，1968年1月23日

伟大的导师伟大的领袖伟大的统帅伟大的舵手
毛主席万岁！万岁！万万岁！
毛主席的丰功伟绩
  连载之一　《红旗》第85、86期，1968年1月23日
  连载之二　《红旗》第87期，1968年2月6日
  连载之三　《红旗》第88期，1968年2月13日
  连载之四　《红旗》第89期，1968年2月20日
  连载之五　《红旗》第90期，1968年2月27日
  连载之六　《红旗》第91期，1968年3月5日

二、歌颂林彪 337

英明的副帅　伟大的功勋（一）............................... 337
《红旗》第93期，1968年3月19日

英明的副帅　伟大的功勋（二）............................... 339
《红旗》第95、96合刊，1968年9月26日

英明的副帅　伟大的功勋（三）............................... 344
《红旗》第99期，1968年4月17日

英明的副帅　伟大的功勋（四）............................... 347
《红旗》第100期，1968年4月24日

三、歌颂江青 353

誓死保卫文化大革命的伟大旗手江青同志 353
《红旗》第95.96期合刊，1968年3月26日

无畏的战士，伟大的旗手，披荆斩棘的人
——无产阶级文化大革命的伟大旗手江青同志事迹（1—9）
连载之一 357
《红旗》第108期，1968年6月12日

连载之二 361
 《红旗》第 109 期，1968 年 6 月 26 日

连载之三 368
 《红旗》第 112 期，1968 年 7 月 10 日

连载之四 376
 《红旗》第 113 期，1968 年 7 月 17 日

连载之五 381
 《红旗》第 114 期，1968 年 7 月 24 日

连载之六 385
 《红旗》第 115 期，1968 年 7 月 31 日

连载之七 390
 《红旗》第 116 期，1968 年 8 月 7 日

连载之八 395
 《红旗》第 117 期，1968 年 8 月 14 日

连载之九 397
 《红旗》第 118 期，1968 年 8 月 23 日

第一辑

批 判

一、批刘少奇

刘少奇：地主阶级的孝子贤孙
——刘少奇罪行调查报告之一

刘少奇罪行联合调查团

《红旗》第 10、11 期，1967 年 2 月 10 日【附件】

【编者的话】为了彻底批判资产阶级反动路线的制定者、党内最大的走资本主义道路的当权派、反革命修正主义的祖师爷——刘少奇，我们北航红旗、北师大《庐山》战斗队、北大《同心干》战斗团、北京地质学院《东方红》公社、北京政法学院政法公社《永向前》战斗队，及长沙市《联盟军》总部的部分革命同志，组成《刘少奇罪行联合调查团》，分赴长沙、益阳二市，长沙、宁乡、湘潭三县调查。在一个多月的调查中，我们和贫下中农，省、地、县、区、社、队有关干部，刘少奇家过去的长工、佃户，进行了广泛接触，举行了多次座谈，了解搜集到一些刘少奇反党、反社会主义、反毛泽东思想的资料。这些资料，我们将分册编印出版，供广大工农兵和革命知识分子、革命干部批判。由于我们水平有限，编印时间又很紧迫，难免有错误，望读者批评指正。

在伟大的无产阶级文化大革命中，反革命修正主义的总头目刘少奇被揪出来了。这是一件大快人心的大好事。为了彻底暴露其反动面目，我们联合调查团到刘少奇的老家湖南宁乡县花明楼公社进行了调查。从调查中所得的大量事实，可以清楚地看出，刘少奇不仅没有过社会主义这个关,而且新民主主义这个关也未过去。只是一个投机革命,混入革命队伍的大野心家、大阴谋家,是个反革命的两面派。长期以来,他包庇地富反坏,纵容牛鬼蛇神,尤其是在土改运动中,为了维护地主阶级的利益,不惜泄露机密,通风报信,出谋划策,对抗和破坏伟大的土地改革运动;鼓吹"剥削有理"的反革命理论,完全丧失了一个共产党员应有的立场,扮演了地主阶级孝子贤孙的卑鄙角色!

一、泄露机密,包庇地富,破坏土改运动

早在一九五〇年土改前夕,毛主席就指出:"战争和土改是在新民主主义的历史时期考验全中国一切人们、一切党派的两个'关'。什么人站在革命人民方面,他就是革命派,什么人站在帝国主义封建主义官僚资本主义方面,他就是反革命派。……"反革命修正主义总头目刘少奇在这个革命的紧要关头就露出了反革命的真面目。在土改运动中,他顽固地站在封建地主阶级的立场上,给他们打主意,想办法,包庇他们,蒙混过关,是一个十足的反革命派。

(一)通风报信,泄露党的机密

在减租退押和土改运动中,我党制定了一系列的方针政策。这些方针政策,是指导整个运动的纲领性文件。其中不少对地富来说是保密的。当时,我党规定的土改中在外工作的地富子女应采取"回避政策",就有防止泄密以免给运动带来危害的意义在内。但是,作为当时党内重要领导人之一的刘少奇,却无视党纪国法,公然泄露机密。就在土改前后,他接二连三地给地主亲戚写信,透露运动部署。例如减租退押,在后期是有"停止退押"的规定的;但这只是贫下中农内部掌握,地主、富农是不应知道的。然而刘少奇一得此信,即迫不及待地告诉他的七姐(地主):"中央已令各地停止退押,退不起的可以不退了。"公开鼓励他们抗退。

更为严重的是,《中华人民共和国土地改革法》是在 1950 年 6 月 28 日才通过,而刘少奇在同年 5 月 2 日就写信告诉他的兄姐(皆地主分子)"今年秋后"乡下要"分田,不能收租了"。甚至给他们预

定成分，吃定心丸，告诉他们"中央已决定今年秋后分田不动富农的土地和财产"，"七哥不会受什么损失。"由于刘少奇的通风报信，给当地的土改运动带来了极大的阻力。

一些参加过土改的同志看到这些信后说，如果他们当时写这样的信，是要开除党籍的。为了维护党的纯洁，我们也必须把刘少奇清除出党。

（二）出谋划策，对抗减租退押

土改前夕的减租退押，是农民对地主阶级的一次大规模的斗争，是消灭剥削制度的先声。地主阶级对之极端仇恨。他们或者明减暗不减，或者假借无粮，干脆拖欠，千方百计地加以抵制。

刘少奇的七姐，是个地主婆，解放前，家中有四五十亩田，全部出租，吮吸劳动人民的血汗。她的丈夫当过保长，管过公堂，敲诈勒索了不少财富。在减租退押中，她公开抗拒中央法令，甚至不减租也不退押，恶毒地咒骂农会是"小子会""棍子队"。对这样的不法地主分子，刘少奇不仅不揭露其反动面目，勒令她向农民低头认罪，如数减租退押，反而煞费苦心地给他们出谋划策，指使地主分子去"请求"农会允许他们拖到"秋季收租时再退"，或者干脆"请求农会免退"。"请求"农会原谅他们抗拒减租的"错误"等等，斟词酌句，一片苦心孤诣。

刘少奇的这种做法，极大的助长了当时地富抗减抗退的反革命气焰。也给当时干部中产生的"地主无租可退"的错误论调提供了根据，严重地破坏了减租退押工作。在刘少奇的鼓动下，他的侄子刘奠邦（富农分子）至全还欠佃户押金50元整。

（三）包庇地富，破坏土改运动

土改时期，是刘少奇地主阶级孝子贤孙的嘴脸大暴露的时期。土改以前，刘少奇就千方百计地通风报信，想使其地主、富农分子的哥哥、姐姐们，暂时"不要收租放债"，企图蒙混过关，逃避伟大的土地改革运动，逃避广大下中农对他们的斗争（也即刘少奇所谓的："农会就会来找你们的麻烦"）但是，阶级斗争的规律，地主阶级本性决定了他的哥哥、姐姐们丝毫不肯放弃（哪怕是暂时的）对贫下中农残酷的剥削和压迫。而在大革命的洪流即将荡涤这旧社会的一切时，刘少奇出于反动的本能哀叹道："我也无办法了"。

刘少奇的七哥刘作衡，解放前有田四十五亩，自己不劳动，完全雇工耕种，是附近有名的恶霸地主。但刘少奇却竭力包庇，划框框，定调子，胡说什么"七哥大概要算富农"。由于刘少奇的压力，刘作衡竟只划成"富农"。但是，广大贫下中农的眼睛是雪亮的，对这种明目张胆的包庇极为不满，在复查时提出："刘作衡不划地主，我们不复查。"最后，县委派了五个工作组突击难点，才把刘作衡的问题解决。然而，刘作衡仗着背后有人，有恃无恐，听说群众要划他为地主，破口大骂："我家革命，算得一个，这些王八兔子贼，搞到我们家里来了，一顿棍子。"公然威胁群众："这些家伙，我到北京走一转，是要几个脑壳的！"他甚至拿着刘少奇的信，气势汹汹地质问当时的副县长："刘少奇难道不懂政策，他说我家只能划富农，为什么要把我家划地主？"狐假虎威，不可一世。在斗争会上，其反动气焰更为嚣张。他拉大旗作为虎皮，故意把刘少奇送的皮袍穿在身上。群众要他跪，他满不在乎地说："我还要跪？"要脱他的皮袍，他胡说："这是主席送的。"极不老实。他还把斗争他的群众按1、2、3排队编号，妄图将来打击报复。在刘少奇的包庇纵容下，刘作衡长期拒绝改造，到处胡作非为，为非作歹，在群众中影响极坏。

刘少奇的侄子刘莫邦，解放前自己不劳动，依靠出租土地为生，定为富农已属宽大，但刘少奇仍感不满，以未能包庇为憾事，不顾当地群众的呼声，于土改之后，仍写信给刘莫邦，说什么："莫邦家固不种地，出租土地，虽生活不好，人家亦评为富农，但以缺乏劳动力为理由，或可请求定为小土地出租者。"公开煽动牛鬼蛇神闹事，反扑土改。只是由于广大贫下中农的强烈要求，其阴谋才未能得逞。

刘少奇这一系列的罪恶行为，归根结底，正如他自己所说就是为了"你们好"，（"你们"，指其地主兄姐。）为了地主阶级的利益，他不遗余力地为其通风报信，出谋划策，大长地富反坏的威风，大灭贫下中农的志气，严重地破坏了当时的土改运动，在当地造成了极为恶劣的影响,给党的事业带来了损失。这是刘少奇对党对人民欠下的一笔账,这笔账我们一定要清算。

二、纵容恶霸地主刘作衡为非作歹

刘作衡是一个什么样的人呢?他是刘少奇的亲哥哥,一个有血债的恶霸地主,一个十恶不赦的现行反革命分子。

早在解放以前,刘作衡就曾经霸占了一个贫农妇女达十余年之久,逼使其丈夫上吊自杀。土改时,在刘作衡的再次逼迫下,这个贫农妇女也投塘自尽了。刘作衡就是这样逼死了两条人命。

刘作衡还当过"义仓"的仓长。"义仓"实际上是不义的。刘作衡利用"义仓"的名义残酷地剥削贫下中农,用"义谷"做生意,无耻地贪污、吞没"义谷"。每逢时荒暴月,刘作衡还用这些贫下中农自己积下备荒用的"义谷"大放其高利贷,一心想置贫下中农于死地。

刘作衡的罪恶令人发指。贫农王仁和,不愿意把猪卖给吃肉不出钱的恶霸刘作衡;但刘强行要买,并且声称:"如果你不把猪卖给我,我就把你的猪打死!"你看刘作衡多么穷凶极恶!王仁和无奈,只得含着眼泪把猪卖给了刘。然而,当王向刘要钱时,刘破口大骂,恶狠狠地说:"站着放债,跪着接钱!"硬逼着王仁和跪着去接钱。从这里可以看出,恶霸刘作衡骑在贫下中农的头上作威作福到了何等地步!

刘作衡爱钱如命,无孔不入。即使是办红白大事,乞丐挨门逐户讨一点钱,也要经过刘作衡的罪恶的黑手,不扒掉乞丐一层皮他睡不着觉。

刘作衡就是这样一个人物。

所以花明楼的贫下中农,用"害人害到底,杀人割断头",这样生动的语言来刻画刘作衡的丑恶嘴脸,来形容他的阴险和狠毒。这真是一针见血,入木三分。

刘作衡不仅是一个恶霸和淫棍,而且是一个现行反革命分子。去年八月,他在湖南医学院第一附属医院就医时,竟敢造谣诬蔑、恶毒地攻击伟大的领袖毛主席，公然为反革命修正主义分子刘少奇张目。他胡说什么："刘少奇是苏联马列主义学院毕业的。毛主席的位置是刘少奇让给他的，本来头一次选举就是刘少奇的。"而在湖南省人委参事室批判斗争地主分子刘作衡时，他自己供认，这是刘少奇给他讲的。这里，我们不难看出刘少奇这个大野心家、大阴谋家，制造流言蜚语，提高自己，贬低我们心中最红最红的红太阳毛主席，用心何其毒也！除此而外，刘作衡还无耻地造谣，说反革命修正主义分子王光美"又漂亮又能干"，"比江青还能干"。在三年困难时期，刘作衡还恶毒地攻击三面红旗，高唱什么"包产到户才能解决问题"，他并不打自招地说："早在五七年我就主张包产到户了。"

凡此种种，充分地暴露了刘作衡的反革命丑恶嘴脸。

然而，刘少奇，这个窃据国家要职的所谓"共产党员"，又是怎样对待这个恶霸、淫棍兼反革命的亲哥哥的呢？

一句话：关怀备至，狼狈为奸！

还在解放前十年，刘少奇就把自己名下的田产（全系压榨农民而来）送给了刘作衡，以便扩大其家业，增强其剥削能力。一九四九年，刘少奇窃据了国家的副主席以后，为了不忘地主阶级的栽培，又用高头大马乘火车把刘作衡迎来北京，安排在招待所里，以上宾之礼相待。让刘作衡吃小灶，进出都用小包车，三日一小宴，五日一大宴，享尽了人间豪华。就这样住了一个多月。到刘作衡临走之时，刘少奇和这个恶霸难舍难分，并排坐着照了一张相，鼓励他回家开钨矿；送给他皮袍、绳子衣、鞋子、帽子、人参、高丽参；并专门派了一个名叫张长生的连长护送刘作衡回湖南老家。请看，刘少奇为地主阶级尽忠尽孝到了何种程度呀！

土地改革时期，刘少奇又事先为刘作衡通风报信，把党和国家的机密泄露给他。并为其运筹帷幄，划框框、定调子，硬把刘作衡由地主降为富农，公然破坏土地改革运动。

在刘少奇的包庇纵容之下，刘作衡在土改中极不老实，顽固透顶，气焰十分嚣张。公然叫喊要割掉贫下中农的"脑壳"，他曾先后到长沙和北京告状，企图反攻倒算。

除此而外，刘少奇还大力支持刘作衡办钨矿、建窑厂。不仅口头上同意，而且写信给以鼓励。

刘作衡一见有这样硬的后台，欢喜若狂。他拿着与刘少奇合影的照片、带着刘少奇给他的书信到处招摇撞骗，威胁利诱，开始了他的新的罪恶活动。

一九五〇年，刘作衡与另一个名叫杨咏农的恶霸合伙到衡山开钨矿，湖南省委批给他们一笔预备金；刘作衡公然吞掉了这笔人民的财产。

一九五一年，刘作衡在刘少奇的允诺之下，又开办起砖厂来。他先后承包了长沙市粮食局和中南区后勤部的红砖任务，装出一副要为国家效力的样子。然而为时不久，他就把大量资金抽出，逃回家，致使国家的建设任务完不成，工人的工资也无法发，引起了群众的公愤。长沙市人民法院几次传他到案，他都拒不到案。人们不禁要问：刘作衡为什么竟敢如此胡作非为呢？他的背后有谁在包庇、纵容和保护他呢？

这人不是别人，这人正是刘少奇。是刘少奇为他开拓了胡作非为的道路。

一九四九年，刘少奇把刘作衡介绍给邓子恢，要他去湖北与邓联系。

一九五二年，刘少奇又给王首道写信，要他"招待"刘作衡"数日"，并为其二哥（富农）减少公粮。

刘作衡对新社会极端不满。对抗和破坏国家的征购计划。对这种反革命的活动，刘少奇竟然完全站在地主阶级的立场上，说什么："这恐不完全是地主阶级的叫嚣"，还认为党和政府有"加以考虑的必要"。当时国家经济还处于很困难的时候，而对于这样一个地主恶霸刘作衡的孙子，却要国家免费替他培养读书。重新剥削劳动人民的血汗。这也不难看出，刘少奇为了培养地主阶级的接班人，重新掌握大权，也真是费尽了苦心。于是刘作衡认识了两湖的"显要"，为他以后干一系列坏事开辟了道路。一九五三年，刘作衡从贫下中农那里索回了皮袍，并从宁乡县委勒索了三十元钱。

同年，刘作衡又利用刘少奇的淫威，在湖南省委搞到了一百五十元的"生活补助"。

然而，刘作衡是一个贪得无厌的家伙。不久，他又先后写信给湖南省委及省长程潜，大叫土改后"生活奇苦"，无法"渡过难关"，"要求给一碗饭吃"。

在刘奇少的淫威笼罩之下，在刘作衡的多方钻营之下，恶霸地主刘作衡终于钻进了湖南省人委参事室，窃据了二十级的秘书，十几年来什么工作都不做，每月净拿人民的血汗六十余元，并给他从事新的罪恶活动大开了方便之门。同样，富农分子刘奠邦（刘少奇之侄）也利用刘少奇的淫威混进省参事室，任十六级参事，每月诈取人民血汗100余元。

在刘奠邦到北京找刘少奇时，刘少奇对这个富农分子不仅亲切招待，临走还送20元钱，真可谓关怀备至。

刘少奇在57年回长沙时，把一窝六、七个地富分子用小吉普接到豪华的省交际处，团聚一堂，盛情招待。

以上的材料不难看出，刘少奇和地、富分子的关系是何等的密切，对地、富分子的生活、政治是何等的关心，对地富分子的事情是何等的着急。

但是他却在给贫下中农的信中说什么："刘作衡，刘登候以及还有我的一些亲戚，他们都是地主……，我也历来同他们不对，他们也历来不听我的话。"摆出一副正人君子的面孔，看起来和地富的界限是多么的清楚。

正反对比，不完完全全暴露了刘少奇当面是人，背后是鬼，阴一套，阳一套的反革命两面派的真面目吗？

刘作衡和刘奠邦完全是倚仗刘少奇的权势钻进省人委参事室的，而刘少奇却拒不认账的大搞反革命两面手法，无耻地向花明楼的贫下中农表白说："此事我不知道，听说后我觉得不好"。这真是贼喊捉贼，不识人间有羞耻事！毛主席说："世界上没有无缘无故的爱，也没有无缘无故的恨。"刘少奇爱的是什么？恨的是什么？不是十分清楚的吗？

早在一九五〇年，刘少奇在给一群地富分子的信中，就很坦白地承认："我写这封信还是为了你们好"。

　　一九四九年八月，在他二哥刘云庭（富农分子）病死之时，刘少奇又迫不及待地送去了挽联，祝愿他"千古"。

　　一九六一年，刘少奇回湖南时，他特地步行去看望他的地主姐姐，送糖果啦，送粮票啦，送毯子啦，关怀备至。王光美对这个地主婆更是情味相投，六一年同她紧抱合影；真算是一个藤上的黑瓜。一九六二年还给她寄 50 元，作为他家养猪致富的"本钱"。

　　一九六一年对他已死的地主妈，他同样不能忘情，在一个风和日丽的天气，他特地跑到他地主妈的坟前凭吊了一番。并亲自在坟的四周插上了松枝，表示他的孝心，真不愧为地主阶级的孝子贤孙。

　　综上所述，可知刘少奇的反动阶级立场没有丝毫改变，他与刘作衡等完全是一丘之貉，他做到了一个封建余孽能够做到的一切。

　　在毛泽东思想的指引下，在轰轰烈烈的文化大革命运动中，刘少奇的丑恶嘴脸愈来愈明显地暴露出来了。让刘少奇——这个地主阶级的孝子贤孙见鬼去吧！

三、鼓吹剥削有理，鼓励地、富继续残酷剥削农民

　　一九四九年秋，人民解放军进驻宁乡，推翻了封建地主阶级在宁乡的罪恶统治，长期被封建地主踩在脚下的贫农、下中农站起来了，他们举起革命的火把，向封建地主阶级发动了总攻击，夺了他们的权，强迫他们减租、退押，要求土地改革，彻底消灭地主经济。在熊熊的革命烈火面前，刘家兄弟姐妹一伙地主、富农分子，他们既不敢像过去那样肆无忌惮地残酷剥削农民，又不愿放弃剥削，参加劳动。正在他们左右为难，进退维谷的时候，反革命修正主义的祖师爷——刘少奇，给他们抛来了救命草，投来了救生圈。他在一九五〇年五月二日给他七姐的信中毫不隐讳地说："你们以及其他的人家，还可以雇长工、短工做事。六嫂今年雇人种田是好的。四嫂亦可雇人种田。"刘少奇唯恐他的哥哥、姐姐们挺不起腰板，不敢抵挡革命洪流，竟从封建地主阶级的反动理论武库中拾来几件破烂，给他们壮胆。他说：

"雇请工人种地，这是可以的，合法的"。"因为允许雇人种地，乡下找工作的人才有工作"，"对穷人也是有好处的"，等等。刘少奇明目张胆地为地主、富农继续剥削农民，提供理论根据，制造舆论。

阴险毒辣的刘少奇，为了使他的哥哥、姐姐作剥削农民的死硬派，还对他们进行恐吓。他说："你们必须听我的话，老实照办，否则，你们还是要讨苦吃的"。反革命修正主义的总头目——刘少奇这一套反动主张，绝不是仅仅为他的哥哥、姐姐服务的，而是为整个地主、富农阶级服务的。他说："可以告诉乡下的亲故们：为了进行生产，尽可雇请长工、短工，讲好价钱，订好合同，以后按合同待遇工人，就不会有问题。"

刘少奇为地、富剥削农民进行辩护，玩弄的手法是，把雇工剥削说成是合法的，对穷人是有好处的。我们必须彻底批判这种地主阶级的反革命理论。雇工是合法的吗？法是统治阶级意志的体现，并为统治阶级服务的。我们无产阶级的法是保护无产阶级利益，为无产阶级服务的。它的精髓是造反，是革命，是要彻底消灭人压迫人，人剥削人，以及产生压迫、剥削的根源。因此，雇工剥削和无产阶级的法律精神是根本不兼容的，完全对立的。我们有哪一条法律规定"雇请工人种地，是合法的"呢？刘少奇说"雇请工人种地是合法的"，只能是合地主、资产阶级的法，绝对不合无产阶级的法。

毛主席说："几千年来总是说：压迫有理，剥削有理，造反无理。自从马克思主义出来，就把这个旧案翻过来了，这是一个大功劳。"刘少奇说雇请工人种地合法，就是承认剥削有理。这就把马克思主义翻过来的旧案，完全翻过去了。这恰好清楚地说明刘少奇是一个站在地主、资产阶级立场，彻头彻尾的反马列主义反毛泽东思想的反革命修正主义者。

雇工对穷人是有好处的吗？地主是靠榨取农民的血汗养肥的，封建制度是中国社会贫穷落后的总根源，这已是普通常识了。地主阶级手里那面写着"是地主养活了农民"的破旗，早已被扔进历史垃圾堆，无人挂齿。刘少奇为了替地主、富农卖命，把地主阶级那面破烂不堪的黑旗从垃圾堆中拾起来，苦心修补，抹去"是地主养活农民"，换上"允许雇人种地,乡下找工作的人才有工作","对穷人是有好处的"等等。他以为把地主、富农对农民的剥削关系,歪曲成地主、富农同农民的互利关系,就可以掩盖地主、富农剥削农民的实质,维护地主、富农对农民的剥削。其实,恰恰暴露了他是地主阶级的忠实辩护士的丑恶嘴脸。

毛主席教导我们:"在阶级社会中,每一个人都在一定的阶级地位中生活,各种思想无不打上阶级的烙印"。刘少奇的思想打的是哪一个阶级的烙印,他站在哪一个阶级的立场,反映哪一个阶级的要求,替哪一个阶级说话,为哪一个阶级做事,不是昭然若揭了吗?

写到这里,就不难理解刘少奇为什么会在 64 年大搞什么合同工制度,把工人阶级分成三、六、九等,在政治上压迫工人,在经济上剥削他们,扩大三大差别,极力推行资本主义复辟。这种维护剥削制度的思想是一贯的,是由他的反动的世界观所决定的。

四、刘少奇犯罪的阶级根源和历史根源

刘少奇所犯下的滔天罪行,绝不是偶然的,是有其深厚的阶级根源和历史根源的。

毛主席说:"在阶级社会中,每一个人都在一定的阶级地位中生活,各种思想无不打上阶级的烙印。"刘少奇之所以疯狂地反对土地改革运动,长期包庇地主、富农分子,任其招摇撞骗,继续剥削劳动人民,正是由他的封建地主阶级的反动本性所决定的。

刘少奇出生在一个剥削阶级家庭,他家不但收租,雇工剥削贫下中农;而且还管公堂,从中舞弊,对农民进行榨取。刘少奇从七岁到二十岁一直是上学读书,长期受封建地主阶级教育。就在这一时期,刘少奇的剥削阶级意识,剥削阶级的人生观已经形成。刘少奇在中学读书时,就会对自己家里人说:"你们现在送我多读点书,将来会有报酬的,能挣很多钱,会还你们的。"

一九一七年俄国十月革命一声炮响,给中国送来了马克思列宁主义。中国的无产阶级,革命的知识分子找到了解放中国的新道路,很多革命者投入到了革命的洪流中去。这个时期的刘少奇,为了自己

将来能升官发财，便大搞政治投机，混进了革命队伍。一九一九年他混进留法预备班，一九二一年他又去上海留俄预备班，并且钻进社会主义青年团，同年十月去莫斯科，并在莫斯科入党。刘少奇虽然被卷进了革命的潮流，参加了革命，但是，他从参加革命的第一天起，就从来不是一个革命者，而是一个丝毫没有改变其剥削阶级立场的假革命者，是一个投机分子。

一九二一年左右，刘少奇曾寄给他的兄弟洪赓飚一张照片，在这张照片的背面，刘少奇写了一首诗。这首诗，赤裸裸地暴露了刘少奇投机革命的丑恶灵魂。他在诗中写道："一生富贵何可期，胡不及时以行乐？"从这里，证明了刘少奇参加革命的目的，根本不是为了中国人民的解放事业，不是为了在中国实现社会主义和在全世界实现共产主义；恰恰相反，他完完全全是为了自己能"一生富贵"，能"及时行乐"。

我们知道，为了"一生富贵"和"及时行乐"而生活的人生哲学，是极端反动、极端腐朽的剥削阶级人生哲学，就是这种剥削阶级的人生哲学，浸透了刘少奇的灵魂。虽然如此，他为了搞投机，表面上又不得不装出一副革命的样子。然而，他所干的革命工作，和他的个人目的是水火不相容的，是有着不可调和的矛盾的，所以，他苦恼，他迷茫，他绝望地问自己："汝何悲愤而长忆？""飘零千里，备罹万难欲何为？"最后，他自己想"通"了，他认为干革命是又蠢又傻的事，于是他哀叫道："满目带愁思，意蠢情亦痴。"

刘少奇的这种真实思想，不向党交代，不向自己的同志暴露，却毫无保留地告诉了他的知己朋友洪赓飚。洪赓飚是个什么人呢？据我们初步调查，洪当时是湖南洪江陆军稽查处处长，官僚地主家庭出身，是一个反动官吏。一九二五年刘少奇在长沙被捕入狱，洪赓飚便不辞辛苦，想方设法把刘少奇从狱中"保"了出来。毛主席教导我们说："对我们来说，一个人，一个党……如若不被敌人反对，那就不好了，那一定是同敌人同流合污了。"和敌人打得火热的刘少奇是个什么东西，不是就很清楚了吗？我们可以断定，像刘少奇这样的软骨头，当时只要一有风吹草动，就可能逃跑、变节或投降敌人。

一九六〇年，刘少奇在同大资本家王光美一家谈话时，又一次暴露了他的丑恶灵魂。他说："我们加入党，是看个人利益横竖解决不了，光解决国家利益，国家社会问题解决了，个人问题也解决了。随着大家利益的提高，个人利益也会提高。"这里，刘少奇所谓先解决"国家利益""社会问题"，不过是个招牌，不过是为了达到个人目的的一种手段，最终仍是为了"解决个人利益"。事实证明刘少奇也是这样做的，据其亲侄刘奠邦揭发，在大革命失败以后，在这党和国家生死存亡的紧要关头，刘少奇大发国难财，贪污了明朝制作的贵重古瓶4个，最好的一个价值银洋1000多元。将此事和王前同志所揭发的刘少奇在三七年贪污党费一事相连，可以看出刘少奇的灵魂是何等肮脏。

　　事实证明，刘少奇抱着能"一生富贵""及时行乐"的极端卑鄙的个人目的混进革命的队伍以后，虽然经过四十多年，并且爬上了党的第一副主席的位置。但是，他的剥削阶级的反动立场，极端卑鄙的个人主义目的，并没有丝毫的改变。而且，竟然发展到反对毛主席，反党反社会主义，阴谋篡党、篡军、篡政的地步，一九五九年刘少奇在批判彭德怀的会议上，就公然说："与其你篡党，还不如我篡党。"

　　写到这里，我们对于刘少奇为什么会犯下这样的滔天罪行；刘少奇为什么在土改运动中，泄露党的机密，替地主家庭通风报信，出谋划策，阴谋破坏土改运动；对于刘少奇为什么竟然多年包庇血债累累的政治反动的恶霸地主刘作衡；对于刘少奇为什么在解放后竟提出"剥削有理"的极端反动的谬论来为剥削阶级继续剥削贫下中农提供理论根据等等一系列的问题，就不难理解了。这是由他的剥削阶级的反动本性所决定的，是有其深厚的阶级根源和历史根源的。

结束语

　　刘少奇这样一个地主阶级的孝子贤孙，由于他精通封建地主阶级、资产阶级的骗人的"修养"；懂得"吃小亏，占大便宜"的资产阶级的赚钱道理。由于他一贯玩弄两面派手法，阴一套，阳一套，打着"红旗"反红旗，因而，在较长的一段时间里隐藏了自己的反革命真面目，窃取了党和国家的重要职务。

但是，假面具总是要被揭穿，狐狸尾巴总是要露出来的。

在这场史无前例的，震动世界的无产阶级文化大革命的滚滚洪流中，刘少奇终于落网了，刘少奇的反革命嘴脸终于被彻底揭穿了。刘少奇这个钻进党内的地主阶级、资产阶级的代表人物终于被揪出来了！这是毛泽东思想的伟大胜利，这是大快人心的大好事！

但是有些人，比如陶铸这个大坏蛋，看到刘少奇解放以来的反革命修正主义面目被揭穿了，他们便迫不及待地向刘少奇抛出了救生圈，说什么刘少奇是"资产阶级革命家"，在民主革命时期"还可以"等等等等，妄图以攻为守，死保刘少奇。刘少奇在民主革命时期是"革命家"吗？他在民主革命时期"还可以"吗？不！无论是在民主革命时期，还是在社会主义革命时期，刘少奇从来都不是一个革命家，而是一个地地道道的封建地主阶级的孝子贤孙；是一个政治投机家，阴谋家，个人野心家；他是封建地主阶级，资产阶级在党内的头号代理人；他是中国现代反革命修正主义的祖师爷。

"宜将剩勇追穷寇，不可沽名学霸王。"

刘少奇的反革命修正主义面目虽然被揭穿了，但是，刘少奇多少年来所犯下的滔天罪行还没有彻底揭露出来，党内还有一些大大小小的刘少奇没有被揪出来，刘少奇这条黑线还没有彻底挖掉，刘少奇的反动影响还没有彻底肃清。因此，我们向全国革命造反派发出紧急呼吁：我们一定要宜将剩勇追穷寇，狠打落水狗，彻底揭发，彻底批判刘少奇的滔天罪行，把刘少奇彻底斗倒斗臭，并且强烈要求把刘少奇从党内清洗出去！

最后，让我们高呼：

誓死保卫毛主席的无产阶级革命路线！

革命造反派联合起来，夺走资本主义道路当权派的权！

把刘少奇斗倒斗臭！

刘少奇从党内滚出去！

我们伟大的领袖毛主席万岁！万万岁！！

刘少奇罪行联合调查团

打倒大叛徒集团头子——刘少奇

《三六专案》联合战斗团

《红旗》第16、17期，1967年3月8日【附件】

【编者按】"金猴奋起千钧棒，玉宇澄清万里埃！"在空前伟大的无产阶级文化大革命中，一批革命小将从1936年的《华北日报》所登载的"反共启事"中，发现了一个大叛徒集团。革命小将们遵循毛主席的教导，经过几个月的周密的详细的调查，认真地进行研究，获得了多方面的材料，终于把这一案件的内幕揭开了。

我们发现：中国最大的反革命修正主义分子，党内头号走资本主义道路的当权派刘少奇就是这个大叛徒集团的总头目，薄一波、安子文、刘澜涛、杨献珍等就是这个大叛徒集团中的一个小集团。

刘少奇在1936年假借中央的名义，打着保存革命力量的旗号，指示被捕的人自首，并写反共启事登报，以便出狱。在刘少奇指使下，一些刘氏党员可耻地但却是"合法"地变节了，成了革命的叛徒。

刘少奇和赫鲁晓夫一样，都认为：脑袋丢掉了，原则还有什么用处呢？这就是刘少奇的叛徒哲学。

刘少奇混入革命队伍几十年，一贯反党，反社会主义，反毛泽东思想，反对我们伟大的领袖毛主席。从这个叛徒集团被揭发中看出他是个大叛徒，大坏蛋。他根本没有一点共产党员的气味，让他抱着他那本"修养"滚出伟大的中国共产党。

下面公布一些调查材料，供革命同志们参考。

（一）

一九三六年日本帝国主义妄想占领全中国，侵略者的铁蹄践踏着我们祖国的大好河山，几个帝国主义控制的半殖民地状态的中国眼看就要变为日本帝国主义独占的殖民地状态的中国。在这种情况下，中华民族同日本帝国主义的矛盾更加突出、更加尖锐，上升为当时的主要矛盾。可是，蒋介石卖国集团，依然采取对内镇压，对外不抵抗的反动政策，大批共产党员被捕入狱，大片美好江山白白的送给了日本帝国主义侵略者。面对这种情况，中国共产党挺身而出。在伟大领袖毛主席领导下组织起全国人民，担负起抗日救国的重任。中国共产党高举"团结抗日"的大旗，一方面揭露蒋介石卖国集团的真面目；另一方面发动民众，建立广泛的民族统一战线，拿起武器与日本帝国主义进行不屈不挠的斗争。在毛主席领导下，无数中华民族的优秀儿女不怕坐牢，不怕杀头，赴汤蹈火，进行前仆后继的战斗。革命民众运动搞得轰轰烈烈。

抗日热潮的高涨，给当时白区的监狱斗争带来了极为有利的条件。同时，《何梅协定》之后，宋哲元接管北京，宋哲元与蒋介石之间有钩心斗角的内部矛盾，如果抓住这个大好形势，把狱中斗争同狱外斗争密切结合起来，争取更广大的民众支持，迫使敌人无条件释放政治犯是完全可能的。

但是，作为当时北方局总负责人的刘少奇却没有这样做，相反的却采取了可耻变节投降的办法。

一九三六年三月，刘少奇代表党中央到达天津，代替了原北方局书记高文华为代表的"左"倾机会主义的统治。刘少奇任北方局书记，与彭真、李大章、林枫等组成北方局。

刘少奇当上了北方局书记不久就出卖了共产党员的灵魂，他假借中央的名义，给关押在敌人监狱中的共产党员下达黑指示说：你们可以履行自首手续。登报，写反共启事出狱。

刘少奇和北方局的一伙叛徒认为：白区斗争是很残酷的，北京很可能要沦陷到日寇手里。监狱里的共产党员如果再不出来，北京一旦沦陷，这批人就出不来了！刘少奇之流还认为：形势有了变化，目前抗日第一，党已经争取建立统一战线，广泛的民族革命统一战线是我党领导中国革命走到胜利之路的中心问题和主要关键。（见附件一）

中国革命的高潮就要到来，需要大量干部。监狱里的共产党员只要能出来就行。登自首启事那种东西，老百姓都看惯了，已经起不到多大坏作用。而且现在狱中的那些共产党员没有一个像周恩来那样的知名人物，都是普通群众身份出现，登了那种启事也不要紧！

刘少奇这个怕死鬼悲观地认为：事物的存在，就是向死亡发展，而最后结果还是死亡。生命就是死亡。人生的斗争就是与死作斗争，就是死的不断的克服，否则人都死了，原则还有什么用呢？（见附件二）

刘少奇通过魏梦令等人跟当时北京伪统治者宋哲元及反省院长阎之海商量好出狱问题。

刘少奇又通过孔祥祯、徐冰、魏梦令等人写信通过看守班长牛宝正送到狱中。向狱中人解释：党需要你们出来做工作，你们可以"假"自首出狱，可以登报，可以有反共内容。并说：登启事出狱虽然有些不好影响，但这样使国民党监牢中保存了残余的同志，保存革命的力量，这是正确的，这是合法斗争与非法斗争联合的正确方针。只要以后搞好革命，那点影响是可以弥补的……（见附件三）

看：这就是刘少奇的丑恶叛徒的嘴脸。那里还有半点共产党员的革命气节，那里还有半点革命者的硬骨头精神！

传达了第一个黑指示以后，刘少奇给当时在延安的张闻天写了一封信，说现在监狱中有一批干部，想早些处理这批人，所以想让他们履行一个手续出来。在信中刘少奇还帮助狱中干部提出三个条件，让张闻天签字（见附件四）。张闻天签字复信后，刘少奇就瞒着毛主席、党中央其他领导同志，又一次指示狱中人叛变，同时又进一步造谣说：这是中央的意思，登启事的政治责任由党来负责。刘少奇威胁那些坚决反对叛变的真正革命同志：如果你们再不出来，那就叫自由行动，就要成为罪人，组织上就不管你了！

刘少奇的黑指示下达以后，薄一波、安子文、刘澜涛之流如获至宝，露出了叛徒的真面目，一副十足的奴才相。薄一波、安子文、刘澜涛、杨献珍、徐子荣等人对刘少奇的叛党指示坚决拥护，积极执行，表现得最为嚣张。他们利用他们把持的北平伪军人反省分院南监党支部，对坚持原则的同志采取了各种威胁打击的低劣手段。对动摇的则是引诱、拉拢：现在不出去，以后就出不去了。出去是为了更好的工作……。

刘格平同志当时是北监的党支部书记。他与张良云等许多真正的革命同志，坚决反对写反共启事出狱，对这种叛变行为进行了坚决斗争。他们坚持要争取无条件释放。否则，宁肯把牢底坐穿，也不履行任何叛党启事。这下可触怒了薄一波等人，薄一波派了胡锡奎等四个人到北监游说，拆刘格平的台。他们恶狠狠的威胁：这是组织命令，军事命令，只能执行，不能讨论。如果不出来，就是不服从组织决定，就要开除党籍。真是无耻到了极点。

　　刘格平、张良云等真正革命同志在沉重的压力面前没有屈服。薄一波等人更是暴跳如雷。一次放风，薄一波和一个人在院中争吵了起来。薄气势汹汹的叫嚷"谁怕上当，谁别干；大家都不干，我一个人也干！"

　　过了不久，薄一波和杨献珍首先跑到敌人那里去索取自首书。他们对敌人说："你们要我们登报启事，我们同意。"于是就在自首书上签了名按了手印。紧接着，刘澜涛、安子文、徐子荣、周仲英、马辉之、董天知、夏维助也先后跑到敌人那里去，在自首书上盖了手印。在刘少奇指示下，在薄一波带动下，六十一个叛徒先后都在敌人的自首书上签名按了手印。接着，这六十一个叛徒就在国民党《华北日报》上注销了令人气炸肺的反共启事。什么"……幸蒙政府宽大为怀，不咎既往，准予反省自新，现已诚心悔悟，愿在政府领导之下，坚决反共。做一忠实国民，以后绝不参加共党组织及作任何反动行为，并愿有为青年，俟后莫再受其煽惑……"这是一个地地道道地向敌人屈膝投降的反共自首书（见附件五、六），这是一个公开背叛党、背叛人民的反共宣言书，这就是刘少奇以及薄一波、安子文、刘澜涛之流背叛党、背叛人民、背叛毛泽东思想的铁证。

　　更令人气愤的是，薄一波、安子文、刘澜涛这帮混蛋还在国民党的青天白日旗下，在罪大恶极的蒋该死的狗头下，举行了反省典礼。接受敌人反省院长的训话："过去你们受共党利用，经反省院教诲，你们已悔过自新，出去后要拥护政府，守法反共……"接着叛徒们向敌人院长、管理员、看守班长、看守等鞠躬宣誓："感谢院方教导，我们已经改过自新，今后决不为共党利用，坚决反共，为国效劳。"然后，敌人管理员大声问大家："悔过自新是不是真心诚意？"叛徒们就大声回答："是真心诚意。"另外敌人还大声问保人："你们敢不敢保？"在薄一波的保人郭挺一（阎锡山的特派员）、胡仁奎（后来曾任国民党驻延安负责人）带领下保人齐声答："敢保。"训话完毕，犯人按照敌人的要求在院子里排好队，各个保人站在背后，照下相来。

最后领取出狱证件。在礼堂里这群叛徒和保人一排站立，逐个点名，应声后走到前面，向敌人鞠躬，按手印，领取出狱证件。出狱证件上面写着"改过归正，反省自新"等字样，拿了此证件就可以受到敌人的保护。（见附件七、八）就这样，在刘少奇的指示下，薄一波等六十一名叛徒分作十批出狱。出狱后，这些叛徒又分赴全国各地，把刘少奇的黑指示带到全国各地，薄一波一出狱就受刘少奇的指使，以叛徒的身份到阎锡山手下当了官。薄一波等人去太原，带了刘少奇的一封亲笔信。这封信同样是一个叛党的黑指示。这封信指示山西太原监狱里的乔明甫、龚子荣、刘裕民、阎秀峰、李逸山等几十人写悔过书或在阎锡山印的条条上签字出狱。

在刘少奇的指示、默认和庇护下，北京、太原、武汉、南京、济南、苏州、合肥等地数百名叛徒，集体变节，自首投敌，然后又钻进党内，组成一个庞大的叛徒集团，这个叛徒集团的总头目就是刘少奇。这群以刘少奇为首的叛徒，拿共产党员的革命原则去和敌人做苟且偷生的交易，这种可耻的行径和革命先烈的英雄行为是何等鲜明的对照啊！他们所谓的"假自首""保存革命力量""出来可以为党工作""用工作来弥补不好的影响"等等，统统都是骗人的鬼话。归根结底，就是一句话："保命要紧"。这纯粹是苟且偷生的活命哲学，和赫鲁晓夫之流的"脑袋掉了，原则还有什么用"有什么两样？刘少奇与赫鲁晓夫是一丘之貉，刘少奇就是中国的赫鲁晓夫！

（二）

刘少奇的历史，就是一部反对毛主席，反对毛泽东思想的丑恶史。三十多年来，刘少奇不仅在革命紧要关头出卖了共产党员的革命灵魂，成为可耻的叛徒，而且还极力庇护，提拔这群叛徒，打击揭发他们罪行的革命同志，企图以叛徒的活命哲学来改变我们的党。气焰是何等嚣张，何等猖獗！

一伙叛徒一出反省院，立刻一个个都改名换姓，改头换面，又混进党内。这伙叛徒狐假虎威，他们以为刘少奇这个后台硬得很，从来就没有向组织真实汇报过出狱的经过。他们订立攻守同盟，互相串通一气，统一口径，在自传上写着："组织营救出狱"，或者写成"按中央指示，根据'八一'宣言精神，写个简单的启事"。只字不提写了"反共启事"出狱。不仅如此，刘少奇、薄一波之流还采用了各种卑劣手段上骗毛主席、下欺全中国人民。在刘少奇的直接命令下，1944年薄一波把叛徒集团的名单交给彭真（当时在中央组织部工作）；1956年刘澜涛又把名单列出来交给刘少奇；1962年安子文再一次把名单抄出来交给邓小平在中央书记处备案了事。还美其名曰：凡登记者，已做"组织结论"。刘少奇假借中央名义指示：写反共启事出狱。但对毛主席封锁消息，说只是履行了一个简单的手续。而对下面却说：这是组织营救出狱，中央已经知道，已经做了结论。还说：这是组织秘密，你们不要问了。刘少奇、薄一波这帮混蛋还竟然冒天下之大不韪，到处造谣说毛主席讲这样出狱没有错。刘少奇、薄一波这帮混蛋把谣言造到我们最最敬爱的领袖毛主席头上去了，这是我们绝对不能容忍的，我们一定要砸烂这群叛徒的狗头。谁诬蔑我们伟大领袖毛主席，我们就和他拼到底！

在刘少奇的指使下，叛徒集团利用他们窃居的职位的方便干尽了毁赃灭证的勾当。1950年安子文伙同彭真，把他们的档案"借"去，三年不还，把他们背叛变节的很多档案销毁了。安子文之流害怕人家揭发他们叛变一事，还使尽了各种低劣手段。他们到北京图书馆里去，把他们在《华北日报》写的反共宣言的字都挖掉。有个当年北平伪军人反省分院的看守班长叫牛宝正，对他们叛变的情况最了解，薄一波，安子文，冯基平之流非常害怕他泄露"天机"，于是把他从山东请到北京，以"贵宾"相待，用金钱职位把他稳住，牛宝正一到北京就成了党员，十九级干部，牢牢地跟着叛徒集团跑，为叛徒集团服务。

在这一系列安排之后，刘少奇又进一步利用职权，千方百计为叛徒活命哲学开通行证，企图使自己的变节行为合法化。刘少奇之流开动他们掌握的报社、出版社、广播电台、讲坛，大肆吹嘘他们的狱中生活。甚至不择手段，让一个根本不了解当时狱中情况的北京市红旗剧院经理付世钧，根据他们拟定的讲稿到处讲演，而且还在广播电台录音广播。在刘少奇的旨意下，胡锡奎等人更是赤膊上阵，在北京日报上大书特书北方局和监狱斗争的"光荣历史"。甚至到现在，刘有光、刘尚之之流还恬不知耻地说："我一直认为这是一段光荣的历史。我这是抛弃个人名节，服从了党的利益。"准备带着花岗岩脑袋去见上帝的刘澜涛更是嚣张，他叫嚣："我们出狱是按中央指示办的，这事与我无关，我不是叛徒。你们去问中央好了！"这些叛徒也有不少现在装出一副可怜相，尽量把自己粉饰成为一个刘少奇的受害者，大肆吹嘘自己如何反对刘少奇的这一指示，自己只是想组织上不犯错误，结果政治上犯了错误。企图把背叛党、背叛革命、背叛共产主义事业的罪行推得干干净净。实际上，这一切都只是枉费心机！"搬起石头打自己的脚"，这是中国人形容某些蠢人的行为的一句俗话。刘少奇、薄一波之流也只能是这样的一种蠢人。

经过一番大张旗鼓的宣传以后，刘少奇开始着手使他们的变节行为合法化。

在党的七次代表大会上，刘少奇企图规定有变节，自首行为的人也可以做中央委员。并且也的的确确把彭真、薄一波、安子文、刘澜涛、杨献珍、廖鲁言等安插进中央委员会，还把彭真、薄一波、刘澜涛等提拔到中央政治局、书记处。

在党的八次代表大会前，刘少奇、邓小平还专门召集中央各部门负责人开会，研究如何看待登报自首的问题。在讨论过程中，刘少奇特别强调登报自首的人，有些是假自首，骗敌人的，不能称是政治上的错误；还有些是生死关头怕死，并不是叛党。在刘少奇和邓小平的一手操纵下，会议最后决定起草一个文件，订出《六条规定》，把大批血债累累的自首变节分子包庇下来。《六条规定》把叛徒分成"错误""严重错误""一度动摇""自首""叛变"和"严重叛变"六种，区别对待使用。《六条规定》：被捕后，在敌人印的自首书官上签了名的不算自首，称为"在敌人面前的一种错误行为"，不影响使用。《六条规定》中规定：被捕后，在敌人的报刊上发表了反共启事，公开的攻击党、咒骂党的，不做叛变的结论，而只作自首的结论，按自首性质限制使用。《六条规定》中还规定：被捕后，供出同志或党的机密，但以后翻了供的，定为是"一度动摇"，使用上只稍微受到些限制。在刘少奇的纵容和幕后操纵下，安子文之流利用他们把持下的中央组织部，以《六条规定》为幌子，篡改中央关于审查干部的决定，采取缩小审查范围，从轻论定错误性质，从宽处理，灵活掌握，放宽使用以及欺骗党中央，对毛主席封锁消息等恶劣手段，进行反革命活动，大肆招降纳叛，结党营私，使许多人的政治历史问题没有得到审查，使许多有严重政治历史问题的人得到提拔重用。

1953年，中央关于审查干部的决定会规定："审查的范围，应包括各级党政机关、人民团体及财经文教部门中的全部干部。"1955年，全国刚刚开始对只占干部总数的五分之一的干部进行审查的时候，刘少奇、安子文之流就惊慌失措地提出要压缩审查面，迫使全国各地把审查面压缩到最小的比例。在刘少奇、安子文之流的破坏下，1953年中央发出审干工作决定之后，一直到一九五七年二月，全国二十八个省市，完成审查任务百分之五十的，就只有十八个省、市。另外数百万区助理员以下的干部没有审查。就这样刘少奇、安子文之流，还不满意，他们又规定了许多个"不审查"。例如，对公私合营中的私方人员不审查，因为刚公私合营就审查他们，会被误解为消灭资产阶级；历史问题早已交代清楚，现在未发现问题的不审查；有非政治性问题的干部不审查；社会关系复杂，家庭出身不好，但本人早已划清界限，工作一贯表现好的不审查，因为怕影响他们的积极性……还有一个奇怪的规定："组织上了解他们的问题"的人不审查。这个规定是个天大阴谋！安子文之流借口他们的问题刘少奇了解，彭真知道，就可以不被审查。而另外一些人，安子文、李楚离等了解，又可以不审查。如此进行招降纳叛，就方便得多，合法得多了。就这样，数百名叛徒几十年来一直没有被审查出来。可见刘少奇、安子文之流的手段何其毒也！

"鱼恋鱼，虾恋虾，王八恋的是鳖亲家。"叛徒刘少奇、安子文对自首变节分子也就自然偏爱。他们对许多人的严重政治历史问题，都用从轻定论的办法，变成了一般问题，把叛变说成不是叛变，自首说成不是自首，使一些有严重问题的人继续窃据着重要岗位。如叛徒刘岱峰，曾经向敌人出卖了我们几十个同志，并向敌人供出了我地下党以及党的外围组织的活动情况等，而得到敌人重用，当上了阎锡山的政治部副主任。这样一个罪恶滔天的叛徒却被邓小平、薄一波重新拉入党内，由邓小平、薄一波充当刘岱峰重新入党的介绍人，并且叫他前后窃据了国家计委副主任、云南省副省长、国家经委副主任等要职。又如前建工部长、反革命修正主义分子刘秀峰，被捕后会在敌人面前指证出卖革命同志，以后翻供。他们却不以叛变论处，而作为"错误"，不影响使用。又如叛徒李砥平，被捕后办了坦白手续，在反省院欢送出院人员大会上大肆宣传鼓吹三民主义。后来又以共产党员的面目写了自首书，表示出狱后要实行三民主义。对这样的自首分子，安子文之流却不定为"自首"，而是为"严重错误"，继续担任吉林省委书记处书记。安子文之流还搬出刘少奇1936年指示集体自首的叛徒活命哲学思想，到处散布反革命修正主义的谬论，说什么："社会主义建设高潮时间，各方面需要人，干部不足"，"这些人的问题都是历史问题，发生历史问题的时间已经很久了"，"这些干部能担负一些工作，让他作，有什么不好呢？"刘少奇、安子文之流选择出叛徒金明作为标兵，提拔为中南局书记。又伙同反革命修正主义分子陆定一提拔邓拓、匡亚明等。山西省人委秘书长卫逢棋，抗战时期曾被阎匪俘虏，承认自己是县长，把我们的一部分人员交给敌人，把我政府的铃记、账册也移交给敌人，担任了敌人战地服务团团长，给敌人绘制了设置情报站的路线图。对于这种严重叛变的人，安子文之流竟也积极主张提拔为副省长。

而对真正革命的同志，刘少奇之流却利用职权残酷打击。现在山西省革命造反总指挥部的革命领导干部刘格平同志和其他几位同志是当年北平伪军人反省分院中拒不执行刘少奇黑指示的好同志。刘格平同志不怕威胁，不受利诱，就是不遵守他们修正主义的"纪律"，不服从他们叛党的"命令"，坚决不写叛党自首启事，坚持斗争到底，一直到1944年才出狱，这样的好同志，却一直受到刘少奇等人的冷酷无情的排斥打击。中华人民共和国成立不久，刘格平同志被调到北京任很高的职务，在当时只有四十几个中央委员，其中就有他。后来，刘少奇、薄一波、安子文这些混蛋怕刘格平揭发他们叛变一事，就利用刘格平在民族事务问题上的一些小缺点，穷凶极恶地打击刘格平，想把他置于死地。当处理刘格平时，根本不讲道理，不准其申辩，处理后连让刘格平看都不给。后来，把刘格平同志送到山西，但又不给工作，刘格平当上一个副省长，这还是中央作的决定。但是，尽管如此，刘格平同志丝毫没有被刘少奇之流吓倒，他和其他几位同志继续向中央汇报揭发。这些同志因为揭发刘少奇、薄一波等人的叛党罪行，曾经受到党纪处分，曾经被捆绑起来关押了几十天，曾经被送到小学去念书，还美其名曰："老干部学文化"。曾经被说成是疯子，计划要送到精神病院，企图灭口。

刘少奇利用职权，招降纳叛、结党营私，把大批叛徒、反革命修正主义分子安插到中央和全国各地，上至中央政治局、书记处、国务院副总理、各部，下至各中央局、省委书记处、工厂党委等等，形成了一个反革命修正主义的干部网。这些叛徒、反革命修正主义分子，上下勾结、串通一气、抱成一团、互相包庇、互相掩盖，到处打击革命同志，干尽了反党、反社会主义、反毛泽东思想的罪恶勾当。在后台老板刘少奇的支持下，薄一波、安子文之流的这个叛徒集团贼心不死，先后于50年、56年、60年三次于北京集合，碰头开会，并在反省院照相留念，阴谋篡党、篡军、篡政，企图在中国复辟资本主义。

无产阶级文化大革命打破了他们的黄粱美梦，刘少奇之流的末日到了。但是，一切反动派绝不会甘心于自己的失败，他们也绝不会自动退出历史舞台。正当全国人民起来揭发他们的时候，刘少奇、邓小平急急忙忙炮制了一条资产阶级反动路线，利用他们在各地的爪牙，顽固地对抗毛主席的无产阶级革命路线，疯狂地镇压革命群众运动，实行资产阶级专政，企图将轰轰烈烈的无产阶级文化大革命打下去。刘少奇的头号爪牙大叛徒彭真抛出了二月黑纲领,企图把文化大革命引入歧途。由于刘少奇的爪牙遍布全国各地,由于叛徒集团的成员分布很广,以致无产阶级文化大革命普遍出现多次反复。

但是,反动派对待人民事业的逻辑只能是:"捣乱,失败,再捣乱,再失败,直至灭亡"。刘少奇、邓小平也决不会违背这个逻辑。"金猴奋起千钧棒,玉宇澄清万里埃。"用毛泽东思想武装起来的革命群众已经揪出了刘少奇、邓小平,他们瞒天过海的伎俩彻底破产了!

"宜将剩勇追穷寇,不可沽名学霸王。"我们坚决要发扬鲁迅痛打落水狗的精神,把刘少奇叛徒集团完全、彻底、全部、干净地铲除掉,把党内一小撮走资本主义道路的当权派,一切反革命修正主义分子,一切牛鬼蛇神统统打翻在地,再踏上一只脚,让他们永世不得翻身,誓保无产阶级的铁打江山千秋万代永不变色!

打倒大叛徒头子刘少奇!

打倒叛徒集团!

打倒刘少奇的活命哲学!

无产阶级文化大革命万岁!

伟大的,光荣的,正确的中国共产党万岁!

伟大的战无不胜的毛泽东思想万岁!

我们最最敬爱的领袖毛主席万岁!万岁!万万岁!

《三六专案》联合战斗团

注:《三六专案》联合战斗团现改为:北航红旗,西安交大"专打刘、邓战斗队"

联络地点:北航红旗院 3 号

【附件一】

今天的形势,是中国本部从半殖民地的地位,进入完全殖民地的地位,中国社会的各阶级、阶层除开极少数愿意甘心情愿做亡国奴和汉奸的人之外,甚至从前是动摇的、反革命的,现在都开始或已经同情、赞助与参加抗日反汉奸的民族革命斗争了。党的策略任务,就是要用极广泛的民族统一战线,去团聚各阶级、阶层、派别,一切抗日反卖国贼的分子和力量,开展神圣的民族革命斗争,去战胜日本帝国主义及其在中国的走狗,广泛的民族革命统一战线,成为我党领导中国革命到胜利之路的中心问题和主要关键。

摘自刘少奇《肃清立三路线的残余——关门主义冒险主义》
一九三六年四月十日,发表于北方局的《火线》报上

【附件二】

人自初生一直到衰老死亡,一直和死斗争着,是死的不断的克服,但最后还是死的战胜。生命是死亡。事物的存在,就是向死亡发展,而最后结果还是死亡。死的胜利,是新事物的产生。事物之肯定,是克服死亡的过程,是否定之否定的过程。

摘自刘少奇《人为什么犯错误》

【附件三】

因为中共在武装中保存了干部和部分武装,所以现在才能发展偌大的党,可是这只是在苏区中保存的,白区除了保存革命的旗帜外,工作上基本是失败的,这是工作的大错误,也是白区中的机会主义,这是犯着不去同合法斗争与非法斗争联系的错误。

但是部分的组织是保存的,河北省委保存了几十个干部,其次国民党监牢中保存了残余的同志。

摘自刘少奇一九四〇年八月十四日《关于华北华中抗战的总结》

【附件四】

张闻天交代:1936年3月,刘少奇作为中央代表到达北方局。不久,刘少奇给我写了一封信。他说:白区干部很缺乏。北京监狱中有一批干部,设法把他们救出来,就能解决白区工作干部缺少的问题。监狱里边最近传来消息,《何梅协定》以后,监狱当局准备离开北京,想早一些处理这批犯人,监狱里的人只要履行一个反共不发表

的简单手续就可以出狱。来信中还附寄来狱中干部提出的三条请求条件。刘少奇要我在请求书上签字,让狱中人知道中央同意这样办的。

我当时很相信刘少奇的意见,于是就私自写信、签字表示同意刘的意见。我没有把此事汇报给毛主席,也没有在中央会议上特别讨论一下。

【附件五】

徐子文反共启事

子文等前因思想简单,观察力薄弱,交游不慎,言行不检,致被北平军人反省分院反省自新。当兹国难时期,凡属中国青年均需确定方针为祖国利益而奋斗。余等幸蒙政府宽大为怀,不咎既往,准予反省自新,现已诚心悔悟,愿在政府领导之下坚决反共,作一忠实国民。以后决不参加共党组织及做任何反动行为,并望有为青年,俟后莫再受其煽惑。特此登报声明。

徐子文、周斌、张家璞、杨仲仁、董旭生、刘华甫、夏维助、冯俊斋、徐之荣

一九三六年八月三十一日~九月二日《华北日报》第二版
同上反共启事内容有:

李即吾、王伯庆、张鹏德、刘俊才、胡锡昆、廖广麈、高仰云等人。

(一九三六年九月廿二日~十月十五日《华北日报》第二版)

【附件六】

一九三六年八月三十一日~九月三十日《华北日报》自首叛党集团一览表

现在还在国家机关工作的:(因篇幅有限,只选登其中一部分)

现名	化名	现在工作职务
薄一波	张家璞	国务院副总理、国家经委主任

安子文	徐子文	中共中央组织部长
李楚离	李即吾	中共中央组织部副部长
徐子荣	徐之荣	公安部副部长
廖鲁言	廖广麐	农业部部长
周仲英	周斌	国家经委副主任
杨献珍	杨仲仁	原中共中央高级党校副校长
高仰云	高仰云	河北省政协副主席
刘兰涛	刘华甫	西北局第一书记
胡锡奎	胡锡昆	西北局书记处书记

【附件七】

刘慎之交代：履行自首手续和出狱过程

第一步向敌人索取自首书，是一种固定格式，内容大意是经反省院教诲，认识过去的过错，悔过自新，今后不反对政府，在政府领导下坚决反共，在自首书上签名捺手印（或画押）。

其次是登报启事，我们登报是集体二十多人。其内容有年幼无知，误入歧途，悔过自新，今后不反对政府，在政府领导下坚决反共等。启事底稿是集体一张个别画押的。

反省院长训话照相。在院子内犯人按照相的要求排好，各个保人在背后，反省院长在对面摆一方桌训话，训话内容已记不确切，大意是经反省院教诲，你们悔过自新，（表功让犯人感恩）今后要拥护政府守法反共（训诫），最后大声问保人，你们敢保不敢保？保人齐声答："敢保"。训话完了照相。

发出狱证件。在饭堂内犯人和保人一排站立，逐个点名，应声后走到前面，向敌人鞠躬，领取出狱证件。证件是油印的，大意是某某已悔过自新，准予释放。

还有敌人询问悔过自新是否真心诚意，答复是真心诚意。

此项是在院长训话时询问集体回答的，还是在领取出狱证件仪式上个别询问个别回答的,这记不确切。最后由保人领我出狱。

【附件八】

刘锡五交代:出狱之前在饭厅出狱典礼会,先由反省院长训话:过去你们受共产党利用。现在已反省完,出去后不要再为共产党工作,坚决反共……不为共党利用,为国效劳。

接着我们答曰:"感谢院方教导,我们已经反省,出去后再不为共党利用,再不为共党工作。"

出院时每人领一张证明书,上边写有:"改过归正,反省自新"。领这张证明时捺了手印,并向院长鞠躬。

彻底揭发批判控诉刘少奇的反革命历史罪行

李菁玉

《红旗》第19、20期,1967年3月21日-28日

毛主席教导我们:"你们要关心国家大事,要把无产阶级文化大革命进行到底。"作为了解刘少奇,熟悉邓小平,深受刘邓迫害的我来讲,更要关心国家大事,更要坚决地站到毛主席这一边,彻底揭发批判控诉刘少奇的反革命罪行,誓死保卫毛主席,誓死保卫以毛主席为代表的无产阶级革命路线。

一、从北方代表到扼杀工农革命运动的刽子手,并把"一二·九"运动拉向右转。

刘少奇是老牌的反革命。

一九三五年十一月,刘少奇来到北方局任北方代表,化装大学教授住在天津英租界,代表中央领导北方局工作。

刘少奇来到北方时,正是民族解放的烽火燃遍祖国大地,中华民

族的优秀儿女同武装到牙齿的日本帝国主义做殊死搏斗的时刻,民族矛盾尤为尖锐,中华民族的危亡与生存已到了一个关键的时刻。

毛主席在一九三五年十二月二十七日《论反对日本帝国主义的策略》这一著名文献中说:"所有这些都指明,革命的阵势,是由局部性转变到全国性,由不平衡状态逐渐地转变到某种平衡状态。目前是大变动的前夜。党的任务就是把红军的活动和全国的工人、农民、学生、小资产阶级、民族资产阶级的一切活动汇合起来,成为一个统一的民族革命战线。"

毛主席的抗战号角响遍了祖国大地,工人、农民、学生以及一切爱国知识分子,积极响应。工人罢工、农民暴动、学生罢课,抗日救亡运动空前高涨,革命形势大好,革命高潮已经到来,而当时作为中央北方代表的刘少奇是怎样对待这些运动的呢?他在这个运动中充当了哪个角色呢?他到北方后,连续写了七篇文章在河北省委《火线》上发表。他对华北革命形势的估计是处在低潮时期,敌人力量大于我们,我们党应做长期隐蔽的准备,强调以合法斗争为主,所谓"积蓄力量,潜伏不动,偃旗息鼓,以待时机"。这是反动透顶的反革命修正主义投降主义方针。

先看刘少奇对工人运动的态度。

刘少奇在《论职工工会工作》一文中对工人运动有三点指示:

第一,罢工如果没有把握胜利的,不要罢。第二,罢工如果要引起组织暴露,不要罢。第三,罢工,只能提当地的经济要求,不能提过高过左的政治要求。如反对日本帝国主义,反对国民党,更不能提拥护苏区和拥护红军。

刘少奇这样讲的根本目的,说穿了就是不让工人罢工,不让工人革命。更是直接反对毛主席对国民党统治区工人斗争形势的估计。毛主席说:"在国民党统治区,工人的斗争正在从厂内向着厂外,从经济斗争向着政治斗争。工人阶级的反日反卖国贼的英勇斗争,现在是在深刻地酝酿着,看样子离爆发的时候已不远了。"

与此同时,刘少奇还相应地抛出了《论合法斗争和非法斗争》。在这篇文章里,刘少奇极力强调合法斗争而否认非法斗争,假借合法斗争限制工人运动的发展。在国民党眼里，在国民党的法纲上，工人一切的革命行动都是非法的，我们应当通过斗争变非法为合法，合法斗争是手段，我们是利用合法斗争配合非法斗争，合法斗争是为非法斗争服务，而刘少奇只要合法斗争，贬低非法斗争，就其实质来说是阶级投降主义，是不要工人罢工，不要工人革命。

刘少奇对工人运动的态度就是这样，那么刘少奇对农民运动的态度是怎样的呢？请看下列事实：

一九三五年，刘少奇到华北来的时候正是冀南农民运动高涨时期，日本的入侵，蒋介石国民党的妥协投降，激起亿万农民的愤慨，冀南地区农民在党的领导下，在毛主席"八一"抗日宣言与"抗日救国六大纲领"的号召下，在红军东进抗日的鼓舞下，起来造反了，起来暴动了。这个反造得好，暴动得对！

暴动的队伍风起云涌，遍及冀南十几个县，从经济斗争过渡到政治斗争进而发展到武装斗争，组织华北抗日反蒋第一师，提出"抗日反蒋"的口号，大造日本帝国主义的反，大造蒋介石国民党反动派卖国贼的反，大造地主阶级的反。给当地国民党公安局、保安队、大汉奸、大地主以沉重的打击，头等地主跑到大城市，二等地主跑到平汉线二等城市，乡村的小地主已经投降了，纳抗日捐，农民组织了布袋队，威逼地主，开仓济贫，乡村一片抗日气氛，打破一切旧势力旧形式的束缚，形势真是好得很。地主怕死了，后来地主武装及宋哲元调军队来镇压。农民也奋起抵抗，从八月开始到一九三六年二月，经过酝酿、激战和退却三个阶段，给日本侵占华北和冀察傀儡政府政权一个严重打击，就在这个时候，刘少奇跳出来，不但不支持农民暴动，相反认为是"左倾冒险"，在"一二·九"运动前夕，便急忙发表三点指示：

1. 插枪不干（把枪藏起来）。
2. 分散潜伏。
3. 转移主力到太行山。

刘少奇提出后，让特委讨论自行选择执行，当时引起特委领导思想混乱。后经过特委讨论：第一，不能插枪不干，第二，到太行山去又脱离群众，如鱼脱水，那只好被迫选择第二条"分散潜伏"，其结果是被敌人分别吃掉，各个击破。当时国民党河北保安司令张元荣到冀南镇压后回来说："我这次发财了，得钱二万，杀人八百。"一场历时半年、规模巨大的农民革命暴动烈火就这样被刘少奇配合日本和国民党给扑灭。

刘少奇为什么要扑灭冀南暴动的革命烈火，扼杀冀南农民革命暴动呢？我认为这是由刘少奇的反动资产阶级立场所决定的，刘少奇站在反动的资产阶级立场上，害怕农民暴动，起来革命，于是就借反对王明"左"倾冒险主义来反对农民暴动，反对毛主席，反对农民起来革命。冀南暴动虽然存在这样或那样的缺点和错误，如当时不会游击战争，政治工作薄弱等等，但他们大方向是对的，冀南农民暴动是在毛主席的反对投降坚决抗战的指示下，在"八一"抗日宣言和红军东进抗日的鼓舞下，农民自发而又有党的领导的农民革命暴动。后来，刘少奇在白区工作会议上说它是王明"左"倾路线的产物，实际上是对冀南革命农民暴动的极大歪曲，是对毛主席正确路线的诬蔑，是刘少奇顽固地执行右倾投降路线反对毛主席正确路线的一次大暴露。其根本目的是假借反"左"而行"右"，以达到其反对毛主席正确路线的目的。

综上所述，不难看出刘少奇是扼杀工农运动的刽子手，他起了敌人所不能起到的作用。那么，也可能有人说刘少奇对学生运动毕竟表现还不错吧！下面请看刘少奇是怎样把"一二·九"学生运动引导到合法主义而拉向右转的。

"一二·九"学生运动，是在我红军东进抗日，蒋介石国民党反动派继续妥协投降，日本帝国主义疯狂侵占内地的情况下暴发的学生爱国运动。

日本在"香河事件"之后，威逼国民党，强迫搞"何梅协定"，要华北五省实行自治，并进一步要侵占华北，平津学生对此极为不满，进行示威游行，坚决要求抗日，国民党出动大批军警镇压，用大刀水龙木棒，对付手无寸铁的青年学生，学生们也毫不屈服，同他们坚决斗争。这种斗争是"非法"的、激烈的、可歌可泣的事件。此时刘少奇指使彭真以领导身份，依托在北洋军阀时期北京警察局总监和天津汉奸暴动的头子大官僚大汉奸大托派张弼的家中。彭真坐在这个人家里指挥学生运动，要学生转入合法斗争，走上层路线。拥护暗自勾结日本、投降日本的宋哲元，给宋哲元的二十九军献剑献旗，把抗日重任寄托在国民党宋哲元的身上，把正在发展的学生运动拉向右转，使学生运动不能与工人农民运动结合起来，以至于陷于孤立。此时刘少奇着重上层活动，在河北省委办的半公开刊物《长城杂志》上以陶尚行化名发表文章，与张申府等人论战。另一方面把民族解放先锋队的活动也一步一步地拉向右转，引入合法主义。实际上，刘少奇、彭真在"一二·九"运动中起了灭火的作用，这一点必须揭穿。

二、背叛革命投降国民党，忠实执行国民党的反共政策。

自一九三一年日本帝国主义入侵以来，在中华民族生死存亡的关键时刻，无数的坚强革命者，在伟大的毛泽东思想指导下，威武不屈，坚韧不拔，在敌人监狱里宁肯把牢底坐穿，在敌人铡刀面前，在敌人机枪面前高呼："毛主席万岁！""中国共产党万岁！"正义凛然，慷慨就义，他们不愧为中华民族的优秀儿女，不愧为毛主席的好战士。

而以彭真、薄一波、安子文、廖鲁言为首的贪生怕死鬼，则在敌人监狱中屈膝投降，变节自首，背叛党，背叛毛主席，背叛革命，背叛人民，以写"反共启事""反共宣言""反共声明"换取国民党反动派的宽大为怀，堕落为可耻的叛徒。

刘少奇之流的叛党，并不是偶然的、孤立的，是与当时国民党反共政策息息相关、紧紧相连的。国民党在消灭共产党方法中指出："我们积极方法是把共产党的种种罪恶，向工人、农民、士兵、青年、学生作广大的宣传，使他们根本认识了共产党欺骗民众的政策，永远不为其所利用；或已误入歧途而毅然觉悟起来，自动退出，并向共产党以猛烈反攻。"与此政策相应的国民党大特务头子叶秀峰、徐恩增还先后颁布和制定了"反省自新"政策和破案留根与"因病保释"政策，以便瓦解和消灭共产党。由此不难看出，刘少奇之流的叛变，是他忠实执行国民党反共政策的产物，这些叛徒是蒋石反共和刘少奇投降的可耻的混血儿。

彻底揭发批判控诉刘少奇的反革命历史罪行（续）

李菁玉

《红旗》第 21、22 期，1967 年 3 月 28 日

也正因为有了这些混血儿，刘少奇才有了反共反人民反对毛主席的资本。刘少奇的叛党集团，主要以原北方局叛徒为基础的，冰冻三尺，非一日之寒，早在三十年代就形成了这个叛徒集团，于是他们利用彭真领导中央党校的机会，以调干部到延安学习和保存力量为名，把大批叛徒纷纷调到延安党校。他们又利用整风审干来排斥异己，收罗党羽，伪造历史，欺骗毛主席。经过华北、华中两个座谈会，经过起草《关于若干历史问题的决议》别有用心地美化刘少奇，把他说成白区工作策略的典范，提成党内第二号人物。之后他们口声一气，招降纳叛，结党营私，收罗党羽，扩充力量，构成全国性的大叛徒网，遍布于京、津及其各中央局、各省市、中央各部委，在刘少奇的包庇下，加官进职，飞黄腾达，不可一世。把持着党、政、军等重要部门，他们长期以来狼狈为奸，排挤打击革命干部，我因当面质问过彭真的叛党自首的问题，和在一九三七年的白区工作会议上反对过刘少奇对白区工作的右倾路线和全国叛徒的问题，致使刘少奇、彭真等人久久怀恨在心，终于在一九六〇年伙同农业部廖鲁言、组织部安子文、中监委王从吾、刘锡伍等人给我制造种种罪名，大叛徒刘澜涛亲自批示，邓小平、彭真等点头称赞，以资产阶级个人野心家、一贯反党反中央等大罪将我开除党籍，撤销我一切职务。准备将我打在阴山背后，永世不得翻身，永远不能再揭他们的底。

他们在中央、在全国各地干着反党、反社会主义、反毛泽东思想的罪恶勾当，搞资本主义复辟，为"宫廷政变"准备条件。谁要反对他们，他们就连通一气，说你"反党、反中央"，把你干掉，农业部左叶和我都是他们的牺牲品。无产阶级文化大革命把他们揪了出来，但他们和一切阶级敌人一样总是不甘心自己的失败，总是不甘心退出历史舞台。为了保存自己，刘少奇、邓小平制定了资产阶级反动路线，而这些叛徒们就忠实地、顽固地推行他主子制定的资产阶级反动路线，同时他们还唯恐自己倾巢覆灭，还相依为命，大订攻守同盟，顽固对抗毛主席、顽固对抗无产阶级文化大革命。

据现在了解，早在一九四二年延安审干，彭真是党校负责人的时期，说这批出狱的是组织决定，不做审干内容。一九四四年刘、彭暗订攻守同盟，说这些人出狱写的是假自首书。一九四五年在七大时，刘、邓包庇叛徒，企图规定写自首书的叛徒也可以选为中央委员。妄想为叛徒争得合法席位。后因有中央负责同志坚决反对，此事未能得逞。但在刘少奇的包庇下，这批叛徒大部分也如愿以偿地当上了中央委员。如彭真、薄一波等人，薄一波一九三七年是阎锡山的专员，是个叛徒，当提他当省委委员，我们省委反对，一二九师首长也反对，未成。到一九四五年便成了政治局候补委员。一九六二年，刘、邓搞组织结论名单时，再订攻守同盟时说："谁追查就说中央知道，这是组织机密，不能告诉你。"很显然，中国革命的历史实践证明，毛主席接班人应是林彪同志，而不是刘少奇。刘少奇狼子野心，他是个什么人物不是十分清楚吗？刘少奇必须从中央滚出去，刘少奇的叛党集团必须彻底打倒！

三、刘少奇、邓小平、彭德怀、罗瑞卿在八年抗战时期的投降活动

伟大的八年抗日战争，是日本帝国主义变中国为其殖民地和中国人民结成抗日民族统一战线为战胜日本帝国主义的殊死斗争，是国民党从片面抗战到消极抗战，假抗战真反共和共产党发动全面抗战，全民抗战直到抗战取得胜利的斗争，是我们最伟大的领袖毛主席

的正确路线战胜各种右倾机会主义和投降主义路线的激烈斗争。毛主席还在抗战之初就提出："反对民族对民族的投降主义，反对阶级对阶级的投降主义，而阶级投降主义是民族投降主义的准备和继续。"

一九三六年国民党蒋介石虽然被迫答应抗战，建立抗日民族统一战线，然而事实证明国民党蒋介石从来没有一天真正打过日本。相反，都是假抗日真反共。而刘少奇、邓小平、彭德怀、罗瑞卿、杨尚昆一伙则呼应了国民党、蒋介石的反共政策，积极为国民党反动势力效劳，以投降主义路线反对毛主席的正确的革命路线。

一九三七年八月洛川会议，彭德怀公开跳出来反对毛主席的"在抗日民族统一战线中共产党要坚持独立自主"的方针。荒谬地提出抗日应以国民党为主体，应当依靠国民党；对国民党、蒋介石及其同盟者不要批评，不要斗争……，并极力主张运动战，不放弃有利条件下的阵地战，以此来对抗毛主席的人民游击战的战略思想，北方局军分会指示，便是这种指示的具体表现。

一九三八年，根据王明投降主义的"三月政治局会议总结"，召开了临汾会议，临汾会议后，彭德怀、罗瑞卿、杨尚昆又如领圣旨一样跑回传达指示说："抗日高于一切，一切为了抗日，一切经过统一战线，一切服从统一战线，对国民党不分左中右"，应当"互相帮助，互相发展，共同抗战，共同胜利。"在这种帮助友党友军发展精神下，他说："要保卫大武汉"。要"打大仗"阻止日本人南进，要欢迎鹿钟麟到河北省当主席，并由冀南让出地盘给鹿。并决定让石友三和高树勋部开入冀南。在太岳、沁源开万人拥蒋大会，欢迎国民党"军风纪考察团"。这个考察团，借检查军风纪为名，撤销我县长，解散我游击队。山东建立国共合作根据模范地。

不难看出这些都是直接同毛主席的革命路线相对抗的。"为了坚持抗战和争取最后胜利，为了变片面抗战为全面抗战，必须坚持抗日民族统一战线的路线。必须扩大和巩固统一战线。"毛主席还教导我们："我们的任务是坚决地反对民族投降主义，并且在这个斗争中，扩大和巩固左翼集团，争取中间集团的进步和转变。"按照毛主席这个教导，抗日应以共产党为主体，建立广泛的抗日民族统一战线，在统一战线内部应当"坚持原则，坚持斗争，坚持团结。"不能对国民党、蒋介石做任何无原则的让步，任何无原则的让步就是投降，所以，他们说的"一切经过统一战线，一切服从统一战线，对国民党不分左中右"，无非是说，"国民党很好，共产党每做一事，都要经过国民党，都要服从国民党，没有国民党，没有蒋介石的批准什么事不能干。否则，就是破坏统一战线。应当全国服从蒋介石"。在山西提出所谓"保存山西政权形式，八路军不当县长，实际是要山西服从阎锡山。"稍有一点马列主义常识的人都知道，有了政权才能发动群众，扩军征粮等等，才有一切。把政权完全让给蒋介石、阎锡山，怎么能抗日呢？他们为了达到这一反动目的，他们还无耻地给国民党蒋介石涂脂抹粉说："国民党不是法西斯党""CC和复兴社不是法西斯"，应把"民主、民生斗争约束在统一战线许可的范围以内"。真是岂有此理！

一九四〇年，在毛主席领导下，抗日军民打退了第一次反共高潮。在冀南打了石友三，在太行打了鹿钟麟、朱怀冰，在冀中打了张荫梧，山东打了秦启荣、于学忠、沈鸿烈，于是，群众运动又轰轰烈烈地发动起来了。各地进行除奸，进行了减租减息，进行惩罚恶霸地主、特务，给敌人以沉重的打击，这时，我们正应当乘胜追击，放手发动群众，摧毁敌伪政权，但就是在这个关键时期，刘少奇一伙继续执行右倾投降路线，猖狂反对群众运动，在太行山黎城会议上，朱德、邓小平、杨尚昆、薄一波、杨秀峰等人合谋提出与毛主席相对抗的"以争取中间势力为中心环节"的投降主义路线，毛主席说：应当"发展进步势力，争取中间势力，孤立反共顽固势力。"所谓中间势力，就是中小地主、开明绅士和地方实力派，而他们只是强调争取中间势力，不要发展进步势力，不要孤立顽固势力，实际就是阶级投降。为了保存大地主大资产阶级的利益，为了保护地主、特务、汉奸，为了打击革命力量，他们还提出臭名昭著的"区无捕人权，县无杀人权"的反动口号，颁布了"杀人反坐（杀人者要偿命）"的投降政策，来限制革命群众对国民党、汉奸、特务、恶霸地主的惩罚和镇压、致使敌人十分嚣张、疯狂反扑,镇压革命群众,杀了我们很多阶级兄弟和干部,当然苦了革命群众,敌人是拍手称快的。当时地主,汉奸、特务曾用这样一首诗赞扬这个政策:"区无捕人权,县无杀人权,专署在路南,我们无人管。"无人管是和敌人杀人成正比例的,越是无人管,敌人杀我们的人也就越多,也就越自由,因为人都是国民党反动派、汉奸、特务杀的,但是在刘少奇、朱德、邓小平、彭德怀一伙人的手上也沾满了人民和革命烈士的血迹。

当时,我在下边,群众和地方干部对"杀人反坐"意见很大,我反映群众意见,反对这种投降作法,彭德怀等人指示坚决执行,派李大章到冀南传达他"论冀南工作的转变和问题"的报告,批评我们"左倾"不放手发动群众,对抗毛主席。这样,又一次伟大的抗日反奸民主性斗争又被彭德怀等人一瓢冷水给灌下去了。此时,虽然根据地净化了,国民党政府和国民党军队被击溃南逃了,可是日寇乘隙进攻,加强蚕食和"扫荡",开展了严重的交通斗争,什么"铁壁合围",什么"梳篦战术",敌人着重采取碉堡政策和公路分割来限制我们的活动。特别在冀南平原,被搞得碉堡如林、公路如网,敌伪活动异常猖獗,此时,冀南干部有诗道:"夜住炮楼下,仰望路上灯,天天有'扫荡',天天跑敌情。"所有这一切结果,一方面固然是由于敌人的进攻,然而主要是彭德怀、邓小平、杨尚昆等人镇压群众运动和打击革命干部的必然结果。

一九四三年,在太行山高干会议上,彭德怀、邓小平、罗瑞卿又提出"民主建政"是敌后根据地的中心环节,要实行"自由、平等、博爱","己所不欲,勿施于人"政策,直接同毛主席的"放手发动群众,坚持武装斗争,巩固和扩大抗日根据地,以争取战后优势"的政策相对抗。敌后抗战的经验证明,发动群众是巩固根据地的中心一环,而发动群众的过程便是根据地开创巩固与扩大的过程,群众发动得越充分,根据地就越巩固。其次,我们认为必须要放手发动群众坚持武装斗争,这两者是不可分离的,毛主席教导我们:"枪杆子里面出政权",离开枪杆子,离开群众,只"依靠民主",依靠对敌人讲"自由、平等、博爱"感化敌人,是建立不起来的,而且还非垮下去不可。

我们反他们这些反毛泽东思想的家伙,罗瑞卿在会议发言生气地说,你们说北方局没发动群众,没有掌握群众运动的规律,难道华北根据地是上帝恩赐的吗?他们就这样连同一气批评我们"左倾"。说什么"左"比右好,是涂红的妓女,说冀南在农村中基本群众占优势是教条,是左倾空谈主义。

会议经过激烈争论,不欢而散。会后,彭德怀要我留在北方局党校整风,实际是利用叛徒刘锡伍、杨献珍把我狠狠地整了一通。这是第三次泼冷水,由此可见所谓抗战时期冀南工作的左右摇摆。尤其令人不能容忍的是,彭德怀只要运动战,不要游击战,同毛主席唱对台戏。

一九四二年,中央发布了土改政策指示,李富春同志写了"论八路军、新四军地区发动群众是中心的环节"的文章,但对土地政策的指示,彭德怀拒不向下传达。这时冀南根据地,由于敌人分割,形成五里一堡,天天跑扫荡,情况极为残酷。已失去发动群众的良好时机,在武汉失守后,日本侵入内地,占领大片土地,由军事进攻为主,转入政治诱降为主,准备进攻西安、昆明、重庆,蒋介石躲在峨眉山上,而彭德怀、邓小平、罗瑞卿为了保卫蒋介石,便背着党中央、毛主席,搞了一个百团大战(由三十六个团打起,发展到一百个团)提出"粉碎日本诱降政策、保卫西安、昆明、重庆"。保卫西安、昆明、重庆实际就是保卫蒋介石。百团大战,由于彭德怀搞的是运动战,因而暴露了自己的兵力,致使敌人调动一百多万兵力,对各战略区进行铁壁合围,进行大扫荡,而蒋介石坐在峨眉山上观战,养精蓄锐,直到抗战胜利后直下峨眉摘桃子。一九四二年百团大战使我军伤亡很大,左权牺牲,接着彭又搞了个"编并政策"即编地方游击队为正规军,这是百团大战后主力损失过大的必然结果,也正因此,使乡村空了,没有游击队,日本人来了,杀的人民很惨。我和地方干部连同冀南军区司令反对他这种编并政策,彭德怀便骂我们是地方主义。彭德怀的百团大战对人民、对革命、对毛主席犯下了不可饶恕的罪行。而国民党、蒋介石则很高兴,高兴我们暴露力量,替他挑重担子,对十八集团军制嘉奖令,连声赞喊"再来一个"!

皖南事变后，一九四二年刘少奇从新四军返回，去延安，路过太行山，在太行山做了一个题为《中国革命的战略与策略问题》的报告，我认为刘少奇的所谓"革命战略与策略"还不如说是投降的战略与策略更准确。刘少奇在报告中说："国民党不是一个阶级的政党，而是几个阶级的联盟"，"有的同志把国民党认为即资产阶级或资产阶级政党，因此用对待资产阶级的态度对待国民党是不对的。其实资产阶级并不等于国民党……因此，反对资产阶级，特别是反对大地主大资产阶级的时候，并不一定要反对国民党，如果大地主、大资产阶级叛变革命，国民党并不一定要叛变革命；我们尤其不能拿对待大地主、大资产阶级的态度去对待国民党。"并进一步为国民党吹嘘说："国民党有很大的力量，甚至可以说世界上没有任何一个党有它这样的权力，它掌握庞大的政权，拥有几百万武装，在中国人民和世界上具有合法的地位。""因此三民主义国民党是一个具有很大作用的旗帜，孙中山、蒋介石两位国民党领袖，也同样是旗帜，……如被革命者拿到手里就是革命的旗帜。"真是肉麻极了，肉麻得不能再忍。稍有马列主义常识的人都懂得，凡是政党都是阶级的概念，都是阶级的政党，绝没有超阶级的政党，不是无产阶级的政党就是资产阶级的政党，就是地主阶级的政党。在阶级社会中，无产阶级和资产阶级绝不能组成一个统一的政党，过去没有，现在没有，将来也不会有。共产党就是无产阶级最高利益的代表，是替无产阶级，劳动人民说话的，人民拥护它，它在人民心中享有合法地位，而蒋介石国民党就是资产阶级的政党，就是资产阶级，特别是大地主大资产阶级最高利益的代表，人民反对它，它在人民心中根本没有合法地位，它只在资产阶级心中有合法地位。要想反资产阶级，特别是反对大地主大资产阶级就必须反对国民党，国民党的头子蒋介石本人就是大资产阶级，是四大家族的头子，是大地主大资产阶级的代理人，反对资产阶级，特别是反对大地主大资产阶级不反对蒋介石及其所领导的代表资产阶级利益的国民党怎么能行呢！"皖南事变"以后种种事件表明统一战线已濒于崩溃，代表资产阶级利益的蒋介石国民党更是反动已极，早已成为革命的死对头，反革命的急先锋，面临这样铁的事实，刘少奇为什么还瞪着眼睛瞎说什么"国民党不一定叛变"呀!"我们不能对待大地主、大资产阶级那样对待国民党"呀!要"拿到蒋介石这面旗帜"呀!等等,表面看来很奇怪,其实连同前边一看也不奇怪,刘少奇不是三六年就叛变革命投降蒋介石国民党了吗?那么作为早期投降分子的刘少奇在这里替国民党蒋介石吹捧,帮蒋介石的忙还有什么奇怪的呢?

刘少奇在给国民党蒋介石制造舆论之后,便大胆的讲出了自己的心里话,刘少奇说:"我以为中国革命能在国民党三民主义这面旗帜下进行,至少是民主革命这一段,要比其他旗帜顺利得多。国民党可以成为统一战线,特别是抗日民族统一战线,最通俗、最合法的形式、最现成的形式,另外来个组织形式结果会使革命增加许多困难。"这样,在刘少奇看来中国革命必须在国民党、蒋介石的旗帜下进行,否则是不顺利或不行的,言外之意在共产党革命的旗帜下是不顺利或不行的。毛主席说:"在抗日民族统一战线中应以共产党为主体,坚持抗日独立自主的方针。"然而刘少奇在这里却公然把国民党和统一战线完全等同起来,以国民党代替统一战线,并把它合法化,要我们服从它,提出统一战线高于一切,一切经过统一战线,一切服从统一战线,而刘少奇说的统一战线不是别的,就是蒋介石国民党,要我们"一切服从统一战线",其目的也在于要我们服从国民党、服从蒋介石;要我们"一切经过统一战线",其目的也就在于要我们一切活动都要经过国民党蒋介石批准才行。

从"国民党不是法西斯"到"蒋介石还是一面旗帜",乃至要我们"拿到这面旗帜"都不能不看出刘少奇之流是配合国民党的反共政策反对共产党、反对毛主席的,要我们服从国民党、蒋介石,是刘少奇之流投降面目的大暴露。还是毛主席说得好:"国民党政府还经常以不服从政令、军令责备中国共产党。但是我们只能这样说:幸喜中国共产党人还保存了中国人民的普通常识,没有服从那些实际上是把中国解放区再送交日本侵略者的这种所谓'政令''军令',例如一九三九年的所谓'限制异党活动',一九四一年所谓'解散新四军'和'退至黄河以北',一九四三年的所谓'解散中国共产党',一九四四年的所谓'限期取消十个师以外的全部军队',以及在最近谈判中提出来的所谓将军队和地方政府移交给国民党,其交换条件是不许成立联合政府,只许收容几个共产党员到国民党独裁政府里去做官,并将这种办法称之为国民党政府的'让步'等等。幸喜我们没有服从这种东西,替中国人民保存了一片干净土,保存一支英勇抗日军队。难道中国人民不应该庆贺这一个'不服从'吗?难道国民党政府自己用自己的法西斯主义政令和失败主义军令,将黑龙江至贵州省的广大土地、人民送交日本侵略者,还觉得不够吗?除了日本侵略者和反动派欢迎这些'政令''军令'以外,难道还有什么爱国的有良心的中国人欢迎这些东西吗?没有一个不是形式而是实际的,不是法西斯独裁的而是民主的联合政府,能够设想中国人民会允许中国共产党人,擅自将这个获得了解放的中国解放区和抗日有功的军队,交给失败主义和法西斯的国民党,法西斯独裁政府吗?假如没有中国解放区及其军队,中国人民的抗日事业还有今日吗?我们民族的前途还能设想吗?"不能,绝对不能,如果刘少奇之流的阴谋得逞,国民党蒋介石的阴谋得逞,党、国家、民族的前途真是不堪设想啊!

四、拒绝传达"七大"报告,对抗中央指示,反对毛主席的革命路线

毛主席在七大结论《愚公移山》这篇文章中指出,"七大"是一个胜利的大会,是一个团结的大会。它决定了党的路线是:"放手发动群众,壮大人民力量,在我党的领导下,打败日本侵略者,解放全国人民,建立一个新民主主义的中国。"并向将要回到工作岗位和战场的同志们号召说:"大会闭幕以后,很多同志将要回到自己的工作岗位上去,将要分赴各个战场。同志们到各地去,要宣传大会的路线,并经过全党同志向人民作广泛的解释。"但是刘少奇却公开对抗毛主席的伟大号召,他对要回华北的代表们讲:"'七大'暂不传达,当前主要团结对敌为主","不能引起路线之争,不能引起党内纠纷",刘少奇为什么以团结为借口拒绝传达"七大"指示呢?要团结谁呢?

难道毛主席在"七大"的报告是破坏团结的报告吗？说穿了，刘少奇的所谓"团结"，就是团结彭德怀、罗瑞卿之流，因为彭德怀执行的是右倾投降路线，而这条右倾投降路线又是直接来源于刘少奇的。刘少奇不让传达"七大"指示的目的，就是不让毛主席正确的、战斗的、革命的路线进入华北。继续推行他的右倾投降主义路线，以此代替毛主席的革命路线，为国民党效劳到底。

一九四六年邯郸会议，国民党反动派对解放区正准备发起大举进攻，刘少奇及其同伙仍然坚持顽固推行右倾投降路线，各地区干部和群众极为不满，纷纷要求传达"七大"报告，进行学习和讨论，我当时是冀南地区组长，又是中央局委员，曾在常委会反映这个意见，但是只是薄一波出面代替彭德怀解释一下说，以后与刘少奇、邓小平研究一下再传达，谁知道此后竟如石沉大海，一去杳无音信。尤其不能容忍的是，薄一波认为凡是要求传达"七大"的人，都是想引起路线之争，都是想搞不团结，都是引起思想混乱，挑起党内纠纷，都是不团结对敌。特别是四六年在中央局党校两条路线斗争最激烈时期，薄一波还恫吓要求传达"七大"的同志"前方抗战"，你们在"后方捣乱"。以此来压制革命群众的正义要求，拒不传达"七大"报告。甚至一九四七年全国土地工作会议上仍不传达，我气极了，我写了发言提纲要求发言，要揭发批判彭德怀等人的错误路线，但是薄一波以"不发言为妙"把我压了下去，然而薄一波和他的主子对我极为不满，说我坚持王明错误路线，以调我到延安学习为名，实际上是把我撤职，让刘的得意爪牙王从吾代替我的书记职务。我虽然被撤职了，但是得出一个规律，抓住刘少奇及其同伙的一个特点，那就是得出每当他们要推行右倾投降路线时，他们总是把坚持正确路线、坚持或基本坚持毛主席革命路线的人打成是"左"倾机会主义或"左"倾冒险主义，把他们说成是王明路线的坚持者或推行者，再借反对王明错误路线来反对坚持正确路线、来反对坚持或基本坚持毛主席革命路线的，其目的是抵制和反对实行毛主席的革命路线，推行自己的那一套右倾投降主义，或推行"形'左'实右"的资产阶级反动路线，这一点是刘少奇之流惯用伎俩，我们必须给予揭穿。

据了解，在刘少奇之流的阻拦下，华北始终没有传达"七大"。刘少奇坚持资产阶级反动路线，抗拒毛主席的革命路线并不是一天两天的问题，而是由来已久的，不把他和他的同伙从中央从各领导部门赶出去怎么能行呢？

五、刘少奇在全国解放前夕的投降活动

日本投降后，三年解放战争时期，形势对我们极为有利，解放区扩大了，党员增加了，军队武装也得到了进一步的发展和壮大，人心所向是共产党，是毛主席。但是，另一方面，蒋介石处于死亡的边沿，他不甘心于自己的失败，垂死挣扎。正是毛主席所说的："国民党一方面同我们谈判，另一方面又在积极进攻解放区。包围陕甘宁边区的军队不算，直接进攻解放区的国民党军队已经有八十万人。现在一切有解放区的地方，都在打仗，或在准备打仗。'双十协定'上第一条就是'和平建国'，写在纸上的话和事实岂不矛盾？是的，是矛盾的。所以要把纸上的东西变成实际，还要靠我们的努力。为什么国民党要动员那么多的军队向我们进攻呢？因为他们主意老早定了。就是要消灭人民的力量，消灭我们。"国民党蒋介石手持刀枪，"剿匪手册""剿匪命令"，口念"和平经"，大肆向解放区进攻，大肆屠杀革命群众，刘少奇也就在这个时候，在解放区呼应国民党，提出："抗战已经结束，和平民主的新时期已经到来"，"和平民主时期不是靠枪杆子逞锋，而是靠选票进城"。于是就兴高采烈地准备参加"伪国大"，下令让各地区选代表去南京开会，去国民政府戴乌纱帽、当议员。后因国民党不干，主席又拒绝，才未能得逞。刘少奇为什么在国民党大肆杀人的时候下达这样的命令呢？我认为其目的基本有二：

第一，用和平口号麻痹人民的斗志，使革命人民对国民党蒋介石丧失警惕，为国民党打内战，消灭共产党创造条件。

第二，以所谓"和平"代替毛主席的革命斗争，让革命干部、八路军放下枪杆子，解除武装，投降国民党，领取选票进城去当官，达到国民党一党专政的目的。实现国民党提出的所谓"统一政令"，吞并共产党的反动目的。

主帅目的明确,一马当先,当然他的得力干将也不能示弱。叛徒薄一波一九四六年在邯郸传达刘少奇指示更是发挥得淋漓尽致,说:"和平民主时期已经到来,军队不要那么多了。以后就像打渔杀家的萧恩一样,他有两个朋友,一个叫小霸王周通,一个叫锦毛吼倪龙等,虽然在民间还有点武装。"国民党在重庆谈判时极力压缩共产党人民军队的编制,并妄图以"统一军令",从根本上取消中国共产党领导的人民军队,吃掉解放区。而刘少奇、薄一波则同国民党一唱一和,说什么"不要枪杆子逞锋","军队要复员,不要那么多了,要多多复员"。只要我们一对照,刘少奇之流站在什么立场上,替谁说话,不是十分清楚了吗?毛主席说,对国民党蒋介石就是要针锋相对,就是要"寸权必夺、寸土必争"。而刘少奇之流这一套,只要用毛主席思想一衡量,就会很清楚地看到它是与毛主席思想直接相对抗的,是反毛泽东思想的东西。是投降国民党蒋介石的东西。如其得逞,中国人民几十年的革命果实将被刘少奇之流拱手送给国民党、送给蒋介石。

六、刘少奇在土改运动中制定和推行的资产阶级反动路线必须彻底批判

在四清和无产阶级文化大革命运动中,刘少奇对抗无产阶级文化大革命,制定和推行一条形"左"实右的资产阶级反动路线。这条资产阶级反动路线的出现也并非偶然,是有他的历史根源的。刘少奇在一九四七年土改时也是同毛主席相对抗,制定和推行了一条形"左"实右的资产阶级反动路线。刘少奇在一九四七年晋察冀中央局会议上讲土地改革:"要派出工作组,组织贫农团,超越党支部,进行搬石头,踢开区村干部。"并大肆诬蔑毛主席在抗战时期提出的减租减息政策,说什么"土改在抗战时期有什么不可呢?"言外之意,毛主席在抗战时期提出的减租减息政策错了,这就是说毛主席"右"了。然而说也奇怪,刘少奇现在认为右的,在抗战时期他却认为是过"左",刘少奇真是一个变色龙,要怎么样就怎么样,当他右时,他就说你"左",当他形"左"实右时,他就说你是"右"。总之,他自

己一切皆对，别人一切皆错，听他的一切皆对，不听他的一切皆不对。刘少奇派出土改工作组，给他们至高无上的权利，踢开当地党支部和区村干部，脱离群众顽固推行他的形"左"实右的资产阶级反动路线。刘少奇说："地主反攻杀我们的人，他杀我们一百人我就杀他一千人，消灭他们。不杀则不杀，杀就杀干净，杀他一家。"结果在土改时期有杀人过多的现象，据闻确实有的地方把小孩子都杀了。同时更为严重的是，有的还杀了我们的阶级弟兄。

刘少奇说："照顾中农，不侵犯中农利益，不是绝对的，但联合中农是绝对的。"因此引起有些地区普遍地斗争中农，严重地破坏贫农与中农的团结。刘少奇说："富农不能不动，但也要留几家"，因此，有些地区，不只是普遍地消灭富农，对地主与富农政策不分，而且大大侵犯了中农利益。刘少奇说："地主剥削农民，在城市中兼管工商业，他的土地、财产和工商业，要让农民搞他个干干净净。"因此引起各根据地普遍地斗争工商业者，形成消灭资产阶级，以致引起城市萧条，大大不利于农业生产，不利于无产阶级和贫下中农。

后来毛主席在《晋绥干部会议上的讲话》和任弼时同志的"知识分子问题"报告，纠正了这一错误。之后，一九四八年，毛主席又在《关于目前党的政策中的几个重要问题》一文中指出："极少数真正罪大恶极分子，经人民法庭认真审讯判决，并经一定政府机关（县级或分区一级所组织的委员会）批准枪决予以公布，这是完全必要的革命秩序。这是一方面。另一方面，必须坚持少杀，严禁乱杀。主张多杀乱杀的意见是完全错误的，它只会使我们党丧失同情，脱离群众，陷于孤立。"同时毛主席也批评了一切权利归"贫农团"，不要党领导，"贫雇农打江山坐江山"的思想，毛主席说："必须将贫雇农的利益和贫农团的带头作用，放在第一位。我党必须经过贫雇农发动土地改革。必须使贫雇农在农会中在乡村政权中起带头作用，这种带头作用即是团结中农和自己一道行动，而不是抛弃中农由贫雇农包办一切。在老解放区中农占多数贫农占少数的地方，中农的地位尤为重要。'贫雇农打江山坐江山'的口号是错误的。在乡村，是雇农、贫农、中农和其他劳动人民联合一道，在共产党领导之下打江山坐江山,而不是单独贫雇农打江山坐江山。"毛主席及时地纠正了刘少奇等人的错误路线,才使土改运动沿着一个正确的方向前进。

刘少奇不仅在土改运动中顽固推行形"左"实右的资产阶级反动路线,在中农、富农及其工商业问题上都有严重错误,而且还大搞经济主义,破坏生产。刘少奇在同一报告中说:"农民有了土地没有钱,我们就贷款帮助他们生产,为了这个目的多印票子膨胀也是好的,这是为一千二百万人而膨胀,对生产有好处,对人民有好处,这就叫作财政服从经济。膨胀就膨胀,越膨胀人民越富足。"农民要生产当然我们要帮助,但是更重要的是鼓励农民自力更生,奋发图强,要大量印票子,搞的通货膨胀,对人民非但没有好处,非但不能富足,相反还得穷,越膨胀就会使人民越穷,不仅使人民穷,而且把解放区、把人民政府非拖垮不可。所以毛主席反对这种经济主义,毛主席说:"我们有许多困难,通货膨胀已到了相当大的程度,而我们的组织工作特别是财经方面的组织工作不够,则是形成这种困难的原因之一。"刘少奇形"左"实右的土改政策和经济主义给革命带来很大损失,破坏了解放区的经济和生产,损害了贫下中农的利益,给革命带来很大困难,要不是毛主席给予及时纠正,土改、整党的革命成果,很快就会葬送在刘少奇的手里。

刘少奇在土改方面,制定和推行了资产阶级反动路线,然而刘少奇在文化大革命中检查说什么"我没及时制止"。意思是别人搞的,他没有及时帮助改正,刘少奇是没有及时制止的问题吗?不是的!刘少奇不仅是土改运动中资产阶级反动路线的制定者,而且是顽固地推行者,直至毛主席纠正了,他还依依不舍。所以刘少奇在土改运动中的资产阶级反动路线必须彻底批判,刘少奇的经济主义必须彻底肃清,必须连同"四清"和无产阶级文化大革命运动中的资产阶级反动路线一起打倒!彻底粉碎刘少奇的资产阶级反动路线!彻底粉碎刘少奇的经济主义!

七、结语

根据刘少奇过去的种种罪恶活动和无产阶级文化大革命中革命

同志及红卫兵小将们揭发出来的种种问题，足以证明刘少奇是一个地地道道的党内走资本主义道路的当权派，是一个大叛徒，是中国的赫鲁晓夫，是中国长期以来反党反社会主义反毛泽东思想的总头子，是篡党、篡军、篡政，复辟资本主义的野心家。无产阶级文化大革命把他揪出来了，好得很！这是毛泽东思想的伟大胜利！

我过去虽然属于刘少奇领导的北方局，对刘少奇虽然有所了解，对刘少奇的错误路线虽然过去反对过，但是由于毛泽东思想学得不好，学得不深，学得不透，也犯过这样或那样的错误，给革命造成了损失，追忆这些十分痛心，同时对刘少奇的错误的认识还只是局限一般，还不能上纲，虽然斗争过，反对过，但也盲目执行过，特别是一遇打击，一遇围攻，一遇到困难，就束手无策了，特别是缺乏坚持下去的精神。例如一九三七年，我曾与李一夫等人联名上书反对过刘少奇对白区工作的总结，提出六点不同于刘少奇的意见，但是在刘少奇组织人围攻我们时，强迫我们承认是"左"倾错误时，我也无能为力。直到一九六〇年他们开除我党籍时还给我定罪，说我"曾一贯坚持白区工作的错误路线，反对刘少奇同志的正确路线，并联名上书反对刘少奇同志到北方来。"再如对彭真、薄一波，三六年写叛党启事出狱问题，我当时就怀疑过，上书中央，被刘少奇、洛甫批评后我又当面质问过彭真三六年叛党出狱的问题，但彭真斥责我不冷静，说是"组织决定"，我也就把它放过了。总之，过去对刘少奇之流的斗争是有的，但是缺乏一个无产阶级的韧性精神，缺乏一个拼到底的精神，缺乏"舍得一身剐，敢把皇帝拉下马"的大无畏革命精神，严格检查起来，是对革命不负责任，是对革命不关心。应当向党向毛主席检查。

但是自无产阶级文化大革命以来，大好的革命形势给我很大的鼓舞，特别是使我从刘少奇、彭真、安子文、廖鲁言等人的包围中解放出来，有了说话的机会，有了揭发他们的机会。因此，我有决心积极地投入到文化大革命运动中去，揭发刘少奇及其同伙的问题，和红卫兵小将站在一起，誓死捍卫以毛主席为首的党中央，誓死保卫毛主席。

现在看来，刘少奇的问题，虽然揭发的很多，但是大多数是文化大革命中的问题,而过去的,在白区、在北方局的问题揭发的少。据我了解,不是刘少奇过去没有问题,而是因为过去同刘少奇在一起的,了解刘少奇的,大多数是刘少奇的同伙,是刘少奇的干将和爪牙,怎么能设想他们能很好地揭发刘少奇呢?他们是同病相怜的,是不能揭的。当然,我今天揭发的也只是一部分,以后我还要详细揭发。我已写信呈报毛主席和党中央,成立一个"老头造反团"来彻底揭发批判。

无产阶级文化大革命万岁!

光荣、伟大、正确的中国共产党万岁!

战无不胜的毛泽东思想万岁!

伟大的导师,伟大的领袖,伟大的统帅,伟大的舵手毛主席万岁!万岁!万万岁!!

一九六七年一月三十一日

刘氏《修养》的出笼与再版

红旗反修战斗队

《红旗》第24期,1967年4月4日

一九三八年抗日战争进入相持阶段。以王明为代表的右倾机会主义,提出"一切通过统一战线"的投降主义口号,无原则地迁就国民党,并要把抗日战争的领导权交给国民党。对于这种投降主义的危险,毛主席做了坚决的斗争。三八年十月党的六届六中全会上,毛主席在《中国共产党在民族战争中的地位》的报告中,英明地指出:"在今后抗日形势中,从政治上反对右的悲观主义,将是头等重要的。"全国人民在毛主席的英明领导下,克服了右倾机会主义。在这种情况下,刘少奇于三九年七月抛出《修养》一书。

在《修养》一书中,刘少奇脱离当时国际、国内阶级斗争形势,根本不提抗日战争，却想用资产阶级的唯心主义来改造我们伟大的党，并积极鼓吹阶级斗争熄灭论，宣扬叛徒哲学，企图迎合日本帝国主义和国民党反动派的需要，实行投降政策。

一九六二年大毒草《修养》再版。当时，我们遭受了连续几年的自然灾害。国际上，苏修配合美帝、印度反动派掀起一股反华恶浪。蒋介石匪帮也想卷土重来，反攻倒算，国内一小撮牛鬼蛇神疯狂地向社会主义制度进攻；党内的右倾机会主义分子配合社会上的牛鬼蛇神，恶毒攻击三面红旗。刘少奇，这个修正主义的总根子更是掩饰不住对毛主席的刻骨仇恨，公开为彭德怀喊冤叫屈，否定庐山会议。他在《修养》中说："党内'左'倾机会主义者对待党内斗争的态度，他们的错误是很明显的。……他们在党内并没有原则分歧的时候也硬去'搜索'斗争对象，把某些同志当作机会主义者，作为党内斗争中射击的'草人'。"看，他反动到何等地步！竟敢含沙射影地攻击我们心中最红最红的红太阳毛主席。

一九六〇年九月《毛泽东选集》第四卷这部光辉著作出版之后，全军、全党、全国掀起了一个轰轰烈烈的活学活用毛主席著作的高潮。刘少奇，这个反毛泽东思想的老手，对此怀恨在心，经过精心策划，于一九六二年再版了《修养》。很明显，这是妄想和毛主席的光辉著作分庭抗礼，用以抬高自己，诋毁毛泽东思想的巨大影响。

毒草出笼后，他利用职权、地位，大放其毒，从四九年到六六年公开发行了二十二种版本，内部又发行了二十一种版本，几年内共发行了 17,432,000 册。

少数民族版，蒙、藏、维、朝、哈五种共 116,960 册。盲文版 808 册。

外文版，英、法、俄、德、越、缅、西七种，共八十多个国家和地区。其中仅英、法、俄、德、缅五种文字就发行 150,560 册。

看，刘少奇的野心有多大！多么恶毒！

打倒中国的赫鲁晓夫——刘少奇！

撕掉刘少奇市侩哲学的遮羞布

原二系党总支副书记 高进位

《红旗》第 24 期，1967 年 4 月 4 日

毛主席在光辉的"老三篇"中教导我们要"毫不利己专门利人""毫无自私自利之心""我们这个队伍完全是为着解放人民的，是彻底地为人民的利益工作的。"也就是林彪同志多次指出的：提倡一个"公"字，要一心为公。

（一）刘少奇提倡一个"我"字

刘少奇在"党员个人利益无条件地服从党的利益"这一节里，在大量的革命词句的掩盖之下，通篇的中心，是强调一个"我"字。他强调是有"个人利益"的，有"个性"，需要让党员"发展他自己"。他写道："不是说，在我们党内，不承认党员的个人利益，要抹杀党员的个人利益，要消灭党员的个性。党员总还有一部分私人的问题需要自己来处理，并且也还要根据他的个性和特长来发展他自己。"这段话就是通节的"中心"，十足的证明他是在引诱党员走上像他那样的资产阶级个人野心家的道路。这样还嫌不够，他还为党内滋长资产阶级个人主义在组织上给开了大门："党允许党员在不违背党的利益的范围内去建立他个人的以至家庭的生活，去发展他个人的个性和特长。"不是有一些个人主义严重的党员就用这样的"理由"与党组织分庭抗礼吗？他们不服从人民的需要，强调个人发展，强调要照顾个人特长，强调生活需要，把资产阶级腐朽的思想、兴趣当作正当合理的要求向党讨价还价，这种流毒的总根子，就是刘少奇，就是刘少奇的这本黑书。"公"和"私"是根本对立的，不破私就不能立公，刘少奇所说的"公""私"兼顾实际上是在提倡"我"字。刘少奇本人，正是"我"字第一的资产阶级个人野心家的范例，看看他的"生活"，他的"个性"，他的"发展"，就知道他上述的黑话是在提倡"我"字，是在为他的个人野心辩护，是在腐蚀党员。

(二）刘少奇宣扬市侩哲学

更恶毒的是，刘少奇不仅向党员口蜜腹剑地射出颗颗糖衣炮弹，而且他以党的领导者自居，来教训党组织："党的组织和党的负责人，在解决党员问题的时候，应该注意到党员的工作情况，生活情况，教育情况，使党员能够更好地为党工作，使党员能够在无产阶级的革命事业中不断地发展自己，提高自己。特别是对于那些克己奉公的同志们要给以更多的注意。"这是地地道道的市侩哲学。一方面，他企图把战斗的无产阶级先锋队拉下来，堕落为谋私利的小团体。另一方面，企图给他的"吃小亏，占大便宜"的市侩哲学给予组织上的保证。指示党组织要"特别是对于那些克己奉公的同志们要给以更多的注意。"这就是为了使得像他那样阴险的个人野心家能够"吃小亏，占大便宜"，以达到他招降纳叛，实行篡党篡军的罪恶目的。原来，刘少奇说的"党员个人利益要无条件的服从党的利益"是假的，只不过是贩卖市侩哲学，提倡"我"字的一块遮羞布。

(三）灵魂深处的暴露

按照刘少奇所说，如果没有"个人打算"的党员是什么样的人呢？刘少奇丝毫不敢触及"全心全意为人民服务"的问题，闭口不提在当时的抗日形势下应该怎样起模范作用。而是单纯的奢谈什么"有很好的共产主义道德""有最大的革命勇敢""最好的学习到马克思列宁主义的理论和方法""最诚恳、坦白和愉快""最高尚的自尊心、自爱心。"实际上是"有如'日月之食''慎独''委曲求全'"的封建士大夫和资产阶级的那一套，是"圣人"的标准，也就是个人野心家的标准。

"公"与"私"的核心问题，是对待生与死的态度。毛主席教导我们："为人民而死。就是死得其所"。教育我们"下定决心，不怕牺牲，排除万难，去争取胜利。""随时准备拿出自己的生命去殉我们的事业。"刘少奇是怎样对待生与死的问题呢？他宣扬的是"杀身成仁""舍生取义"。啊！原来，死也是为了自己，为了"成仁""取义"，流芳千古。这就在节骨眼上充分暴露了刘少奇是一个地地道道的个人野心家、伪君子。总之，刘少奇的"修养"，是欺人之谈，说得似乎娓娓动听，其实是糖衣炮弹；是一部典型的修正主义的代表作，是一株反党、反社会主义、反毛泽东思想的大毒草，是疯狂攻击党、攻击毛主席的罪证，是刘少奇这个个人野心家的不打自招的供词。让我们拿起笔作刀枪，把刘氏的"修养"批倒、批臭！在批判和斗争中活学活用毛主席著作。

刘氏《修养》就是叛徒哲学

追打刘邓兵团

《红旗》第 25 期，1967 年 4 月 6 日

刘少奇的黑《修养》是一篇反马列主义、反毛泽东思想的大毒草，是培养个人野心家、机会主义分子、修正主义分子的教科书，是地地道道的叛徒哲学！

在这本黑书中，中国人民的大叛徒刘少奇无耻地写道："他可能有最高的自尊心、自爱心，而在为了党和革命的利益的前提下，他最能宽大，容忍与委曲求全，以至在必要时忍受各种屈辱而毫无怨恨之心。……他也能够为了党和革命的利益而钟爱自己，保护自己的生命与健康，增进自己的理论与能力。但在为了党与革命的某种重要目的，而需要他去忍辱负重，作他心所不愿的工作之时，他能毫不推辞地担负最困难而最重要的一着。他不把困难给别人。"在蒙着"革命""党的利益"等迷人的招牌下他所贩卖的是什么"自爱心"了，什么"钟爱自己"了，完全是叛徒的活命哲学！下面我们就看看刘记叛徒网的罪恶事实吧！

在国家与民族生死存亡的危急关头，为了抗日救国的正义事业，为了人类的最后解放，无数革命先烈大义凛然，慷慨就义，为了中国

人民的解放事业洒尽了最后一滴血。他们崇高的革命气节,磅礴的革命豪情,在中国共产党的史册上留下了光辉灿烂的篇章!

但是刘少奇这个披着马列主义外衣的恶狼,却假借中央名义,指使薄一波、杨献珍、安子文等一伙贪生怕死的狐群狗党,在敌人的监狱中屈膝投降,变节自首,用出卖革命的"反共启事"换取国民党反动派赏给的一条狗命!薄、杨、安之流在"反共启事"中无耻地写道:"现已诚心悔悟,愿在政府领导下,坚决反共,作一忠实国民。"他们在出狱时竟向蒋介石的狗头像鞠躬行礼,接受蒋匪特务的训话,奴颜婢膝,丑态百出,完全堕落成了不齿于人类的狗屎堆!

为了忠实执行叛徒头子刘少奇的黑指示,为了达到叛变革命、苟且偷生的罪恶目的,薄、杨、安等人对在狱中坚贞不屈英勇斗争的刘格平同志进行了残酷迫害。他们恶狠狠地威胁说:"这是组织命令、军事命令,只能执行,不能讨论。如果不出来就是不服从组织决定,就要开除党籍"。真是无耻到了极点!

刘格平等革命同志在沉重的压力面前没有屈服,薄一波等人更是暴跳如雷,竟气势汹汹地叫嚷:"谁怕上当谁别干,大家都不干,我一个人也干!"真是混蛋透顶!

就是这一群可耻的叛徒,出狱以后,在大叛徒头子刘少奇的包庇下,一个个地加官晋职,飞黄腾达,爬上了党和国家的重要岗位。当前已查出的刘记叛徒网,遍布华北、华东、中南、西南各地,把持了许许多多重要的党政大权,成为刘少奇篡党、篡政的社会基础;成为一批走资本主义道路的当权派;成为今天一批最顽固的资产阶级反动路线的推行者。

而敢于对抗刘少奇的黑指示,坚持斗争到底的刘格平等好同志,解放以来却一直受到刘、邓的打击迫害,这就是在《修养》的马列主义画皮下掩盖着的包庇叛徒、打击革命左派的实质!这就是《修养》的叛徒逻辑!

对刘氏《修养》"学得最好""感受最深"的正是这批大叛徒。时至今日,刘记大叛徒刘有光、刘尚之竟还恬不知耻地说:"我一直认为,这是一段光荣的历史,我这是抛弃个人名节,服从了党的利益。"

这一段话正暴露了黑《修养》为叛徒涂脂抹粉的真面目！

按照他们的逻辑，无条件服从修正主义的黑纪律，屈膝投降，变节自首，叫作为革命忍辱负重；而保持共产党员的崇高气节，对抗出卖革命的黑指示，叫作不服从组织命令，就要开除党籍。这不是彻头彻尾的"革命有罪，叛变有理"的叛徒哲学吗？

按照这条逻辑，"为了党与革命的某种重要目的，而需要他去忍辱负重"，就是为了刘少奇篡党、篡政的个人野心而要某人投降变节时，能"毫不推辞地担负"，就是为刘记修正主义集团效劳卖命！他所谓的党，不是共产党，而是国民党，是修正主义的党，他所说的"革命"，就是反革命！

按照这种逻辑，为了党和革命的利益而"钟爱自己""保护自己"的狗命就是"脑袋丢了，原则还有什么用"的叛变投敌、苟且偷生的哲学！

革命的同志们！真正坚强不屈的革命志士惨遭屠杀迫害，他们用鲜血和生命换来的胜利果实却被这批无耻的叛徒篡夺瓜分，并且至今还妄图篡党、篡政，还妄图改变我们国家的颜色，我们还能让这样的现象继续下去吗？不能！绝不能！！刘记叛徒从党内滚出去！打倒刘少奇！打倒邓小平！

我为什么保了院党委

——控诉黑修养对我的毒害

2581 红旗战士 赵艳华

《红旗》第 25 期，1967 年 4 月 6 日

毛主席说："共产党员对任何事情都要问一个为什么，都要经过自己头脑的周密思考，想一想它是否合乎实际，是否真有道理，绝对不应盲从，绝对不应提倡奴隶主义。"可是刘少奇在他的黑《修养》

中却对抗毛主席的最高指示，大力提倡奴隶主义，把无数朝气蓬勃、敢想、敢干的革命青年变成唯唯诺诺，唯命是从的庸人，企图变成他搞资本主义复辟的殉葬者。

我原是个敢想、敢说、敢干的人，对于领导的话我都要想一想是否合乎道理；我也很好提意见，不管是团支部还是班上党员有什么问题，我都要当面指出，就是党支部书记亲自出马，我也要和她辩论辩论。然而在修正主义党支部的控制下，在那"革命有罪，造反无理"的日子里，本来这些符合毛泽东思想的东西也变成了罪过，转弯抹角地给我扣上了"对党不满""反党"的大帽子，说什么"贫农也可能成为反革命""对党员不满就会走上反党的道路"，并且还极力用修正主义的那一套来改造我，党支部书记×××对我说："你气量太小了，人家宰相肚里还能撑船呢！"也有的同学说我修养不高，更有的团总支副书记在党课学习会上说："组织与个人的关系就比如主人和狗的关系……"在这种政治压力下，自己对以前的做法发生了怀疑，感到自己没有处理好个人和组织的关系，自己的修养不高。于是从六五年我就开始学起黑修养来了，特别反复地学了"党员个人利益无条件服从党的利益"一节。由于毛泽东思想没有在自己头脑中牢固扎根，因此，黑修养的毒素就慢慢在自己头脑中起作用，什么"党性""党的观念"啦，什么"组织观念"啦，什么"容忍"和"委曲求全"啦，什么"绝对服从"啦……"这样，在自己头脑中的奴隶主义思想增多了，造反精神减弱了，基层党组织的领导"就代表党的领导"这个概念也慢慢形成了。

去年六月二日广播了第一张马列主义大字报，轰轰烈烈的文化大革命开始了，这时走资本主义道路当权派吓得脸色发黄，浑身是汗，耍了各种阴谋诡计，企图扑灭文化大革命的烈火，由于自己奴隶主义思想的存在，又怕被扣上"反党"的帽子，因此，对院党委的话也不加怀疑，也不敢怀疑。周天行说院党委是革命的我就信以为真；他说成绩是主要的，我就说是七分成绩三分错误；党支部让我抄大字报，我还认为这是为党多做工作的好机会，让我对同学思想进行排队，我也一一照办。充当了院党委镇压群众运动的打手，为文化大革命设下层层障碍,若不是毛主席"造反有理"的教导,若不是广大革命同志对我的帮助,我还不知道要在错误的道路上滑得多么远呢!

我为什么会犯错误,会保了院党委呢?其祸根就是刘少奇的黑《修养》,在他的臭《修养》中,不谈阶级和阶级斗争,不谈夺权斗争,通篇讲什么如何为人处世,贩卖封建主义、资本主义的臭货;不提倡在大风大浪中锻炼成长,极力提倡闭门自我修养;不提倡革命造反精神,大力提倡奴隶主义。如果这样修养下去就会把人变成满口仁义道德而满肚男盗女娼的伪君子,变成唯命是从没有首创精神的政治庸人,这样,我们的国家怎么不出修正主义呢?资本主义怎么能不复辟,我国怎能不变颜色呢?刘少奇就是我国最大走资本主义道路当权派,《论修养》就是特大毒草,我一定要奋起毛泽东思想的千钧棒彻底把它砸烂。刘少奇滚出党中央!刘少奇的黑《修养》见鬼去吧!

从文化大革命看我中刘氏《修养》之毒

红旗战士 原491大班政治指导员 范玉青

《红旗》第26期,1967年4月8日

毛主席说:"凡是错误的思想,凡是毒草,凡是牛鬼蛇神,都应该进行批判,决不能让它们自由泛滥。"在这场史无前例的无产阶级文化大革命中,由于我过去中刘氏"修养"之毒较深,走了一段弯路。从保院党委到思想上对其有所抵触,最后起来造反。从"保"到"造反"这中间的思想斗争是何等痛苦,日子是何等"难熬"啊!这是为什么?就是因为触及灵魂的文化大革命深深地刺痛了我的丑恶灵魂。

(一)"保"是偶然的吗?

早在学生时代,全党、全军和全国人民在林彪同志的号召下,掀起了举国上下活学活用毛主席著作的热潮,吓破了党内最大的走资本主义道路当权派刘少奇和他同伙的胆，他们为了配合国际上修正主义向革命人民的进攻，为了在国内培植修正主义制造舆论，就迫不及待地重新抛出反毛泽东思想的刘氏《修养》，与活学活用毛主席著作相对抗。在思想领域里企图以"私"字夺"公"字的权。在政治上企图以资产阶级专政代替无产阶级专政，这是何其毒也。毛主席教导我们："凡是要推翻一个政权，总要先造成舆论，总要先做意识形态方面的工作。革命的阶级是这样，反革命的阶级也是这样。"正是这样，前北京黑市委积极贩卖刘氏黑货，我院党委也积极推销，党员人手一册。加之别人的推荐，我也盲目的对此黑货崇拜起来，不止一遍地拜读过它，并且把它当作"圣经"一样作为"养身之道"

刘氏"修养"一开始就提倡什么要"真正刻苦修养，忠实作马克思列宁主义创始人的学生。"什么要"熟读马克思列宁主义书籍"等等。这个以"刘克思"自居的"皇上"，公开露骨地贬低毛泽东思想，反对学习毛主席著作，而鼓吹什么当"创始人"的学生，实际上说穿了，就是要当这位自称"刘克思"的学生，反对当毛主席的好学生。这是一条大毒计，而我未识破其毒，被刘氏"修养"的高级个人主义迷了心窍，一心想当什么"创始人"的学生，也置了几本马、恩、列、斯的书装装门面，对刘氏"修养"爱不释手，对欺人之谈刘氏"修养"中十足的唯心主义部分，我学不通时，还自卑地愤恨自己水平太低，就决心刻苦钻研。就这样，我还以自己正在沿着刘氏的"自我修养"轨道前进而得意，在我头脑中两军对阵，刘氏"修养"占了相当权威的地位。因刘氏"修养"和毛泽东思想是根本对立的，有了刘氏"修养"的地位，就没有毛泽东思想的地位。所以，当时我对学习毛主席著作根本不重视，不感兴趣，更谈不上能真正学到什么毛泽东思想了。毛主席说："共产党员对任何事情都要问一个为什么……绝对不应盲从，绝对不应提倡奴隶主义。"这一简单明白的道理我就是不懂，还怎能起来造反？

刘氏"修养"还振振有词地说："我们应该把自己看作是需要而且可能改造的，不要把自己看作不变的……。"他在这里公开嚣张地宣传，为了将来担任什么"大任"，要把自己看作，仅仅是看作是需要和可能改造的,热衷于宣传阶级斗争熄灭论,竭力鼓吹高级个人主义,使个人主义合法化,这些脱离活生生的阶级斗争和革命实践,提倡个人主义的"自我修养",纵容了我的资产阶级个人主义思想的滋长。为了成为什么"忠诚纯洁"的党员,不至于成为"不可雕的朽木""欺骗古人"等等,我就以其道行之。成天想着怎样在"思想、言论、行动上严格地约束自己",连个人的生活小节和态度也决不"越轨",决不触犯我的上级和周围同学,埋头于眼前的工作,忠诚于上级领导,领导讲什么,就做什么,紧跟领导,闻风而动。而对于造反精神强的同学,敢于对领导"顶撞",则蔑视为"落后""捣蛋",是"右派翻天",是"改造的对象"等等。至于我沿什么道路走下去,我根本顾不到。正如刘氏宣扬的"任从风浪起,稳坐钓鱼船。"就这样,在我还不懂得怎样关心国家大事,无产阶级专政和阶级斗争之时,在我年轻的灵魂上深深地烙上了"修"字号的刘氏"修养",我还怎能嗅到社会上资本主义复辟的臭气呢?还怎能看到修正主义的任意泛滥?还怎能理解这场文化大革命运动呢?还怎能有革命造反精神呢?不!只能"保",所以"保"绝非偶然的,是有着深深的修正主义思想基础的。看!党内最大的走资本主义道路当权派刘少奇把我拉到多么危险的道路上去了!

(二)这是世界观问题

保院党委绝不是偶然的。有人说:你们一向是"红人""老积极分子""老左派",是政治上既得利益者等等。所以命运决定必将是"保"!我说不!这没有抓住问题的要害。仅从形式上看问题,没有进行阶级分析。否则聂元梓等同志有一定政治地位的人还能最早起来造反呢?贴出全国第一张马列主义的大字报?为什么在运动中有许多革命干部是坚强的革命造反派,运动一开始就站了出来呢?绝不是因为我是党支部书记才"保"!政治地位决不是"保"的原因!这是不符合毛泽东思想的。在运动中所以有许多干部站不起来,其一,是由于刘、邓资产阶级反动路线,打击一大片,保护一小撮的干部政策,把干部打到群众的对立面。其二,也是根本的原因,是过去没有高举毛泽东思想伟大红旗,中刘氏《修养》毒较深,世界观没有得到根本的改造。毛主席说:"……就世界观来说,在现代,基本上只有两家,就是无产阶级一家,资产阶级一家。或者是无产阶级的世界观,或者是资产阶级的世界观。"所以在一系列的问题上与革命造反派观点不合、立场不同、感情不同、同造反派格格不入,就是因世界观不合而造成的。

(三) 起来造反

当我院文化大革命轰轰烈烈深入开展之时,当同学们一张张给我的大字报贴到饭厅,贴到宿舍,贴到办公室,贴到马路上时,我实在想不通。想自己是贫农出身,是党培养我长大成人,大跃进的五八年党把我送到航院学习,不久入了党,距今入党已有七年,一贯表扬,领导重视,我还会有什么问题吗?不知道问题就出在这里。自己没有参加过激烈的阶级斗争,又没有吃过什么苦,不懂得什么是革命,一贯听着颂歌长大的,从来没有听到一句"狠狠"的批评,而现在竟落到这样地步!思想斗争空前激烈,正在这样困难时期,经过同志们的帮助,我想起林彪同志的号召,我开始真正带着问题学习毛主席著作。正是久旱逢甘露,我如饥如渴地学习。特别是毛主席关于群众运动的论述。如在运动初期,当革命造反派学生起来向修正主义发动猛攻时,我看到群众运动中的一些小缺点,就认为不像话,太过分了,看不惯,心里很恼怒,站到运动的对立面。可是毛主席尖锐地批评指出:"现在有了这个变动,乃是革命完成的重要因素。一切革命同志都要拥护这个变动,否则他就站到反革命立场上去了。"给我狠狠地敲了警钟,我逐步"清醒"过来。毛主席还说:"上述那些事,都是土豪劣绅、不法地主自己逼出来的。"我一想现在革命群众愤怒得起来造反,不也是那些修正主义老爷们长期统治下逼出来的吗?我还有什么理由不支持革命群众呢?我的立场开始动摇起来。毛主席又说:"他们在革命期内的许多所谓'过分'举动,实在正是革命的需要。"我想到了毛主席的亲切教导,增加了我的革命造反勇气,逐步开始认识过去中刘氏《修养》之毒太深,思想感情和立场开始向造反派转变。红旗战斗队在八月份开始成立时,我在造反同学的鼓励下参加了红旗战斗队。这样,我在和红旗战士的共同战斗中,在红旗战士的帮助和感染下,我真正学到了毛泽东思想,逐步站到无产阶级革命路线一边,站到毛主席一边。更加痛恨刘氏《修养》,决心跟毛主席干一辈子革命,把刘氏黑《修养》批倒、批垮、批臭!挖掉修正主义总根子,誓把刘邓拉下马!

要彻底批判资产阶级反动路线,必须彻底肃清黑《修养》的流毒!

原团委书记　王惠民

《红旗》第26期,1967年4月8日

戚本禹同志的文章和红旗杂志评论员文章的发表,吹响了彻底批判党内头号走资本主义的道路当权派的进军号。全院革命师生,正高举毛泽东思想革命批判的大旗,向刘邓黑司令部发起猛烈进攻,批臭黑《修养》,批臭刘邓反动路线。

党内头号走资本主义道路的当权派,为了扼杀无产阶级文化大革命群众运动,保护党内一小撮走资本主义道路的当权派,抛出了资产阶级反动路线,派出了工作组,镇压革命群众,打倒一切干部。

他们对广大干部实行残酷打击,无情斗争,不分青红皂白打倒一切干部。根本没作深刻揭发,就罢掉了我"团委书记"和"党支部书记"的"官",硬把我拉入由广大中上层干部和四类分子组成的"劳改队",把我打成了"黑帮爪牙"。

他们害怕广大革命干部同广大革命群众结合在一起,害怕干部站起来革命,参加文化大革命。他们把要革命的干部同群众隔离开来,组成了"中上层干部管理小组",把我们关在教室里,门口还有"重兵把守"。他们采取了"封锁"政策,制定了种种框框,不准我们听中央首长的讲话，不准看文件，甚至连看大字报和《解放军报》的权利也被剥夺。而当广大革命干部起来造反时，他们却怕得要死，拼命镇压。我刚刚起来揭发党内走资本主义道路当权派，他们就说我把"矛头上引"是个大阴谋，在大会上点我的名，对我加压力，想把我在群众中搞臭。

是可忍，孰不可忍！

他们这么丧心病狂地打击广大干部，镇压干部起来革命，就是为了保住自己，让文化大革命流产！今天，党内最大的走资本主义道路的当权派已经被揪出来了！这是毛泽东思想的伟大胜利！

由于我过去没有很好地学习毛主席著作，反而把黑《修养》当作座右铭来学，中了不少毒。

在文化大革命中，我接受了《修养》中宣扬的"党的干部和党的领导人是党的利益的具体代表者"的反动谬论，保了党委，保了工作组，保了资产阶级反动路线。刘少奇极力抹杀阶级斗争，闭口不谈两条路线斗争，把路线斗争说成是思想意识、观点、习惯、情绪上的某些差别。我受了他的骗，在两条路线斗争中采取了"不介入"的态度，实质上是帮了反动路线的忙。

中毒最深的还是接受了《修养》中的要"忍辱负重""经得起冤枉委屈"，接受了《修养》中的"吃小亏，占大便宜"。所以对反动路线的迫害采取了"逆来顺受"的态度，心想：暂时忍受一下委屈，忍受一下精神上和肉体上的痛苦，熬过运动，这样，反而可以受到"锻炼"《修养》，运动后，就可向"老干部"迈进一步。失掉了革命造反精神，"怕"字当头，畏畏缩缩，在运动中"明哲保身，但求无过。"

忆往昔，自己为什么"怕"字当头，"私"字当头，顾虑重重，不敢造反？

自己为什么满脑袋奴隶主义，保党委，保工作组，保资产阶级反动路线，一保再保？

自己为什么不能勇敢地站在毛主席一边，同资产阶级反动路线做坚决斗争？

自己为什么不能站出来，同革命造反派共同战斗？

为什么？这是为什么？

一句话，就是自己中刘氏黑《修养》的毒太深了！现在是彻底批判黑《修养》的时候了！

不破不立，不塞不流，不止不行。不彻底批判刘氏黑《修养》，不彻底肃清刘氏黑《修养》在自己头脑中的恶劣影响，就不能彻底批判在干部问题上的资产阶级反动路线，就不敢站出来同革命派一起战斗。只有把刘氏黑《修养》从头脑中连根拔掉，才能换上红彤彤的毛泽东思想，才能勇敢地站出来，誓死保卫毛主席，保卫毛主席的革命路线。

我，作为一个共青团干部，一定要高举毛泽东思想伟大红旗，到群众中去，同群众在一起，批臭黑《修养》，坚决站在毛主席一边，同革命造反派一起战斗，把文化大革命进行到底！

打倒毒害青年的刽子手——刘少奇

5951 萧红深

《红旗》第 26 期，1967 年 4 月 8 日

刘少奇，这个披着马列主义外衣的大贩毒犯，专门毒害青年的刽子手被揪出来了。这是毛泽东思想的伟大胜利。

我是一个贫农的儿子，一个迫切要求进步的青年。想起毛主席的教导，贫下中农的嘱咐，我是多么希望能尽快把自己培养成可靠的无产阶级革命事业的接班人啊！可是刘少奇这个杀人不见血的刽子手兜售的黑"修养"却把我引入歧途。

我是六五年进入航院的。一到航院，我就积极要求入党，向组织递交了入党申请书。不久，我班党员找我谈话来了，他告诉我："要求加入组织，很好。你应当好好学习一下《论共产党员的修养》，学了它，你才知道为什么要入党，怎样才算一个好的共产党员。"在他

的"启发"之下，我马上买了这本书，拼命挤出时间"修养"起来了。再仔细地一字一句的推敲中，刘氏"修养"中的毒汁慢慢地灌入我的头脑中。

我头脑中本来就有成名成家的思想，从刘氏"修养"中，我的这种思想找到了高级的理论根据。刘少奇在书中大谈孔孟修养之道："三十而立，四十而不惑，五十而知天命，六十而耳顺，七十而随心所欲，不逾矩。"我想，我现在不到二十，要争取"三十而立"。同学们批判我的个人主义，我又暗暗地在《论修养》中找到了根据。刘少奇不是说个人利益可以同党的利益溶化在一起吗？我为革命成名成家，有何不可？这是道道地地的高级个人主义！我们为人民服务，就是要全心全意，完全彻底，不应有任何个人的私心杂念。刘少奇却在这里为个人主义穿上了合法的外衣，戴上了道貌岸然的桂冠。刘少奇就是大肆宣扬公与私"合二而一""公私合营"的祖师爷！

毛主席教导我们："青年是整个社会力量中的一部分最积极最有生气的力量。他们最肯学习，最少保守思想，在社会主义时代尤其是这样。"而刘少奇却俨然以一副修养专家的口吻要我们革命青年"在思想、言论、行动上严格约束自己。"他所说的与冯定的"控制个人主义"是何其相似乃尔。刘少奇在这里要我们脱离阶级斗争去搞唯心主义的"修养"，与此同时，刘少奇又把"吾日三省吾身""对同志要容忍，宽大""委曲求全"一副副精神枷锁套到我的脖子上。一副副精神枷锁的重压，使我失却了一个革命青年的朝气，失掉了革命者最宝贵的品质——无产阶级革命造反精神，使我成了一个谨小慎微的君子，"吾日三省吾身"，生怕说错一句话，"违反了""修养"之术。刘氏"修养"就是这样培养他们修正主义的苗子，制造资本主义复辟的土壤。在这次文化大革命中，我就是"怕"字当头，"稳"字当头，当了保守派。就是他，使得我在誓死保卫毛主席关键时刻却站到刘邓反动路线上去了。我要大声控诉刘少奇这个杀人不见血的刽子手，睡在我们身边的赫鲁晓夫。

刘氏"修养"的丧钟已敲响了！刘少奇妄图用"公私合营"来推销个人主义，腐蚀我们的心灵，用奴隶主义蒙蔽我们的耳目，扼杀我们的无产阶级革命造反精神，就是害怕我们起来造它的反，革它的命。而我们，就要坚决反其道而行之，高举无产阶级造反有理大旗把这个大野心家打翻在地上，再踏上一只脚，使其永世不得翻身！让光焰无际的毛泽东思想永远永远普照全球！

蚍蜉撼树谈何易，人间正道是沧桑

红旗《红浪》

《红旗》第 27、28 期，1967 年 4 月 15 日

毛主席教导我们："凡是要推翻一个政权。总要先造成舆论，总要先做意识形态方面的工作。革命的阶级是这样，反革命的阶级也是这样。"

反革命修正主义分子刘少奇精心炮制的黑《修养》，从他的出笼及一版再版，暴露了他的狼子野心，就是想推翻以毛主席为首的正确领导，篡夺党权、军权、政权，为实现资本主义复辟作舆论准备。

一、日寇猖狂蒋匪顽，毒草出笼献奴颜——在一九三九年

《修养》出笼于一九三九年七月八日，是刘少奇在延安马列学院贩卖的一次黑货。

一九三九年正是日本帝国主义铁蹄踏遍了大半个中国，国民党由片面抗战到不抗战，汪精卫大叫大嚷"曲线救国"。当年一月，国民党召开了五届五中全会，决定将政策重点由对外转向对内，实行"溶共""限共""防共""反共"的政策。在这种罪恶的方针指导下，出现了层出不穷的反共反人民的事件，在当年四月和六月，山东、河北等地的国民党匪帮就杀害我八路军战士八百余人。

当时在党内，两条路线的斗争围绕着抗日民族统一战线问题在激烈地进行，以王明为首的右倾机会主义者主张"一切服从统一战

线","一切经过统一战线",主张把人民武装、抗日根据地和人民团体都"统一"于国民党,不赞成共产党领导的独立自主的抗日游击战争。一句话,王明主张实行阶级投降。可是,以毛主席为代表的正确路线与他进行不调和的斗争。在三八年十月召开了党的六届六中全会。会上毛主席做了《中国共产党在民族战争中的地位》及《统一战线中的独立自主问题》的重要报告,指出"一切经过统一战线是不对的",提出必须"坚持党的独立性""有斗争,有团结,以斗争求团结"的正确方针,彻底批判了以王明为代表的右倾机会主义。

以毛主席为代表的革命路线同以王明为代表的右倾机会主义路线的斗争,就是中国两种命运、两种前途的斗争。

根据当时阶级斗争的形势,毛主席说:共产党员应该成为"英勇抗战的模范""因为只有为着保卫祖国而战才能打败侵略者,使民族得到解放。只有民族得到解放,才有使无产阶级和劳动人民得到解放的可能。"毛主席号召"每一个共产党员必须发挥其全部的积极性,英勇坚决地走上民族解放战争的战场,拿枪口瞄准日本侵略者"。

一九三九年五月,毛主席又发表了《五四运动》和《青年运动的方向》两篇论文。指出"知识分子如果不和工农民众相结合,则将一事无成。号召广大青年"一定要到工农群众中去,把占全国人口百分之九十的工农大众,动员起来,组织起来,一定要下一个大决心把全国的青年团结起来,把全国的人民组织起来,一定要把日本帝国主义打倒,一定要把旧中国改造成为新中国。"只有这样才是真正的共产党员和革命青年的方向,才是共产党员和革命青年唯一正确的道路。谁都知道毛主席在一九三五年遵义会议以后,就被我们党公认为英明领袖,是中国革命航船的舵手。

一九三九年七月,战火纷飞,硝烟弥漫,中华民族处于危急存亡的抗日战争时期,在这种形势下,刘少奇竟敢狗胆包天,抛出特大号毒草论《修养》,国难当头,阶级斗争激烈,论《修养》闭口不谈阶级斗争,不谈抗日武装斗争,不谈夺取政权,却大力推销个人主义的私货,肮脏的灵魂,公开打出反毛泽东思想的旗号,叫嚷什么"委曲求全""以德报怨""忍辱负重"做"能伸能屈的大丈夫"。一句话,就是要中国人民在日本帝国主义侵略者面前，在国民党进攻面前要"宽大，容忍"。哪怕是国民党杀了我们的人也要"委曲求全""以德报怨"。这是十足的叛徒哲学，一副奴才相，真是混蛋透顶！不是吗，在这种"哲学"思想指导下，在他把持新四军领导权时，在国民党进攻时，为"伸张大义"不予回击，使革命遭到极大损失。在这种"哲学"思想指导下，把广大的党员和青年引导到脱离现实斗争，"郑重其事地去进行修养""求得自己的进步，提高自己的品质和能力。由一个幼稚的革命者变成一个成熟的，老练的，能够'运用自如'地掌握革命规律的革命家"了。他就是在抗日民族统一战线中放弃了原则，去迎合国民党反动派的需要，迎合日本鬼子的需要，站在王明机会主义的立场上，反对毛主席的正确路线。真是反动透顶，为恶极甚。

二、蒋家王朝命危浅，怜敌篡党原形现——在一九四九年

《论修养》的第一版是在一九四九年六月四日。

"钟山风雨起苍黄，百万雄师过大江"，蒋家王朝土崩瓦解，革命胜利就在眼前，毛主席号召全国人民"将革命进行到底！""宜将剩勇追穷寇，不可沽名学霸王。"当时摆在党和全国人民面前的问题是走资本主义道路还是走社会主义道路。对于这个问题存在着两个阶级，两条路线的斗争。毛主席说："当人民推翻了帝国主义、封建主义和官僚资本主义的统治之后，中国要向那里去？向资本主义，还是向社会主义？有许多人在这个问题上的思想是不清楚的。事实已经回答了这个问题：只有社会主义能够救中国。"

毛主席也指出：国民党反动派一方面，组织国民党残余军事力量进行抵抗："第二种，在革命阵营内部组织反对派，极力使革命就此止步，如果再要前进，则应带上温和的色彩，务必不要太多地侵犯帝国主义及其走狗的利益。"在党内，刘少奇就是充当了这样的反对派。针对这种形势，他将《修养》进行了"若干修改"，大量出版。顽固地站在资产阶级反动立场上安图实现资产阶级专政，走资本主义道路。大谈什么要"将心比心""己所不欲，勿施于人"，不要"落井下

石",就是说要中国人民不要"追穷寇",不要痛打落水狗,"希望中国共产党,中国的一切革命民主派,都像这个农夫一样地怀有对于毒蛇的好心肠。"这是当时在全国大量出版的第一个目的。第二个目的,就是看到全国胜利就在眼前,为了扩大自己的影响,为其篡党、篡军、篡政作舆论准备。于是急急忙忙,于四九年六月四日,在政协筹备会前十一天,又一次抛出大毒草。(政协筹备会是在一九四九年六月十五日召开的,正式会议于九月二十一日召开),他之所以于六月四日大量出版黑《修养》,就是为了在中华人民共和国成立之时,在政协会议上捞取资本,以实现其个人野心。我们只要看看在这本《修养》中,刘少奇极力贬低毛主席,极力抬高自己,其狼子野心就已暴露无遗了。

三、几只苍蝇嗡嗡叫,历史小丑更呐喊——在一九六二年

论《修养》第二版是在一九六二年八月。刘少奇为了适应国内外阶级敌人的需要,对其《修养》进行了再次修改,以空前的速度大量发行,仅六二年九月以后的十个月中就出版发行四百七十三万七千册,而同期《毛泽东选集》仅发行五万八千套。从六二年九月——六六年七月公开发行一千八百四十万册,而秘密发行者不计其数。为什么在这个时候刘贼要再次修改,而还要大量发行呢?让我们来看看六二年八月以前的政治风云吧!

一九五九年,党的庐山会议,击退了彭、黄、张、周反党集团,打退了右倾机会主义的进攻。一九五九年我国农业歉收之后进入了三年暂时困难时期。国际上的帝、修、反;国内的地、富、反、坏、右趁着我国暂时困难时期,向我们发动了空前规模的进攻。美帝国主义积极勾结苏修反华,扶植蒋匪帮叫嚣"反攻大陆",苏修在六一年十月举行了二十二次代表大会,修正主义更系统化,再次大反斯大林,大反阿尔巴尼亚。而后,继续对我们施加压力,攻击我们伟大的党,攻击我们心中的红太阳毛主席。印度反动派也蠢蠢欲动,在中印边界搞了个小小的"示威",来个"中印边界事件",企图乘机捞一根稻草。毛主席久已替这些家伙们算好了命"捣乱,失败,再捣乱,再

失败，直至灭亡——这就是帝国主义和世界上一切反动派对持人民事业的逻辑，他们决不会违背这个逻辑的。"

在国内，一小撮对于我们的国家抱着敌对情绪的反动分子，"不喜欢我们这个无产阶级专政的国家，他们留恋旧社会。一遇机会，他们就会兴风作浪，想要推翻共产党，恢复旧中国。"什么"三家村""四家店"纷纷出笼，他们恶毒地攻击我们伟大的领袖毛主席，猖狂的反党、反社会主义、反毛泽东思想、反三面红旗，为右倾机会主义分子翻案。什么"伟大的空话""王道和霸道""为李三才辩护"……等等。一支支毒箭向我们的党和毛主席射来，以毛主席为首的无产阶级革命派，给了阶级敌人以迎头痛击。六〇年十月出版了《毛泽东选集》第四卷，这是给国内外反动派的当头一棒。在六一年一月，全会公报指出："占人口百分之几的极少数没有改造好的地主阶级分子和资产阶级分子……他们总是企图复辟，他们利用自然灾害造成的困难和某些基层工作中的缺点，进行破坏活动。"

在六二年一月三十一日，毛主席在扩大的中央工作会议上发表重要讲话，指出了"我们国家如果不充分发扬人民民主和党内民主，不充分实行无产阶级的民主制，就不可能有真正的无产阶级的集中制……无产阶级专政就会转化为资产阶级专政，而且会是反动的、法西斯式的专政。这是一个十分值得警惕的问题，希望同志们好好想一想。"同时指出："我们站在那一边？站在占百分之九十五以上的人民群众一边？还是站在百分之四、五的地、富、反、坏、右一边呢？必须站在人民群众一边，绝不能站到人民敌人那一边去。这是一个马克思列宁主义者的根本立场问题。"毛主席的这个重要报告就是要发扬大民主，在党内发扬"造反有理"的精神，也是对党内一些人的警告。但是刘少奇不顾毛主席的一再警告，出于他反动的阶级本能，还是在这个时候跳了出来，公开地和毛主席唱对台戏。六二年八月第二次修改并大量出版《论修养》，就是他反党反社会主义反毛主席的一个重要步骤。这充分暴露了刘少奇反动的嘴脸，赤膊上阵，配合反华大演出，呼风唤雨，推涛作浪，发指示、作报告、煽阴风、点鬼火。有目的，有组织，有计划，有纲领，利用他所窃取的"领袖"地位，炮制修正主义的一套；什么"三自一包""三和一少"，恶毒攻击"三面红旗"，力图瓦解集体经济，一心向往资本主义复辟。一时中国的天空乌云密布，妖风四起，大有"黑云压城城欲摧"之势。在这关键时刻，毛主席六二年夏回到北京，拨正船头，扬起风帆，引导我们渡过了激流险滩，胜利向前。

毛主席着手起草了进一步发展巩固集体经济的决定和商业的决定，在北戴河会议上提出社会主义时期的阶级斗争学说，并准备九月召开八届十中全会，在会上毛主席将向全国全党发出"千万不要忘记阶级斗争"的伟大号召，强调指出社会主义时期的阶级、阶级矛盾和阶级斗争。这一切都给刘少奇为首的反动势力以致命的打击。

毛主席一系列英明决定决策，刘少奇非常害怕，极为反感，为了对抗毛主席、攻击毛主席、倾泄私愤，同时以此书掩饰自己所犯右倾机会主义错误，企图标榜成一贯正确的"伟人"，保持自己的威信，这是再版的原因之一。

毛主席教导我们说："各种剥削阶级的代表人物，当着他们处于不利情况的时候，为了保护他们现在的生存，以利将来的发展，他们往往采取以攻为守的策略。"刘少奇不是这样的吗？以前趁毛主席不在北京时调兵遣将，剑拔弩张向党进攻，"三自一包、三和一少"就是为资本主义复辟鸣锣开道。《修养》散布修正主义观点，配合反华大合唱，与苏共二十二大一呼一应，妄图"和平演变"，实现资本主义复辟。这是再版原因之二。

毛主席批判胡风反革命集团时早就指出："当他向党举行猖狂的进攻失败以后，他就赶紧指挥他的党羽布置退却'在忍受中求得重生'……以便潜伏下来，伺机再起。"而这位"刘克思"与胡风之流何其相似乃尔！与那些牛鬼蛇神暗送秋波，臭味相投，什么"斗争过火了"，党内生活是"残酷斗争""无情打击"，刮起一股为右倾机会主义分子翻案的阴风。为他们喊冤叫屈。这是再版原因之三。

其四，八届十中全会前夕，他觉得形势不妙，赶紧布置刘家军马，隐蔽起来，保存实力，以便"东山再起"。

由此可见刘少奇这个反革命修正主义头子，在六二年，再次精心修改、抛出的这篇大毒草迎合了国内外一切阶级敌人和反动派的需要。大反毛泽东思想、大反三面红旗，推行亡国、亡党的修正主义路线，制造资本主义复辟的舆论，培养修正主义的苗子，组织资本主义复辟的队伍，以便那一天得胜回朝，篡党、篡军、篡政，变成"刘克思"的天下。告诉你，"蚂蚁缘槐夸大国，蚍蜉撼树谈何易。"妄想只能像肥皂泡一样的破灭，最终将成为不齿于人类的狗屎堆。

四、金猴奋起千钧棒，砸烂刘氏黑《修养》

刘少奇《论修养》的几次出笼都配合了阶级敌人向党猖狂进攻的需要，在历史上各个关键时刻都是站在毛主席的对立面，竭力反对毛主席的正确路线。

我们深知，毛泽东思想是指导我国革命取得胜利的唯一正确的指导思想，毛主席的正确领导是我国革命取得胜利的根本保证。谁敢反对毛泽东思想，我们就和他拼到底。头可断，血可流，毛泽东思想不能丢！紧跟着毛主席在大风大浪中前进！

"蚍蜉撼树谈何易""小小寰球，有几个苍蝇碰壁"。刘少奇！你反对毛主席，我们就是要把你打翻在地，再踏上一只脚，叫你永世不得翻身。树立毛泽东思想的绝对权威，让毛泽东思想的光辉普照环球。

批判黑《修养》的根本就是我们要上台，他们要下台

红旗战士　田东

《红旗》第27、28期，1967年4月15日

马列主义、毛泽东思想告诉我们："革命的根本问题是政权问题"，我们为什么要发动亿万革命群众狠批刘氏黑《修养》？一句话，就是我们要上台，他们要下台！我们要夺取被刘家王朝篡夺霸占了的

江山，要夺取被资产阶级篡夺了的政权。我们公开宣布：我们要打倒刘少奇、邓小平！我们要打他们的要害，置他们于死地！我们要把他们和他们的嫡系，把他们的一伙死党全部判予死刑。让他们到监狱里去"委曲求全"吧！让他们在无产阶级专政下的班房里去"修养"吧！我们要把他们的"铁饭碗"砸得稀巴烂，再甩进焚烧炉里叫它彻底完蛋！否则我们的江山就坐不稳，我们这个台就不牢，死灰会复燃。我们要把死灰倒进太平洋，压在阴山下。

政权，政权，镇压之权，决没有什么委曲求全。政权在他们手里，他们就可以镇压我们，把我们这些小老百姓打成"反革命"，甚至抓进监狱，处以死刑。然而，今天政权在我们之手。我们则可以专他们的政——要一小撮反革命修正主义分子的命。毛主席说：敌人是不会自行消灭的。他们一小撮当然不会死心。他们自己从来不讲委曲求全。他们仍然还要反对我们的政权，反对毛主席，反对中央文革。这一群狐群狗党根本不承认自己是反革命。不过也没关系，不管你承认不承认，事实俱在，我们自然要专你们的政。既然我们上台，就决不允许你们再上台！我们大言不惭地说：刘少奇、邓小平，我们要宣判你们的死刑！无产阶级永远要斗争，要好斗，不斗争，黑暗的地球怎么会出现红色的中国？不斗争，怎么才能打倒所有的帝国主义、修正主义？不斗争，怎么能使全球红遍？我们就是要向国内外的修正主义、国内外的反动派，向帝国主义挑战，我们就是要斗！斗！斗！在斗争中把他们消灭，在斗争中把他们埋葬。我们就是要把铁拳打到华盛顿，双脚踏平摩天楼。用我们的热血把全球染遍，染红。

资产阶级最怕无产阶级斗争，为此，他们便制造一套"委曲求全"和"驯服工具"的反动理论，以巩固和保持他们篡夺的政权。刘少狗就是在《修养》里，为他篡夺天下做理论准备。他们就是不准我们上台。然而，我们却偏偏要斗争，要上台。

"驯服工具"这是完全为剥削阶级服务的，是反动的。这和"主人与狗的关系一样"完全是一回事。

在奴隶制社会里，奴隶是奴隶主的驯服工具。

在封建社会里，地主把他压迫的农民当驯服工具。

在资本主义国家里，是资本家要工人当驯服工具。

那么，在社会主义国家无产阶级能叫无产阶级自己，这部分无产阶级能叫另一部分做驯服工具，做奴隶吗？不会！决不会！在社会主义国家里，只有妄想篡党、篡军、篡政的赫鲁晓夫才会叫无产阶级去做驯服工具，做奴隶。这个人在中国偏偏又存在，他就是刘少狗。

毛泽东思想从来就是反对"驯服工具"论的，毛主席一向要群众自己解放自己，自己教育自己，毛主席告诉我们遇事都要分析，都要问一个为什么。"驯服工具"绝不是我们要努力的方向。有人说："要做毛主席的驯服工具""做毛泽东思想的驯服工具。"这样的说法貌似正确，貌似有理，其实完全是错的。毛主席最提倡的是对革命事业要有首创精神，要不断前进，因为人类总是不断进步的、不断前进的，社会总是不断变化的，无产阶级如果停止在原来的水平上，就要使自己的事业失败。

我们要的是对毛主席、对毛泽东思想的无限忠心，我们要的是用毛泽东思想武装自己的头脑，去斗争，去工作，去创造。仅仅把自己当作工具或驯服工具，都是无所作为，无所用心的。

毛泽东思想要我们活学活用，毛泽东思想要我们具体情况具体分析。如果把做毛泽东思想的驯服工具理解为无限忠于毛泽东思想倒还能说得过去。但是"驯服工具"论绝不是无产阶级的，也绝不是无产阶级要提倡的。把"驯服工具"的字眼硬加在无产阶级的头上，那只能说对无产阶级的污蔑。

我们决不做什么驯服工具，我们要做无限忠于毛主席，无限忠于毛泽东思想的红卫兵、光荣的红旗战士。我们就是要好斗，和反动派斗，和资产阶级斗，和牛鬼蛇神斗，和资产阶级思想斗，和一切修正主义、帝国主义斗，今天斗、明天斗、天天斗。做旧世界的叛逆者，就是要好斗成性，一天不斗就不能生存。"与天奋斗其乐无穷""与人奋斗其乐无穷"。斗争才能使毛泽东思想传遍天下，斗争才能树立毛泽东思想的绝对权威，斗争才能取得政权。斗争我们才能上台，刘少奇、邓小平他们才能下台。

坚持真理唯斗争，坚持毛泽东思想唯斗争，绝不是"我则坚信真，不怕做鬼魂"那样的"委曲求全"。斗争中才能坚持毛泽东思想，斗争中夺取政权，斗争中我们才能上台。斗争就是无产阶级发展的唯一出路。

对刘氏修养必须坚决斗，斗到底，为我们上台，他们下台，斗到底。

什么"党内的争论是因为认识不同"，简直是放狗屁。今天，我们要把你打倒，要宣判你死刑，这总不会是认识问题吧。也许狗先生过几天跑出来说："我们党内只有认识问题，有事好和平解决么！"于是狗等，就可以大肆翻案了。党内的斗争仍然是个政权问题，社会上阶级斗争必然是个政权问题，社会上阶级斗争必定反映到党内。有人说这是党内的"争权夺利"，我们说，就是要争权，就是要夺利，无产阶级就是要为天下劳苦大众争取政权，就是要为人民谋利益。

资产阶级老爷想用这几个字吓住我们，简直是笑话。难道今天还是"只准州官放火，不许百姓点灯"？只许魔鬼吃人，不许人杀魔鬼吗？不！我们再也不听狗修养那一套了！在党内就是要打倒资产阶级的代言人，就是要打倒一小撮反革命修正主义分子，就是要夺他们的权，剥他们的利，权要彻底地夺，一点也不给他们，半点也不给他们！

新生事物总是在和旧事物反动势力作顽强不屈的斗争中成长起来的，共产主义是在和层层顽固的反动势力的斗争中发展壮大起来的，无产阶级绝不是在修养中打倒帝国主义反动派的，而是靠斗争！斗争！！斗争！！！

牛为什么要长角？就是为了斗，为了斗争！斗争才有生存的余地，人决不能做猪那样的奴隶！无产阶级决不能做什么听话的奴隶、什么驯服的工具！

无产阶级靠斗争生存。

无产阶级从来就是好斗的！斗争使无产阶级失去的只是脖子上的枷锁，而得到的却是整个世界！

而资产阶级最怕斗争，他们把无产阶级的斗争视为洪水猛兽；然而无产阶级却在斗争中获得了永生！

在文化大革命中谁最好斗？是天兵天将——毛主席的红卫兵，

是被压制被打击的工人农民。

马克思在斗争中写出了无产阶级革命的光辉理论,列宁和俄国无产阶级在斗争中建立了世界上第一个苏维埃,毛主席在斗争中把马列主义推向了一个新的顶峰。

我们在斗争中赶走了工作组,夺了航院的大权。打倒刘邓,夺取被刘邓篡夺了的那些地方和单位的政权,也必定经过艰难困苦的斗争。

革命每前进一步,都要克服各种各样的艰难困苦。无产阶级文化大革命更是如此。要在人们的头脑里闹革命,这是从来没有过的啊!

《修养》资本主义复辟的宣言书

扬子江游击队

《红旗》第27、28期,1967年4月15日

一九四九年十月一日毛主席在天安门城楼上庄严宣告:"中国人民从此站起来了!"朝霞照亮了东方的大地,中国人民在伟大领袖毛主席的指挥下,经过无数次的艰苦斗争,终于推翻了帝国主义、封建主义和官僚资本主义三座大山,获得了全国的解放,灾难深重的祖国像巨人一样地站起来了。

但是,已经失去了自己天堂的反动统治阶级并不甘心死亡,十七年来,他们在各个领域,利用各种机会继续进行疯狂的反扑。钻入党内的一小撮走资本主义道路的当权派,长期以来,在刘少奇的指挥下,在各个部门,采用各种方式和无产阶级激烈地争夺领导权,在他们篡夺了领导权的地方,拒不执行毛主席的正确方针,千方百计地在各个思想意识形态领域里,用各种隐蔽、曲折的办法,散布资产阶级思想和修正主义思想,疯狂地攻击社会主义制度,攻击无产阶级专政,攻击我们伟大的党,攻击我们伟大的领袖毛主席,攻击伟大的毛

泽东思想。

从一九五九年到一九六二年，由于连续三年的严重自然灾害，和赫鲁晓夫修正主义者的破坏，我国遭受了暂时的经济困难。国际上帝国主义、赫鲁晓夫现代修正主义和各国反动派乘机向我国人民和中国共产党猖狂进攻，蒋介石也叫嚣要窜犯大陆；在国内，在头号走资本主义道路的当权派一伙的指使和包庇下，牛鬼蛇神纷纷出笼，和资产阶级在党内的代理人一起，配合国际上的帝、修、反嗡嗡叫，向党向社会主义向毛泽东思想发动了猖狂进攻。

这时，钻入党内的政治大扒手刘少奇，看到这正是他实现资本主义复辟的"早春气候"，在国际上帝、修、反敲起的一阵紧锣密鼓声中，在大大小小的"三家村""四家店"所掀起的黑风迷雾造成的"热烈气氛"中，主将登台了。于一九六二年九月抛出了资本主义复辟的"宣言书"——经过他重新设计过的《修养》。

在这篇"宣言"里，他对当时的形势进行了估计。他说："我们还必须了解，国际反动势力和剥削阶级的力量，今天还比我们强大，它们在许多方面暂时还占着优势"。在这几句话中，他一方面攻击了我们伟大领袖毛主席对世界形势所作的"东风压倒西风"的英明论断。另一方面，他给他的同伙打气，认为形势对他们复辟资本主义有利，他们在国际上的势力（即文中所谓"国际反动势力和剥削阶级的力量"）还是强大的，是西风压倒东风之势。

在这篇"宣言"里，他公开抵制毛著学习，和林彪同志所提出的"读毛主席的书，听毛主席的话，照毛主席的指示办事，做毛主席的好战士"唱对台戏。说什么，"做马克思列宁的好学生""把伟大的马克思、列宁主义创始人一生的言行、事业和品质，作为我们锻炼和修养的模范"。用来抵制毛著学习。

在这篇"宣言"中，他与现代修正主义头子赫鲁晓夫大反斯大林一唱一和，把他原书中所有向斯大林学习的地方通通删去。他大捧国际共产主义运动的叛徒赫鲁晓夫，胡说什么"就目前形势来说，社会主义已经在世界六分之一的地面上——苏联获得了伟大的胜利"。还生怕那些做着复辟美梦的同伙干劲不足，给他们打气说："苏联社会主义建设的成功也给了我们以事实上的证明。"

在这篇"宣言"中,他和"三家村""四家店"的伙计们相配合,把矛头对准庐山会议,极力要翻庐山会议的案,为已经被罢官的右倾机会主义分子喊冤叫屈,力图招喊他们回来重整"朝政",和刘少奇一伏共同实现资本主义复辟的梦想。在"宣言"中只字不提当时反右倾这个最主要的任务,却大讲特讲反"左"倾,说什么"党内左倾机会主义者对持党内斗争的态度,他们的错误是很明显的,按照这些似乎疯癫的人看来,任何党内和平,即使是在原则路线上完全一致的党内和平,也是要不得的。他们在党内并没有原则分歧的时候也硬去搜索斗争的对象,把某些同志当作'机会主义者',作为党内斗争中射击的草人……"。

"蚂蚁缘槐夸大国,蚍蜉撼树谈何易"。

刘氏"宣言"和他那一窝牛鬼蛇神的叫嚣,在中国人民面前,只不过是,"……几个苍蝇碰壁,嗡嗡叫,几声凄厉,几声抽泣"而已!地球照样旋转,中国人民在伟大领袖毛主席的领导下,照样意气风发地大踏步前进!这一小撮嗡嗡叫的"苍蝇",却在无产阶级文化大革命的滚滚洪流中,被亿万革命人民揪了出来!

看!刘少奇的狼子野心!

红旗4432 《誓把刘少奇拉下马》战斗组

《红旗》第27、28期,1967年4月15日

刘少奇这个党内头号走资本主义道路的当权派,对我们最最敬爱的领袖毛主席一向是怀着刻骨的仇恨。因为毛主席在党和人民群众中享有极高的威信,刘贼不敢明目张胆地反对,采用了另一种手段,就是打着红旗反红旗,披着马列主义的外衣,干尽了反毛泽东思想的罪恶勾当,他表面拥护毛主席,心里却对毛主席恨得咬牙切齿,

干尽了反对毛泽东思想的坏事。

一九三五年遵义会议确立了以毛泽东同志为首的正确领导，毛主席成了我们党和人民最英明、最伟大的领袖。刘少奇这个野心家，就对此极为不满，极力地贬低毛主席在党和人民群众中的崇高威望。在"修养"中胡说什么"目前我们有威望的领袖和英雄还真是太少了"，什么"任何党员，任何领袖和英雄，他在共产主义事业中，只能做一部分工作，尽一部分责任，共产主义事业是一件千百万人长期集体创作的事业"。在这里，刘少奇说得貌似有理，然而这却是在冲淡毛主席在革命人民中的威望，贬低毛泽东同志在中国革命事业中做出的独特贡献。刘贼还借恩格斯的话，别有用心地说："我们之中没有一个人像马克思那样视野广阔，在需要坚决行动时，他总能找出正确的道路，并立即将矛头指向应当打击的目标"，以此否认毛主席的正确领导。谁也不会忘记，在中国革命的各个紧要关头，是伟大的舵手毛主席掌握着航船的方向，克服了重重困难，绕过了暗礁，经历了惊涛骇浪，使中国革命走上了光明胜利的道路！刘少奇却在那里胡说八道，其罪恶目的不是十分明显了吗！

刘少奇为什么要在一九三九年迫不及待地抛出这篇又臭又长的《修养》呢？一句话就是与毛主席唱对台戏。

一九三八年前后毛主席发表了《中国共产党在民族战争中的地位》等光辉著作，我们许多优秀党员、优秀的中华儿女，在毛主席的教导和鼓舞下，坚定了胜利的信心，意气风发，投身于抗日战争的伟大激流中去。刘少奇在这个时候，抛出了又臭又长的"修养"，想遮挡毛主席著作的灿烂光辉，想把热血沸腾的中华儿女拉回小屋子里去"精心修养"，去向"圣贤"学习，去继承资产阶级、小资产阶级"革命家"的"优良传统"，去争当"模范党员"，以此与毛主席的抗日战争的伟大号召相对抗，企图挡住历史车轮的飞奔。呸！刘少奇，瞎了你的狗眼！

一九六〇年《毛泽东选集》第四卷出版了，中国人民和世界人民无不欢欣若狂，革命人民最热烈地欢呼这一大喜事，热烈地响应林彪同志"全军活学活用毛主席著作"的伟大号召。"高天滚滚寒流急，大地微微暖气吹"。六二年我国正处在一片反华大合唱中，处在暂时困难阶段，但是，毛泽东思想给予了人们巨大的精神食粮。广大的工农兵、革命的知识分子，从毛主席著作里得到了克服困难的坚定信心和战胜困难的巨大力量！祖国的山南海北出现了活学活用毛主席著作的群众运动。那些钻进党内的一小撮走资本主义道路的当权派，猖狂地挥舞起"庸俗化""简单化""实用主义"三根大棒，对工农兵学习毛主席著作无情打击。刘少奇这个家伙也在这一阵紧锣密鼓声中登场。他娓娓动听地说："下苦功夫，郑重其事地去进行自我修养"，你看，奴才、主子，一唱一和，软硬兼施，是何等巧妙，何等卖力啊！

　　林彪同志提出："读毛主席的书，听毛主席的话，照毛主席的指示办事。"号召我们做毛主席的好学生、好战士，广大工农兵群众，革命的知识分子无不热烈响应，活学活用毛主席著作，争做毛主席的好学生。刘少奇又慌了手脚。当然，公开叫你们不要做毛主席的学生而做我赫鲁少奇的学生，未免太不知羞耻了。于是，他俨然装成一个马克思的忠实信徒，洋洋自得地号召，我们的每一个党员，都要"做马克思、列宁的好学生"，"把伟大的马克思列宁主义创始人一生的言行事业、品质，作为我们锻炼和修养的模范。"多动听啊！我们说，马克思、列宁是伟大的，是我们尊敬的革命导师，是我们学习的榜样。但是，毛主席更是我们直接的光辉的更为伟大的榜样。林彪同志说得好："毛泽东思想是当代的马列主义的顶峰""毛主席比马、恩、列、斯高得多，现在世界上没有一个人比得上毛主席的水平"。刘少奇在彼时彼地，提出以马克思、列宁作为榜样，绝口不提我们伟大的领袖毛主席，其用心之毒，不是昭然若揭了吗！

　　刘少奇是中国头号走资本主义道路的当权派，是地富反坏右的祖师爷，是牛鬼蛇神的黑后台。一九三九年他抛出《修养》，曾经为他的难兄难弟，狗党朋友们打抱不平、"拔刀相助"，真有点"舍身成仁"的气概。《修养》的再版也是为右倾机会主义者鸣冤叫屈，为众喽啰壮胆打气，企图把祖国的大好江山一统归于刘少奇，大搞资本主义复辟。

　　庐山会议，在毛泽东同志亲自主持下，击退了以右倾机会主义者彭、黄、周、张为首的修正主义集团，这是革命人民的伟大胜利，是毛泽东思想的伟大胜利！刘少奇这个与革命人民，与毛主席誓不两立的家伙极为不平，怀恨在心，一边暗中唆使他的一群狗党，在全国刮起一股"三自一包""三和一少"的黑风，企图破坏毛主席领导的无产阶级革命事业，一边又暗示他的大小黑将，以《海瑞罢官》为代表高叫"海青天"，即右倾机会主义者的"罢官"是"理不公"。众喽啰吵吵嚷嚷，刘少奇在他们的前呼后拥下也粉饰登场了。他高叫右倾机会主义者只是一些"小缺点"，他们是"冤枉"的，罢他们的官是"左倾"，是对"小缺点"加上政治上的"机会主义"大帽子，攻击这种正确的斗争为"机械的、过火的斗争"，是"故意"在党内搜索"斗争对象"，是对同志"落井下石"。谩骂我们的伟大领袖"似乎是疯狂的人"，把某些同志当作"机会主义者"作为党内斗争的"草人"。住嘴！住嘴！！刘少奇！毛主席是我们敬爱的领袖，决不许你侮辱！刘少奇非但如此，他还安慰右倾机会主义者，被打下去的地、富、反、坏、右分子，要"忍受"、要"委曲求全"。还鼓励说他们是"暂时孤立（光荣的孤立）"，号召他们东山再起，卷土重来。他胡说什么你们要"能够逆潮流而拥护真理，绝不能随波逐流"。刘少奇！你别白日做梦，痴心妄想，不但你的虾兵虾将翻不了天，就连你也将被人民抛入历史的垃圾堆！

  人们还记得在我国经历着暂时困难的一九六二年，以吴晗、邓拓、廖沫沙为急先锋的国内一小撮反动分子，大肆谩骂三面红旗是"勉强"，自力更生要"赶快下马、赶快放弃"，攻击大跃进是"一个鸡蛋的家当""打得精光"……赫鲁晓夫修正主义者与之遥遥呼应，诬蔑我们大跃进搞"糟"了，中国人"喝清水汤""三个人共穿一条裤子"……真是"山雨欲来风满楼"啊！黑风刚起，刘少奇又抛出了他的黑《修养》。他别有用心地说："在我们的队伍中不是没有不健全的人，以至坏人，这些不健全的人和坏人，也还是会干出些乌七八糟的事来的"。刘少奇配合得是多么阴险，多么巧妙，在这一片反华大合唱中，尽管他的声音不太响，然而却是最毒最毒的！

  看刘少奇和赫鲁晓夫拥抱在一起的丑态，就知道他们是一丘之貉。他们虽然山水相隔，万里迢迢，但是他们反华，反毛主席却是异口同声，彼此呼应的，一九六二年，以赫鲁晓夫为首的现代修正主义者扯着嗓子大叫，中国共产党和他的领袖毛泽东同志是"教条主义者"，毛主席是搞"个人崇拜"，刘少奇是赫鲁晓夫的看门狗，主人眉头一皱他就翘起尾巴来。修修补补，再一次抛出了他的臭《修养》，一笔勾销伟大的恩格斯、斯大林的光辉名字作为向秃子大反斯大林的"献礼"。在《修养》里他恶毒已极，含沙射影地攻击毛主席是"教条主义的代表人物"，把莫须有的罪名"自高自大，个人英雄主义，风头主义，有个人野心和虚荣心"的罪名加在我们伟大领袖毛主席的头上，狂妄地叫喊不要毛主席做我们的领袖。这个梦寐以求成为中国的刘克思的赫鲁少奇野心家像泼妇骂街一样，一跳三丈，破口大骂，攻击毛主席是自以为是"中国的马克思，列宁，装着马克思，列宁的姿态在党内出现，恬不知耻地要求我们像尊重马克思、列宁那样去尊重他，拥护他为'领袖'"。胡说什么是"家长式地，在党内发号施令"……。够了！够了！这是刘少奇射向我们伟大领袖毛主席的一支毒箭，这是对中国人民和世界革命人民的极大挑衅！我们决不容许刘少奇的胡言乱语，恶毒攻击！

革命实践雄辩地证明了毛主席是当代的马克思、列宁，是世界历史上最杰出、最伟大的人物。毛泽东思想是当代最高最活的马列主义，是马列主义的顶峰。毛主席是我们革命人民心中最红最红的红太阳，是中国人民和全世界革命人民最尊敬的导师和领袖，是世界革命的伟大统帅和舵手！革命的同志们，让我们奋起千钧棒，把反对毛主席，仇视毛泽东思想的大阴谋家、大野心家、中国党内头号走资本主义道路的当权派刘少奇打翻在地，再踏上一只脚，叫他永世不得翻身！

齐心合力，痛打落水狗刘少奇
——致首都中学无产阶级革命派

本报编辑部

《红旗》第 27、28 期，1967 年 4 月 15 日

"四海翻腾云水怒，五洲震荡风雷激。"一场翻天覆地的七亿人民批判中国的赫鲁晓夫刘少奇的群众运动正在我们伟大祖国兴起，刘邓黑司令部彻底崩溃的末日已经来到了！

彻底批判中国的赫鲁晓夫刘少奇，在大批判中实现革命的大联合，是当前我们革命师生斗争的大方向！是摆在我们面前压倒一切的任务！

我们北京市中学无产阶级革命派，在文化大革命中做出了卓越的贡献，在批判反动的血统论的斗争中，也取得了巨大的成绩。反动的血统论是反动唯心的封建论，是党内一小撮走资本主义道路当权派复辟资本主义的舆论准备。毛主席说："在阶级社会中，每一个人都在一定的阶级地位中生活，各种思想无不打上阶级的烙印。"而反动的血统论否认这个真理。不管是反动对联，还是"出身论"，它们都是不要阶级分析，否定人的阶级地位对人的影响。我们必须彻底批判这两株反毛泽东思想的大毒草，彻底肃清其流毒。这是一场阶级斗争。

由于这种反动血统论的流毒，由于党内一小撮走资本主义道路当权派顽固推行资产阶级反动路线，在学生中制造矛盾，造成革命派学生与保守的和出身于剥削阶级家庭的学生之间的对立，至今仍有不少学校还进行着激烈的无原则的"内战"。这是不符合当前斗争大方向的，这正好中了党内头号走资本主义道路当权派的诡计！我们不要上他们的当，必须立即停止"内战"，齐心合力，把仇恨集中到笔尖上，向中国的赫鲁晓夫刘少奇发动总攻击。毛主席说："组织千千万万的民众，调动浩浩荡荡的革命军，是今天的革命向反革命进攻的

需要。"刘少奇、邓小平是我们的大敌。大敌当前，必须齐心共歼之！在斗争中实现革命的大联合！这种大联合，必须是在毛泽东思想基础上的革命的大联合！对于过去执行资产阶级反动路线的人来说，必须有一个立场转变的过程，而对于犯有一般错误的同志，则可采取批评与自我批评的方法，达到"既要弄清思想又要团结同志"的目的。

伟大的中国人民解放军，是举世无双的非常革命化的无产阶级军队。毛主席说："没有一个人民的军队，便没有人民的一切。"中国人民解放军，在这场文化大革命中建立了不朽的功勋。

刘少奇是兜售香港电影的大贩毒犯

科研处《战地黄花》

《红旗》第44期，1967年6月6日

"塞进来"和"推出去"的尖锐斗争

三年经济暂时困难时期，在旧中宣部、旧文化部、旧北京市委一小撮反革命修正主义分子的把持下，文艺战线上一片乌烟瘴气，牛鬼蛇神纷纷出笼。在电影方面，除了国内制片厂大量炮制反党反社会主义的毒草影片以外，还大量进口了帝修影片。其中，香港电影的进口，也是一个主要部分。

江青同志在最近的一次讲话中曾经提道："那时候觉得挺奇怪，那些香港的电影，就是往我们这里塞，我用了很大的力量，想推出去，他们却说什么，民族资产阶级，我们得照顾。……那个时候，只认识到他要投资，没有认识到他要来毒化我们。后来推出去了，确确实实地推出去了。"

由此可见，就在香港电影这个问题上，两条路线的斗争也是多么尖锐。一方要"推出去"，一方要"塞进来"，针锋相对，斗争在激烈地进行着。

旧北京市委赤膊上阵

文艺界的一小撮反革命修正主义分子，放手让香港电影大量在全国各地发行上映，开动了他们所把持的各种宣传工具，竭力为他们进口香港影片进行狡辩，压制革命群众的批判。在这一方面，由反革命修正主义集团所把持的旧北京市委，配合得尤其紧密。

一九六二年初，正当香港电影在全国各地和北京市大量泛滥，毒害青年，同时也受到无产阶级革命路线坚决批判之时，旧北京市委赤膊上阵了。六二年二月，按照旧北京市委修正主义集团的指使，由旧北京团市委宣传部出面，在市委大楼召开了一个全市宣传干部的报告会。他们打出"关心青年思想教育"的招牌，贩卖了一整套反革命修正主义黑货。会上，由电影界的反党分子袁文殊（旧全国影协书记处书记）做了关于香港电影问题的长篇报告。他们大肆叫嚷香港电影"不是反面教材"，对青年"无害"，进口香港影片是"必要的"等等。要做思想政治工作的干部"不要紧张"，要各单位的宣传干部"做工作"，为他们放映香港电影"作解释"。这个报告对北京市各基层单位造成极为恶劣的影响。

下面，让我们通过这个报告，来看一看党内最大的一小撮走资本主义道路当权派，是怎样在香港电影问题上贩卖修正主义黑货的。

挥舞三条棍子压制批判

由于香港电影的大量上映，对广大青年的毒害情况是严重的。这一点连报告中也无法掩饰。报告说（以下凡引号所引皆袁文殊原话）：

"现在看香港电影的人非常踊跃，做思想工作的人非常紧张"，"在北京放映时间最长，赚眼泪最多的是《可怜天下父母心》，影协研究部门专门组织人去电影院看过，的确有人流泪，在哭，而且不止一个在哭。""北京大华电影院上映《新闻人物》时，三面大玻璃被挤破。""卖票的秩序非常混乱，工作人员被挤伤两人，乱成一团。""杭州上映时，每天要排六场，而且每人限购两张票。"

对于他们这样疯狂地毒害青年的罪恶行为，无产阶级革命派与之进行了坚决的斗争。

无产阶级革命路线对香港电影的抵制和斗争，引起文艺界这一小撮反革命修正主义分子的极度恐慌和仇视，他们在报告里恶狠狠地攻击说："这种为观众思想健康着想，主观上是好的，但采取这种做法，或者完全禁止，或者以'三不能'限制，都不是办法。"他们挥舞起三条棍子，拼命压制对香港电影的抵制和批判。这三条棍子就是：①香港的民族资本家"处境困难"，应予"照顾"；②进口的香港影片是"进步"的，还有"积极因素"；③对青年教育要"全面"，"有正面，有反面"才能避免"简单化"。

所谓"民族资本家"要"照顾"

毛主席教导我们："在现在世界上，一切文化或文学艺术都是属于一定的阶级，属于一定的政治路线的。"

香港是帝国主义和国际资本主义反动势力集中的地方，西方资本主义腐朽没落的文化集中泛滥。可是，文艺界的一小撮反革命修正主义分子以及背后支持他们的党内头号野心家，为了复辟资本主义的需要，却别有用心地大肆吹捧香港的所谓民族资本家，吹捧他们拍的所谓"进步"电影。他们在报告里说："六一年，外国对香港输入影片三百零二部，其中美国占一半，加上香港本地生产的，每年有五六百部电影在香港放映。而进步电影公司只有两三家，每年只生产二十五部左右。""从政治看，五百七十五对二十五你支持那一方？如果这二十五部站不住脚，则香港电影市场，不仅从经济上，而且从政治上，让位给黄色的、辱华的电影。通过香港，还进一步到南洋、东南亚。""因此，我们除了香港，还要为东南亚一千几百万华侨着想。"

这简直是胡说八道！香港广大劳动人民和海外爱国侨胞，最喜爱的是宣传毛泽东思想的影片，是反映我国社会主义革命和社会主义建设的影片，而绝不是那些香港的乌七八糟的电影。一小撮反革命修正主义分子胡说香港电影市场要靠所谓民族资本家去占领，华侨要靠资本家去宣传，这不是明目张胆地提倡阶级投降主义又是什么？

他们为了给香港资本家披上"进步"的外衣，不惜肉麻地在报告里吹捧什么"长城、凤凰等进步电影公司的名演员,每月只拿五千元港币,如果,他们去反动电影公司,每月可拿三万元。"还吹捧什么"董事长、编剧自己拿反光板,很艰苦",什么"女主角、导演坐火车都是硬席,连软席都不坐。"

既然香港资本家这样"进步",处境又这么"困难",又要为香港和海外侨胞"着想",于是他们振振有词地宣布:"我们国内每年买它二十部,放映四部。"放映了还不许批判,他们说:"如果公开批判,就会被香港的敌人找到材料来攻击","现在香港进步影片和演员受两面夹攻,敌人多方刁难,而我们国内又说他们太落后","我们从全面考虑要注意这个问题"。

事实上,他们所散布的什么"进步"啊,"要照顾"啊,都不过是为他们进口香港电影,毒化广大青年寻找借口。无论他们怎样花言巧语,也掩饰不了这样一个事实:不管是"进步"的也好,不"进步"的也好,香港电影总是香港资本家拍的,而毛主席教导我们:"资产阶级领导的东西,不可能属于人民大众。"很明显,党内一小撮反革命修正主义分子所需要的正是资产阶级的东西。他们说:每年只放映四部,这完全是鬼话,事实上,仅六一年就放映了十三部香港电影,平均每月一部多,不知毒害了多少观众。

所谓"还有积极因素"

一小撮修正主义分子一方面美化香港的资本家,另一方面竭力吹捧由这些资本家拍出来的电影,封它们以"进步"的称号,胡说它们还有"积极因素"。他们所谓的"进步"和"积极因素"究竟是什么货色呢?

他们在报告里说:"一般港片表现了同情劳动者和小市民受剥削,受压迫的情景。如《可怜天下父母心》反映小学教员和小市民生活上的困苦","很多片子还鼓励团结互助,送米送药等,这些积极因素还有,专门搞'人情味'要反对,但艺术反映生活就应当写人与人的关系。至少写了也不是不对。它的的确确抓住了生活上能感动人的细节","我们要看它总的是积极因素多呢,还是消极因素多。"

很明显，他们所吹捧的"积极因素"，原来就是宣扬资产阶级"人性论"和"人情味"，主张不做阶级分析而大讲什么"团结""互助""互爱"。为了推销他们的"人性论"观点，他们还荒唐地鼓吹什么在演员和观众之间有什么"微妙的"关系，报告说："有些人看香港电影是去看演员的"，"可以说，古今中外观众和演员之间有一种特殊的，比较复杂的，比较微妙的关系"，"几年前，我在上海工作，演《雷雨》，王丹凤演四凤，有一位老太太从镇江专程火车来上海看了王丹凤。不见得是为了看漂亮吧，老太太了嘛！"

毛主席教导我们："在阶级社会里，就是只有带阶级性的人性，而没有什么超阶级的人性。"又说："世上决没有无缘无故的爱，也没有无缘无故的恨。至于所谓'人类之爱'，自从人类分化成为阶级以后，就没有过这种统一的爱。"这一小撮修正主义分子，再三吹捧香港电影有"积极因素"，原来就是为了宣扬资产阶级的"人性论"，鼓吹阶级调和，为复辟资本主义制造舆论准备。

所谓"教育要全面"

旧北京市委和文艺界一小撮修正主义分子抵制对香港电影批判的第三根棍子，就是胡说香港电影可以让人了解"多方面的生活"，可以使人避免"简单化"，胡说这是执行"百花齐放"的方针。

他们在报告中说："每个人都希望看到他所没有经历过的事物和社会""所以教育要全面，有正面也有反面。""有另外一面的教育，才能全面了解生活。要有好的，也要有坏的，要古今中外，使人懂得多方面生活，才能使人聪明起来，千万不能培养头脑简单的人。""毒草还能做肥料，香港进步电影为什么不能放。""这正是今天提'百花齐放，百家争鸣'的社会基础。"

他们把"双百方针"说成是为了使人看到"多方面的生活"，"既看到正面，又看到反面"，这是对"双百方针"无耻的歪曲！毛主席提出"双百方针"是要使正确的东西在与错误的东西做斗争中发展起来。毛主席说："我们要提倡正确的东西，反对错误的东西，但是不要害怕人们接触错误的东西。""某些错误东西的存在是并不奇怪的，也是用不着害怕的，这可以使人们更好地学会同它作斗争。""凡是错误的思想，凡是毒草，凡是牛鬼蛇神，都应该进行批判，决不能让它们自由泛滥。"由此可见，贯彻"双百方针"，就是要批判，要斗争。而一小撮反革命修正主义分子，却要人们对资本主义的东西，只许看，不许批判，实际上就是妄图实现资产阶级"自由化"。

他们在报告中还进一步露骨地说："教育和娱乐之间总有差别，不能说这是革命精神厌倦的表现。""一天到晚看《红色娘子军》也不行。""许多负责同志喜欢花鸟画，其中有多少立场观点？多少马克思主义？这对他调剂生活，对他生活有好处，在工作之余，生活上允许他有所选择。"

林彪同志指出："文艺虽然可以达到正当娱乐的目的，但是，它不是单纯娱乐的工具，而主要是进行思想教育的工具。"一小撮反革命修正主义分子竭力反对文艺为无产阶级政治服务的正确方针，就是为了大肆贩卖资产阶级、修正主义的黑货，实现他们复辟资本主义的阴谋。

刘少奇是修正主义文艺的总后台

旧北京市委修正主义集团伙同文艺界一小撮反革命修正主义分子，所以敢于公然对抗江青同志要把香港电影"推出去"的指示，大肆挥舞棍棒，压制对香港电影的批判，正是因为他们背后有党内最大的走资本主义道路当权派撑腰。

这一小撮文艺界的修正主义分子敢于这样嚣张，不但自恃有他主子制定的"条条"的保护，而且还因为他们所贩卖的黑货，其实都是源出自这个党内头号野心家。请看，这个头号野心家的所言所行：

一、把香港电影"塞进来"是谁批准的？就是刘少奇。刘早在一九五六年三月八日就对旧文化部有如下黑指示："世界各国的电影，只要无害的，能介绍情况，能帮助了解情况的，都可以进口。有些改良主义的，也可以进口。"

早在一九四九年，刘在天津就作了这样的黑指示："对书报、戏剧、电影的审查尺度要放宽，否则会使很多人失业。"至于吹捧资本家"进步""要照顾",更是刘少奇的一贯言行和看家本领,早已尽人皆知了。

二、吹捧香港电影的"人情味"有"积极因素",而且还搬出老太太看《雷雨》来作"证明",又是秉承了谁家的旨意?原来还是这个刘少奇。

刘少奇是资产阶级"人性论"的积极吹鼓手,曹禺写的话剧《雷雨》,是描写资本家同工人恋爱的"悲剧",是鼓吹阶级调和和"人性论"的作品,而刘少奇于一九五六年在怀仁堂看完北京人艺演出的《雷雨》以后,居然赞不绝口,连说:"深刻,很深刻,非常深刻!"

一九六〇年,刘少奇请红线女(粤剧演员)、谢芳(电影《青春之歌》主角)在自己家里吃饭,对她们说:"你们长得很漂亮,又年轻,很有前途。"

看,刘少奇灵魂深处是什么货色,不是已昭然若揭了吗?

谁是疯狂对抗毛主席的文艺方针,狂热鼓吹资产阶级"自由化"的总后台?还是这个刘少奇。

一九四九年,刘在天津说:"宣传封建,不怕。几千年了,我们不是胜利了?和尚、尼姑都不禁了,还禁戏?旧的东西总会死亡的,怕什么?《四郎探母》可以演,禁了,人家就不知道这些汉奸戏了。"

一九五六年三月八日,刘对文化部下的黑指示说:"观众口味是不同的,有的愿听全本戏,有的愿听片段,大部分人是听故事,而农民则喜欢听连本台戏,有头有尾。看了戏,能得到休息,使人高兴,就很好。看《天鹅湖》可以提高兴致,《巴黎圣母院》的艺术水平也很高……"

由此可以清楚地看出,在香港电影"塞进来"与"推出去"这场两条路线的尖锐斗争中,党内最大的走资本主义道路当权派刘少奇正是庇护香港电影的罪魁祸首。

刘少奇是反革命修正主义文艺黑线的总后台。

二、批邓小平

揭开邓小平搞裴多菲俱乐部的黑幕

《红旗》第 12 期,1967 年 2 月 18 日

邓小平多年以来,反对毛主席,大搞独立王国。一九五六年吹捧苏共二十大,以反对个人崇拜为名,恶毒攻击我们最最敬爱的领袖毛主席,大反毛泽东思想。经济暂时困难时期,他提倡包产到户,竭力复辟资本主义。一九六四年——一九六五年,他和大黑帮头子彭真狼狈为奸,扼杀北大的四清运动,制造了骇人听闻的北大反革命事件。文化大革命中同刘少奇一起,炮制和推行了一套资产阶级反动路线,对抗毛主席的革命路线,扼杀无产阶级文化大革命。

邓小平罪行累累,恶贯满盈。下面我们只从邓小平搞"裴多菲"俱乐部这个侧面,来看他的丑恶灵魂,看他是如何包庇反革命修正主义分子和反动学术"权威"的。

(一)邓小平与反革命修正主义分子是一丘之貉

正当全国人民在伟大领袖毛主席的领导下,自力更生,艰苦奋斗,勤俭建国,克服暂时困难时期所出现的重重困难的时候。邓小平却指示前北京市委反革命修正主义分子万里,盗用国家建筑材料和资金,在养蜂夹道修了一个富丽堂皇的"高干俱乐部",吃喝玩乐设备一应俱全。很快,这个地方不仅成了邓小平打桥牌,寻欢作乐的场所,也成了他招降纳叛,网罗牛鬼蛇神的"裴多菲"俱乐部。从 1961 年到 1966 年 4 月,这个黑俱乐部一直经营着,二老板就是前北京市

委黑帮分子万里。经常到这里来的有前市委的一帮反革命修正主义分子，前副秘书长项子明、王汉斌，工业部副部长陆禹，前办公厅副主任肖甲，前《北京日报》总编辑周游等，还有前团中央书记胡耀邦、胡克实，化工部副部长、大叛徒梁膺庸等，臭名昭著的反共老手吴晗，更是这里的常客。

邓小平通过打桥牌，与这帮反革命修正主义分子、牛鬼蛇神等，结下了不解之缘。几年来，除出差之外，每星期三、六晚上，每星期日下午、晚上，他们都聚会在养蜂夹道，大打特打。此外，邓、万还在工作时间，通过秘书约集黑帮爪牙们去"值班"（黑话，指陪邓小平打牌玩乐）。他们玩乐时，由北京饭店以高级饭、茶点侍候。他们一打就是五六个小时，七八个小时，经常打到深夜一、两点钟，直到邓小平说累了，才能罢手。邓一心热衷于打牌取乐，竟指示在打牌时不许用工作去干扰他！有时有重要文件由秘书送来了，他只是随便翻翻，签上个臭名字，批发出去了事。有时中央开会，他还叫那帮家伙等候他，一散会就回来接着打。真是"修"到家了。

邓小平不仅平时如此，就是出去调查、视察的时候也是如此，而且打得更疯狂。

一九六一年春，毛主席在广州召开中央工作会议讨论六十条，当时毛主席批评了擅自决定会议重要问题的邓小平，质问："是哪个皇帝决定的？"并且还严厉警告邓小平和彭真，"没有调查就没有发言权。"邓小平无奈，于这次会后，同黑帮大头子彭真、刘仁到顺义、怀柔农村合伙去搞所谓"调查"。他们这些资产阶级老爷，根本不到群众中去，只让带去的大批喽啰和一般工作人员到村子里搜罗一些材料。他们却躲在舒适的专用列车里面，终日打桥牌。刘仁还把反动透顶的吴晗从城里叫去，专陪邓小平打牌。就这样地把黑俱乐部搬到了专用列车里，搞了半个月所谓"蹲点调查"，耍两面派。更令人不能容忍的是，他竟然把打牌之间指挥搞出的所谓"调查报告"发回北京，再用电报转给正在外地为全国人民辛苦操劳的毛主席。明目张胆地欺骗党中央，欺骗我们敬爱的领袖毛主席。

1964年夏天，邓小平同反革命修正主义分子杨尚昆、薄一波等人去东北"视察"。名曰"视察",实为游山玩水,带着老婆、儿女乘专车遍游小兴安岭林区和渤海国旧址以及清朝皇帝设在承德的避暑山庄等地。途中,邓小平牌瘾大发,长途电召反革命分子万里、吴晗等前去。万里由于北京不能脱身,立即由吴晗带两人"绝密"动身前往,乘杨尚昆的专机从北京直飞哈尔滨,专陪邓"皇上"乘车周游、打牌。杨尚昆还对邓小平说:"你要的三个人,我给你带来了。人家是三缺一,你是一缺三。"说着就打起牌来。邓小平就是这样地与反动家伙们情意深长,"一日不见,如隔三秋"。

前市委黑帮分子们过去吹嘘邓小平"工作很有秩序!从来不熬夜。"然而邓小平打牌却回回熬夜,"积极性"高得很!邓小平曾含沙射影地说:"打桥牌也要鼓足干劲"。黑帮分子刘仁听了这恶毒的黑话,立即大加宣扬,两人一唱一和,公然攻击我们伟大领袖毛主席提出的"鼓足干劲,力争上游,多、快、好、省地建设社会主义"的总路线,恶毒诬蔑我们敬爱的领袖毛主席。由此可见邓小平与反革命黑帮这样亲密绝非偶然,而是由他深入骨髓的反动的资产阶级世界观和人生观所决定的。

(二)从"裴多菲"俱乐部看邓小平包庇反革命修正主义分子和反动学术"权威"的罪恶行为

邓小平和一小撮反革命修正主义分子、牛鬼蛇神,从经济困难时期一直厮混到一九六六年四月。这种举动不仅是生活上腐化得与反革命修正主义分子分不开,而且在政治上他也早已堕落到反革命修正主义分子一起去了。他与彭、陆、罗、杨反革命修正主义一伙有着千丝万缕的联系,他与前市委大小黑帮交往如此亲密,就已经大大地鼓励和纵容了前市委反革命修正主义分子的反革命活动。而且他还露骨地包庇牛鬼蛇神,从黑俱乐部的片段也可以看出他这种罪恶活动。如:邓小平与反革命修正主义分子、大特务杨尚昆很有交情。杨尚昆出了问题,毛主席发觉了,很气愤。杨急忙找邓小平帮他说话,邓怕直说会暴露他包庇杨贼的祸心,就让杨贼找大黑帮头子彭真,求彭真向毛主席说说。于是杨贼就通过邓小平牌桌上的座上客项子明转告了彭真，彭贼对邓的意图立即心领神会，而且诡计多端，耍弄权术，让项子明出面写材料交黑帮头子刘仁，郑天翔转送给他们。这样，彭与邓既合伙包庇了大特务头子杨尚昆，又开脱了自己。

一九六四年邓小平伙同彭真指挥他的心腹万里，制造了镇压北大社教运动的反革命事件。白天反革命修正主义分子万里领着邓和彭的"圣旨"，在国际饭店会议上纠集陆平、彭珮云等牛鬼蛇神围攻革命派。晚间，邓小平就在养蜂夹道桥牌桌上谈笑风生，说什么"看了陆平、彭珮云在市委工作会议上的发言，意见是对的，态度是好的。"于是万里就指着桌旁的黑帮分子王汉斌对邓小平说："小王就是彭珮云的爱人。"邓与王同桌打牌几年，此时倍加亲切，频频点头，大加赏识。

毛主席教导我们说："世上绝没有无缘无故的爱，也没有无缘无故的恨。"邓小平的思想感情、立场是和谁在一起的？实在是够鲜明的了。

江青同志在北京搞戏剧改革时，邓小平的牌桌上就有人议论："京剧演现代戏恐怕有问题。"邓小平则更露骨地到大会去讲："演戏只演兵，只演打仗的。电影哪有那么完善的？这个也不让演，那个也不让演！"纵容前市委黑帮头子彭真、万里等刁难江青同志，阴谋破坏京剧改革。难怪前市委反革命修正主义分子万里，在新市委成立以后，还迟迟没有被罢官，直到十月底才被革命群众揪了出来。

在邓小平的黑俱乐部里，首先被揪出来的是反共老手吴晗，而邓小平与他的关系最为亲密。吴晗是刘仁推荐给邓小平的"可靠"人，专门陪他打扑克，吴晗曾是国民党反动派的御用政客，从一九六一年起就成了邓"皇上"牌桌上回回必到的常客。这期间还会两次专程外出陪邓打牌，他们之间难舍难离，相依为命，难怪在打牌之中，邓小平总是亲切地称呼吴晗"教授、教授"。正当反动"权威"和反革命分子邓拓精心编写恶毒反党黑话时，邓小平却如此赏识，对他们是多么大的鼓励呀！吴晗为了表示对邓小平这种支持的感谢，把他主编的毒草丛生的"历史小丛书"一套，敬送邓小平的孩子阅读，邓小平就把这包括"海瑞"一书在内的丛书，欣然领受了，可见他们的反动感情是多么深厚。

一九六四年开始批判资产阶级反动学术思想时，邓小平立刻大发脾气叫嚷："有些人一批判，就想以批判出自己的名，踩着别人上台"等等。以至于到了一九六五年九至十月间，毛主席在中央工作会议上提出要批判吴晗以后，邓小平和彭真仍拒不执行，照常约吴晗打牌。还搞假调查说反共老手吴晗是"左派"，又一次企图欺骗我们的领袖毛主席和党中央。直到一九六五年十一月姚文元同志批判吴晗"海瑞罢官"的文章发表了，在敬爱领袖毛主席的指导下，革命群众揭露了吴晗的反党本质之后，吴才不敢去养蜂夹道奉陪邓小平了。然而在全国人民愤怒批判吴晗声中，邓小平仍在桥牌场上想念吴晗，邓的一个牌友说出了邓的心里话："教授（指吴晗）的罢官还没有罢完？罢完了好来打牌。"表现出他们对毛主席亲自发动的文化大革命极为不满。

一九六五年十二月在前市委反革命修正主义集团的策划下，吴晗抛出了那篇假检讨，真进攻的"关于'海瑞罢官'的自我批评"。抛出的前一天，黑帮分子之一万里在牌桌上试探邓小平的口气说："吴晗写了自我批评我看了。看样子吴晗与彭德怀没有什么关系，翻案风进行批判，恐怕说服力不够。"邓小平听了这些露骨的反动言论，不加驳斥，反加以支持，邓胡说什么："（吴晗）跟彭德怀不一定有什么关系，他的问题就那么些了。"为吴晗开脱，打气，企图伙同前市委黑帮，把刚揭开序幕的文化大革命打下去。

我们最敬爱的领袖毛主席教导我们："什么人站在革命人民方面，他就是革命派，什么人站在帝国主义封建主义官僚资本主义方面，他就是反革命派。"邓小平的真面目不是已经很清楚了吗！万里听了邓小平的话，得意扬扬地对旧市委黑帮们说："可以找吴晗打桥牌了。"可是这些家伙们高兴得太早了。革命人民在毛主席的英明正确的领导下，以毛泽东思想为武器，识破了敌人的阴谋诡计，冲破了重重障碍，批臭了吴晗，砸烂了"三家村"，揪出了前市委彭、刘、郑、万等反革命修正主义集团。邓小平的"裴多菲"俱乐部也随之完蛋了。

刘少奇、邓小平这些党内最大的走资本主义道路当权派的面目暴露了。然而反动势力是不会甘心他们灭亡的，目前一小撮顽固地坚持资产阶级反动路线的人和走资本主义道路的当权派，又以新的形式出现，用反动的"经济主义"对抗毛主席的无产阶级革命路线，这是又一个大阴谋。我们要坚决戳穿！我们广大的革命群众在毛主席的领导下，以毛泽东思想这一锐利的武器，一定能彻底粉碎资产阶级反动路线的新反扑，夺取无产阶级文化大革命的更大胜利！

（转自1967.2.4成都工人革命造反兵团《井冈山之声》）

地主阶级的孝子贤孙邓小平

——邓小平罪行调查材料之一

刘邓罪行联合调查团

《红旗》第30期，1967年4月20日

邓小平原名邓希贤，四川省广安县协兴公社反修大队人。邓小平出身的家庭是一个世代官僚、土豪恶霸兼宗教迷信三位一体的封建大地主家庭，一个极端反动、反革命的家庭。他家几代都是封建地主官僚。早在清朝乾隆年间，邓家就是达官显贵，富贵豪华，有田产六百

邓小平有一个祖宗，名叫邓时敏，是清朝乾隆年间的翰林，嘉庆皇帝的老师，人称"邓太傅"，曾经当过大理寺正卿（正三品，相当于现在的最高人民法院）。封建时代不是有所谓三公九卿六部吗？邓时敏就是九卿之一。此人是个大官僚、大土豪、大恶霸。告老回乡时，带有皇帝的手诏，住在广安"大廷尉"。广安知州长期供养他，每天早上必须向他请安。邓时敏同时又是一个极端反动的文人，曾经培养出两个大坏蛋。一是比他更为反动的文人袁枚，即袁子才，《随园诗

话》的作者；另一个是镇压农民起义、侵略弱小民族的刽子手阿广廷，此人曾经征服缅甸。

因为邓时敏这个大恶霸，在广安横行不法，鱼肉乡民，公然破坏贫下中农建新场，最后被群众用锄头钉耙打死了。然而，邓小平家不以为耻反以为荣，一直到解放前夕，还保存着清朝皇帝颁给邓时敏的诏书；这封诏书荣封邓小平家祖宗代为大理寺正卿。

二百年过去了。

延至邓小平的父亲这一代，邓家依旧是大官僚、大恶霸、大地主。邓小平的父亲名叫邓文明，他先后娶过四个老婆，是一个酒鬼，烟鬼和色徒。他还自幼参加"哥老会"组织，是广安协兴场"仁"字号的掌旗大爷。在军阀邓锡侯、罗泽州、杨森统治四川的时代，邓文明曾任伪团总、团练局长兼八县联防参议等反动职务。他凭地主阶级的经济势力和官僚权势，勾结土豪劣绅横行乡里，恶霸一方，外号人称"牛角胡子"。毛主席说："旧式的都团（即区乡）政权机关，……几乎完全是土豪劣绅占领。……（它们）有独立的武装如团防局，有独立的财政征收权如亩捐等，有独立的司法权如随意对农民施行逮捕、监禁、审问、处罚。这样的机关里的劣绅，简直是乡里王。农民对政府如总统、督军、县长等还比较不留心，这班乡里王才真正是他们的'长上'，他们鼻子里哼一声，农民晓得这是要十分注意的。"邓小平的父亲邓文明就是这样的乡里王。

一九二四年至一九三零年，军阀罗泽州驻防广安、岳池、大竹、邻水等十一县。邓文明勾结地方上的土豪恶霸，残酷地压榨全县人民，对老百姓横征暴敛，为军阀罗泽州强征"乐捐"，置广大贫下中农的死活于不顾。因为他对罗泽州巴结得好，所以罗把他倚为心腹，让他当广安县团练局长，兼八县联防参议。这时，正是第一次国内革命战争失败以后，蒋介石、汪精卫背叛革命，在全国各地展开了对共产党人的大屠杀、大逮捕、大清洗。邓小平的父亲邓文明，则配合军阀罗泽州，在广安一带血腥地镇压由共产党员廖玉碧领导的"川北民军"。

在广安 48 场查场，好像是在查"匪"。但实际上，却与土匪勾结，坐地分肥，把真正的江洋大盗放走，而为了邀功请赏，又常常把无辜的百姓污为土匪，酷刑拷打，苦打成招，用枪毙、沉河、黑传、活埋等方式大量屠杀无辜群众。"万户萧疏鬼唱歌"，不知有多少善良的阶级弟兄死在邓文明的屠刀之下啊！

邓文明还是一个反动会道门的骨干。他在中年和晚年的时间，崇奉反动会道门"五字教"，坐功，每天子、午、卯、酉四时朝神，静坐养神。每月初一，则在四川广安县协兴场朝阳寺聚会、敬神、烧戒，所以又名"月戒会"。邓文明就是利用"五字教"这种反动宗教组织来欺骗贫下中农，骗钱害人，麻痹他们的阶级意识，要他们放弃反抗，放弃斗争，以维护其地主阶级的反动统治的。

邓文明横行乡里，鱼肉乡民。民国十七年在协兴场文巨恒茶社，贫农胡玉池问了邓文明一句话，邓勃然大怒，质问胡："你有什么资格和我说话？！"当时就举起铁手杖毒打胡玉池，并用茶碗追打这个贫农。胡玉池身受重伤后，卧病数月，最后忧郁而死。

邓文明一生作恶多端，生前享尽了荣华富贵；死时也非常豪华。埋他的棺材是硬八寸，用了十六个人来抬。

邓小平的后妈夏伯根，是一个万恶的地主婆。一生笃信"五字教"，天天吃斋念佛，往来于和尚、尼姑之间。此人手段残酷，对待长工特别狠毒。解放后，由于邓小平的包庇，这个地主婆现在还在北京中南海享福。

邓小平的表叔刘济森，是广安县协兴场第一号大地主，曾任伪国民革命军军部军法处长。回乡后，恶霸一方，血债累累。解放后，他家罪有应得，父子七人被我人民政府枪毙了六个。

邓小平的表兄徐明达，是个恶霸地主分子。曾任广安太山乡团总、乡长，贪得无厌，作恶多端。解放后，由于邓氏弟兄的包庇，这个反革命分子至今尚未逮捕归案。

同志们！党内最大的走资本主义道路的当权派邓小平就是出生在这样一个世代官僚，土豪恶霸兼封建迷信三位一体的反动家庭。毛主席教导我们说："人们的社会存在决定人们的思想。""在阶级社会中，每一个人都在一定的阶级地位中生活，各种思想无不打上阶级的烙印。"很显然，反革命修正主义大头目邓小平长期以来从事反对毛主席、反党、反社会主义活动是有其深厚的阶级根源的。（刘邓罪行联合调查团）

地主阶级的孝子贤孙邓小平
——邓小平罪行调查材料之二

刘邓罪行联合调查团

《红旗》第32、33期，1967年4月27日

庇护牛鬼蛇神的大红伞

党内最大的走资本主义道路的当权派邓小平，为了在中国复辟资本主义，解放十七年来四清以及文化大革命运动等关键时刻，邓小平不失时机地向这些牛鬼蛇神伸出了友谊之手，使他们得以长期逍遥法外，有的甚至打入了我党政机关内部。这批坏蛋，是邓小平埋藏在我党政机关内部的定时炸弹，是他进行反革命复辟活动的社会基础。邓小平包庇牛鬼蛇神，对党对人民犯下了滔天罪行，欠下了一笔又一笔血债。这些债我们一定要清算！

包庇反革命分子邓蜀屏

邓蜀屏，男，54岁，是邓小平的同胞三弟。这是一个罪行累累的反革命分子，一个十恶不赦的恶霸地主。在解放前的十余年里，邓蜀屏先后担任过国民党的联保主任、乡长、区长、救济院长、县长议员、国民党区分部书记、袍哥大爷、县经征处主任、仓库主任、民政科长、国民党反动报纸《民生日报》经理等反动职务，是大卖国贼蒋介石的一条忠实的小走狗！在近二十年的时间里，邓蜀屏依仗国民反动派的势力，勾结地方上的土豪恶霸，横行乡里，称霸一方。他杀人

放火，奸淫掳掠、吃喝嫖赌，无恶不作。外号人称"三王爷"。

就是这个坏蛋，曾枪杀我贫下中农七人，他的双手沾满了人民的鲜血！

就是这个坏蛋，曾盗卖公粮一万余石，广置田产，大建公馆！

就是这个坏蛋，曾长期以来武装贩运鸦片，开设烟馆、大建公馆！

就是这个大坏蛋，曾勾结大土匪谌克纯（已镇压），抢劫民财，杀人放火，坐地分肥！

就是这个坏蛋，曾组织反动社团"益×"，竞选参议员、积极为蒋介石推行反革命的"新县制"！

邓小平的三弟、邓蜀屏就是这样一个罪大恶极的反革命分子，一个杀人不眨眼的强盗！因此，四川广安的贫下中农和革命干部众口一词地说："解放初，如果邓蜀屏不跑，协兴场第一个枪毙的就是他！政府不枪毙他，打也会打死他！"

然而，罪该万死的反革命分子邓蜀屏，在镇反之前，终于从广安跑掉了；不但逃跑掉了，还改名换姓打入我政府机关内部，当上了副县长、副市长。

罪行累累的反革命分子邓蜀屏，为什么能逃脱人民对他的审判？又为什么能当上我人民政府的副县长、副市长？

在伟大的无产阶级文化大革命运动中，多年的谜底揭穿了；原来就是党内最大的走资本主义道路的当权派邓小平，包庇了他，重用了他！

重庆刚解放的时候，邓小平窃踞了我第二野战军政委兼重庆市市长的职务。他深知自己的弟弟、反革命分子邓蜀屏，会遭到我人民政府的镇压，他的家属会受到斗争；出自他反革命的阶级本性，出自他反动的阶级立场，出自他反革命的需要，就迫不及待地把正在四川奉市县当国民党民政科长的邓蜀屏叫往重庆，对他面授机宜，要他赶快潜回老家广安，带领邓家所有的地主分子、反革命家属逃亡到重庆来。临走之时，邓小平把自己的一张全家照片交给了邓蜀屏，告诉他这就是进出西南军政委员会的执照。于是，在1950年春天，正当伟大的土改、镇反运动的前夜，反革命分子邓蜀屏带领着夏伯根（逃亡地主分子、邓小平的后妈)、邓先烈(逃亡地主分子、邓小平的大姐)、唐惠民(逃亡地主分子、邓际平的姐夫)、谢全碧(逃亡地主分子、邓小平的弟媳)，以及一大群恶霸地主子女，一股脑儿潜逃到重庆，躲进了西南军政委员会。为了确保反革命分子邓蜀屏的狗命，邓小平特意安排他们和自己住在同一幢楼上。不但住在同一幢楼上，还同一张桌子吃饭。这些牛鬼蛇神住宾馆，吃小灶，小包车出，享受了人间豪华。

广安的贫下中农闻讯后，义愤填膺。为了党的事业，为了报仇雪恨，立即派出五位民兵去重庆进行追捕，可是狡猾的邓小平却欺骗他们说，邓蜀屏从来就没有来过这里。就这样，邓蜀屏这个血债累累的反革命分子被邓小平一手包庇下来了，轻而易举地逃脱了人民的镇压。

一九五〇年四月，邓小平将邓蜀屏、谢全碧这对狗夫妻送进了西南革大，半年期满毕业，把他们作为"革命干部"派往贵州。这时轰轰烈烈的镇压反革命运动开始了，为了进一步确保反革命分子邓蜀屏的狗命，邓小平授意他化名徐初。邓蜀屏、谢全碧这两个牛鬼蛇神一到贵州，就混进了我土改工作团，并窃踞了工作组组长的职务。他们在贵州包庇地富、打击贫下中农、严重地破坏了贵州地区的土地改革运动。

从土改到现在，又是十余年了。十余年来，邓、谢这两个大坏蛋在邓小平的羽翼之下，官运亨通，扶摇直上。反革命分子邓蜀屏先后窃踞我人民政府镇长、科长、局长、副市长、副县长等重要职务；逃亡地主分子谢全碧先后窃踞我副区长、副科长等重要职务。

从土改开始，四川广安的贫下中农就失去了邓、谢这两个牛鬼蛇神的下落，他们"踏破铁鞋四处觅"，而邓、谢这两个逃亡反革命、地主分子、却一直在贵州猖狂地从事反党反社会主义活动。

一九六一年，邓蜀屏公开鼓吹"三自一包""三和一少"的修正主义谬论；

一九五七年至一九六二年，邓蜀屏公然包庇另一个逃亡地主分子谢全珍；

在无产阶级文化大革命运动中,邓、谢这两个牛鬼蛇神,顽固地推行资产阶级反动路线,残酷地迫害我革命群众,企图置革命左派于死地;

今年三月十五,逃亡反革命分子邓蜀屏,在绝望之余,畏罪自杀了。临死之前,他还恶毒攻击党中央和毛主席,胡说什么,广大工农兵革命群众对邓小平、邓垦(邓小平二弟)和他本人的揭发和批判是"欲加诸罪,何患无辞""覆巢之下,岂有完卵?"这就进一步说明了邓蜀屏是一个彻头彻尾的反革命分子,一个至死不悟的恶棍!而解放十几年来,党内最大的走资本主义道路的当权派邓小平,对反革命分子邓蜀屏的态度又是怎样的呢?一九五八年底,邓小平、卓琳去西南地区休假。他们派小包车把反革命分子邓蜀屏夫妇从鲁安接到贵阳,又从贵阳用飞机送到昆明,在那里吃喝玩乐三天,再由邓小平、卓琳陪同乘飞机飞到重庆、玩够了再飞往成都。往来共十天,耗费人民血汗千余元。邓小平还亲切地对反革命分子邓蜀屏说:"你们到贵州七八年了,想来看看你们。你们没有小孩,我把孩子们带来了,让你们瞧瞧。"——多么亲热呀!邓小平反革命本质不是暴露无遗了吗?

不远万里,从北京寄去了虎骨酒、鹿茸粉、狐皮大衣、呢子衣服、料子衣服、衬衫、进口手表。让邓蜀屏大吃大喝,吃饱喝足之后好干反革命勾当。

一九六五年秋天,邓小平、卓琳再次到贵州。他们从安顺派出汽车,由一个姓陈的副专员陪同,再次把反革命分子邓蜀屏狗夫妻从六枝接往贵阳安置在省委招待所里。第二天,邓小平接见了他们,并在金桥饭店摆设午宴,这对牛鬼蛇神与他们大叙阔别之情。玩够了、喝足了,邓小平又派专车把他们送回六枝。

党内最大的走资本主义道路的当权派邓小平,就是这个认贼作父包庇和纵容逃亡反革命分子邓蜀屏的邓小平对党对人民犯下的滔天罪行,罪该万死!

包庇修正主义分子邓垦

邓垦，男，56岁，是邓小平的同胞二弟。从历史上来讲邓垦是一个脱党、脱团分子。一九三六年前后，他在四川广安主编过反动的国民党党报。一九三七年"七·七"卢沟桥事变发生，邓垦再次混入我革命阵营。一九四一年邓垦被邓小平拉往延安，塞进了我《新华日报》社。一九五四年以前，邓垦只不过是一个区区的重庆市文教局副局长，但由于邓小平的包庇和提携，很快提升为重庆市经委主任，不久又爬上了副市长兼市委委员的宝座。截至目前为止，邓垦还窃踞着我武汉市副市长的职务。

邓垦这个家伙，是一个典型的修正主义分子。一九六二年，国内外的阶级斗争分外尖锐，激烈。修正主义分子邓垦，乘着帝国主义、现代修正主义和国内的牛鬼蛇神向党中央、毛主席发动猖狂进攻的时机，在重庆市委第十八次扩大会议上大放厥词。他恶毒地污蔑我们党这几年犯了"路线的错误"，狂呼乱叫我们的"世道不对头"！他明目张胆地攻击毛主席提出来的"千万不要忘记阶级斗争"的伟大号召，咒骂我党"动辄搞阶级斗争"，"事情搞坏了就怪反革命分子"！这同"三家村"的大掌柜、反革命分子邓拓攻击我们党"天下本无事，庸人自扰之"有什么两样？邓垦还同五七年右派分子一个腔调，猖狂地攻击我无产阶级专政，胡说什么"这几年对人民民主权利太忽视了"，把人民"当猪儿狗儿赶，没有任何民主自由可言！"同志们！邓垦这个反革命修正主义分子多么恶毒呀！就在这次会议上，邓垦还公然为阶级异己分子和反党分子鸣冤叫屈，大嚷大叫对这些反革命的处理太"过分"了，"令人寒心"，毛主席教导我们说："人民群众开心之日，就是反革命分子难受之时"，因处理阶级异己分子和反党分子而感到"寒心"的人，不恰好说明他是一个彻头彻尾的反革命分子吗？此外，邓垦对新社会也极端仇视。他公然表示"活得不耐烦"了，想造无产阶级的反了。他曾作打油诗说：

年已五十满，活得不耐烦。

闲来无事做，打打太极拳。

通过上述事实，难道不足以说明邓垦是一个彻头彻尾的反革命修正主义分子吗？而党内最大的走资本主义道路的当权派邓小平，对邓垦又是什么态度呢？一言以蔽之曰：包庇！

一九六五年年尾，修正主义分子邓垦的反党反社会主义言论被揭发出来了，革命干部群情愤慨，一致要求对邓垦严肃处理，而身为总书记的邓小平，出自他反革命的阶级本性，慌忙跳出来"保驾"。他恬不知耻地对重庆市委的负责人说："邓垦不宜留在重庆工作，这样对他本人不利！"邓小平这句话是什么意思呢？他是说我的二弟再也不能留在重庆，否则就会遭到灭顶之灾。喽啰们！快想办法！于是，为了对修正主义分子邓垦"有利"，在一九六六年上半年，正当伟大的文化大革命风暴的前夕，邓垦被调到武汉任副市长。半年多来，尽管重庆市的文化大革命如火如荼，一些走资本主义道路的当权派哭爹叫娘，而修正主义分子邓垦，却一直躲在武汉市人委的大楼里喝鸡汤。他悠然自得，闲若无事，逃脱了四川人民的审判！

这就是党内最大的走资本主义道路的当权派邓小平，包庇修正主义分子邓垦的滔天罪行，他这样放肆地包庇牛鬼蛇神，其罪行是可忍，孰不可忍？

邓小平就只是包庇邓蜀屏，邓垦这两个大坏蛋吗？不！远远不止这些。七七年来（原文如此——编者），他还包庇了右倾机会主义分子邓自力（前泸州地委书记、邓小平的堂弟），破落地主分子淡以兴（邓小平的舅舅），逃亡地主分子夏伯根、唐惠民、邓先烈；反革命分子王家林、邓先杰，以及反动道首钟高峰、陈吉云、黄之元等人。邓小平甚至还鼓吹说，他的弟媳，逃亡地主分子谢全碧只要"改造"一下"还可以入党"。真是彻头彻尾的反革命理论！

毛主席教导我们："世上绝没有无缘无故的爱，也没有无缘无故的恨。"邓小平百般包庇这些牛鬼蛇神，说明他本身就是牛鬼蛇神，而且是个最大的牛鬼蛇神。他包庇这群牛鬼蛇神就是企图把他们作为反革命复辟的社会基础。在光焰无际的毛泽东思想指引下，在轰轰烈烈的文化大革命运动中，邓小平的反革命丑态嘴脸愈来愈明显地暴露出来了。让邓小平——这个牛鬼蛇神的总后台见鬼去吧！

贵州之行，罪恶累累

一九五八年十一月和一九六五年十一月，反革命修正主义的总头目邓小平曾两次到贵州"亲察"。第一次是在黑帮分子杨尚昆和西南地区党内最大的走资本主义道路的当权李井泉的陪同下去的，在遵义活动较多；第二次则有死党薄一波、吕正操、李井泉随行，主要在贵阳活动。

两次贵州之行，是邓小平反革命嘴脸的一次大暴露。他开了一系列的"座谈会"、进行了一系列的"参观访问"，通过这些"座谈会"、"参观访问"，大放厥词，乘机大干其反党、反社会主义、反毛泽东思想的罪恶勾当。

"五风"的吹鼓手

一九五九年以后的一段时间，社会上"五风"颇盛。"浮整风""共产风""一平二调风""强迫命令风"等等，风行一时，搞得乌烟瘴气。使生产受到严重的破坏，党群关系受到很大影响。

究竟谁是"五风"的总根子？究竟谁是刮"五风"的罪魁祸首？

现在，事实已经证明，大刮"五风"的不是别人，就是头号大坏蛋刘少奇！就是头号大坏蛋邓小平！

五八年十一月六日下午，邓小平召集贵州省湄潭、余庆、绥阳、遵义、桐梓等县的县委第一书记开了一个座谈会。这个座谈会，实际上就是邓小平刮"五风"的动员会。

他根本不管实际情况，就到处发号施令，大肆浮夸。绥阳县盛产麻，平均亩产180斤，他一听，连连摇头，大叫："太少了，应该是1800斤。"企图一下就提高十倍；这个县原先平均每人产值147元，计划一年内提高到超过200元。这个计划是合乎实际的，然而邓小平却大为不满，指着县负责同志大加斥责，说什么："你的心太小了"！"要大一些，第一步要到达三百，第二步就要到达五百。"妄想一步登天。

他公开对抗主席提出的："广种薄收与少种多收相结合"的方针，

大量荒芜土地。荒谬地主张："要集中力量搞高产地。决心要丢掉一些（田地）。路上看到那些石头缝缝里种的苞谷，统统不要种。"胡说什么："五百万亩坡地砍掉四百万亩，每亩（产量）达四千斤，后年真可以不种地了。"

他大搞"一平二调"。声称在"人民公社"之外还要搞什么"联社"，目的是"好进行贫富调剂。"

他狗屁不通，却偏要装出个"百科全书"的样子，竟然荒唐地提出：猪圈"不要安设在居民点"，"不是要田间积肥吗？安在田间去，居民点的卫生也好。"甚至扬言要成立什么"胡思乱想办公室"，公开叫嚷"要弄几个人来"，"专门胡思乱想。"

……

等等，等等。

由于邓小平带头强迫命令瞎指挥，一平二调胡乱吹，使"五风"在贵州省特别是遵义地区大肆泛滥，并且波及全国。为了实现邓小平"少种多收"的计划，大片田地被砍掉，大片庄稼被毁坏。根据邓小平的"指示"，许多地方成立了"胡思乱想办公室"，有的大搞空买空卖，根本不知道山上是否有虎，池中是否有鱼，就买山求虎，卖池售鱼。这样，严重地破坏了生产，破坏了人民生活。有些下中农竟因此死于非命。震惊全国的"遵义事件"，就是邓小平一手造成的。遵义人民至今提起邓小平，无不咬牙切齿，恨之入骨。

必须指出，"五风"在五九年前后出现，不是偶然的。这是刘少奇、邓小平一贯仇视毛泽东思想，仇视三面红旗的一次大暴露。他紧密配合以彭德怀为首的右倾机会主义分子向党的猖狂进攻，以极"左"的面目出现，蒙蔽一些人，大干坏事，给党的事业造成了极大损害。他们这样做，不过是以"左"的面目掩盖其右的实质，掩盖其对三面红旗的极端恐惧、仇视的阴暗心理而已！但是，令人不能容忍的是，邓小平自己大刮五风，罪恶滔天，却颠倒是非，混淆黑白，千方百计企图把刮五风的责任强加在三面红旗头上。六二年他狂妄地叫嚣：三面红旗"虽然不能说成是路线的错误"，但是有大量的缺点，"主要表现在计划、指标过高上。"居心险恶地说什么："从五八年以后,即'共产风''浮夸风'以来,就不注意调查研究了。"等等。似乎"浮夸风""共产风"统统是三面红旗造成的,通通是三面红旗的罪过。把矛头直接指向我们心中最红最红的红太阳毛主席。这是邓小平耍弄的一个大阴谋,必须彻底戳穿,给以迎头痛击!

谎言掩盖不了事实。铁的事实是:大搞"高指标"、大刮"共产风"的不是别人,正是邓小平自己。他在遵义的谈话就是铁证。而我们伟大的领袖毛主席在高举三面红旗的同时,则一直在同刘邓搞的"五风"进行针锋相对的斗争。早在一九五八年十一月召开的第一次郑州会议上,毛主席就指出:"我们只能一步一步地引导农民脱离较小的集体所有制,通过较大的集体所有制达到全民所有制,而不能要求一下子完成这个过程。"在同年十二月中央政治局的武昌会议上,毛主席进一步明确指出:"在我国、在目前,有些人太热了一点,他们不想使自己的头脑有一段冷的时间,不愿做分析,只爱热。"并警告某些人:"这种态度是不利于做领导工作的,他们可能跌跟头。"紧接着,1959年4月19日,毛主席又通过党内通讯,给全国农村人民公社全体社员写了一封信,一针见血地说:"上面一吹、二压、三许愿,使下面很难办。"号召基层干部和社员顶住这股歪风,"根本不要管上面规定的那一套指标""只管现实的可能性"。毛主席三令五申一再批评的那些"做领导工作的"所谓"上面"就是指的刘少奇,指的邓小平!就是批评他们大刮"五风",也正是由于毛主席的一再批评,才迅速阻止了"五风"的蔓延,使它未能造成更大的恶果。刘邓企图来个猪八戒倒打一耙,把自己搞的那一套强加在无产阶级革命路线上,嫁祸于人,达到其反党反毛主席的野心,那是痴心妄想!我们无产阶级革命派坚决不答应!

口红、高跟鞋的共产主义

关于共产主义,一直存在着两种根本对立的观点:

以赫鲁晓夫为代表的苏联现代修正主义,把共产主义说成是什么"所有人都可以得到的、盛满了体力劳动和精神劳动产品的一盘餐。"为共产主义而斗争就是为"一盘土豆烧牛肉的好菜"而斗争。

以毛主席为首的中国共产党认为：共产主义必须是彻底消灭了阶级和阶级差别的社会，必须是全体人民具有高度的共产主义思想觉悟和道德品质的社会，以及具有发达生产力的社会。要达到这一点，必须加强无产阶级专政，大搞阶级斗争，实现人的思想革命化，抓革命、促生产，为过渡到共产主义准备条件。

这是两种针锋相对，水火不容的观点。这是两个阶级、两条道路，两条路线的斗争。一条是复辟资本主义的道路，通向黑暗；一条是通往共产主义的大道，引向光明。

曾经是中国共产党的"总书记"，披着"无产阶级革命家"外衣的邓小平心目中的共产主义究竟是什么货色呢？（待续）

地主阶级的孝子贤孙邓小平

——邓小平罪行调查材料之三

刘邓罪行联合调查团

《红旗》第 35 期，1967 年 5 月 4 日

请看他的"道白"：

——共产主义，就是要搞起码有"25000"人的"居民点"，"要做到北京，贵阳有的，你们'居民点'（指遵义）都有，将来高跟皮鞋、口红、电视机都可以有。不是要消灭城乡差别吗？就是这些了。"

——"到了共产主义，每人搞一个缝纫机，做自己心愿的衣服。""穿衣可以充分自由，自己爱穿什么就穿什么，穿鞋也是爱穿布鞋就穿布鞋，爱穿胶鞋穿胶鞋。爱穿草鞋也行，拚命穿草鞋。节约下的钱穿双皮鞋，高级和低级相结合，不要统统一样。"

——"要搞娱乐场所，运动场几百户一个是不行的。""我主张中国成为自行车国，每人一辆自行车，骑车可以锻炼身体，农具用汽车拖。"

——"将来什么工作最重要？管娃娃最重要，全国要有两千万人干这一行。""重要的部分是教育人，要训练保育员。""他们的待遇应该比大学教授高。"

"第二个重要部门是做饭。""将来每人每年六十斤猪肉。""每人每天半斤苹果。""要允许'喝'二两白干。"

这就是邓小平心目中的"共产主义"，地地道道的资本主义复辟的假共产主义！在这里为共产主义而奋斗变成了为"口红""电视""高跟皮鞋"而奋斗，为"猪肉""白干""自行车"而奋斗，什么加强无产阶级专政，什么消灭阶级和阶级差别，什么人的思想革命化，什么高举毛泽东思想伟大红旗，统统被抛到九霄云外。用邓小平自己的话来说就是："吃、穿、住、行、玩五个字"，"不是要消灭城乡差别吗：就是这些了。"这种共产主义和赫鲁晓夫的"土豆烧牛肉"式的"共产主义"，究竟有什么区别？

为了复辟资本主义，邓小平公然学着赫鲁晓夫的腔调，大肆鼓吹资本主义的经营方式。我们伟大的领袖毛主席指出："粮食是宝中之宝。"发展国民经济必须"以农业为基础。"邓小平却公开同毛主席大唱反调，胡说什么"粮食只有使用价值，没有交换价值。""你们要讲究什么有市场。"企图以追求利润来腐蚀群众，破坏国民经济。毛主席教导我们："农村人民公社必须发展多种经营，农林牧副渔同时并举。"邓小平却提出："各地要按资源特点"，"你们可以搞铝具、铁具、锰铁具、铜具、烤烟具，等等"，并指示盛产麻的绥阳县负责人："麻，国内国外市场都需要，你们要拼命种植。"把赫鲁晓夫在西欧推行的一套"经济分工"论，完全搬到了我国。企图用资本主义的经营方式，价值法则来改造社会主义的经济，实现其"口红＋高跟鞋"式的共产主义，这就是邓小平的险恶用心。一九六一年七月二十一日邓小平在黑龙江省委的一次座谈会上竭力宣扬"自负盈亏""独立核算"，扬言要按照"经济的办法去搞经济"，"用等价交换迫使（企业）搞好独立核算，提高生产。"赤裸裸地暴露了其复辟资本主义的狼子野心。

削尖脑壳，企图钻进遵义会议

削尖脑壳，企图跻身于遵义会议参加者的行列，是邓小平五八年遵义之行所干的一件最最见不得人的丑事。

遵义会议是我党历史上最有历史意义的大会。这次大会，第一次确立了我们伟大领袖毛主席在我党的领导地位；大会纠正了当时具有决定意义的军事上和组织上的错误。遵义会议以后，在毛主席的亲自领导下，中国人民克服了无数艰难险阻，取得了一个又一个的胜利。遵义会议的光芒，就是毛泽东思想的光芒。为了纪念这个具有伟大历史意义的会议，在遵义设立纪念馆，整饰了革命历史遗址，供全国和全世界人民瞻仰。

一九五八年十一月三日，邓小平、杨尚昆、李井泉"驾临"遵义纪念馆。当时纪念馆的陈列，是根据五七年多方查证后布置的。一楼陈列馆里，悬挂着当年参加会议的十八人的照片。邓小平没有参加会议，当然不会有他的照片。但是，这个野心勃勃的家伙，一看十八人中，独独缺少他这个"邓总书记"，满脸不高兴。于是眉头一皱，计上心来。走到楼上当年开会的会议室，立即装出一副旧地重游的样子，肯定地说："会议就在这里开的。"接着竟厚颜无耻地指着会议室靠里边的一角说："我就坐在那里。"为了使人确信他是会议的参加者，故意显得颇为熟悉，到处指手画脚，一会说这儿布置的"窄"了，一会儿那儿安排的"小"了，胡扯乱点，瞎凑一通。事后，在邓小平的指使下，有个叫作肖明（新华社记者，反革命修正主义分子汪小川的老婆）的御用文人，特意写了一篇《邓小平同志在遵义》的臭文章，先后在《贵州日报》、《新遵义报》、《山花》、《贵州十年文艺创作选、散文特写集》上大登特登，广为传播。说什么："遵义纪念馆的工作人员，很久以来就盼望着能接待一次参加遵义会议的客人。今天这愿望实现了。……遵义会议的参加者邓小平、杨尚昆同志，对这座阔别二十多年，有伟大历史意义的楼房，记忆犹新。"为捏造邓小平参加遵义会议，大造舆论。

邓小平真的参加过遵义会议吗？没有，根本没有。邓小平在撒弥天大谎。

遵义会议是 1935 年 1 月 6 日——1 月 8 日召开的，历时三天。参加会议的除当时中央政治局正式及候补委员外，还有长征时一、三军团的军团长、政委及五军团的政委、总政主任和参谋长，共十八人。1931 年还是瑞金县委书记的邓小平根本没有参加会议，也根本没有资格参加会议。遵义会议纪念馆的同志为了证实邓小平的话，曾多次通过有关部门，请求查询旁证材料，结果一一落空，得到的是否定的回答。1959 年 5 月 15 日中共中央办公厅秘书局在遵义会议纪念馆的一再追问下，明确回答："关于邓小平同志是否参加遵义会议的问题，我们没有这方面的材料，无法证明。"1964 年，当年曾是主席警卫员的陈昌奉同志到遵义，据他的回忆，遵义会议时他根本没有看到过邓小平。大量事实证明：所谓邓小平参加遵义会议纯系他自己无耻的捏造。邓小平为了提高个人威望，达到其篡党、篡国的野心，竟然无中生有，大造其谣，不惜玩弄篡改历史的卑劣手法。真是不识人间有羞耻二字。

可是，贵州省及遵义纪念馆内一小撮走资本主义道路的当权派，为了巴结邓小平，不顾广大革命群众的抗议，说什么："他（指邓小平）是政治局常委，他说自己参加了，还要找谁证明。"1965 年 9 月 14 日，在邓小平第二次去遵义前夕（第二次去是在 65 年 11 月 10 日），终于再次修整了陈列方案。于是，会议室椅子多了一张，茶杯增加了一个，邓小平的狗头也挂在了陈列馆的墙上，竟然和我们最高统帅毛主席并列在一起。使邓小平的阴谋暂时得逞。

然而，历史毕竟不是一块大理石，可以随意让人雕刻。在伟大的无产阶级文化大革命中，英雄的红卫兵和遵义纪念馆的革命派起来造反了！他们愤怒地揭露了邓小平伙同贵州省委及遵义纪念馆内一小撮党内走资本主义道路的当权派互相勾结，狼狈为奸篡改历史，吹捧反革命修正主义分子的滔天罪行。把邓小平的狗头倒挂起来，使颠倒了的历史重新颠倒过来。这是革命造反派的一大功勋！这是战无不胜的毛泽东思想的又一伟大胜利！

三、批陶铸

从"土地政策"报告看陶铸的反革命面目

王乃成

《红旗》第 70 期,1967 年 9 月 19 日

一九四九年四月十六日陶铸这个反革命两面派,曾抛出了一个"土地政策"报告,从这篇奇文中可以发现陶铸在民主革命时期就是一个吹捧地主阶级,大反毛泽东思想的反革命修正主义分子了。现在将此奇文解剖如下:

一、抹杀阶级界线,提倡和平土改

黄世仁之所以要剥削杨白劳,是地主阶级的阶级本能决定的,否则他就不成其为地主了。毛主席教导我们:"凡是反动的东西,你不打,他就不倒。这也和扫地一样,扫帚不到,灰尘照例不会自己跑掉。"要消灭地主阶级的剥削,靠讲理是不行的。

可是,陶铸却说什么"地主把土地拿出来,是土地还家,是很对的;要告诉他们,我们的行动是对的,是合理的,为什么一定要把封建消灭,因为这不是一个人的问题,这是农民永远的翻身,其后,地主和农民都应该老实地生产。""土改后,希望地主也参加劳动,将来生活也可过得很好。"照陶铸看来,土改不是一场天翻地覆的大革命,不需发动千百万农民起来斗争,只要凭陶某三寸不烂之舌,晓以大义,地主自然会放弃剥削,这真是奇谈怪论。难怪陶铸又说:"如果我国和丹麦那么小,也可以由国家收买土地来给农民!"

陶铸眼中，地主不是反动的，贫下中农也不是革命的，不发动广大农民起来革命，也可以和平完成土改。

我们伟大的领袖毛主席是如何歌颂农民运动的呢？毛主席说："很短的时间内，将有几万万农民从中国中部、南部和北部各省起来，其势如暴风骤雨，迅猛异常，无论什么大的力量都将压抑不住。他们将冲决一切束缚他们的罗网，朝着解放的路上迅跑。一切帝国主义、军阀、贪官污吏、土豪劣绅，都将被他们葬入坟墓。"

可是在陶铸的狗眼中，地主农民毫无区别，所以他以教训的口吻说："地主与农民都应该老实地生产。"完全抹杀了阶级界线，难怪广东省在他直接领导之下一度发生了和平土改的错误。使革命事业蒙受重大损失。

毛主席教导我们：地主阶级"代表中国最落后的和最反动的生产关系，阻碍中国生产力的发展。他们和中国革命的目的完全不兼容。"

可是，陶铸却胡说："有些革命的地主，在共产党未来前即愿意革命者，应该鼓励他们，表扬他们，并给予适当工作。我们革命应多交朋友，少树敌人。"在陶的眼中地主是何等"革命"，何等"可爱"；相反，对农民，他说："当我们初到乡下时，农民是不觉醒的，我们应先训练提高农民中的积极觉悟分子。……光靠训练班还不够，需我们去领导做榜样，才能成功……如群众没有觉悟就不应忙着发动，就要开会主培养他们的阶级仇恨与觉醒"，可见农民在他眼下中又是如何落后，真是颠倒是非，混淆黑白，大长会地主阶级威风，大灭贫下中农志气，这说明他是完完全全站在地主阶级的立场上观察问题，发表谬论的。

毛主席教导我们："阶级敌人是一定要寻找机会表现他们自己的。他们对于亡国共产是不甘心的。……阶级斗争是客观存在，不依人的意志为转移的。"

可是，陶铸却说："革命只能使大多数人高兴，少数人不高兴是无所谓的。事实如此，少数地主们不久习惯了也会忘记过去，而且大多数地主的子弟，都当了共产党的干部"。这不是鼓吹阶级斗争熄灭论么，这不是与毛泽东思想唱反调么！陶铸大发这些谬论，实际上是要解除南下广大干部的思想武装。

二、抹杀土地改革的伟大意义

我们伟大领袖毛主席在一九四八年说:"土地改革的目的是消灭封建剥削制度,即消灭封建地主阶级……。"

可是陶铸却说什么:"土改最高目的是提高生产,如土改要破坏生产,就只好慢一点了。如不照顾群众觉悟与我们的准备,则必使农民不敢耕、地主不愿耕而废生产。"

陶整个报告不谈地主阶级对几亿农民惨无人道的封建剥削,以及广大贫下中农推翻地主阶级残酷的剥削制度的强烈愿望,只是大谈土改是为"提高生产",而闭口不谈"消灭封建剥削制度",而且正如毛主席所说:"只有消灭封建制度,才能取得发展农业生产的条件",否则,"提高生产"也是一句空话。

陶这种大反毛泽东思想的黑货发展到一九六二年,就是竭力鼓吹"三自一包""地下工厂""利伯维尔场",他说什么:"边远地区、山区包产到户,不管黑猫白猫,会抓老鼠就是好猫。""我们不怕自发势力,现在不是自发太多,而是统得太死。"陶"提高生产"就是"最高目的"的论调,其实质也就是为封建主义、资本主义的复辟制造舆论,这不是很明显的吗?

三、蒋光头的得意门生

中南区最大的党内走资本主义道路的当权派陶铸在报告中说:"现在中国是一个农业国,可是衣食都不足,国民党靠了外援才能度日,就是因农村破产之故,许多土地都荒芜了"。陶在这里回避了一个根本问题,中国农村为什么会破产?难道不正是由于帝国主义、封建主义、官僚资本主义这三座大山压在中国人民头上之故吗?难道不正是由于蒋匪帮实行独裁与内战的反动政策、对广大农村烧杀抢掠,才加速了中国农村破产土地荒芜的吗?

陶铸作报告的时候,解放战争正在胜利地向南推进,蒋介石还在负隅顽抗,南方广大人民还处在水深火热之中,可是陶铸在整个报告中无一处谴责人民公敌蒋介石,这是为什么？原来陶是黄埔军校学生,是蒋的得意门生,一九六三年陶在广东政治思想工作会议上还说:"蒋介石还是我的校长,我是叫他蒋校长的,如果我跟着他,可以做大官,做到像陈济棠那样大……。"一九六六年三月陶专程拜访蒋贼故居,蒋贼母坟及避暑地,真可谓无比敬仰,无限忠诚！

陶在中南局大搞独立王国,专横跋扈,不可一世,扶植牛鬼蛇神,迫害贫下中农、工人、革命干部,实行资产阶级专政,因此,当地人民对陶恨之入骨,有民谣为证:

打倒陈济棠,

来了陶阎王,

统治中南十几年,

就是当年南霸天！

向陶铸讨还血债

蔡至平（蔡协民烈士之子）

《红旗》第 75 期,1967 年 10 月 31 日

我怀着万分愤怒的心情,揭发控诉陶铸这只奸狡险恶的老狐狸,在三十多年前,为了反对毛主席的革命路线,迫害、谋杀毛主席革命路线的忠实执行者和勇敢捍卫者；我的父亲——蔡协民烈士的罪恶行径。

蔡协民同志,湖南华容县人。一九二二年前后入党。在毛主席举办的广州农民运动讲习所毕业后,回华容从事农民运动,曾先后任南（县）、华（容）、安（乡）、沅（江）四县农运特派员,华容县党部常委（国共第一次合作时期）、农民部长等职,非常出色地领导了农民运动,有力地打击了敌人,在华容一带播下了革命种子。

一九二七年,长沙"马日事变"之后,整个湖南笼罩在白色恐怖

之中，革命曾一度处于低潮。蔡协民同志奉命到达南昌，参加"八一"南昌起义。一九二七年九月毛主席领导的湖南秋收起义，蔡协民同志是主要负责人之一，任中国工农革命军第四师党代表。

不久，起义部队退出湖南，上井冈山，蔡协民同志曾先后担任红四军三十一团、三十二团党代表、第三纵队党代表和四军政治部主任、前委秘书等职，和毛主席更加亲密，成了毛主席最信任的战士。

一九三零年，为了开辟福建闽西革命根据地，建立苏维埃政权，毛主席率领红军入闽，调蔡协民同志到闽西特委工作，任组织部长、军事部长，掌握武装。当时，福建省委准备暴动，蔡协民同志被派到省委任秘书长及军委书记。一九三二年，毛主席、林彪同志率领的中央红军东征福建，打下福建漳州之后，我们伟大的统帅毛主席又调蔡协民同志任闽南特委书记。开辟新苏区工作。蔡协民同志在闽期间，还担任过福建福州中心市委书记。一九三二年，福建省委被敌破坏，曾一度担任省委书记。

由于蔡协民同志对我们伟大的党和毛主席无限忠诚，坚决执行毛主席的正确路线，给党做出了很大贡献，因此，我们伟大的领袖毛主席对蔡协民同志非常信任。从苏区到白区，从井冈山到闽西南，总是把蔡协民同志派到最重要、最艰巨的岗位上去工作。历史事实也完全证明了蔡协民同志没有辜负毛主席对他的希望，不愧为毛主席的好学生，不愧为无产阶级的坚强战士，不愧为我们党的优秀党员。一九五二年毛主席亲笔为蔡协民同志的遗像题词，便是我们伟大领袖毛主席对蔡协民烈士光辉的、战斗的一生的崇高评价。

事情发生在当年的闽西南根据地。

我们党在长期革命斗争中，一直存在着两条路线的严重斗争：一条是毛主席的革命路线，一条是机会主义路线。当年福建闽西南的革命斗争中，就充满着这两条路线的斗争。

一九三零年，蒋、桂、阎军阀混战刚开始，国民党反动派在白区加紧实行法西斯的残酷统治。在这种形势下，党的地下工作，按照毛主席的教导应该是"不能采取急性病的冒险主义的方针，必须采取隐蔽精干、积蓄力量、以待时机的方针。"可是，当时福建省委主要负责人之一的陶铸，拒不执行毛主席的正确方针，顽固地推行李立三"左"倾冒险主义路线，经常无条件地组织工人学生举行频繁的集会和示威，并采取武装行动，如厦门武装劫狱、攻打盐局、"三·一八"巴黎公社庆祝集会等，把党的组织完全暴露在敌人面前，给党的工作造成了重大损失。

在这种情况之下，毛主席将陶铸调离省委，派蔡协民同志到福建担任省委主要工作。蔡协民同志到省委之后，忠实执行毛主席的正确路线，对陶铸的错误路线进行了坚决斗争，把省委工作引上了正确的轨道。

陶铸被调到漳州后，在漳州担任特委书记。他在漳州担任工作期间，不但丝毫没有改变"立三路线"的错误立场，反而变本加厉，顽固地执行王明、博古的"左"倾机会主义路线，把漳州地区的武装斗争引向了"单纯军事观点和流寇主义"的邪路，同样给这个地区的工作带来了极大的危害。

一九三二年，敌人发动第四次"围剿"前夕，为了调动敌人两广兵力，以减轻敌人即将给予中央苏区的压力，同时为了解决由于敌人封锁造成的严重经济危机，必须去白区筹款。于是党决定组成东路军，东征福建。东路军由我们伟大领袖主席亲自率领，林彪同志任总指挥。东路军攻占福建漳州后，毛主席即派蔡协民同志取代陶铸所担任的特委书记职务，开辟新苏区工作。蔡协民同志来漳州之后，按毛主席教导，对陶铸的错误又进行了坚决的斗争。蔡协民同志带领同志们深入农村，广泛地发动农民，武装农民，进行减租减息，抗捐、打土豪、分田地，建立革命根据地，走毛主席的"农村包围城市"的正确道路，取得了很大胜利。

陶铸在省委犯了错误，毛主席曾对他进行教育，但由于他阶级本性所致，不但不能认识错误，幡然悔改，反而认为触犯了他的"尊严"，因此到漳州后又犯错误，当毛主席再次对他进行教育时，就更使他恼羞成怒了。为了讨好王明、博古，为王明、博古提供反毛主席的理由；也为了发泄对毛主席的怀恨，陶铸一九三二年五月二十二日于福建厦门在《福州市委陶铸给党中央的报告》中，对于东路军东征福建竟颠倒是非地写道:"只为筹款不顾其他的现象之下,一般工作都放弃了,给群众的印象也就并不甚好……党的领导十分薄弱,士兵官长极为骄傲,并且腐化的倾向相当严重,特别还要指出的,这次红军筹款是脱离群众的。尤其是领导者的右倾和官僚化,如果红军不加紧开展思想上的斗争,改善红军的阶级成分,照这样发展下去,是会妨碍无产阶级的领导和革命给予红军的伟大任务的。我准备回福州后,要写一个漳州通讯与一篇红军这次来漳所犯错误给《斗争》发表。"

毛主席亲自率领、林彪同志任总指挥的东路军,东征福建,果真如陶铸所描绘的"只为筹款"而且一无是处吗?否!无限忠于党忠于毛主席,无限敬仰党敬仰毛主席的蔡协民同志,在写给厦门市委的《对漳属地区形势的估价和今后红军的任务》一文中,对东路军东征福建作了如实的反映和重要的评价:"东路军进漳后,消灭了张贞三分之二的兵力……闽南群众的革命斗争,受这次东路军的推动,革命影响空前扩大,尤其漳属各地群众,对革命当然有更深刻的认识,以后各地会要不断的爆发更剧烈的革命斗争……漳州游击队,在东路军的帮助之下,武装、人数比以前扩大了许多倍,战斗力也加强了许多……只要党的领导正确和游击战术运用的正确,统治阶级一切消灭革命根据地的企图,必然归于失败。"

两个完全不同的人物,代表着两条完全不同的路线,爱憎如此不同,斗争如此尖锐。对于具有伟大战略意义,在红军战史上写下了光辉的一页的东征,对于我们伟大的领袖毛主席和林彪同志,陶贼竟敢极尽诽谤、污蔑之能事,是可忍,孰不可忍!

更不能容忍的是,陶铸在解放后的一九五六年,对福建龙溪党史编写办公室人员谈及闽南根据地斗争情况时,仍未忘记恶毒地攻击毛主席,他说:"如果还是按照教条主义者那样机械地从减租减息搞起,那是很难设想能保留那样多的干部的。"可见陶铸对毛主席是何等的心怀不满!由此可见,从三十多年以前的闽西南游击战争年代起,陶铸一直就是疯狂地反毛主席的。当时他大骂坚持毛主席革命路线,主张把土地革命和武装斗争相结合的蔡协民同志是"机械的教条主义""右倾机会主义"，把最能接受毛主席的教导，毛主席也最信得过的蔡协民同志视为眼中钉，肉中刺，随时随地都伺机下毒手陷害蔡协民同志。

第一步，陶铸诬蔑蔡协民同志是"阶级异己分子"，撤除蔡协民同志所担任的福建省委军委书记等一切职务。

陶贼以此为由，发动不明真相的群众批判、斗争蔡协民同志达两个月之久，对蔡协民同志进行残酷斗争、无情打击，并提出所谓"反协民路线"。可是蔡协民同志在这段被迫害的过程中，坚持真理，修正错误，义正词严地批驳了上海党中央指示的错误，彻底揭发了陶铸对他的无理迫害，因此，陶铸对蔡协民同志更为痛恨了。（待续）

向陶铸讨还血债

蔡至平（蔡协民烈士之子）

《红旗》第 77 期，1967 年 11 月 14 日

（上接 75 期）

第二步，陶铸霸占蔡协民同志的妻子。

我父亲蔡协民同志"马日"事变离开华容后，国民党报纸造谣说："共首蔡民，全家俱斩。"蔡协民同志以为我和我母亲真的被敌人杀了。所以他于一九二八年在红军中和曾志结了婚，以后生了两个孩子。一九三〇年蔡协民同志和曾志一道调离井冈山，来到白区工作。一九三二年，蔡协民同志任省委军委书记，因需要到各地巡视工作，开展武装斗争，党把曾志派到陶铸那里担任秘书，为了掩护工作，假称夫妇。陶铸这个衣冠禽兽，利用他和曾志在一起工作的机会，居然和曾志发生了不正当的关系。从此，曾志这个坏蛋也就抛弃了蔡协民同志。

第三步，调虎离山，欲置蔡协民同志于死地而后快。陶铸十分清

楚，如果他和曾志狼狈为奸，合伙迫害蔡协民同志的罪恶一旦被党中央毛主席察觉，那他们就会完蛋。为了根除他们的心腹大患，陶铸使出了"调虎离山"的毒计。陶铸以组织部长的资格，通知蔡协民同志说："上海党中央调你去上海接头工作。"当时在上海进行地下工作是十分危险的，如果接不上头，更是随时都有被捕杀的危险。这也就是陶铸假传中央指示的目的。蔡协民同志去上海，按照陶铸指定的地点接头，怎么也接不上头。旅费全部花光了，又回不了福建。当他想到党的工作，心急如火燎。幸好，一个偶然的机会，在黄浦滩上遇到了一位武汉的好友卖掉了一只表，援助了蔡协民同志脱离了险境，回到了厦门。

第四步，假造所谓中央决定，把蔡协民同志打成"反革命"。

蔡协民同志在上海找不到党中央，回厦门找到陶铸，问为什么接不上头，并向他要求再分配工作。哪知陶铸这个老贼，在蔡协民同志去上海不久，便在党内宣布了"中央嫌疑蔡协民为社会民主党，并立即断绝蔡协民的组织关系，不予安排工作，不发给生活费用，令其自找生活出路"的所谓中央决定。真是狼心狗肺！晴天霹雳，蔡协民同志做梦也没有想到这个莫须有的罪名竟会降落到自己的头上来。这真是天大的冤枉，莫大的打击！当时，蔡协民同志的心情是极为痛苦的。对于一个革命者来说，有什么比失去了亲爱的党，失去了革命工作更痛苦啊！

陶铸这个两面三刀的家伙，对接不上头的问题，佯装不知何故，对于要求分配工作的问题严加拒绝。这时蔡协民同志意识到问题的严重性。但是，他不知道自己究竟有哪些错误，青少年时代，认识了毛泽东同志，找到了革命真理，以后投奔广州农民运动讲习所，进一步接受毛泽东思想的哺育；参加南昌起义，上井冈山，到闽西南，出生入死地战斗。他前前后后一一回顾，自己一直是紧跟毛主席，忠于党的革命事业的。想到这些，他觉得胸怀坦荡，问心无愧。蔡协民同志是"社会民主党"的这个所谓中央决定，在党内宣布以后，激起了强烈的反应。同志们都愤愤不平，对陶铸极为不满，纷纷提出怀疑：蔡协民同志这样一个优秀的共产党人怎么可能是社会民主党人呢？

绝对不可能。当时，和蔡协民同志一起工作的方毅、粘文华、苏鸿树等三十多位老同志，他们都非常气愤。他们说："我们都很同情和尊敬蔡协民同志，我们根本不相信蔡协民同志是什么'社会民主党'。""铁的事实证明蔡协民同志是一个品质极高贵、斗争性极强的同志，所谓中央的决定，只不过是陶铸一个人的决定。""蔡协民同志是跟随毛主席从井冈山来的老同志，是毛主席派来福建的，他指挥作战很勇敢，我们没有一个相信他是社会民主党，这是陶铸搞的鬼。"陶贼一意孤行，干此坏事，危害革命事业，在革命队伍中造成了极坏的影响。这些同志的斥责，是何等有力！

毛主席教导我们："阳奉阴违，口是心非，当面说得好听，背后又在搞鬼，这就是两面派的表现。"陶铸正是这样一个典型的反革命两面派。

在蔡协民同志深受陶铸严重迫害的痛苦而漫长的岁月里，他哪一天没有怀念我们最最敬爱的领袖毛主席啊！蔡协民同志坚信，英明的党和毛主席一定会为他申冤雪耻，陶铸这个坏蛋一定会彻底垮台。蔡协民同志多么想回到毛主席身边啊！他有千言万语要向最敬爱的毛主席倾诉啊！

一九三四年春夏之交，蔡协民同志盼望的日子终于到来了，中央苏区派代表来到了闽西南。蔡协民同志万分激动地说："我有救了！我可回中央苏区了！"蔡协民同志向毛主席派来的代表汇报了工作，诉说了他受陶铸迫害的苦衷。不久，党中央毛主席正式调蔡协民同志去中央苏区工作，这将使陶铸老贼迫害蔡协民同志的罪恶阴谋遭到了彻底的、可耻的失败！

就在蔡协民同志发动厦门虎头山岩石工人举行大罢工和在安、南、永胜利开展游击战争的时间，即一九三三年五月份，陶铸这个披着人皮的豺狼，在上海开会期间被伪警察局逮捕，后转入南京伪中央军人监狱。陶铸贪生怕死，为了保全自己的狗命，投靠了万恶的国民党。他竟同其兄伪宪兵团的少校秘书陶耐存勾结，出卖了组织，出卖了革命同志，也出卖了我们的蔡协民同志，成了可耻的叛徒，成了党和人民不可饶恕的罪人。由于他叛党有功，所以陶铸在被捕期间，被国民党奉为上宾。他吃的是奶油精面，穿的用的均与一般"犯人"不同，享受着敌人优厚的待遇。

一九三四年春天，在蔡协民同志赶赴中央苏区工作的时候，被交通员出卖，我们的蔡协民同志就这样落入了敌人的魔掌，被敌人押解漳州，公开杀害。这个叛徒交通员来自上海，而陶铸在上海敌人监狱里被敌人拥为上宾，其狗兄陶耐存又身居特务机关要职，为宪兵团长所宠信，蔡协民同志的被出卖，杀害蔡协民同志的凶手究竟是谁，岂不是昭然若揭了吗？蔡协民同志被陶铸谋害了！烈士的血不会白流！血债要用血来还！我们要向大叛徒陶铸讨还血债！陶铸罪该万死！

陶铸这个可耻的大叛徒喋喋不休地大谈什么一个革命者要具有"高尚的情操"和"无产阶级思想感情"，原来陶铸的所谓"高尚的情操"就是叛党投敌，原来陶铸的"无产阶级感情"就是双膝跪在蒋介石面前，认贼作父，出卖革命同志。他满嘴仁义道德，满肚子男盗女娼，陶铸就是这样一个凶相毕露的反革命两面派。

蔡协民烈士的孩子是革命的后代，应该得到很好的抚育和培养。可是，谁曾想到蔡协民烈士的遗孤也遭到了陶铸的残害呢？

蔡协民烈士有三个儿子，我最大，叫蔡至平，在湖南华容生长；老二叫石来发，在井冈山石家生长；老三叫张春生，在福建张家生长。我们是一父所生，应该同姓，我们是革命烈士的后代，应该清楚地知道我们的父亲是谁？有何英雄史迹？我们既然是亲兄弟，就应该早日团聚。可是到了一九六五年，石来发才知道这些事情的根本。我的二弟春生，陶贼以三十元卖给了张姓，并且不许大弟改为姓蔡。

对于我们兄弟的团聚，陶铸和曾志是十分害怕的，所以千方百计进行阻挠，致使我和二弟春生失掉联系达八年之久，和大弟更是今年五月才第一次见面，大弟和春生还未见过一面。

伟大的无产阶级文化大革命的浪潮，把我们兄弟卷到一起，和全国的无产阶级革命派起来造反了，我们揭发陶铸陷害蔡协民烈士的滔天罪行的日子到了！我们一定听最最敬爱的伟大领袖毛主席向我们发出的伟大号召，把刘少奇和陶贼斗倒斗臭，将文化大革命进行到底！

四、批彭德怀

打倒彭德怀，巩固无产阶级专政

1551《鸿鹰》战斗队

《红旗》第54期，1967年7月26日

一九五九年中央庐山会议粉碎了反革命修正主义分子彭德怀的猖狂进攻，罢了他的官。这是毛泽东思想的伟大胜利，这是无产阶级专政的伟大胜利。

老牌修正主义分子彭德怀，以"海瑞"自居，打着"为民请命"的破旗，猖狂地反对党中央、毛主席，反对党的领导，反对三面红旗，的目的就是要颠覆无产阶级专政，在中国实现资本主义复辟。

彭贼从来就不是一个革命者，他是一个地地道道的混入革命队伍的反革命，他要实现的不是无产阶级专政，而是资产阶级专政，他要走的不是社会主义道路，而是资本主义道路。

毛主席教导我们："世界上一切革命斗争都是为着夺取政权，巩固政权。"解放前在我们党和毛主席的领导下，为打碎旧的国家机器，推翻国民党反动派的血腥统治而浴血奋战，可是老牌反革命彭德怀，却在中国党内头号走资本主义道路当权派刘少奇的指使下，极力破坏和阻挠中国无产阶级武装夺取政权，散步一整套修正主义的臭理论。他胡说什么"以党治国，一党专政的概念，是大地主大资产阶级影响的反映。我们共产党内不赞成以党治国，一党专政的办法。……共产党不仅现阶段不赞成一党专政，即到社会主义社会，也不是以党治国。"这简直是彻头彻尾的胡说八道。告诉你，彭贼，对于国民党反动派的"一党专政",我们要坚决反对,因为他的"一党专政"就是代表大地主大资产阶级向中国广大劳动人民实行专政。在国民党蒋介石匪帮的统治下,地主资本家吃人肉喝人血,横行霸道,广大劳动人民则辛勤劳动终年不得一饱,甚至被逼得流离失所,家破人亡,多少仇,多少恨,多少人的鲜血使我们懂得了,必须推翻国民党反动派的一党专政,而代之以我们工人阶级及其政党中国共产党的"一党专政"。我们的"一党专政",就是工人阶级和广大劳动人民对一小撮地富反坏右的专政。毛主席教导我们说:"我们的人民民主专政的国家制度是保障人民革命的胜利成果和反对内外敌人的复辟阴谋的有力武器,我们必须牢牢掌握这个武器。革命的专政和反革命的专政,性质是相反的,而前者是从后者学来的。这个学习很要紧,革命的人民如果不学会这一项对待反革命阶级的统治方法,他们就不能维持政权,他们的政权就会被内外反动派所推翻,内外反动派就会在中国复辟,革命的人民就会遭殃。"无产阶级专政是无数革命先烈用鲜血换来的,必须坚决保卫它,没有无产阶级专政就没有人民的一切,谁要反对我们共产党的"一党专政",谁要来和我们共产党平分秋色,他就是一个地地道道的反革命,我们就要坚决镇压他。你彭贼反对我们"一党专政",就暴露了你反革命的真面目。难怪你在华北的时候,竟白白地把我们共产党人流血牺牲打下来的县城让国民党员当县长,让国民党来专我们的政,你反对的只是我们共产党的"一党专政",你拥护的都是国民党的一党专政,你是一个地地道道的披着共产党外衣的国民党!

难怪你高唱什么"自由,平等、博爱"那一套法国资产阶级的陈词滥调。什么自由?世界上只有具体的自由,具体的民主,没有抽象的自由,抽象的民主。在阶级斗争的社会里,有了剥削阶级剥削劳动人民的自由,就没有劳动人民不受剥削的自由。你所谓的自由,就是要地主资产阶级有剥削压迫我们工人阶级和劳动人民的自由,而不让我们有反对剥削、压迫的自由,就是有让地主资本家专我们政的自由,而不让我们有造他们反的自由。什么平等?剥削阶级和被剥削阶级之中间根本就不可能平等,解放前他们骑在我们头上作威作福,还叫我们跟他们平等？他们住的高楼大厦，吃的山珍海味，我们受他们打，受他们骂，吃不饱，穿不暖，我们和他们哪有平等？！人怎能和豺狼平等？什么博爱？！豺狼是要吃人的，他根本就不可能爱人。剥削阶级这只豺狼，它还会爱我们？简直混蛋透顶！说穿了你就是要我们甘心情愿受地主资本家的剥削压迫，不革命，不造反，就是让我们不去推翻他们的政权，不实行无产阶级专政，就是要维护地主资产阶级的统治。这简直是痴心妄想。告诉你，彭贼，办不到！一千个办不到！一万个办不到！！

解放后，我们在党和毛主席的英明领导下，进行着伟大的社会主义革命和社会主义建设，不断巩固和强化我们的无产阶级专政。而彭德怀这个反革命贼心不死，伙同苏修赫鲁晓夫和刘少奇干着一系列反党活动，企图颠覆无产阶级专政，复辟资本主义。

彭贼千方百计在我们军队里边搞苏修那一套军衔制，搞什么元帅将军。这不正是要把我们无产阶级专政的柱石、伟大的中国人民解放军变成资产阶级的军队吗？这不正是在瓦解我们伟大领袖毛主席亲手缔造的、在党的绝对领导下的人民军队吗？这不正是让经过多年同甘共苦和人民血肉相连的人民子弟兵变成脱离人民压迫人民的国民党法西斯队伍吗？这不正是在变无产阶级专政为资产阶级专政吗？彭贼，你的阴谋何其毒也！然而在用毛泽东思想武装起来的中国人民和中国人民解放军面前，你的阴谋遭到了彻底的破产！

彭德怀，你这个卖国贼，为了使我们的国家改变颜色，实行资产阶级专政，竟敢和苏修赫秃子勾勾搭搭，搞什么中苏联防，妄图把我们伟大的中国人民解放军置于苏修的控制之下，把我们伟大祖国的领海主权出卖给苏联，幸好我们伟大领袖毛主席及时戳破了你的阴谋，把苏修混蛋顶了回去。彭贼你这个老混蛋对伟大的中华民族犯下了滔天罪行，我们饶不了你！

你穷凶极恶地反对三面红旗，竟然把我国的经济情报透露给苏修，你就是怕我们的国家富强起来，想让我们依赖你那干爸爸赫秃子过日子，想让我们的国家和人民再回到解放前那水深火热的灾难中去。告诉你，彭德怀，你的算盘打错了，毛主席教导我们："我们中华民族有同自己的敌人血战到底的气概，有在自力更生的基础上光复旧物的决心，有自立于世界民族之林的能力。"在我们最最敬爱的伟大领袖毛主席的领导下"下定决心，不怕牺牲，排除万难，去争取胜利。"我们一定能够改变我国一穷二白的落后面貌，把我国建成一个社会主义强国。我们不是已经有了原子弹、氢弹了吗？我们不是有了强大的工业、农业、人民解放军了吗？我们中华民族受洋人欺侮的日子已经一去不复返了！

难怪你彭贼那么反对毛主席，就是因为我们伟大的领袖毛主席一次又一次地粉碎了你的颠覆无产阶级专政，复辟资本主义的阴谋，正确地指出了革命的航向，领导我们由一个胜利走向又一个胜利，毛主席是我们心中最红最红的红太阳，我们对毛泽东思想无限信仰，无限崇拜，无限热爱，无限忠诚，我们要永远为捍卫战无不胜的毛泽东思想，巩固无产阶级专政而战，谁反对毛泽东思想我们就坚决打倒他，叫他永世不得翻身！

反党集团头目反革命修正主义分子彭德怀的主要罪行

《红旗》第 54 期，1967 年 7 月 26 日

彭德怀是混进党内的资产阶级代理人。是一个大野心家，大阴谋家，地地道道的伪君子，是一个反革命修正主义分子。彭德怀同王明、刘少奇、邓小平、高岗、彭真、罗瑞卿、陆定一、杨尚昆等等，是一丘之貉，都是混进党内的资产阶级代表人物，是一小撮走资本主义道路的当权派，是我们最主要、最危险的敌人。彭德怀从一九二八年混进革命队伍以后，一贯坚持资产阶级反动立场，反对毛主席的无产阶级革命路线，进行分裂党、分裂军队的阴谋活动。全国胜利以后，他的反革命活动更加疯狂。他反对毛泽东思想，反对毛主席，反对社会主义，组织反党集团，里通外国，阴谋发动反革命政变，妄图

把无产阶级专政变为资产阶级专政，复辟资本主义。

一、明目张胆反对毛泽东思想，恶毒攻击我们伟大的领袖毛主席

早在民主革命时期，彭德怀就反对毛主席的无产阶级革命路线，反对毛主席的正确领导，反对毛泽东思想。第二次国内革命战争时期，他是立三路线和王明的"左"倾机会主义路线的坚决执行者。遵义会议以后，他和刘少奇、张闻天、杨尚昆勾结一起，搞分裂活动，反对毛主席的正确领导。

抗战争时期，彭德怀又同刘少奇、邓小平、彭真、罗瑞卿、杨尚昆一起，积极推行王明的投降主义路线。他吹捧蒋介石是"领导抗战的英明领袖"，主张无条件拥护蒋介石，执行王明的"一切经过统一战线，一切服从统一战线"的投降主义纲领。他反对毛主席的独立自主发展游击战争的战略方针，背着党中央，擅自发动"百团大战"，使华北根据地和我军的发展遭受严重的挫折。他反对毛主席的《新民主主义论》，宣扬资产阶级的政治纲领"自由，平等，博爱"。党的第七次代表大会时，他公开反对把毛泽东思想作为我们党的指导思想写入党章。

全国胜利后，彭德怀更加猖狂地反对毛主席，反对毛泽东思想。

毛泽东思想是马克思列宁主义发展的一个崭新的阶段，是世界各国人民进行革命斗争的唯一正确的最最伟大的理论武器，是全党全国一切工作的指导方针。彭德怀却诬蔑毛泽东思想"过时了""不适用了""没有系统化"，是"狭隘经验"，胡说什么毛主席著作"是过去的东西，今天情况不同了，这些东西不完全适用了"。他反对把学习毛主席著作作为我党我军干部、党员和战士教育的基本方针和主要内容，胡说"毛主席著作只能做参考，不能作为指导作战、训练部队的指针"。他自己不传达毛主席的指示，也反对别人传达，恶毒攻击毛主席的指示"是不成熟的"，"不是每句都管用的"。千方百计地抵制毛泽东思想的传播，阻挠毛泽东思想同广大群众见面。

彭德怀采取最卑鄙无耻的手段，散布流言蜚语，恶毒地、露骨地、

直接地攻击我们最最敬爱的伟大领袖毛主席。他公然反对唱《东方红》，反对喊毛主席万岁，反对在军人誓词上写"中国人民解放军在毛主席领导下"，反对张贴毛主席题词、语录，反对摆毛主席塑像。反对抗美援朝的战争的伟大胜利是在毛主席英明领导和亲自指挥下取得的。甚至对群众同毛主席握手照相和要求毛主席接见等等，他都反对。他对于广大革命群众对伟大领袖的热爱，极端仇视。

二、反对党的社会主义革命和社会主义建设总路线，攻击无产阶级专政

全国胜利以后，在两个阶级、两条道路、两条路线的斗争中，彭德怀一直坚持资产阶级反动立场，站在以刘、邓为代表的资产阶级反动路线一边，反对毛主席的无产阶级革命路线，反对无产阶级专政，反对社会主义革命，妄图复辟资本主义。

我国社会主义革命一开始，彭德怀就反对毛主席提出的社会主义工业化和对农业、手工业、资本主义工商业进行社会主义改造的总路线。一九五五年，他反对党的农业合作化的方针，叫嚷农业合作社"发展太多，要求太急"，积极支持刘少奇的大砍合作社的右倾机会主义路线。一九五七年，他在部队煽风点火，支持资产阶级右派分子向党进攻。

一九五八年，毛主席提出了鼓足干劲、力争上游、多快好省地建设社会主义的总路线。在这个总路线指引下，实现了全面大跃进，实现了人民公社化，社会主义事业取得了史无前例的伟大成就。彭德怀对这一切都进行了恶毒攻击。一九五九年，他在庐山会议上，抛出了一个反党反社会主义反毛泽东思想的修正主义纲领。诬蔑党的总路线是"左倾冒险主义"，是"小资产阶级的狂热性"。攻击党的总路线违背客观规律，是"抢先"，"想一步跨进共产主义"。诬蔑大跃进"得不偿失""劳民伤财"。诬蔑人民公社"搞糟了""要垮掉"。把轰轰烈烈地建设社会主义的伟大群众运动诋毁为"头脑发热"。配合美帝国主义、赫鲁晓夫修正主义和国内资产阶级右派向党发动猖狂进攻。

毛主席教导我们："政治工作是一切经济工作的生命线"，必须坚

持政治挂帅。彭德怀却胡说什么政治和经济"两者必须并重,不可偏重偏废",反对突出无产阶级政治,而要突出资产阶级政治。毛主席在《关于正确处理人民内部矛盾的问题》这一伟大著作中,全面论述了社会主义社会的阶级和阶级斗争,天才地创造性地发展了马克思列宁主义关于无产阶级专政的学说。彭德怀却同赫鲁晓夫、铁托,刘少奇一唱一和,大唱反调,胡说"阶级的对抗性质的矛盾不存在了",散布阶级斗争熄灭论。恶毒攻击无产阶级专政,说"无产阶级专政以后容易犯官僚主义",有"阴暗面""害死人"。他打着"民主""自由""广开言路"的幌子,反对无产阶级对资产阶级的专政,搞资产阶级自由化,为资产阶级复辟开辟道路。

三、反对毛主席的无产阶级军事路线,坚持资产阶级、修正主义的军事路线

彭德怀是一个典型的"军党论"者。一贯反对毛主席的"党指挥枪,而决不允许枪指挥党"的原则,妄图取消党对军队的绝对领导。他只要资产阶级的正规化,不要无产阶级的革命化,照搬苏联修正主义的一套,竭力推行一长制,胡说什么这是"建军的方向","以后就不要政委"。在修改军队的几个基本条例、条令时,把党对军队的绝对领导,党委集体领导制度等重要条文,一笔勾掉。他宣扬单纯军事观点,说"部队军事训练成绩优劣,各级干部学习军事科学成绩的优劣,是决定我军今后战斗力高低的基本标准。"否定政治思想工作是决定战斗力的首要因素。他反对毛主席提出的政治工作是我军的生命线的原则,恶毒咒骂政治工作,多方削弱政治工作,从根本上取消政治工作制度,妄图使无产阶级的革命军队,蜕变为资产阶级,修正主义的军队。

彭德怀竭力反对毛主席的人民战争思想,反对全民皆兵。他贬低民兵的作用,否定民兵的战略地位,胡说什么"形势变了,民兵制度过时了",叫嚷"不要普遍民兵制"。他限制民兵训练,不给民兵发武器,从各方面削弱民兵工作,否定毛主席确立的主力军,地方军和民兵游击队相结合的武装力量传统体制。

彭德怀反对毛主席制定的积极防御的战略方针。他对准备对付美帝国主义的侵略,完全采取消极的态度。他不把立足点放在准备打的上面,而是抱着"打不起来,可能不打"的机会主义态度,毫无规划。听之任之,主张"打烂仗"。他反对毛主席关于建设一支强大的陆军,强大的空军和强大的海军的指示,既不重视空军、海军的建设,也不重视陆军各兵种的建设。他反对毛主席提出的依靠自力更生,建设一个独立完整的现代化国防工业体系的方针,既不重视常规武器的研究制造,又不发展尖端科学技术。他把我军装备的改善和尖端科学技术的发展,完全依附于赫鲁晓夫修正主义集团,妄图使我军成为赫鲁晓夫修正主义集团的附庸。完全无视无产阶级革命事业的需要和祖国的安全。

四、组织反党集团,进行篡军阴谋活动

彭德怀是一个资产阶级大野心家,大阴谋家,大军阀。他原名彭得华,一心妄想统治全中国,他一贯搞宗派,抓大权,长期以来在党内搞党,党内搞派,搜罗一小撮混进党内的阶级异己分子,投机分子,反革命分子,旧军官等等牛鬼蛇神,结成以他为首的反党集团。他为了反党,首先进行了一系列的篡军阴谋活动,千方百计地向毛主席,党中央争兵权,抓枪杆子,妄图把伟大的人民解放军变成他实行反革命政变的工具。

彭德怀在任国防部长和主持军委日常工作时期,伙同黄克诚、谭政把持军委领导,对毛主席实行封锁,许多重大问题不请示、不报告,拒不执行毛主席的指示,搞独立王国。破坏党的民主集中制,在军委实行个人专制,军委会议成了他的"一言堂",把其他军委委员排斥在领导之外,甚至散布流言蜚语,恶毒攻击和诬蔑毛主席最亲密的战友林彪同志和军委其他领导同志。彭德怀招降纳叛,结党营私,重用亲信。甚至同黄克诚等密谋,要组织反党反革命的"军事委员会",阴谋取消毛主席领导的党中央军委,另立一个彭德怀的"统帅部",把军委权都抓到他手上。

我们伟大统帅毛主席亲自领导秋收起义后,创建的井冈山革命

根据地,像大海航行中的灯塔,指明了中国革命走向胜利的唯一正确的道路。但彭德怀却篡改历史,竭力贬低毛主席领导的有伟大历史意义的秋收起义,胡说什么秋收起义"失败了""垮台了"。大肆吹嘘他参加的平江起义,说什么平江起义是"革命来潮的信号"。突出他自己,扩大个人影响,捞取政治资本,为他篡军篡党篡政作舆论准备。

彭德怀一心一意搞反革命政变,只要他认为时机成熟,就要动手。建国以来,他曾几次进行反革命政变的阴谋活动。

五、同高岗、饶漱石结成反党联盟,阴谋实行反革命复辟

一九五三年,在毛主席提出的党的过渡时期总路线的指导下,我国开始进行大规模的社会主义改造。革命深入到要消灭资本主义生产资料所有制,国内阶级关系剧烈变化,阶级斗争十分紧张。党内以刘、邓为代表的资产阶级反动路线,顽固地同毛主席的无产阶级革命路线相对抗,竭力反对社会主义革命。彭德怀为了反对党的过渡时期的总路线,抗拒社会主义革命,就伙同高岗、饶漱石向党发动猖狂进攻,妄图夺取党和国家的最高权力,实现资产阶级的反革命复辟。高饶反党联盟,实际上是以彭德怀为首的反党联盟。以毛主席为首的党中央同他们进行了坚决的斗争,彻底揭露和粉碎了这个反党联盟的阴谋,保证了社会主义改造的伟大胜利。

六、在一九五九年党的庐山会议上,向党猖狂进攻,再次阴谋发动反革命政变

一九五八年,毛主席提出了建设社会主义的总路线。全国人民意气风发,掀起了社会主义革命和建设的伟大新高潮。帝国主义、现代修正主义和国内外反动派对此极端恐慌,极端仇视,联合起来对我们进行猖狂的攻击。彭德怀认为这是实现他个人野心的最好机会。在赫鲁晓夫修正主义集团的支持下,纠集了黄克诚、张闻天、习仲勋、周小舟等反党分子,在庐山会议上,向以毛主席为首的党中央,又一次发动更为猖狂的进攻。

他抛出了一个彻头彻尾的修正主义纲领,妄想改变党的社会主

义建设总路线，把我国拉回到资本主义道路上去。

彭德怀诬蔑党犯了"路线错误"，把国内形势描写得漆黑一团，一再叫嚷"要发生匈牙利事件""要请苏联红军来"，妄图里应外合，颠覆我国的无产阶级专政。他把攻击的矛头，直接指向我们伟大的领袖毛主席，叫嚷要改变党的路线，改组党中央领导，跃跃欲试，准备上台。毛主席和党中央及时把彭德怀、黄克诚、张闻天、周小舟等反党分子揪了出来，罢了他们的官，撤了他们的职，彻底粉碎了他们反革命政变阴谋，保卫了以毛主席为代表的党中央的正确领导，保卫了毛主席的无产阶级革命路线，使我国在社会主义道路上继续胜利前进。

七、一九六二年配合国内外反动势力，向党疯狂反扑，再次阴谋反革命复辟

一九六二年后，帝国主义、现代修正主义和各国反动派，利用我国遭受自然灾害，掀起了新的反华逆流。蒋介石匪帮阴谋窜犯大陆。地富反坏右牛鬼蛇神纷纷出笼。以刘少奇、邓小平为首的党内一小撮走资本主义道路当权派，大刮"翻案风""单干风"，大闹"三自一包"，复辟资本主义。大搞"三降一灭"，叛变无产阶级国际主义。彭真、陆定一、罗瑞卿、杨尚昆反革命修正主义集团大搞地下活动，伺机发动反革命政变。在刘少奇、邓小平等党内最大的一小撮走资本主义道路当权派的支持下，在文化艺术领域中，放出大批毒草，为反革命政变作舆论准备，甚至公开为彭德怀鸣冤叫屈，鼓励他东山再起，重当"国防部长"。习仲勋抛出了反党小说《刘志丹》，张闻天、黄克诚、谭政、杨献珍大闹翻案，这时，彭德怀又钻了出来，在党的八届十中全会上，大闹翻案，卷土重来，向党反攻倒算。在这关键时刻，毛主席发出了"千万不要忘记阶级斗争"的伟大号召。我们党在毛主席的领导下，坚决回击了刘、邓及其追随者的进攻，使彭德怀这个反革命阴谋，再一次遭到了可耻的失败。

八、里通外国，勾结赫鲁晓夫修正主义集团

彭德怀在一九五五年、五七年、五九年，多次利用出国访问的机会，同赫鲁晓夫修正主义集团秘密勾结，串通一气。他一再表示支持赫鲁晓夫修正主义集团大反斯大林，发动的反革命政变。他当着赫鲁晓夫的面，说"苏联二十大是个勇敢的大会""苏共二十次大会开得好"，称颂赫鲁晓夫的所谓"胜利"。他在赫鲁晓夫修正主义集团面前，公开表露他反对党的总路线、大跃进和人民公社，反对毛主席和党中央，向赫鲁晓夫提供反华"炮弹"，换取赫鲁晓夫对他搞反革命政变的直接支持。赫鲁晓夫对他也极为欣赏，极力支持彭德怀搞反革命政变，要彭德怀"取而代之"。一九五九年七月十四日，彭德怀在庐山抛出了反党的修正主义纲领，紧接着七月十八日，赫鲁晓夫就在波兰的波兹南发表讲话，公开攻击我人民公社。庐山会议期间，苏修外交人员多次听会议消息。在八一建军节招待会上，苏修代总顾问大捧彭德怀。以后赫鲁晓夫又公开宣称彭德怀是"正确的勇敢的"，是他"最好的朋友"。他们互相支持，互相配合，竟如此紧密。彭德怀完全是赫鲁晓夫修正主义集团在我党内的一个代理人。

彭德怀这个反革命修正主义分子，反党集团的主要头目，干尽坏事，罪行累累。以上八条，是他的主要罪行。彭德怀为了捞取政治资本，欺骗群众，他竭力美化自己，把自己装扮成"军事家"，吹嘘自己是平江起义的"组织者"，保卫延安"有功"，抗美援朝的"英雄"，拿这些作为幌子到处招摇撞骗。我们必须戳穿他的骗局，撕开他的画皮。他原先是一个没有改造好的国民党团长，在旧军队中混了整整十二年，满脑子资产阶级、封建主义和军阀主义思想。一九二八年，他是在平江地区农民武装斗争深入发展的形势下，带着投机"入股"思想，被迫参加起义的，根本不是什么平江起义的组织者。解放战争时期，保卫延安和在西北地区的作战，都是在毛主席指挥下取得胜利的。抗美援朝的伟大胜利，是英雄的志愿军指战员在毛主席的英明指挥下取得的。在历次革命战争中，只要一离开毛主席的指挥，他就打不好仗。他根本不是什么英雄，根本不懂得无产阶级革命军队的战略

战术，在作战指挥上根本没有什么本事。他是一个混入党内的资产阶级代表人物。是一个不学无术的军阀。他对于政权在无产阶级手中，是死不甘心的。他一贯搞阴谋，弄权术，一心想发动反革命政变，夺取无产阶级政权。

彭德怀的反党罪行中最根本的一条，就是反对毛主席、反对毛泽东思想。他的目的，就是要推翻以毛主席为首的党中央领导，篡军篡党篡政，把无产阶级专政变为资产阶级专政，复辟资本主义。彭德怀的反革命阴谋被粉碎，是全党全军、全国人民的伟大胜利，是毛泽东思想的伟大胜利！现在，在无产阶级文化大革命取得一个又一个辉煌胜利，对党内最大的走资本主义道路当权派刘少奇、邓小平展开革命大批判的时候，把彭德怀这个反革命修正主义分子，推行刘、邓资产阶级反动路线的反党集团头目揪出来示众，彻底揭露他的反革命罪行，把他斗倒、斗垮、斗臭，这对粉碎刘、邓资产阶级反动路线，保卫和贯彻执行毛主席的无产阶级革命路线，有重大的意义。这是无产阶级文化大革命的又一个伟大胜利，是毛泽东思想的又一个伟大胜利。

痛批彭贼的意见书

《众志成城》战斗组

《红旗》第 58、59 合刊，1967 年 8 月 5 日

一九五八年，毛主席党中央提出了建设社会主义的总路线，全国人民意气风发，斗志昂扬，掀起了社会主义革命和社会主义建设的伟大新高潮。帝国主义，现代修正主义和国内外反动派对此极端恐慌，极端仇视，联合起来对我们进行了猖狂的进攻，彭德怀认为这是大施个人野心的好机会。于是结党营私在党的庐山会议上向以毛主席为首的党中央发起了新的猖狂进攻，抛出了一个彻头彻尾的修正主义

纲领——《意见书》，在意见书中他采用了小肯定大否定的手法对党的三面红旗进行恶毒的攻击，把大跃进描写得一片黑暗，诬蔑党的总路线是"左倾"是"小资产阶级狂热"是对建设"不熟悉"是"违背客观规律""比例失调""破坏平衡"，诬蔑大炼钢铁是"有失有得"，失是主要的。什么"浮夸风普遍滋长吹遍各地"。他还反对突出政治，政治挂帅，大喊政治和经济"两者必须并重不可偏重偏废"……总之彭贼的意见书是一株否定三面红旗，反毛泽东思想的大毒草，其矛头是直接反对伟大的领袖毛主席和党中央，是一个企图推翻无产阶级专政实现反革命政变的宣言书。

所谓"小资产阶级狂热"

彭贼诬蔑我们大跃进是"左倾"是"小资产阶级狂热"，其狼子野心是企图推翻总路线反对大跃进。众所周知，总路线是绝对正确的，已经是历史证明了的。它是我们伟大领袖毛主席的伟大创举。全国人民在总路线的光辉照耀下，热情奔放，农村人民公社像一轮朝日从亚洲的东方升起，一出现就显出其伟大的世界意义，城乡大办钢铁，历史上少有的人民无穷尽的创造力源源不竭地迸发出来，伟大的无产阶级革命家毛主席对全国人民精神状态从来未有过的深刻变化给予了伟大的赞扬与高度的评价，他说："从来也没有看见人民群众像现在这样精神振奋，斗志昂扬，意气风发"。而彭贼却完全相反，他站在群众运动的对立面上，抓住大跃进过程中的一些暂时局部的缺点大喊大叫什么"左倾了"，"小资产阶级狂热了""早了""糟了"……。这一点并不奇怪，正如列宁早已揭露过的："对转变中的困难和挫折幸灾乐祸，散布惊慌情绪，宣传开倒车——这一切是资产阶级和知识分子进行阶级斗争的工具和手段。"资产阶级狂热的事情是剥削发财，我们要消灭阶级，资产阶级的革命家按照其阶级本性当然是不高兴的，口袋里放着一个资本主义的纲领混在革命的队伍中，在社会主义革命深入发展的时候必然会暴露他的反动性，对社会主义大跃进大泼冷水。毛主席说："凡是敌人反对的，我们就要拥护"。历史将正如毛主席所断言的一样："要阻挡潮流的机会主义者虽然几乎到处都有，潮流总是阻挡不住的，社会主义到处都胜利地前进，把一切绊脚石抛在自己的后头。"

所谓"破坏平衡"

毛主席教导我们："所谓平衡就是矛盾的暂时的相对的统一。"矛盾的"基本的形态则是不平衡了"。出现不平衡完全是正常现象，而平衡矛盾的统一，才是特殊的现象。从平衡到不平衡再到新的平衡，这是事物发展的规律，是一种螺旋上升的现象。党内资产阶级代表人物右倾机会主义分子彭德怀从资产阶级立场出发，用资产阶级世界观察问题，对58年大跃进中出现的这种不平衡所引起的某些困难幸灾乐祸，对蓬勃发展的群众运动大泼冷水，什么"比例失调""破坏平衡了"等等。他们的目的不是别的就是想攻击一点不及其余，保持旧事物免于死亡，阻止历史的潮流前进，反对大跃进，妄图开倒车。

所谓"失"和"得"

"得"和"失"是对立的统一，要有所"得"意必然有所"失"，有"失"才能有"得"。毛主席教导我们："将欲取之必先与之"。没有"失"就没有矛盾就没有事物的发展。彭贼所谓的不能有"失"就是不让革命，取消大跃进。他是把在革命中，在大跃进中付出的一点必需的代价尽其夸大，其目的就是从"得""失"这个角度来反对革命。

立场不同对"得""失"的要求也不同，我们喊"得"，资产阶级必然喊"失"。无产阶级认为大跃进是"得"，而资产阶级则认为是最大的"失"。从这一点出发，彭贼的大喊58年是"得不偿失"，他所代表的反动阶级本质不就昭然若揭了吗？

所谓违背客观规律

社会主义建设时期的总路线是我们毛主席根据马克思主义原理结合我国具体情况，根据国内外形势和全国人民的迫切要求提出的，是对客观规律的深刻认识与高度驾驭的体现，是客观规律与主观能动性的最大结合，而右倾机会主义分子彭德怀却抓住鸡毛式的缺点，尽其夸大，什么"浮夸风"，什么热衷"高指标""不实事求是""不是放在可靠的基础上"等等。其实质就是否定大跃进，为其达到反党目的制造舆论。

所谓政治和经济"两者必须并重"

列宁早就批判这种机会主义观点，他说："政治同经济相比不能不占首位，不肯定这一点就忘记了马克思主义的最起码的常识"。毛主席的一系列指示早就把那些对政治阳奉阴违搞折中主义的机会主义者批得体无完肤了。毛主席教导我们："政治是一切工作的生命线"。"政治是统帅、是灵魂，是一切经济工作的生命线。"彭贼在"意见书"中重弹了老机会主义者的所谓"政治经济并重"无外乎是反对突出无产阶级政治，而要突出资产阶级政治。

当前，在对刘邓的大批判中，把彭贼这死硬的反革命修正主义分子斗倒斗臭，对打倒刘邓保卫和贯彻毛主席的革命路线有着重大意义，我们一定要让他永世不得翻身。打倒彭德怀！

誓把彭贼斗倒斗臭

——在七月廿六日斗争反革命修正主义分子彭德怀大会上的发言

五系斗彭联络站

《红旗》第58、59合刊，1967年8月5日

革命的同志们，红卫兵战友们：

在全国亿万群众向党内最大的一小撮走资本主义道路当权派掀起大批制的新高潮中，我们能把刘邓黑司令部的主将，五九年被罢官的反党分子彭德怀拉出来公开斗争，把他放到人民的审判席上，这是毛泽东思想的伟大胜利，这是毛主席革命路线的伟大胜利。让我们千

遍万遍地高呼，我们的伟大领袖毛主席万岁！万岁！万万岁！

反革命分子彭德怀是一个地地道道的大野心家，大阴谋家。他同中外一切反动派一样，他们的反动性集中在一点，就是一贯地疯狂地反对我们的伟大领袖毛主席，疯狂地反对战无不胜的毛泽东思想。

彭德怀的历史是一部充满血腥味的反共反人民的历史！

1928年反动军阀彭德怀带着"入股"的思想，投机进入了革命的阵容。

三十年代的彭德怀，忠实地执行了王明的"左"倾机会主义路线，伙同王明、李立三在30年第二次把毛主席挤出了军队。

四十年代的彭德怀，对抗毛主席，伙同彭真、杨尚昆，发动了名为抗日实为保护蒋介石的"百团大战"，给中国人民和抗日事业带来了巨大的损失。

五十年代的彭德怀支持和参与了高饶反党联盟的反革命活动后，又伙同谭政、黄克诚妄图组织"统帅部"，把毛主席、林副主席挤出军队，以达到他篡党篡军的罪恶目的。在五九年的庐山会议上他赤膊上阵，"积极地"组织反党集团，把矛头直接指向我们伟大的领袖毛主席。

就是这个彭德怀，在1928-1959的32年历史中，十六次反对毛主席。

也就是这个彭德怀，一直到现在还标榜自己"老革命""功臣"，到处炫耀自己的"功绩"，真是卑鄙无耻，混蛋透顶！

伟大领袖毛主席是我们心中最红最红的红太阳，是中国人民和世界革命人民的大救星。

还在那1927年的大革命失败以后，毛主席亲自领导了著名的秋收起义，亲手燃起了井冈山的火把。创建了中国土地上的一个红色政权，从此确定了农村包围城市的战略方针，确定了武装夺取政权这个唯一正确的斗争形式。从而使中国革命沿着马克思列宁主义的正确轨道胜利前进。尤其是三五年的遵义会议确定了以毛主席为首的党中央的正确领导之后，我们的革命事业就更加欣欣向荣，从一个胜利走向一个胜利。在中国革命的每一个关键时刻，每一个转弯处，总有一个或几个混入革命阵营内部的资产阶级代表人物，跳出来反对毛主席，反对毛主席的革命路线。企图阻止革命前进，把革命的航船引向歧途。我们伟大领袖毛主席总是以其天才的马克思列宁主义的卓越智慧，以无产阶级革命领袖的最伟大最高昂的战斗姿态迎接了这一次次的挑战。他率领全党和亿万革命群众彻底的批判了形形色色的机会主义，无情地揭露了新老几代的诸如陈独秀、王明、李立三、张国焘、高岗、彭德怀、刘少奇、邓小平之流的修正主义分子。致使我们的社会主义祖国成为世界上第一流最大最昌盛的国家。

我们的毛主席，继承了伟大的马克思，伟大列宁的遗志，担负着世界革命的重担。"全世界人民团结起来，打败美国侵略者及其一切走狗！"毛主席的伟大号召，点燃了五洲四海的民族解放的烈火。越南南方的人民战争，港澳同胞的革命运动。都庄严宣告：帝国主义的末日到来了。世界各国革命人民异口同声地说出"走毛泽东的路，这就是历史的结论。"当赫鲁晓夫篡夺了苏联的领导权、克里姆林宫的红星失去了光辉的时候，毛主席高举起马克思、列宁的旗帜，像列宁对付伯尔恩施坦、考茨基一样，无情地揭开了赫鲁晓夫一小撮修正主义者骗人的画皮。带领世界人民沿着马克思和列宁的道路继续前进。想着这一切。怎能不使我们对我们的伟大领袖毛主席无限热爱无限崇拜，无限敬仰啊！

但是反革命分子彭德怀、出自其地主阶级的反动本性，极端仇视伟大领袖毛主席。不让群众唱革命歌曲"东方红"，不让喊"毛主席万岁"。连在军人誓词中"忠于毛主席"这一句都不让写。他不准在军事博物馆建造毛主席的铜像。并竟然狠狠地说："现在建了干什么？将来还得拔掉！"真是疯狂不可一世！革命歌曲"东方红"最集中地体现了中国人民和世界人民对伟大领袖的无限爱戴和深厚感情，"东方红"使我们信心百倍，"东方红"使我们有无穷的力量。"毛主席万岁"这是世界革命人民发自肺腑的声音。林彪同志教导我们："我们现在拥护毛主席，百年之后，也要拥护毛主席。……毛主席话到那一天，九十岁，一百岁，都是我们的最高领袖，他的话都是我们的行动准则，谁反对他，全党共讨之，全国共诛之。"社会主义制度终究要代替资本主义制度,这是一个不以人们意志为转移的客观规律。反革命分子彭德怀一语道破了自己要推翻毛主席,复辟资本主义的野心。他的狂吠只能暴露他的反革命本质,他的罪恶目的,过去、现在和将来都永远不能得逞。

彭德怀反毛主席的罪恶活动,随着社会主义革命的深入,越来越嚣张,越来越疯狂,特别是一九五六年,国际上妖风阵阵恶浪滚滚,赫鲁晓夫公开扯起了大反斯大林的黑旗,随着国际上也出现了一股反华反共的逆流,反革命分子彭德怀也以为时机已到,在国际一片反华声浪中,在刘邓暗中支持下,撕破了伪装,恶狠狠地跳出来大叫他是"反对个人迷信的"。59 年他出国访问前,特地到湖南去同周小舟一起商量联合反对毛主席,并且要黄克诚、谭政、张闻天、周小舟收集毛主席的材料,准备进攻的炮弹,并把这些材料带到国外去,妄图诋毁毛主席他老人家的国际威望。蚍蜉撼树,真是可笑之极!愚蠢之极!恶毒之极!

彭德怀出国访问了苏联等七个修正主义国家,从老修那里得到了"圣旨",回国后,庐山会议快要结束了,他以为自己错过了向毛主席发动进攻的机会,便气急败坏地破口大骂,"在延安你们骂了我 40 天的娘,现在庐山才骂了你们 18 天的娘,就不让骂了,不行。"彭德怀这条疯狗的反革命气焰多么嚣张!

就这样他还觉得没有发泄心头之恨,又在七月三十日晚给毛主席写了一封信,也就是他的反党反社会主义反三面红旗的修正主义纲领,他在这篇反党纲领中大骂毛主席是"主观主义","小资产阶级狂热性","以为只要提出政治挂帅,就可以代替一切"等等。

"有来犯者,只要好打,我党必定站在自卫立场上坚决彻底干净全部消灭之……,绝对不要被反动派的气势汹汹所吓倒"。毛主席决定召开全体会议,揭开彭贼黑沉沉的盖子。毛主席一针见血地指出"彭德怀的信是纲领性质的,是一个反对我们总路线的","彭德怀的信是招兵买马的,有野心的。"

毛主席亲自主持八届八中全会粉碎了彭贼一伙反党集团的猖狂进攻。罢了他们的官,夺了他们的权。但彭德怀是一个长着花岗岩头脑的死顽固派。他的反动本性至今仍不会改变。罢官之后他还说："罢我的官我同意，但有保留，我今年已经62岁了，杀头枪毙也不算短命"。从此他就周游列国，到湖南、江苏一带，用金钱拉拢基层干部，收集毛主席的材料，经过三年的准备，到了62年又在八届十一中全会上抛出了洋洋八万言的翻案书，当然这一次又是以他的失败，我们的胜利而告终！

彭德怀既是一只疯狗，又是一只巴儿狗，他崇拜苏修，全盘苏化，他以其猖狂反对毛主席和毛泽东思想的罪恶活动，博得了其主子——国际共产主义运动的叛徒赫鲁晓夫的欣赏，赫秃称彭贼是"中国党内最有骨气、最勇敢、最正直的人"。59年赫秃访问中国，还带来厚礼去特地拜访彭德怀，毛主席教导我们说："凡是敌人反对的，我们就要拥护，凡是敌人拥护的，我们就要反对。"同志们，彭德怀如此被赫秃所垂青，他到底是什么东西不是昭然若揭了吗？

自称"有张飞之粗，无张飞之细"的反党分子彭德怀，也像国内外一切阶级敌人一样，不仅公开露骨地反对我们伟大领袖毛主席，而且极端恶毒猖狂攻击战无不胜的毛泽东思想。

战无不胜的毛泽东思想是当代马列主义的顶峰，是最高最活的马列主义。在过去，英勇的中国人民跟着我们的毛主席靠着战无不胜的毛泽东思想，推翻了三座大山，建成了新中国。现在，我们靠着战无不胜的毛泽东思想，又正在进行着一场史无前例震惊世界的无产阶级文化大革命，把我国的社会主义革命推向一个崭新的阶段。不管是中国还是外国，不管是过去还是现在，铁和血的事实向我们证明：只要我们按照毛主席的指示办事，我们的事业就前进，就胜利。违背了毛主席指示，我们就要走弯路，就要失败。中国人民和世界革命人民用自己的亲身实践深深地体会到：毛泽东思想是我们的指路明灯，毛泽东思想是我们的命根子。而老反革命分子彭德怀，早在党的第七次代表大会上就公开反对把毛泽东思想作为我们党的指导思想写入党章。直到五六年的人大他还坚持其反动观点，这就获得他的国内主子，中国的赫鲁晓夫刘少奇的支持和赞赏，刘说"把毛泽东思想这一条还是划掉的好吧！"看，彭和刘少奇对毛泽东思想都是这样仇视！

配合的又是这样紧密，真是一丘之貉。

林彪同志说："毛主席的书，是我们全军各项工作的最高指示，毛主席的话，水平最高，威信最高，威力最大，句句是真理，一句顶一万句。"反革命分子彭德怀，这个见不得人的历史小丑，到处吹冷风，放暗箭，极其阴险地说："毛泽东思想99.9％是对的，0.1％是不对的。"恶毒诬蔑毛泽东思想"过时了""不适用了""没有系统化""是狭隘经验，山沟里的东西。"他反对把学习毛主席著作作为我党我军干部、党员和战士教育的基本方针和主要内容。说什么毛主席著作只能做参考，不能作为指导作战、训练部队的指针。他自己不传达毛主席的指示，也反对别人传达。并恶毒地攻击"毛主席的指示是不成熟的"，"不是每句都管用。"千方百计地抵制毛泽东思想的传播，阻挠毛泽东思想和广大群众见面。

够了！够了！彭德怀这只疯狗对毛泽东思想的攻击已经达到了无以复加，令人难以容忍的程度！打倒彭德怀！

我们的毛主席是当代最伟大的马克思主义者。他天才地、创造地、全面地，捍卫和发展了马克思列宁主义。毛主席经历的事情比马克思、恩格斯、列宁都深刻得多，他亲身实践了人类历史上最长期，最复杂，最激烈，最多方面的艰苦卓绝的斗争。我们伟大领袖毛主席就是在这些斗争中科学地总结了国际国内的无产阶级革命和无产阶级专政的经验和教训，特别是苏联和平演变的经验和教训，发表了具有历史意义的《关于正确处理人民内部矛盾问题》《五·一六通知》和《十六条》等历史文献。这就解决了在无产阶级专政条件下如何进行革命和防止资本主义复辟的理论和实践问题，解决了进行这场革命的方针、政策和方法问题。这样就把马列主义提高到一个崭新的阶段——毛泽东思想阶段。

彭德怀之流同国内外阶级敌人对毛泽东思想的猖狂进攻，丝毫无损于毛泽东思想的伟大光辉。历史的车轮并没有像彭德怀所想象的那样去倒转，而恰恰相反，中国人民的伟大胜利、世界革命蓬勃发展的钢铁般的事实无情地嘲弄彭德怀这班蠢驴们。

让彭德怀和他的伯恩斯坦们到坟墓中去做同样的梦吧！地球仍

然在运转！人民革命仍然在以巨人的步伐前进！

让彭德怀和邓小平、刘少奇们在那儿悲鸣吧！全世界的无产阶级在自己天才的统帅毛主席的指挥下必将用双手迎来灿烂的共产主义新世界！

总之，无数血淋淋的事实已充分证明了彭德怀根本不是什么"老革命"什么"功臣"，而是地地道道的老反革命，是刘、邓黑司令部的"有功之臣"，是他自己所称的敢于骂皇帝的海瑞。

我们伟大领袖毛主席说："捣乱，失败，再捣乱，再失败。直至灭亡。这就是帝国主义和世界上一切反动派对待人民事业的逻辑，他们绝不会违背这个逻辑的。这是一条马克思主义的定律"。刘少奇、彭德怀等人也就是按照这条定律得到了应有的下场，但是"狗是能浮水的，一定要爬到岸上，倘不注意，它就耸身一摇，将水点洒得人们一身一脸，于是夹着尾巴逃走了。"刘少奇、彭德怀就是这样的落水狗，他们虽已落水，但还不死心，还想拼命爬上岸来咬人，我们一定要发扬痛打落水狗的彻底革命精神，抄起棍棒，拿起刀枪，从政治上、思想上、理论上，把他们批倒、批臭！把他们扫进历史的垃圾堆！最后让我们高呼：

打倒刘少奇！

打倒彭德怀！

无产阶级文化大革命胜利万岁！

我们伟大领袖毛主席万岁！万岁！万万岁！

看彭德怀的军事路线究竟是什么货色？

航空兵

《红旗》第58、59合刊，1967年8月5日

彭德怀，这个混进党里，政府里，军队里的资产阶级代表人物，老修正主义者，从一九二八年混入革命队伍到一九五九年庐山会议

罢官，窃踞我军要职达三十二年之久。在我军内，顽固坚持资产阶级、修正主义的军事路线，一贯反对毛主席的无产阶级军事路线，妄图把作为无产阶级专政柱石的人民军队腐蚀蜕变为复辟资产阶级专政的重要工具，阴谋搞反革命政变，实现篡党、篡军，在我国复辟资本主义的梦想。彭德怀的资产阶级、修正主义军事路线的要害，同刘邓资产阶级反动路线的要害一样，同党内最大的走资本主义道路当权派刘少奇的《论修养》的要害一样，就是背叛无产阶级专政。

（一）

我们伟大领袖毛主席早在抗日战争初期就指出："共产党员不争个人的兵权（决不能争，再也不要学张国焘）……我们的原则是党指挥枪，而决不容许枪指挥党。"这是毛主席对混进党内，军内的，妄图分裂党和军队的张国焘之流的一小撮机会主义者的尖锐批评和严厉警告。这是毛主席的军事路线关于建设一个革命化的人民军队的重要指导方针。

然而，彭德怀这个混进我党我军的机会主义分子却根本无视毛主席的这一严厉警告，以资产阶级、修正主义军事路线同毛主席的无产阶级军事路线相对抗。彭德怀的反动的军事路线无时无刻不在中间围绕着"领导权""印把子"的问题向毛主席的革命的军事路线作拼死的斗争。

从一九五三年到一九五九年，彭德怀从朝鲜回国任国防部长和主持军委工作期间，更是变本加厉地推行资产阶级的军事路线，向毛主席的无产阶级军事路线进行疯狂的反扑。他拼命对抗党中央毛主席，为个人争夺兵权。他把进攻的锋芒集中地指向党的领导，妄图取消党对军队的绝对领导。他一贯反对毛主席的"党指挥枪，而决不容许枪指挥党"这一建军的根本方针。他照搬苏修的那一套，竭力推行"一长制"胡说什么这是"建军的方向""以后就不要政委"啦。并在修改军队的几个基本条例时，竟然把毛主席关于必须保证党对军队的绝对领导，加强党委集体领导制度等等马克思列宁主义的建军原则，一笔勾掉。妄想把军队凌驾于党之上，用枪来指挥党。真是野心勃勃，狂妄已极。

众所周知，一九五七年，资产阶级右派向党猖狂进攻的时候，不是也污蔑无产阶级专政制度是"无党制度"吗？其用心就是要取消共产党的领导。难道，彭德怀和资产阶级右派的唱腔调还有什么不同吗？

一九四四年新中国诞生的前夕，毛主席在论述我们国家性质时就已经指出，我们的国家是工人阶级（经过共产党）领导的以工农联盟为基础的人民民主专政的国家。

而彭德怀在一九五六年"八大"的报告中谈到我们国家性质时却明目张胆地把"经过共产党"的领导去掉了，并且极力模糊我们国家的无产阶级专政这一本质，把我们国家与社会民主党的共和国（实际上是资产阶级专政的国家）混同起来了。

马克思主义者认为，没有共产党的领导，就没有真正的无产阶级专政。毛主席早就指出，"人民民主专政需要工人阶级的领导"，并强调在国家政权中必须保证共产党员占领导地位。

彭德怀如此疯狂地反对党对军队的绝对领导，很明显，他就是一个彻头彻尾的"军党论"者。事实完全证明了，彭德怀彻底地背叛了马克思列宁主义关于无产阶级专政的学说，从而根本上背叛了马克思列宁主义，毛泽东思想。

（二）

毛主席教导我们："无产阶级要按照自己的世界观改造世界，资产阶级也要按照自己的世界观改造世界。"

毛主席的无产阶级建军路线就是用无产阶级世界观武装我们的军队，用毛泽东思想统帅我们的军队，使之成为一支非常无产阶级革命化，非常战斗化的军队。彭德怀的资产阶级建军路线就是用资产阶级世界观腐蚀我们的军队，用修正主义思想瓦解我们的军队，使之成为资产阶级，修正主义的军队。几十年来，在我军内部，无产阶级思想同资产阶级，无产阶级军事路线同资产阶级军事路线进行着尖锐的斗争。

毛主席指示，我们的军队第一要革命化，第二要现代化。而彭德怀却公然与毛主席唱对台戏，他只要资产阶级正规化，不要无产阶级革命化。在党内最大的走资本主义道路当权派的积极支持下，在苏修的积极支持下，他大搞为毛主席一贯反对的军衔制和薪金制，用资产阶级法权残余等级观念，和修正主义毒素腐蚀我们的军队，严重地破坏了毛主席亲自缔造的我人民军队的"军政一致，军民一致，官兵一致"的优良传统，企图使我军变成为少数军阀操纵的雇佣军队，变成跟着他实行反革命军事政变的"驯服工具"。他反对政治挂帅，反对突出无产阶级政治，大力突出资产阶级政治。他说"部队军事训练成绩的优劣，各级干部学习军事科学成绩的优劣，是决定我军今后战斗力高低的基本标准"，否定政治思想工作是决定战斗力的首要因素。他反对毛主席提出的政治工作是我军的生命线的重要原则，恶毒咒骂政治工作，叫嚷什么"要防止不适当地强调政治工作特殊地位和特殊权力的倾向"啦，什么"军队的政治工作任务只能根据军队的基本任务和各项具体任务去规定"啦等等。显然，这是早已被毛主席在一九二九年古田会议上驳得体无完肤的所谓"军事好，政治自然会好，军事不好，政治也不会好"的右倾机会主义滥调的翻版。彭德怀不仅继续散布这一系列谬论，还积极采取措施，如派次要人物去担任军队党委书记的工作，多方面削弱部队的政治工作。他把政治部办成俱乐部，组织宴会、舞会，大搞修正主义。更恶劣的是千方百计阻止干部和战士宣传和学习毛泽东思想，污蔑毛泽东思想是土教条，不系统，不全面，不正规，过时了，住口："彭德怀，你好大的狗胆！你要想取消毛泽东思想对军队的绝对权威。一千个办不到！一万个办不到！"

三降一灭的修正主义路线，是彭德怀资产阶级军事路线投降主义实质的彻底暴露。他们从历史唯心主义世界观出发，屈服于美帝和苏修的核讹诈，陷入唯武器论的泥坑。他们只见物，不见人，只见技术，不见政治。他们一贯对抗毛主席制定的积极防御的战略方针，对于准备对付美帝国主义的侵略，完全采取消极的态度。不把立足点放在准备打的上面，而是抱着"打不起来，可能不打"的机会主义态度。毫无规划，听之任之，主张"打烂仗"。既不重视空军、海军的建设，也不重视陆军各兵种的建设，反对毛主席关于建设一支强大的陆军、强大的空军和强大海军的英明指示。他还反对毛主席提出的依靠自力更生，建设一个独立完整的现代化国防工业体系的方针，既不重视常规武器研究制造，又不发展尖端科学技术，把我军装备的改善和尖端技术的发展，完全依附于赫鲁晓夫修正主义集团身上，企图使我军成为赫鲁晓夫修正主义集团的附庸，随人俯仰，这岂不迎合了苏修和美帝的弱肉强食主义吗？真是长帝修威风，灭中国人民志气，又何其毒也！

（三）

马克思主义者认为，无产阶级的解放有它自己的表现，并将创造出自己特殊的，新的作战方法。毛泽东同志的人民战争的战略战术是毛泽东军事思想的极其宝贵的部分，它给马克思列宁主义的武器库增添了新的武器，它不仅是中国革命的产物，而且具有时代的特征，已经成为世界革命人民的共同财富。

正当全世界进入到各国革命人民团结一致，起来用广泛的人民战争大海洋，彻底埋葬美帝国主义及其走狗各国反动派的新时代，支持还是反对人民战争，这是革命与不革命，反革命，这是真马克思主义者与假马克思主义者，反马克思主义者的分水岭，这是在战争与和平问题上二条总路线的尖锐斗争的焦点。

伟大的人民战争又恰恰为一切修正主义者、机会主义者以及他们的总后台美帝、苏修所最害怕。彭德怀和党内最大的一小撮走资本主义道路当权派就是这样的一群修正主义分子。他竭力反对毛主席的人民战争思想，反对全民皆兵。他贬低民兵的作用。否定民兵的战略地位，胡说什么"形势变了，民兵制度过时了"，叫嚷"不要普遍民兵制"。他千方百计限制民兵训练，不给民兵发武器，从各方面削弱民兵工作。他和赫秃污蔑"民兵不过是一堆肉"，污蔑人民战争是"死尸运动"。真他妈的混蛋透顶！他们腔调如此一致，可真是一丘之貉！

彭德怀这伙心怀鬼胎的坏蛋们拼命反对人民战争是因为害怕人

民武装力量成为他们颠覆无产阶级专政的最大障碍。因此他们也最害怕毛主席的关于解放军既是战斗队，又是宣传队工作队的这一建军思想，竭力阻挡人民军队去发动、宣传、组织、武装人民群众，企图割断军民的鱼水关系，否定毛主席确定的主力军，地方军和民兵游击队相结合的武装统一体。

面临人民战争这个巨浪滔天的汪洋大海吓得发抖的赫鲁晓夫修正主义集团，为了讨好美帝，提出了背叛全世界革命人民的"三和三无"的修正主义总路线。赫秃的狐朋狗友彭德怀也伙同着党内最大的一小撮走资本主义道路的当权派积极配合苏修进行反人民战争的宣传，提出了"三降一灭"的修正主义路线。他们完全背叛了马克思列宁主义关于战争的革命学说，成了人民战争的背叛。

彭德怀的"唯武器论"的叫嚣，反人民战争的宣传，完全是他反对革命的丑恶灵魂的大暴露。他在党内最大的走资本主义道路当权派支持下，同赫秃串通一气，大搞投降活动，也完全是反对无产阶级革命和无产阶级专政，妄图推翻人民的江山，夺取无产阶级政权。

（四）

毛主席教导我们："世界上一切革命斗争都是为着夺取政权，巩固政权。而反革命的拼死同革命势力的斗争，也完全是为着维持他们的政权。"

早在抗日战争初期，毛主席已指出："从马克思主义关于国家学说的观点看来，军队是国家政权的主要成分。谁想取得国家政权，并想保持它，谁就应有强大的军队。"

这个马克思列宁主义，毛泽东思想的真理光辉把阶级斗争这个滚滚洪流的大海照射得何等的清澈明亮啊！再也没有任何语言能把阶级斗争的本质揭露得如此清楚、深刻、彻底。为了夺取政权、巩固政权、无产阶级是这样，资产阶级也何况不是这样。战友们，同志们千万不要忘记，每当新世界的人们得到了政权，旧世界的家伙就企图用暴力恢复旧政权。

几十年来，他紧紧地围绕着"领导权""印把子"，以资产阶级，修正主义的军事路线同毛主席的无产阶级军事路线进行着拼命地抵抗，在党内最大的走资本主义道路的当权派的支持下，搞政变，搞复辟，一次又一次疯狂地向以毛主席为首的无产阶级司令部进行夺权斗争，阴谋篡党、篡军，变无产阶级专政为资产阶级专政，变社会主义为资本主义。这就是彭德怀在军内长期顽固坚持资产阶级、修正主义军事路线的罪恶目的。

但是，任何阻挡地球按照它既定的轨道运转的企图都是徒劳的，可悲的。乌鸦的翅膀再黑也遮不住毛泽东思想的金色阳光，螳螂再有三头六臂也要被毛泽东思想时代的车轮压得粉碎！

以毛主席为代表的无产阶级军事路线同彭德怀的资产阶级军事路线做了一次又一次英勇顽强的斗争。以毛主席为首的无产阶级司令部，终于在一九五九年的庐山会议上彻底揭开了彭德怀反党集团的盖子，及时粉碎了彭贼一伙篡党、篡军的阴谋，撤了他的职，罢了他的官，让他们靠边站了！真是无不欢欣鼓舞，大快人心！从此宣告了彭德怀的资产阶级军事路线彻底破产，毛主席的无产阶级军事路线取得了决定性的伟大胜利。通过这次毛主席亲自主持召开的会议，我们伟大统帅毛主席的亲密战友林彪同志代表毛主席党中央，从彭贼手中把他窃据的权夺了回来，牢牢掌握在手。林彪同志主持军委工作。在毛主席的亲切关怀和支持下，六〇年召开了军委扩大会议，继续彻底肃清彭德怀资产阶级军事路线的流毒，大破大立，高举毛泽东思想伟大红旗。全军官兵活学活用毛主席著作蔚然成风，风吹全国，形成高潮，一浪高过一浪。部队出现了前所未有的欣欣向荣，生气勃勃的崭新面貌，军队建设的各项工作也出现了大跃进。在毛泽东思想光辉的照耀下，遍地英雄下夕烟，四好连队五好兵层出不穷，模范人物千千万。多少个"钢铁班"，多少个"好八连"，多少个活雷锋，多少个好王杰，说不完欧阳海、刘英俊、蔡永祥、吕祥壁式的英雄人物，数不尽麦贤得式的钢铁战士，一代共产主义战士正在毛泽东思想雨露滋润下茁壮成长，在毛泽东思想的大路上奋勇前进。

我们伟大的导师毛主席在同修正主义的斗争中，在缔造无产阶级的革命军队的活动中，做出了不朽的卓绝贡献。

由于在伟大统帅毛主席的亲自领导下，把马克思列宁主义同中国革命的具体实践相结合，不断地克服了党内、军内的"左"倾和右倾机会主义的错误，从理论上，实践上，系统地，天才地，创造性地解决了，关于建设一支革命化、现代化军队方针的确定；关于国防建设和经济建设的关系的正确处置；关于抗美援朝的英明决策和正确的战略指导；关于解放台湾的斗争和福建前线作战问题各项政策的决定；关于强大的正规部队和民兵武装相结合，准备实行全民皆兵的方针的提出；关于人民战争的战略战术的总结，关于人民解放军"三支""二军"伟大措施的指示等等，一系列极其重大的关键问题。这是毛泽东同志对马克思列宁主义关于建军学说的新发展。使我们的人民解放军在两条路线，两条道路，两个阶级斗争的惊涛骇浪中杀了出来，冲锋陷阵，扫除一切害人虫，搬掉一切绊脚石，沿着我们伟大舵手毛主席亲自开辟的航道胜利前进。使我们的人民解放军成为无敌于世界的最强大的革命战争劲旅，成为无产阶级专政的可靠柱石，成为无产阶级文化大革命最坚强最勇敢最可靠的保卫者，成为保卫和支持世界革命的可靠支柱。

中国人民解放军是我们心中最红最红的红太阳毛主席亲手缔造的，是毛主席的亲战友林彪同志直接指挥的无产阶级军队。我们无比热爱中国人民解放军，我们红卫兵是中国人民解放军的强大后备军。

我们全国红卫兵、全国人民永远和伟大的中国人民解放军团结在一起，战斗在一起，胜利在一起！誓把彭德怀、刘少奇、邓小平一小撮反革命修正主义分子打入十八层地狱，叫他们永世不得翻身！横扫一切牛鬼蛇神，把无产阶级专政下的社会主义革命进行到底！

五、批陈毅

炮打陈毅，解放外事口

北航红旗红一连

《红旗》第 24 期，1967 年 4 月 4 日

凯歌震天，捷报频传，我们热烈欢呼戚本禹同志的《爱国主义还是卖国主义？》战斗文章的发表，无产阶级革命派无不拍手称快！舍得一身剐，敢把党内最大的走资本主义道路的当权派刘少奇、邓小平、陶铸拉下马！请谭震林靠边站！余秋里也被革命群众揪住了，打中了余秋里的要害！两条路线的斗争进入到一个崭新的阶段。

毛主席教导我们："你们要关心国家大事，要把无产阶级文化大革命进行到底！"要关心国家大事，我们不能不关心外事口，我们不能不问，为什么外事口文化大革命现在冷冷清清？陈毅到底是哪个司令部的人？

（一）

我们先从陈毅的黑话说起吧！陈毅一向以"老总"，"副总理兼外交部长"到处招摇撞骗，大放厥词，黑话连篇，打着拥护毛主席的旗号，摆出一副"直爽"人的面孔，大肆攻击毛主席，大肆攻击毛泽东思想。

陈毅在文化大革命中，极力煽动群众去贴毛主席的大字报，去反毛主席。他说："给党中央、毛主席、外交部、侨委提意见都可以，都欢迎，提过火也不应该斗你。""毛主席也是个普通老百姓"，"党

中央、毛主席的大字报都可以写的。"还说什么"我也反对过毛主席，但他上台还重用我，反对过他的人不一定是反革命，拥护他的不一定是革命。"这到底是什么逻辑！毛主席是世界人民心中的红太阳，谁反对毛主席就是反革命，我们毛主席的红小兵就要和他们血战到底！

陈毅恶毒攻击毛泽东思想达到不能容忍的地步！陈毅说什么"不要什么都怀疑，打倒一切框框。要说框框，毛泽东思想就是最大的框框。"这是一句大黑话。毛泽东思想是当代马列主义的顶峰，是最高最活的马列主义，而陈毅竟把毛泽东思想比做框框，用心实在险恶！

陈毅还说："你说挨打，受压迫，不公道的待遇，最多还是毛主席，你说我们全党没有哪一个有毛主席受的委屈大、挨的错误斗争大，一九二一年到一九三五年整整十五年都是挨斗争，遭斗争又罢官，宣布是机会主义，宣布他是枪杆子主义，宣布他是农民意识……这个十五年内，他都是正确的，都是斗争他，有好多次我都参加，我是犯错误的，有两次我是犯错误，也是斗争了毛主席（笑）。"陈毅，闭住你的嘴，不许把严肃的政治斗争当作笑话，不许你乘机大肆放毒大肆攻击歪曲毛主席的光辉形象。

我们再来看看陈毅是如何对待学习毛著的："我这个人不是遇事都把毛主席、引毛主席的话讲在前头。""因为没有时间读，我们确实没有时间读，确实不撒谎，一天时间排得满满的，只能抽空看一看……有系统的读，几乎没有这个可能，时间排得太满了。"如何对待毛主席、毛泽东思想，是革命、不革命和反革命的分水岭。谁要反对毛主席，不管他资格多老，威望多高，都要打入十八层地狱，叫他永世不得翻身！

（二）

由于陈毅的世界观根本就没有得到改变，在文化大革命中，在外事口不折不扣地推行刘邓资产阶级反动路线，陈毅顽固地站在资产阶级反动立场上，对无产阶级革命派实行资产阶级专政，把外事口各单位及学校的运动一棍子打下去。灭无产阶级威风，何其毒也！

我们知道，聂元梓等同志的第一张马列主义的大字报的发表是毛主席亲自批准的，但是陈毅呢，在去年六月初就对李先念破口大骂道："人民日报，不该发表聂元梓的大字报，人民日报评论员文章也不对，登了报让人家看了这个领导也烂了，那个领导也烂了，这不是拆毛主席的台吗？"这是明显攻击革命派，企图扑灭毛主席亲自点燃的革命烈火。

当陈毅看到压不住星星之火的燎原之势，便派出了大量的工作组。六月七日派出以王月义为首的工作组到外语学院。六月九日由于工作组出面保院党委而引起群众不满，学生起来赶工作组。六月十六日，造反派学生游行示威赶工作组，保守派保工作组，几乎发生武斗。当晚王月义向陈毅汇报后，陈毅派出外交部政治部主任刘新权去外语学院，并对刘新权说，"你去要顶住，若顶不住，我派姬鹏飞去，再不行的话，我自己去。"陈毅还派出便衣警察包围外语学院，跟踪、盯梢，实行资产阶级的白色恐怖。陈毅对谁恨对谁爱，不是一目了然了吗？

在对外文委撤了以张彦为首的工作组后，又决定派出罗贵波等二十一人组成的新工作组去镇压文化革命。

陈毅"打击一大片，保护一小撮"，颇有一套手法，就是"引蛇出洞"，说什么："从运动暴露的情况看，不仅他们有死党，还有地富反坏右兴风作浪，所以运动的真正对象就是这些牛鬼蛇神。他们有的钻进党内，钻进机关、学校。"还说什么："大革命么，大民主，横扫一切，扫错了可以改。"陈毅只字不提这次运动的重点是整党内走资本主义道路的当权派，而把矛头指向群众。在陈毅的"动员"下，×××宣布文委有反革命政变，斗争了二十九人；外交部运动刚开始时，有四十四个年轻翻译组成的"硬骨头"战斗队写出了一张大字报《外交部特权阶层正在形成》，就是因为这张大字报全被打成了牛鬼蛇神。陈毅还不甘心，便亲自上马，把给陈毅贴大字报的外语学院的×××打成反革命，他说："×××说外交部里有大鬼，也可以，要是有鬼，就算你立功了，要不是，你就得道歉。"陈毅是地地道道镇压革命派的刽子手。

当革命造反派起来造资产阶级反动路线的反的时候，陈毅就迫不及待地跳出来说:"有些单位提出撤销党组,赶工作组。赶工作组,无论如何要顶住,有意见可以提,权在上边。怀疑中央负责同志是错误的,是反革命。""我看工作组主要的错误是包办代替,对工作组要一分为二,对的要肯定,不对的要批评。"陈毅力图保护走资本主义道路的当权派和坚持资产阶级反动路线的顽固分子过关。陈毅看到压不住,就来和稀泥,去年八月十四日他说:"今天多数派,少数派,没有讲话的,我都不得罪,来个折中主义"。在两条路线斗争最激烈的时候,这折中主义是什么货色呢?在《红旗》社论《纪念我们的文化革命先驱鲁迅》一文中说:"在这两条路线的斗争中,进行调和、折中,这实际上就是维护资产阶级反动路线,反对无产阶级革命路线。"陈毅的所作所为证明了他是刘邓黑司令部的打手。

陈毅一计不成,又耍一计,计计为刘邓司令部服务。他声嘶力竭叫喊:"十六条下来几天了,问题还没有解决,这不是浪费国家财产和时间吗?你们赶快成立革委会,团结起来,赶快进行斗批改。"当时所谓的"斗批改"就是要转移批判资产阶级反动路线的大方向。

在毛主席的革命路线的指引下,红卫兵运动汹涌澎湃,无产阶级革命派从两条路线的斗争中"杀"了出来!而陈毅呢,却大肆诬蔑红卫兵,说什么"我接触的同志,他们的造反的搞法,我是不同意的"等等。陈毅的去年十一月十三日、十一月二十九日两次讲话是他攻击无产阶级革命派的代表作,是两株反毛泽东思想的大毒草,必须痛加批判。

陈毅还摆出一副吓人的面孔,教训人说:"现在有人觉得搞校长不过瘾,要搞部长,非要把部长搞倒,不过瘾还要升级,要搞我们副总理了。"还说:"我主管外交,看到不少大字报,什么'罪魁祸首''没有好下场''一切严重后果由你负责''挑动群众斗群众''四十八小时内要回答'都没有打中要害,真正的要害是各个单位要解决各个单位的问题。"真是此地无银三百两!你陈毅算老几,谁反对毛泽东思想,不管你是副总理,还是总书记,国家主席,统统要搞,统统都要拉下马!

陈毅贯彻了一整套资产阶级反动路线,但至今没有做出像样的检查。不破不立,不塞不流,不止不行。不彻底批判陈毅在外事口执行的刘邓资产阶级反动路线,外事口文化大革命冷冷清清的局面就没法打破。

(三)

外事口文化大革命现在为什么冷冷清清?陈毅在这次资本主义复辟逆流中到底充当了什么角色呢?这是值得我们每个人深思的。

前不久,陈毅在一次外交部的干部会上拍桌子说:"过去你们贴了我那么多大字报,现在该我发言了。"这是外交系统资本主义复辟的信号弹。会后,张彦、姬鹏飞等拿这录音到处放,对革命群众施加压力。

外交部革命造反联络站在一月十八日夺了权,领导革命,监督业务。过去,革命造反派存在有无政府主义的"打倒一切、怀疑一切"的流毒,干部都靠边站了。可是现在外交部又对当权派一切肯定,全部官复原职,很多处长级已停职罢官的又恢复工作,已被戚本禹同志点了名要斗倒斗臭的外交部政治部副主任王屏又恢复工作。同时,不但官复原职,而且全部恢复原来系统的组织机构。在文化革命期间,一些不合理的组织机构都被打烂了,根据实际需要成立了几个组,夺权后,出现一股逆风,要恢复原来的体制,这就要葬送了文化大革命的成果。

外交部保守派借革命造反联络站整风之机,大叫联络站犯了方向路线错误,说他们执行了比资产阶级反动路线还要反动的路线。对联络站犯了一些错误的同志采取拍桌大骂的态度,低头站着,还通不过,并且扬言要封联络站的门。在基层单位还有以下现象:

左派不香,右派不臭,

交通科保皇派把联络站的同志打倒在地;

有的单位造反派被整垮了,如国际司(现又联合起来);

美澳司的处长削尖脑袋向造反派队伍钻,想把现有的领导打下去;

美欧司有的当权派妄想打乱造反派的阵营;

翻译室写一篇大毒草《孔雀与麻雀》影射造反派；

新闻室保皇派声称"山中无虎猴成王"，"造反联络站是个大杂烩，乌合之众"；

普遍不承认造反派，要求搞什么全民选举等等。

毛主席教导我们："我们看事情必须要看它的实质，而把它的现象只看作入门的向导，一进了门就要抓住它的实质，这才是可靠的科学的分析方法。"我们切切不可粗心大意，把复杂的阶级斗争看得太简单了。我们必须揪出外交部资本主义复辟逆流的幕后策划者！

驻外使馆今年一、二月份，抽一部分人回国参加文化大革命，但根本没有搞起来，冷冷清清，目前使馆人员都回家去准备了，再过一、两星期就要出国。陈毅说，文化革命最多到六月份就要结束。

我们要大喝一声，外事系统文化大革命有夭折的危险，如果经过文化大革命，驻外使馆还是恢复老样，那就像毛主席所说的那样："否则很危险"。坚决打退全国自上而下的资本主义复辟的逆流！一定要让毛泽东思想伟大红旗永远高高地飘扬在外交战线上！

（四）

陈毅到底是人是鬼呢？到底是哪个司令部的人呢？

我们说，陈毅不像是毛主席司令部的人。

请看：

新四军的时候陈毅是军长，刘少奇是政委。

陈毅解放前多次反对过毛主席。还不以为耻，却以为荣。

陈毅野蛮成性，他自己说，解放前有一次就烧了两个城市，有的连家都没有来得及搬。

陈毅伙同刘少奇访问印度尼西亚、东南亚，干尽了卑鄙勾当。丢尽了中国人民的脸。

陈毅在一九六一年毕业生会议上讲话鼓吹重专轻红，对抗林彪主持召开的六〇年军委扩大会议精神，配合当时社会上的牛鬼蛇神向党猖狂进攻。

去年八月四日讲话中，陈毅还把刘少奇和毛主席、林彪、周总理等同起来。

陈毅说："派工作组是我决定的，是合法的，中央点头的，他们在工作中犯了严重错误，撤回张彦为首的工作组，中央同意，我也同意，这是经过多次慎重考虑的。"这个中央就是刘邓的黑司令部。

文化大革命中，陈毅不折不扣地推行刘邓资产阶级反动路线。

陈毅说："今年我都六十六岁了，我们不要怕吃亏，你们要知道，讨小便宜，斤斤计较的人，都是没有好下场的。"怎么这么熟悉，一查，对了，原来是贩卖刘少奇的货色，宣扬吃小亏，贪大便宜的资产阶级世界观。

陈毅完全避开两条路线斗争的实质，说什么："我参加支持正确路线的斗争，也参加过错误路线反对正确路线。讲到路线斗争，可能犯大错误，也可能立头功。"同志们听听这是什么话，是可忍，孰不可忍！陈毅把路线斗争当儿戏，当作政治赌博，这不是在为刘邓辩护、不是在为刘少奇翻案又是什么？好像刘少奇、邓小平是偶然犯路线错误的。

直到今年二月七日陈毅还说："刘少奇在四五年前，没有反对毛主席，七大时把刘少奇确定为毛主席的接班人，现在与刘少奇的矛盾是人民内部矛盾，贴一些大字报，没关系，大民主嘛！"陈毅如此肉嘛吹捧刘少奇，绝不是孤立的，也绝没有好下场。

我们怀疑，陈毅不是毛主席司令部的人，而是刘邓黑司令部的一员干将。

陈毅必须向毛主席和中央文革小组低头认罪！

陈毅不投降就让他灭亡！就坚决打倒！

炮打陈毅，解放外事口！

毛主席的革命路线胜利万岁！

我们心中最红最红的红太阳毛主席万岁！万岁！万万岁！

陈毅是十二月黑风的急先锋
——评陈毅十一月十三日、十一月二十九日的讲话

北航红旗红一连

《红旗》第 25 期，1967 年 4 月 6 日

（一）

革命派的同志们，你还记得去年十二月黑风吧？曾几何时，党内一小撮走资本主义道路的当权派和社会上的牛鬼蛇神互相勾结，蠢蠢欲动，摇旗呐喊，进行反攻倒算，企图否定无产阶级革命派的大方向，炮打无产阶级司令部，正是"蚂蚁缘槐夸大国，蚍蜉撼树谈何易"。

陈毅十一月十三日、二十九日两次讲话的背景是什么呢？他在这股逆流中到底起了什么作用呢？我们先来看一看时间表吧！

十月三日，《红旗》十三期社论《在毛泽东思想大路上前进》发表，开始了群众性的批判资产阶级反动路线的新高潮。

十月，召开中央工作会议，刘邓作假检查，负隅顽抗。

十一月一日，《红旗》十四期社论《以毛主席为代表的无产阶级革命路线的胜利》发表。

十一月十二日，北农大附中现行反革命分子伊林、涤西抛出反革命大字报《致林彪同志的一封公开信》，恶毒诽谤我们最最敬爱的领袖毛主席的最亲密战友林彪同志。

十一月十三日，陈毅讲话，进行放毒。

十一月二十五日，反革命组织北航八一纵队抛出反革命大字报《一问中央文革》，后来相继抛出"二问""三问""四问"，恶毒攻击中央文革小组。

十一月二十九日，陈毅讲话，再一次进行放毒。

十一月三十日，现行反革命分子李洪山贴出反革命大字报《踢开

中央文革小组，自己起来闹革命》。

十二月上旬，反革命组织联动大肆吹捧陈毅的这两次讲话，企图挑拨中央军委和中央文革小组的关系。西安等地的保皇派竟游行集会为陈的讲话叫好。

十二月上旬，北钢红卫兵、林院《永向党》、北航八一野战兵团、赤宇支队等先后抛出反革命的大字报，炮打无产阶级司令部，说什么中央文革执行了新的资产阶级反动路线等等。颇有一种"黑云压城城欲摧"之势。

十二月十三日，《红旗》十五期社论《夺取新的胜利》发表，吹响了横扫黑风的号角，革命群众奋起反击一小撮炮打无产阶级司令部的反革命分子！坚决击退了资产阶级反动路线的反扑！

（二）

我们现在再来看看陈毅的两次讲话是如何配合这股黑风的，是如何充当了十二月黑风的急先锋的。

从中央到地方，两条路线的斗争是紧密相连的。刘邓在中央进行反扑，社会上的牛鬼蛇神也紧紧跟上，他们总是相依为命的。

陈毅在这两次讲话中虽只字不提中央文革小组，但矛头直指中央文革小组，迎合资产阶级反动路线的反扑，炮打坚决执行毛主席革命路线的中央文革小组。

陈毅在讲话中影射中央文革小组："不要像一些人那样去闹，那样闹我是不赞成的！这话不好听，但我还是要讲。"还拿出一副教训人的面孔指责中央文革："不要乱搞。"

在谈到路线斗争时，陈毅恶毒地说，"讲到路线斗争，可能犯大错误，也可能立大功！"说什么中央文革"犯大错误"。联动之流也不甘心落后，大叫中央文革执行了资产阶级反动路线，说什么中央文革"挑动群众斗群众"，把莫须有的罪名加在中央文革的头上。

陈毅觉得还不露骨，便赤膊上阵，说什么"同志们光喜欢听好话，光喜欢听我们伟大呀又伟大，我们是无产阶级革命战士，共产党员，就要听得不同意见，不少领导同志听不进不同意见……这倒是活该。"于是，联动之流猖獗一时，大叫"江青、关锋、戚本禹听不得不同意见"，背后说什么"中央文革也可以批评"，陈毅不敢说的话，"联动"来说，"联动"想说的话陈毅先说出来，陈毅的讲话和联动的讲话同出一辙！

陈毅不仅如此，还积极煽动炮打无产阶级司令部："有的同志说陈老总来堵我们的嘴，我堵不了你们的嘴，你们可以发言，我没有资格不让你们发言。"并诬蔑中央文革："搞文化大革命影响生产"，"打击面过宽"等等。陈毅，闭住你的嘴，用生产压革命，搞反革命经济主义是党内走资本主义道路的当权派和坚持资产阶级反动路线的顽固分子；"打倒一切干部"也是刘邓提出来的，陈毅妄图把这些罪名加在中央文革的头上是绝没有好下场的！

中央文革是无产阶级司令部，革命造反派与中央文革同呼吸共命运，谁要反对中央文革谁就是反革命，我们坚决和他血战到底！把他斗倒、斗垮、斗臭、斗烂！

（三）

陈毅在把矛头指向中央文革小组的同时，大肆诬蔑中央文革小组坚决支持的革命造反派，他和社会上的渣滓一唱一和，企图全盘否定无产阶级革命派的大方向。用陈毅的话说："泼冷水不对，但你头脑太热，我给你一条冷毛巾擦一擦是有好处的。"用"泼冷水"来镇压革命派，不让革命造反派说话，从而迎合那些"保字号"组织的心理。

陈毅对批判资产阶级反动路线也是百般抵制的，把革命造反派批判资产阶级反动路线说成是"报复"，诬蔑革命派："你整了老子，老子就要管你，你整了我四十八天，我就要整你四十九天；你骂我十句，我就骂你十一句……你们贴了许多大字报，什么'罪恶滔天'呀，什么'罪魁祸首'呀，什么'刽子手'呀……没有什么意思。"这完全丑化革命造反派。革命小将在文化大革命中不免有这样或那样的缺点和错误，但不是主流，中央文革总是满腔热情地去帮助他们。而陈毅却千方百计地打击革命小将，说什么革命小将"造反精神也可能越来越高，也可能越来越泄气。"

并把革命小将说得乱七八糟,"学生不好管,多数派和少数派打架,伤感情,搞得乱,这样消极态度是极不正确的。"完全不做阶级分析,不分青见红皂白,一棍子打死。

陈毅在讲话中还说:"现在有人觉得搞校长还不过瘾,要搞部长,非要把部长搞倒,不过瘾还要升级,要搞我们副总理了。"企图全盘否定革命小将的大方向。于是联动之流也跳出来说,不许造反派动我们"老干部",再联系谭力夫的讲话:"老干部犯了错误,你高兴什么,他妈的!"真是何其相似乃尔!

革命小将是从两条路线的斗争中"杀"出来的,为文化大革命建立了不朽功勋,若否定他们,便是否定文化大革命,若打击他们,便是打击文化大革命。

(四)

陈毅随时随地都不放过放毒、攻击毛主席的机会。陈毅说:"我那天讲话是有意识的,光讲伟大、伟大,万岁、万岁,对你们是没有帮助,没有好处的。"同志们听听这是什么话!我们就是要永远永远高呼伟大的导师、伟大的领袖、伟大的统帅、伟大的舵手毛主席万岁!万岁!万万岁!谁反对毛主席就打倒谁!

陈毅心中有鬼心中虚,最后虚晃一枪,说什么:"今天我这个讲话和上次差不多,我不希望每句话都讲对,我希望有百分之六十的有道理就行了。"陈毅投降是可以的,想溜是办不到的。

陈毅的十一月十三日、十一月二十九日的讲话是两株反党反社会主义反毛泽东思想的大毒草,必须坚决批判、彻底铲除!陈毅充当了十二月黑风的急先锋!

陈毅反对毛主席、炮打中央文革、镇压革命派的罪责难逃!

我们再联系陈毅在这次全国自上而下的资本主义复辟逆流中充当了刘邓的一员干将,岂不令人深思吗!

谁反对毛主席、林副主席、中央文革小组就打倒谁!

毛主席的革命路线胜利万岁!

我们心中最红最红的红太阳毛主席万岁!万岁!万万岁!

陈毅在资本主义复辟逆流中的言论

北航红旗红一连

《红旗》第 26 期，1967 年 4 月 8 日

前 言

陈毅从今年二月份以来，拒不承认以前执行过的反动路线的错误，反而更恶毒地攻击毛主席和林副主席，千方百计为刘少奇、邓小平、贺龙翻案，打击革命派，为资本主义复辟逆流鸣锣开道，把外事口的文化大革命打下去，至今冷冷清清，在全国自上而下的资本主义复辟逆流中充当了刘邓黑司令部的一员干将。

现在我们摘编了陈毅在今年二月以来的讲话，供大家分析批判。

舍得一身剐，敢把陈毅拉下马！

陈毅不投降，就让他彻底灭亡！

（一）恶毒地攻击毛主席和林副主席

1. 毛主席也是一个普通老百姓，也可以贴毛主席的大字报嘛！（2.7）（按：谁给毛主席贴大字报谁就是反革命。陈毅竟煽动别人去贴毛主席的大字报，可谓胆大包天。）

2. 有几个人没有反对过毛主席，很少，林副主席没有反对过，很伟大。我反对过两次，后来承认了改正了错误。（2.16）

3. 现在毛主席身边的人是否可以相信呢？我们相信谁？相信主席、林彪、江青、总理、陈伯达、康生，就只有这六个人？承蒙你们的宽大，把五个副总理放进去，这样一个伟大的党，只有这么几个人干净？我不愿意要这样的"干净"。把我拉出去示众！使人伤心啊！成千成万的老干部被糟蹋了。光工作组就有四十万。搞得好苦！我不能看着这样下去，我宁愿冒杀身之祸！（2.16）（按：完全是胡说八道，把毛主席、林副主席和群众对立起来绝没有好下场。"打击一大片，保护一小撮"是刘少奇的货色，"我宁愿冒杀身之祸"是什么意思？！）

（二）千方百计为刘、邓、贺翻案

4. 去年我是最坚决反对大字报上街的一个，这也是我执行资产阶级反动路线的一条罪行，不是我个人害怕，从党的利益出发，刘少奇的大字报在王府井贴了一百多张，把密都泄出去了，给我们伟大的党脸上抹黑。（2.16）

5. 刘少奇在八大不提毛泽东思想，也作为一百条罪状之一。这报告是毛主席、政治局决定的。我一直在场。外面刘少奇罪状一百条有的是捏造，有的是泄密，完全为我们党，为主席脸上抹黑。

6. 刘少奇在四五年前没有反对毛主席，七大时把刘少奇确定为毛主席的接班人，现在与刘少奇的矛盾是人民内部矛盾。贴一些大字报没关系，大民主嘛。（2.7）（按：刘少奇根本就不是"人民内部矛盾"，根本就不是什么"不提毛泽东思想的问题"，而是地地道道的党内最大的走资本主义道路当权派，是反革命，是中国的赫鲁晓夫，陈毅为刘少奇翻案只不过暴露他是刘邓黑司令部的一员干将。）

7. 打倒刘、邓、陶、朱、贺，为什么要放在一起？各有各的账。打倒大军阀朱德，干了几十年，这不是给我们脸上抹黑，一揪就要查祖宗三代。人家会说，你们共产党怎么连八十一岁的老人都容不下。打倒大土匪贺龙，这中央根本不能同意的。贺龙是政治局委员、元帅，现在要砸烂狗头。这能说服人吗？人家不会说你们共产党究竟是什么人。人家骂共产党是过河拆桥。（2.16）（按：贺龙就是一个大土匪，是罗瑞卿的后台，是刘邓黑司令部的又一员干将。陈毅为贺龙翻案，只不过证明陈毅和贺龙是一丘之貉。）

8. 如此刘少奇罪大恶极，他的国家主席的名字还没有取消，但是不让他接见外宾，停止他的活动，下次人大代表大会才能取消他。（4.2）（按：戚本禹同志的文章《爱国主义还是卖国主义？》在三月三十一日晚已广播。可陈毅在四月二日还为刘少奇涂脂抹粉，岂不令人深思。）

（三）打击无产阶级革命派，企图否定革命小将的大方向

9. 你们就是搞武斗，一戴高帽，二弯腰，三下跪，四挂黑牌，违反毛泽东思想。(2.16)

10. 对驻外使馆大使一下飞机就下跪、弯腰，让外国记者照了相，中国的体面还有没有，还让不让他回去当大使，我还是要派他出去当大使。(2.16)

11. 动不动就下跪，发泄感情，发泄私愤，没有什么好处。(2.9)（按：不许陈毅这样丑化无产阶级革命派。革命小将的大方向始终是正确的。谁要把群众运动中过火的做法强加在中央文革小组的身上是绝没有好下场的。）

12. 我在这里大胆地说，这种斗争方式，这样下去要犯方向、路线错误，在中央会议上我讲过这话，在这里我对你们讲这话。(2.9)

13. 真正的革命派要顾全大局，不要随便戴帽子，首先要自我批评，否则是很危险的。我执行过资产阶级反动路线，其余还有一些人也执行了资产阶级反动路线。(4.2)

14. 你们不要以为你们是造反派，人家就不是造反派，不要以为自己是革命的，人家就是不革命的。(4.2)

15. 我是副总理兼外交部长，部党委第一书记，你们监督，我欢迎。你们监督我，如果我不满意，拿副总理压，不接受你们监督，造成我的垮台。你们想搞我，你们的权要被收回，也就造成你们的垮台。(2.14)（按：陈毅对革命派施加压力，企图把执行资产阶级反动路线的罪名加在革命派身上，是绝对办不到的。）

16. 你们不要急于早上台，上台早了不好，当个小干部自由，当个大学生最自由，我已经当权四十多年了，我犯了一些错误，也做了许多好事，我愿意带你们干个五年、十年、十几年，帮助你们熟悉业务，我……就算了，我们必须解决夺权这个问题。(2.14)

17. 有些人想权越大越好，越多越好，权大、方便，权少就感到……。(2.14)（按：陈毅，闭住你的嘴，我们就是要为无产阶级夺权，为毛主席争气，把政权牢牢掌握在无产阶级革命派手里。）

（四）为资本主义复辟鸣锣开道

18．逼着我做检查，我还不认为我全错，我革命革了四十几年，没想到落到这种地步，我死了也不甘心，也不服气，我拼着老命也要斗争，也要造反。(2.12)

19．我有什么罪？我要有罪还当外交部长？不要太猖狂了，太猖狂了没有好下场。(2.12)

20．你们都是造反派？造我的反？我是什么？我是反革命？造反派见报，我坚决不同意。(2.12)

21．事实证明我去年说的许多话没有错。(接着又补充一句"没全错"。)现在看来，还得按我说的话去做。如果按我说的去做，不会搞成这个样子，外交部成什么样子，无组织，无纪律，把外交机密都捅出去了。(2.12)

22．我犯了大错，我不知道我为什么晚年犯了这么大的错误。(2.9)（按：同志们，你们看陈毅多么猖狂，至今仍不承认错误，妄图进行反攻倒算。）

23．从前，执行了反动路线，在外事口的流毒你们肃清了。(3.14)

24．有人说外交部文化大革命冷冷清清，面临夭折的危险，我看不至于吧，使领馆文化大革命搞得还是轰轰烈烈的。(4.2)

25．有人提外交部情况，外交部的运动怎么冷冷清清呢？外交部进行了三个星期的整风，开了几个几千人的大会，批判资本主义复辟逆流，进行了三天。(4.2)（按：陈毅把外事口文化大革命打下去，他在外事口执行的刘邓反动路线至今没有深入批判，可陈毅睁着眼睛说瞎话，颠倒黑白，目的何在？）

26．在座有些是干部子弟（指归国学生），如果你爸爸妈妈给这样斗，你们怎么想啊？在座还有些是工农子弟，他们为工农打天下，后来落到这个地步，你们无动于衷？(2.16)（按：陈毅不用阶级分析的观点看问题。不仅自己反攻倒算，也煽动别人去反攻倒算。）

27．要组成一个司令部，部、司、处、科单位一整套的恢复，这不是复辟。(3.8)（按：实际上呢？！）

28. 我和部党委开了一个晚上会,和革命造反派也开了,正在和你们(没有参加组织的人)开,这样搞"三结合"才能名副其实。(3.8)(按:上面就是外事口资本主义复辟的铁证。陈毅的"三结合"可以休矣!实际是三凑合!)

29. 他们(指归国生)找我辩论,说外交部文化大革命有夭折的危险,绝不允许外交部的文化大革命走过场。他们说的外交部实际上是指使、领馆,而不是整个外交部,贴这些上街没有什么必要,把我们内部问题都暴露出去了。(4.2)

30. 请大家对夺权问题好好研究,外事系统的权不仅是个泄密的问题,是关系到国家还能不能维持,外交斗争还能不能搞,这个问题搞得不好,关系到国家的声誉,关系到国家的命运,你们必须好好研究这个问题。(2.14)

31. 别有用心的人,牛鬼蛇神,不要主观去追求这个东西,否则就要犯大错误。要他们自己暴露,他们也可以自己教育自己。(3.14)

32. 就是对走资本主义道路当权派,也要经群众讨论,征求他本人同意,不能压服,完全是说服,群众同意,他同意,然后从宽处理。(3.14)(按:毛主席说:"凡是反动的东西,你不打,他就不倒。这也和扫地一样,扫帚不到,灰尘照例不会自己跑掉。"可陈毅呢,要他们"自己教育自己",走资本主义道路当权派要"征求本人同意",完全和毛主席唱对台戏。)

33. 解放后办了许多外语学院,当然没有很好贯彻主席思想,没有像林彪同志上台以后举得那样高。(4.2)(按:这是外语学院资本主义复辟的信号弹。另外,陈毅恶意攻击林彪同志,我们决不能容忍!林彪同志是一贯高举毛泽东思想伟大红旗,而绝不是林彪同志作为副统帅才是高举的!)

六、批贺龙

贺龙罪行录

《红旗》第 6 期，1967 年 1 月 18 日

一、在文化革命中贺龙充当了航院"八一纵队"的后台。

去年八月，北航红卫兵"八一纵队"的恶毒地攻击我们敬爱的领袖毛主席的特大毒草《炮轰……》出笼后，又于去年十一月廿五日相继抛出了一问、二问、三问、四问中央文革的大字报，气焰嚣张，不可一世。这些自称为有"小道消息"的走卒们不得不使人深思，究竟鬼在何处？请看：（见附表）

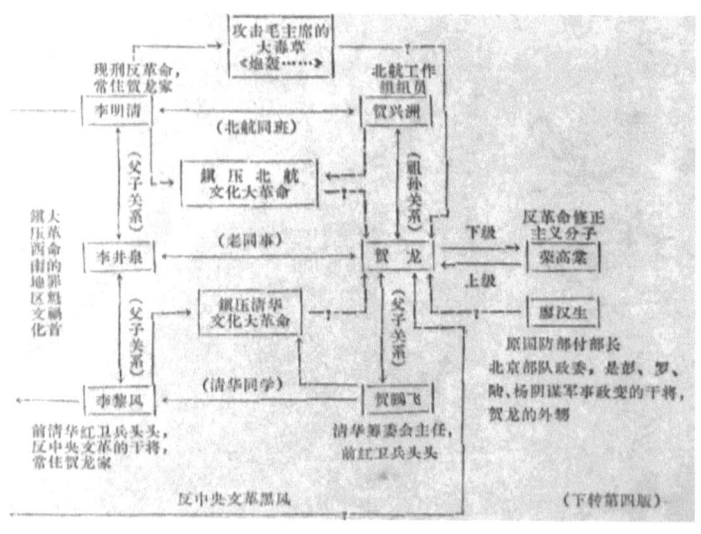

（下转第四版）

原来，反革命分子李明清不仅因为他有个中央委员的爸爸李井泉，而且还有个中央政治局委员的干爸爸贺龙。李井泉与贺龙是老朋友，所以多年来李的三个儿子都住在贺龙家。而贺龙是极力鼓吹要经常给孩子们一点"指示"的。如十一中全会期间，李井泉、孙志远在贺龙家聚会，其中有一段很值得推敲的对话：

贺曰：我们要照顾一下孩子们。

孙曰：我不管，毛主席让他们在大风大浪中锻炼，让孩子们自己去闯吧！

贺曰：应该拉孩子们一把。……

当时，贺鹏飞、贺兴洲、李明清、李黎风等也在座。

贺龙确实"照顾"和"拉"了他们的宝贝孩子，真不愧言行一致的贺"老总"。请看其中的奥妙：

1. 贺兴洲经常回家向贺龙汇报，而贺龙也及时加以处理。如运动初期，远在去年六月二日，贺兴洲回家汇报我院"情况"后，贺龙立即向总理反映了这个"情况"。

2. 贺龙经常通过李明清、贺兴洲索取我院运动情况，并且把一封意见书转给聂总，运动初还答应给我院增加工作组人员。

3. 运动中我院几个高干子弟唯恐航院不能大"乱"，于是建议工作组伪装撤离，并曾经向贺龙请示过。

4. 去年七月十九日李明清向同伙孙茜玲传达了与贺龙的谈话纪要：

（1）"越乱越好，越烂越好"，"让它乱一阵子，然后一分为二"，"乱，才能乱出右派来"，他举了一个例子：体育学院有一个党总支书记不怕乱，对周围的同志了解得很清楚，所以能分清群众中左、中、右，使群众斗不了他。

（2）介绍了清华大学的反蒯斗争，谈了薄一波与蒯大富辩论的情况，很欣赏反蒯的作法，把薄一波看成左派，把蒯大富看成右派。

（3）强调干部子弟在运动中表现很好，"就是要依靠你们这些干部子弟"，对清华工作组重用刘涛、贺鹏飞，把他们提前转正，提升为党总支干部的做法很欣赏。

（4）向贺兴洲、李明清了解我院运动的情况。

5．去年六月五日，贺兴洲向同伙传达贺龙讲的，即总理让各大专院校党委引火烧身的指示，当晚我院十二个高干子弟聚集在反革命分子赖锐锐家写大字报，同时贺鹏飞也在家里并由他妈妈陪着写了一夜大字报，而且帮助抄写审稿，还由贺龙秘书修改。

6．攻击我们伟大领袖毛主席的特大毒草《炮轰……》就在贺龙家起草，于八月廿四日由李明清在院内张贴，之后李在贺家住了几天才离京外窜。九月底，贺鹏飞也外出追踪李明清。

7．贺龙对李明清说："你们班还能没有右派？我们家都有左、中、右。"（按：居心何在？）

二、攻击毛主席的革命路线。

去年十一月初，对几个高干子弟说："你们跟我小龙（指贺鹏飞）没错。还对贺鹏飞说："毛主席的路线是错误的，刘少奇的检查是被迫的。"

三、极力开设反革命分子的庇护所。

1．包庇反革命分子荣高棠。荣是个地地道道的反革命修正主义分子，是彭真的忠实爪牙，当这些问题被揭发时，贺还为其辩解，说"荣只不过说错了一些话，办错了一些事。"并要荣"站起来领导。"北京体院等地揭发材料不上交，倒交给荣本人。批判荣的大会拒不参加却参加了给荣评功摆好的会，坐了三个小时并鼓掌支持荣发言。他明知荣是叛徒（荣还出卖了两个革命同志），但不向总理报告，当荣保不住了就说自己是大老粗，被荣欺骗了。

2．刘涛、刘菊芬、李黎风、孙矩等这些一度左右清华文革的风流人物经常在贺龙家开会密谋；李井泉的"宝贝"李明清、李黎风、李新桅经常住在贺家中，李黎风的"梅花小组"设在贺龙家，贺鹏飞也在家组织了"霹雳兵团"，不但有油印机，还有摩托车，月用费达三百余元。

3. 在文化大革命中和李井泉互通电话，精心策划镇压西南地区革命群众。李明清在重庆给在成都的孙茜玲写信说："你们要保西南局，这是总理讲的，没错！"（按：从何而来？）

4. 把反革命分子李明清藏在家里，最近被同院孩子抄出子弹数发和反对中央文革的反动传单。

5. 广州运动员有五十多名跑到香港，并发表叛国声明，有的回国后仍拉入运动队。

四、二月兵变是通过贺龙的，他参加了彭、罗、陆、杨二月兵变的反革命活动。

五、反对毛泽东思想，根本不抓毛著学习。

徐寅生的"关于如何打乒乓球"的讲话是江青同志发现交毛主席批的，但是贺龙见机行事，从中把功劳归于自己。据他秘书揭发说："贺龙八年来从来不看毛著。"

六、体育界大力推行一套修正主义路线，大搞物质刺激，大搞名利地位。

例如，运动员打破世界纪录，马上增薪廿五元。在技术上有一套的就是"爷爷"，就能入党提级。把不少运动员培养成修正主义苗子，如有个运动员技术好就大力宣传还给入了党，当上了人大代表和团中央委员。就连其本人也承认自己是修正主义苗子。

七、野心勃勃，结党营私，重用亲信。

在体育界有其得力助手荣高棠、李达；在军队里有他的心腹赵尔陆（国防工办主要负责人）、王尚荣（原国防部作战部部长）、雷英夫（原国防部作战部副部长）、黄新廷（成都军区司令），还有他的外甥廖汉生（即杨尚昆妹夫）任国防部付部长、北京军区政委等要职。在空军支持刘×、戚×、反对空军司令员××政委余××；在海军，支持彭德怀分子苏××，打击王××等同志四十余天。企图控制我国第三线，除了他现在控制的四川外还准备把廖汉生安插到新疆去。

八、压制打击革命群众，两面三刀。

去年十月份有人贴了他一张大字报，他就立即组织围攻，他口头上说支持革命造反派，还说要写大字报支持，可是不见只字片语，反而压制革命少数派。如革命同志把体育报封了，他却说"要办下去。"

九、宣扬资产阶级活命哲学，毒害青年一代。

×××高干子女病了，贺龙就指示要多照顾，想念书就念书，不想念就不念书，好让他多活几年。害怕战争，是个怕死鬼，如此让黄新廷把他的老家搬到成都近郊并特地修了地下宫殿。每周要在家里放电影，还常去广州专看黄色电影小说。

十、内心有鬼，不打自招。

北京体院造反者，要找他谈话，他惊恐万分，魂不附体，吓得要死，竟跑到总理家躲藏起来，说有人要斗他。

七、批谭震林

谭震林黑话录

红旗《反逆流》

《红旗》第 19、20 期，1967 年 3 月 21 日

编者按：当无产阶级文化大革命即将取得决定性胜利的时刻，从中央到地方出现了一股自上而下的资本主义复辟的反革命逆流。谭震林在这次反革命逆流中赤膊上阵充当了急先锋。仅就下面片言数语，就可以看出谭震林的反动面目。打倒谭震林！用鲜血和生命保卫毛主席！保卫中央文革！把无产阶级文化大革命进行到底。

一、谭震林上保刘、邓、陶，下保自己的喽啰、小走狗，其目的就是为了保自己

（一）保刘、邓、陶

同志们，行动起来！坚决勇敢地前进，保卫党中央，保卫毛主席，保卫少奇、恩来、小平、林彪等同志，谁敢反对他们，我们就坚决斗倒他，直到彻底消灭他。

——《1966 年 6 月 7 日传达政治局扩大会议精神》

按：谭震林，你好大的狗胆！你竟敢把刘邓和我们心中最红最红的红太阳毛主席及毛主席的亲密战友林彪、周恩来同志并列起来。这办不到！我们一千个不答应！一万个不答应！

错误是中央犯的，检讨你们去，具体地说是少奇、小平同志。你

们不要讲他们没有按毛主席指示办事。清华同学向工作组提意见，实际上是攻击王光美。攻击王光美，实际上是攻击刘少奇。

——《1966年8月2日接见北农大工作组的讲话》

按：谭震林，闭住你的狗嘴！不要再为刘邓开脱罪行。刘邓本来就极端仇视伟大的毛泽东思想。对这样的人我们不仅要攻击，而且要坚决打倒！警告你！谭震林，你反对毛主席，我们就要把你打翻在地，再踏上一只脚，叫你永世不得翻身。

现在有的马路新闻说陶铸是第四号人物，必须揪出来。……十一中全会改选了，他们搞陶铸，反对这个决定明明是反对我们八届十一中全会。这样的马路新闻能算数？

——《1966年11月12日接见农科院"东方红"讲话》

按：陶铸是我国最大的保皇派，是一个两面三刀的极阴险的人物，是刘邓埋在毛主席身边的一颗定时炸弹。这样的人，我们就是要造他的反！打倒陶铸！

（二）保其喽啰，保其小走狗

你们校长兼书记，还有副校长兼副书记在市委里开会，他们都是左派，是主力。

——《1966年6月18日在北农大的讲话》

王观澜同志的问题，机关和农大要分开搞，机关批判王观澜的情况，不许向农大同学讲，这一条作为纪律来执行。

——《1966年8月底对农办农政的指示》

对于王观澜的看法，还是原来的，没有变。……我的看法就是这样，在市委开会是左派嘛！

——《1966年9月11日与北农大八·一八红卫兵辩论时讲话》

按：谭震林保王观澜，其实王观澜是被农大揪出的三或四类干部。他保王观澜的目的就是要把文化大革命的烈火压在甚至扑灭在基层，免得烧着自己。谭震林！你想滑过去，办不到！

你们要把根据给我找来，不要推测。罗玉川是修正主义，有没有跟外联合？跟赫鲁晓夫联合没有？跟约翰逊联合没有？修正主义就是苏美合作，在中国就是"三和一少"。

——《1966年9月8日与林业部红卫兵代表讲话》

按：谭震林想偷天换日，把修正主义只限于苏美合作、"三和一少"。抛出现象，抽去本质，又何其毒也！

罗玉川是不是扛红旗的……六一年以后归我管，我管林业部期间，应该说他是扛红旗的，不是扛白旗的……你们不研究这个，不问一问，不调查调查，不想一想，就说罗玉川不是举红旗，完全打白旗，我不同意，无论"官司"打到那里，我都不同意！秦化龙有什么问题？他是听我的；我叫他干什么，他干什么，他是听我指挥的。（同上）

按：谭震林保罗玉川、秦化龙，就是为了保自己。

（三）保自己

我们机关现在是两大任务：一是弄清有没有彭、罗、陆、杨的同伙，二是肃清邓子恢的影响。其实也就是一件事，邓就是过去农村工作部走资本主义道路的当权派。

——《1966年7月1日在农办的报告》

我这个人是最坏的人，也是个最好的人。听我的话就好，不听我的话就坏。郝××听了我的话就没有犯错误，王×、裴×、赵×没有听我的话，就犯了错误。（同上）

按：划框框，定调子，打起老子就是党的招牌，转移斗争大方向，妄图使农口文化大革命步入歧途。

二、忠实执行刘邓路线，对抗毛主席的革命路线

（一）忠于刘邓，派工作组

我派了工作组，是农办和农林政治部合派的。这个组采取了和北京市委一样的办法，一个字"帮"。就是毛主席讲的一看二帮。

——《1966年6月18日在北农大讲话》

要赶工作组，就不走，这也是一条经验。工作组要做工作，敢于领导。

——《1966年6月23日气象局传达谭震林指示》

派出的工作组，要加强领导，特别是要加强群众方面的工作，无论群众有什么意见，坚决不能撤走。

——《1966年6月24日水产部党组传达谭震林指示》

北农大工作组成绩是主要的。没有犯方向性路线性错误，还是发动了群众，如选革委会问题，农大的革委会还是控制得不错。

——《1966年8月29日接见北农大工作组讲话》

按：谭震林积极执行刘邓路线，一面强调加强工作组的领导，妄图扼杀农林口的文化大革命。至八月二十九日还在叫喊："北农大工作组的成绩是主要的。"公然对抗毛主席的指示，真是胆大包天。

（二）把斗争的矛头指向群众

当前运动重点是横扫一切牛鬼蛇神。给领导提意见的人有三种：①偶然讲错的；②糊涂人（是多数）；③坏人放毒。对什么人都可以揭，也可以自己揭。

——《1966年6月9日水产部党组传达谭震林指示》

机关大字报揭发，是群众很好地给干部鉴定，鉴定要装进档案。气象局大字报作法好，重点人来几评。当前可集中力量，抓牛鬼蛇神，揭别的也可以，中心是牛鬼蛇神，可以宣布搞的彻底不彻底的标准是把大大小小的牛鬼蛇神揭出来。有些单位没有搞完的，可以慢一阵子，让牛鬼蛇神都暴露出来。

——《1966年6月23日气象局饶兴传达谭震林指示》

要抓紧有利时机，大抓牛鬼蛇神，错过时机，要犯极大的错误。你们要组织司局长到气象局去参观，学会运用大字报。

——《1966年6月28日谭震林到林业部看了围攻革命同志和"保卫罗玉川"的大字报后的指示》

要善于识别假左派,真右派。

　　——《1966年7月1日水产部传达谭震林提出的左派条件中第四条》

　　七月份的总方针是要"放",对一般人员、干部、学生中的坏人可以搞些小自由,……我们在底下收集材料,表面上若无其事。要说服左派学生,不要乱斗。

　　——《1966年7月22日气象局传达谭震林十二条指示》

　　按:谭震林闭口不说炮打走资本主义道路当权派,却声嘶力竭地喊着在群众中抓"牛鬼蛇神","假左派,真右派"。妄图扼杀农口的文化大革命。打倒镇压农口文化大革命的罪魁祸首谭震林!

　　你们可以串连,也可以写大字报压嘛!这么大的革命,不允许犯错误怎么行!《1966年9月8日与林业部红卫兵代表的讲话》

　　大家串连,围攻一个人可以,这叫辩论。

　　——《1966年8月24日在水产部职工大会上的报告》

　　大字报数量可以降低,质量可以提高。你们一百多人压人家一张大字报,压得人家透不过气来,是否少一点,质量提高一点。有些人一说就是你们围攻我,为什么不可以围攻,你是啥人,不可以围攻?

　　《同上》

　　群众和群众互相贴大字报,不叫群众斗群众。

　　——《1966年12月12日在红星公社讲话》

　　他们(指少数派)敢讲话,你们就让他们讲嘛!保护少数就要有斗争,就有反面教员。

　　——《1966年8月2.日接见水产部群众代表讲话》

　　少数派要靠多数派去做工作。……发动多数派与少数派辩论,……你们校党委要相信多数,敢于站出来领导,把百分之九十的人团结起来,然后做少数人的工作。……要把纠察队组织起来,维持革命的秩序。

　　——《1966年9月8日对北农大党委的指示》

按：谭震林唆使挑动群众斗群众；让多数派围攻少数派，妄图一箭双雕，既打击了群众，又保住了自己，真是阴险之极。

三、抵制、歪曲中央精神，对抗中央文革的指示

（一）歪曲毛主席的阶级路线

凡是红五类的红卫兵都是很强的，有冒牌的红卫兵，你们要注意。……一次，我们的汽车被红卫兵截住了，另一个红卫兵就来问："你是什么成份？"结果那个红卫兵就跑了。原来他是假的。

——《1966年8月28日接见气象局红卫兵代表讲话》

你们要帮助气校红卫兵，是不是都是红五类？只允许红五类。中农暂不参加，现在参加还早了，要斗争以后再参加。……首先要整顿红卫兵，有一个办法，就是问你这个红卫兵是不是红五类？（同上）

按：谭震林用谭氏路线抵制毛主席的革命路线，罪该万死。

（二）对抗中央文革的指示

（谭在大会上讲话以后，特接见三个农大斗批改、八一大队干将）三同学向他汇报了分校生产情况如何忙之后，谭说："你们可以辩论嘛！"当三同学告诉他中央文革同意分校同学回校搞运动时，谭又说："辩论以后，他们的决定可以推翻嘛！"

——《1966年8月3日夜同农大三同学谈话》

按：谭震林明目张胆挑动群众对抗中央文革，妄图炮打无产阶级司令部，我们决不答应。谁炮打中央文革就打倒谁。打倒谭震林！

四、看谭震林的灵魂深处

究竟什么是共产主义呢？就是我刚讲的：第一，吃要吃得很好，不是光吃饱。每顿都有荤，或者吃鸡子，或者吃猪肉，或者吃鱼，或者吃鸡蛋……，当然，有些珍贵的食品，猴头，燕窝，银耳，能作为"各取所需"？还不够……第二是穿。也应有尽有。各种花色，各种式样都有，不是乌鸦一片黑，也不是一片蓝。将来普通的布是用来作

工作服，工作之外，其余时间都是绫罗绸缎，都是毛料呢绒。……要发展狐狸，人民公社都饲养狐狸……才有狐皮大衣……。也要养水獭、老虎，……不养老虎，就没有虎皮。喂猪还要为老虎吃。喂鸡还要为狐狸吃。……第三是住。要跟现代化城市比，谁是现代化？就是人民公社。北方有暖气，南方有冷气，都是高楼大厦，什么电灯、电话、自来水都不在话下。收音机、电视机也不在话下……第四是交通。除了赛跑，凡是要走路的都有工具，飞机也是四通八达，每个县都有飞机场……飞机太多了，在天空中要打架，天空中还要派交通警察，是不是说不能？那不！每一个人都有一架飞机的时候，也不是太远……第五，每个人都要受高等教育，要普及教育。共产主义大体就是这几条：吃、穿、住、行加文化娱乐、科学院、体育，这些总起来就是共产主义！

（摘自 1958 年谭震林《在陕西省级、西安市级机关党员干部会上的报告》）

按：谭震林眼里的共产主义与现代修正主义的鼻祖赫秃"土豆烧牛肉"的"共产主义"相比，简直是有过之而无不及，这就是谭震林修正主义思想的大暴露打倒修正主义分子谭震林！

八、批徐向前

坚决打倒徐向前

北航红旗黄河战斗队红一连

《红旗》第 29 期，1967 年 4 月 18 日

长征期间，在四方面军工作的张国焘和总指挥徐向前等人，为了实现其个人野心，独霸一方，进行了反中央背叛活动，分裂红军，破坏党的团结和统一，使红军遭受严重损失。

四方面军总指挥徐向前便是这条错误路线的第二号代表人物。徐向前在历史上的滔天罪行必须彻底清算：

1. 长征以前，一九三二年六月，蒋介石军队对红军进行了围攻。张、徐贯彻执行了"左"倾路线，红四方面军失利，张、徐擅自退出鄂豫皖苏区，向陕西、四川边境转移，丢失了鄂豫皖苏区。

2. 一九三四年底，张、徐知道一方面军撤出江西长征后，由于害怕国民党，便认为革命低潮到了，应该总退却。实行大搬家政策，将川陕苏区自动放弃，西渡嘉陵江，并采取欺上瞒下的手段，拖着全部人马向西逃跑。张、徐在这个时候，未经中央同意，就成立了所谓"西北联邦政府"。由此可见，其目的是在西北、包括西康、青海、甘肃西北部以至新疆，搞块大地盘，独霸一方。他们这样做，一方面是既害怕国民党，又害怕日本帝国主义，偏安一角，逃避斗争，另一方面是企图实现个人野心，向中央闹独立。

3. 一九三五年六月，张、徐西逃理县、懋功一带，遇到以毛主席为首的党中央率领的北上抗日的一方面军。会师后，中央在两河口

召开了政治局会议,对张、徐的错误进行斗争,决定继续北进。但张、徐执迷不悟,认为以蒋介石为代表的中国资产阶级已经取得政权和巩固了政权,认为党中央、毛主席争取同蒋介石联合抗日的主张只是"小资产阶级的幻想"。于是他们仍按预定计划,继续西逃,中央屡屡电催不应。毛主席耐心地等待,在毛儿盖停留了一个月。接着中央政治局又在毛儿盖召开会议,做出决议,分兵两路北上。右路军由中央、毛主席率领,包括一方面军之一、三军团及四方面军之四、三十军;左路军由××和张、徐率领,包括四方面军之九、三十一军及一方面军之五、九军团。

4. 左路军(即西路军)北上过了草地到达四川西北的松潘、阿坝地区时,张、徐忽然率领一部分红军和党中央分裂,强令和欺骗红四方面军南回再过草地,把一方面军的第五、九军团强行扣留一起南行。张、徐野心勃勃,还竟打电报给中央,要中央、毛主席所率领的右路军全部南下。毛主席、党中央对张、徐分裂党、分裂红军的罪行进行了坚决斗争,毛主席当时指出:向南无论就敌情、地形、居民、给养等条件来说,都是对我们极端不利的,红军将遭受空前未有的困难,中央几次去电,指出只有北上才是出路,后来甚至严词责令北上,但张、徐为了实现个人野心,悍然不顾党中央、毛主席多次指示,坚持错误,甚至电令毛主席、党中央直接领导的右路军中原属四方面军的第四、三十军南回。党中央、毛主席北上决心不可动摇,率领右路军的一方面军一、三军团继续北上。

5. 张、徐公开和中央分裂后,擅自率领大量红军左路军及右路军中原属四方面军的两个军,再过草地、翻雪山(这时正值深秋,红军战士无衣无食,十分疲乏),向川康边境的天全、芦山一带退却。在绰木碉,张、徐等人终于奸心毕露,公然进行叛党活动,宣布成立非法的伪中央,张担任主席,徐为伪中央负责人。张、徐甚至要发表宣言,反对中央。后来二、四方面军会师于甘孜地区。在二方面军快到之时,张、徐开始着忙了,赶快把伪中央牌子取下改成了西北局,又连日下令把伪中央的档案文件收回焚毁。

会师后,由于反对逃跑路线力量加强,四方面军的同志们,也由于草地八个月"教育",都已觉醒,开始认识到张、徐的错误,坚决要求北上,张、徐不得已,被迫取消伪中央,与二方面军一起北上,第三次翻雪山过草地。

6. 一九三六年九月,中央已经派聂荣臻、左权同志率领部队西征,迎接二、四方面军北上,并组织静(宁)会(宁)战役,二方面军已将胡宗南部队的尾巴拖住,聂、左部队已将毛炳文、许克祥部队包围起来,通知张、徐的第四方面军前来协同聚歼。

但张、徐等人并没有率领队伍协同聂、左歼敌,他们到了这个时候仍未能从血的里程中接受教训,改过自新,回到党中央的怀抱,反而变本加厉,继续逃跑主义的错误,欺骗红军指战员说中央要组织岷(县)洮(临洮)西战役为名,擅自带领四方面军仍旧向西撤走,准备去青海西宁。后因部队不满,而且渡河困难,张、徐等人只好将部队又拉回来。

7. 张、徐等人企图搞块地盘称霸一方,背叛党中央之个人野心并不死。为了实现个人野心,竟欺上瞒下,假传中央指示(执行宁夏战役计划),擅自命令在雪山草地折磨了八个月、历尽人间艰辛、刚刚走出来的四方面军,在"打通国际路线,对我有援助"的口号下,西渡黄河,向西北高原退却,向新疆远征。队伍渡过去了一部分(西路军),渡口即被赶来的胡宗南部控制。过黄河的那一部分,在河西英勇抗击,雪地浴血奋战,但因敌我兵力相差悬殊,损失极大。

张、徐等人对中国革命,又一次犯下了滔天罪行!

8. 一九三六年十二月十二日发生了震动全国的"双十二"西安事变,岌岌可危的西路军,本应利用西安事变的有利时局,迅速挥师东进,配合新的革命形势。但是,刚刚向东回头走了一步,在永昌以西洞堡附近,出敌不意,打了一个胜仗,这一下子又冲昏了徐向前(张国焘此时已不在西路军)的头脑,提出敌我力量已经发生变化,顽固地继续执行错误的西进路线,置千万红军的生命于不顾。结果又一次惨遭失败。

三十军余下指战人员的讲话则更进一步证明了这一点。徐向前说:"兄弟姐妹们,我们粮食没有了!子弹也没了!大家各自逃生吧!

以后，死了的有你的纪念碑，活着的有你的饭吃，十年以后再见！有我吃的饭，就有你吃的饭。"干部战士们听后不知所措。结果夜里，徐向前趁大家熟睡之时，带了两连精兵溜了。我们的红军战士个个都是英雄好汉，虽然革命遭受到暂时失败，他们不气馁，继续斗争，表现出红军战士崇高的革命英雄气概。张国焘、徐向前之流不过是红军中的一小撮败类。对这样的败类就是要打倒！

徐向前在长征期间一直顽固执行逃跑路线，叛党分裂红军，罪恶累累。

今天，在文化大革命中，徐向前又如何呢？刘震是徐向前的老部下，是个地地道道的反党分子，可是在中央文革点了刘震名后，徐向前还大谈刘震的"光荣历史"，与刘震感情十分深厚。

肖华是毛主席司令部里的人，而徐向前却一而再，再而三挑动军内外革命群众把矛头指向肖华同志，几次抄肖华同志的家。

在中央文革指出吴法宪同志是坚定的革命左派以后，徐向前还挑动××××战斗队整理吴法宪同志的材料。

由此可见徐向前爱的是什么人，恨的是什么人！

披着老帅外衣的徐向前，身居中央军委文革组长，却拒不执行毛主席和林副主席的正确指示，伙同叶剑英、陈毅在当前从中央到地方的资本主义复辟逆流中，充当了刘邓的打手和干将，疯狂反对毛主席，反对林副主席，反对中央文革，为联动、为刘邓翻案，千方百计庇护谭震林。他们执行了拿枪杆子的刘邓路线，破坏军内外文化大革命，镇压无产阶级革会派。是可忍，孰不可忍？我们必须坚决把徐向前打倒！叫他从全军文革滚出去！

毛主席、林副主席和我们心连心，徐向前全军文革组长的官被罢了，徐向前罪有应得！我们热烈欢呼毛泽东思想的伟大胜利！

打倒徐向前！

徐向前从军委滚出去！

伟大的中国人民解放军万岁！

徐向前是军内最大的走资派
——关于徐向前的揭发材料（一）

红旗尖刀连

《红旗》第 61 期，1967 年 8 月 15 日

徐向前罪恶史 白雀园大肃反

一九二九年初党派徐向前到鄂豫皖苏区。一九三一年四月以王明为首的党中央派张国焘、陈昌浩等到鄂豫皖苏区。

一九三一年九月，张国焘为了树立起自己的绝对权威，达到他与中央对抗的目的，决定把正在前方连续打胜仗的部队调回，进行了为期一个月的"白雀园大肃反"，以除掉以前曾坚决与他右倾机会主义路线作斗争和在这次战役中坚决抵制他的错误的军事路线的干部。在这次肃反的主要矛头就是对准鄂豫皖苏区的老干部曾中生、许继慎等人。曾、许等人曾对张国焘的错误路线进行过多次斗争。白雀园大肃反是这样引起的：一九三一年八月国民党特务头子曾扩情给四军十二师师长许继慎一封信（曾与许是黄埔军校同期学员，但后无来往，曾的信是有意陷害我军干部，许继慎当即把送信的特务绑了送给徐向前（四军军长）和曾中生（军政委）。徐、曾当时就审问了特务，证实许与敌方确无来往，将此事报告给张国焘。张早已对许、曾怀恨在心，正愁无机会下手，这时竟不顾战争的全局，立即将前线部队全部调回，借口肃清敌特，对坚持毛主席革命路线的好干部大肆屠杀，当时白雀园一片白色恐怖，几个人不敢在一块议论，知道了就杀。

徐向前在这次肃反中扮演了什么角色呢？他与曾证实许与敌方无来往，但后来枪杀许时，他没有表示丝毫的反对，在这次大肃反，大屠杀中，他的态度是暧昧的，实际他是默认张国焘这种残酷屠杀的。毛主席教导我们："要特别警惕像赫鲁晓夫那样的个人野心家和阴谋家，防止这样的坏人篡夺党和国家的各级领导。"徐向前就是这

样的赫鲁晓夫。在这次大肃反中屠杀了红四军二千五百名干部和战士中包括两个师长,一个师政委,两个师政治部主任,八个团长,五个团政治委员,十二个团政治部主任及大批的参谋干事和营、连、排干部。而在二月之后,一九三一年十一月七日中国工农红四方面军在黄安七里坪成立,徐一跃成为四方面军总指挥。

放弃鄂豫皖根据地

一九三二年三、四月间红四方面军在苏家埠战役中歼灭敌三万多,这下又冲昏了张国焘、徐向前的头脑,执行了严重的"左"倾机会主义路线,他们声称:"国民党主力只剩了七个师,其余都是杂色部队。""红军现有这样的力量,已是不论什么敌人都不怕了。"而恰恰在此的敌人正在准备大规模的第四次围剿,蒋介石亲自出马,在这种"左"倾思想的指导下,红四方面军根本没有做好战备。

一九三二年七月蒋介石发动了对鄂豫皖苏区的第四次围剿。由于敌我悬殊太大,张国焘、徐向前又根本违背了毛主席的军事路线,与敌人展开了阵地战,几次战斗接连失败,使我军由主动变为被动,而这时,张、徐采取了逃跑主义的路线。在这紧急情况下,毛主席和周恩来同志从中央苏区拍来电报"……我们建议在红四方面军目前应采取诱敌深入,到有群众工作基础的,地形便于我的地方,掩蔽我主力目标……以迅速、果敢、秘密和机动求得各个击破敌人,以完全粉碎敌人围剿。"但是张国焘和四方面军总指挥徐向前根本没有执行主席这一正确指示,对这次反围剿完全失去信心。十月十日在河北以北的黄柴畈召开了少数领导人参加的紧急会议,会议决定离开鄂豫皖。徐向前极力主张部队越过京汉线,放弃鄂豫皖根据地,转移到外线作战。

黄柴畈会议后,红四方面军向西转移,这次重大行动既没有报告中央,也没有通知鄂豫皖省委书记沈泽民同志(沈因此被捕牺牲,地方党组织受到很大损失),张国焘、徐向前就这样把经过五年的武装斗争,用无数革命先烈鲜血换来的根据地,以及无数有高度革命觉悟,对党对人民对革命赤胆忠心的老根据地群众抛弃了。鄂豫皖根据地放弃以后，使中央苏区完全暴露在敌人面前，给中央很大威胁，给中央苏区的反围剿带来很大困难。

放弃川陕根据地

张、徐放弃了鄂豫皖根据地后，带着部队主力越过京汉线，避开敌人，北上到陕西又折回南下到四川通江、巴中、川北一带，开辟了川陕根据地。在两年多的时间内，虽然张国焘的机会主义路线仍占统治地位，但由于广大指战员和人民群众在数次反围剿的战斗中和政权建设中不断抵制错误路线，仍获得很大的成绩，根据地不断扩大，红四方面军猛增达八万余人。三四年十月，中央红军为了保存力量，北上抗日，开始了伟大的两万五千里长征。而张国焘、徐向前之流认为革命低潮到了，中央红军北上，必经四川，尾追的大批敌人一定要追到川陕。虽然三五年二月毛主席指示四方面军用一个军迎接中央红军，其余留下巩固川陕根据地。但在张、徐右倾逃跑路线的指导下，逃避斗争，欺上瞒下，放弃了川陕根据地。红一方面军由于第五次反围剿后马上进行长征，前有敌军阻截，后有敌军追赶，长时间得不到休整，中央的意图是红一方面军在川陕根据地休整，然后与红四方面军一同长征北上。由于张、徐放弃了川陕根据地，给红一方面军的长征带来很大困难，是红一方面军在以后翻雪山，过草地牺牲大批指战员的重要原因。

徐向前对抗毛主席，拒不北上，妄图消灭一方面军。

张、徐带部队西逃，于三五年六月先头部队与红一方面军在懋功会师。会师后，一、四方面军继续北上，边行军边召开中央政治局会议。在这几次会议上毛主席和坚持毛主席路线的同志对张国焘无视中央，机会主义路线进行了批判。张拒不承认错误，并想迫使中央承认退出鄂豫皖是正确的。会后，中央派刘伯承、聂荣臻同志到四方面军总指挥部向四方面军的主要负责人传达，到会的有陈昌浩、徐向前、傅钟等人，张当时说：

1. 遵义会议以前，王明路线是错误的，遵义会议后，毛主席路线也是错误的,中央执行了逃跑路线,人数愈来愈少了。

2. 我们人多,战斗力强,天下靠我们来打。我们要更多人参加中央,让陈、徐参加中央。

3. 毛泽东点名批评"离开了鄂豫皖不妥当",这是否定我们的领导,离开鄂豫皖是正确的。

张如此恶毒地攻击党中央、攻击毛主席,而陈、徐却站在张一边,为张的发言叫好。

三五年八月毛儿盖会议后,决定分左、右路军北上。毛主席率领右路军北上,其中包括一方面军的一、三军团及陈、徐率领的四方面军的四、三十军。左路军由张国焘、朱德率领。三五年九月左路军到了巴西,毛主席要张国焘率领的左路军向右路军靠拢,但张国焘借口过不了噶曲河,拒绝北上。这时毛主席多次找徐向前谈话,仔细分析当前形势,争取徐向前带四方面军与一方面军一同北上,但徐向前拒不执行毛主席的指示。这时张来了电报,提出两个方案:(一)一方面军要走就用武力解决,乘机搞垮一方面军;(二)原四方面军的部队全部南下。毛主席得知张的阴谋后,率领一方面军,连夜北上。而徐向前等坚决执行张国焘命令,率四方面军追赶,妄图消灭毛主席的一方面军。

就这样徐向前叛离了毛主席,率领四方面军与张汇合,重过草地、雪山,向南逃窜。

张、徐成立伪中央,公然分裂党

张、徐背叛了党中央和毛主席,在三五年十月六日于卓木碉索性撕下了遮羞布,另立党中央,公开叛党。伪中央由张任主席,陈任副主席,徐向前、王明、朱德等人为政治局委员。在伪中央成立大会上,高叫"打倒毛、周"等极端反动的口号。会上,张作了政治动员报告,这是彻头彻尾的反党分裂红军的动员报告,在报告中张谩骂毛主席是机会主义、逃跑主义。会上许多人随张骂中央,得到张的赏识和提拔,凡反对或没有发言的都被撤职,甚至陷害,并开动一切宣传机器攻击毛主席和党中央,把反对毛主席、周总理编成歌子,强迫广大红军战士唱。

伪中央成立以后,队伍继续向天全、芦山一带进发。一九三五年十一月底,到了天全、芦山,不出毛主席所料,遇到敌人薛岳部队,我方死伤不少,这时接到了中央主力红军到达陕北消息,并接到党中央和毛主席要四方面军待机北上的指示。这个消息对左路军震动很大,刘伯承、李先念等主张北上,广大指战员也要求北上,对张国焘之流压力很大,张被迫把部队向目孜开去。五月份,任弼时、贺龙等率领的二方面军向甘孜靠近,张、陈、徐慌了,赶忙把伪中央的牌子取下,改为"西北局",又连日下令把伪中央的档案文件收回焚毁。由于党中央和毛主席正确路线的影响,以及广大指战员的觉悟,二、四方面军六月会师后,七月第三次过草地、雪山,继续北进。红四方面军在一年之内,三次过草地、雪山,受到损失是很大的。正如林副主席最近指示中说的,红军长征是在这段过程中,并不是敌人的追打而遭受损失的,而是走到荒无人烟,草地雪山拖垮了很多人,使不少同志在饥寒交迫中倒下去的。徐向前身为第四方面军的总指挥,不执行毛主席和党中央的命令,而坚决执行了叛徒张国焘的命令,使红军,使中国革命事业遭受了不少的损失。

一九三六年五月间,我们最高统帅命令一方面军的第一军团和第十五军团,西征甘肃、宁夏的固原、清原、豫雪、盐池、定边、洪德城一带,开辟一个新的革命根据地,以迎接二、四方面军的北上。第一军团和十五军团在毛主席正确路线的指引下,经过半年多的努力,打了不少胜仗,胜利地完成了这个光荣任务。并在这一带准备了大量的吃的、穿的物质,等待着我二、四方面军的到来。

三六年九月,毛主席和党中央派聂荣臻、左权同志率领部队自同心城、豫旺堡、黑城镇西征,迎接二、四方面军北上。并组织了静(宁)会(宁)战役,二方面军已将胡宗南部队尾巴拖住,聂、左部队已将毛炳文、许克祥部队包围起来,通知四方面军前来聚歼。但张、陈、徐之流贼心不死,反变本加厉,欺骗红军,说党中央要组织岷(县)洮(临洮)西战役,企图把部队西撤到青海、西宁去。由于任弼时、刘伯承等人的反对,广大指战员的不满,且西进又困难,张、陈、徐只好将部队又拉回，最后被迫决定北进。于三六年十月上旬在静宁、会宁地区，一、二、四方面军胜利会师了。党中央派陈赓同志传达毛军主席和党中央意见，对会师表示热烈欢迎。

可耻的逃兵

会宁会师后，在十月下旬的一天，在一次高级军事会议上，决定了下一步的作战计划：1. 朱德、张国焘等率总部，非作战人员和伤病员明晨向打拉池前进。

2. 李先念等率四方面军的三十军大后天西渡黄河，应付右侧。

3. 徐向前、陈昌浩等率四方面军的四、九、三十一、五军后天向打拉池进发。三六年十月二十五日，后卫部队报告，敌军逼近打不打？张回电："等候命令"。当晚张又以中央名义发一电报："奉中央命令全军渡河。"陈、徐不顾中央指示精神，完全听张的假电报，继续执行了张的逃跑路线。他们一伙人，为了达到他们不可告人的目的，不顾四方面军的困难，在"打通国际路线，对我有援助"的招牌下，陈、徐率部自靖远附近西渡黄河，由于胡宗南匪军的追截，结果三十、九、五军过了河，总指挥部随九军过了河。

渡河部队就立了西路军，并组成了西路军军政委员会，陈昌浩任主席，徐向前任副主席兼总指挥。西路军由于在政治上、军事上脱离了党中央和毛主席的正确路线，于十一月下旬古浪一战，九军损失一千多人，但陈、徐不接受教训，仍然顽固地执行张国焘的逃跑路线，继续西进。

由于陈、徐不执行毛主席和党中央的正确政治路线和军事路线，继续西逃，结果连吃败仗，节节败退。先头的五军逃至高台，攻下高台，被敌包围，血战七昼夜，军长董振堂和政治部主任杨克明英勇牺牲，五军几乎全部覆没。同时，总部机关和九军一部分人赶到高台附近的临泽，在临泽也惨遭失败。当时，我方只有约五、六千人，敌马步芳匪军嚣张地宣称要"全歼"我军。在敌骑兵追击下，吓坏了徐向前、陈昌浩，他们决定从梨园口将全部剩余部队带入祁连山，部队在梨园口被敌骑兵包围。约在三月十四日早晨与敌展开了激烈的战斗，傍晚前杀出了敌军防备薄弱的唯一山口康龙寺，从康龙寺把部队集中到一个群山包围的一个山顶盆地中，剩下总共只两千人左右，弹已尽，粮已绝，但仍未摆脱被敌三面包围之境地。在这种情况下，召开了西路军政委员会紧急会议，出席的有陈昌浩、徐向前、王树声、李卓然、李先念、曾传六、李特等。陈在会上说：现在无法打下去了，主要是保存干部，干部保存下来就行了，咱们要分批走。最后以向中央汇报西路军情况为名，陈与徐离开队伍，偷偷逃命。

在逃跑前，徐向前竟对三十军余部说："兄弟姐妹们，我们粮食没有了，子弹也没了，大家各自逃生吧！以后死了的有你们的纪念碑，活着的有你们的饭吃，十年以后再见！有我吃的饭，就有你们吃的饭。"当时红军战士们听了很气愤，坚决反对。但是夜里徐向前趁大家熟睡之时，竟带了两连精兵偷偷溜走！剩下许多伤兵、女红军几百人。第二天，红军战士发现徐丢下几百阶级兄弟跑了，精神上受到很大打击，又没有指挥，部队被敌人包围，几百名红军与敌奋战，最后寡不敌众，我们的红军战士为了不作敌人的俘虏，有的用绑腿自杀……剩下四五成群绝大多数被马步芳匪军抓去百般迫害。马匪惨无人道，用大刀对我红军战士进行大屠杀，是可忍，孰不可忍！我们的革命先辈，我们的父兄就这样被敌人残害，杀死他们的是蒋介石，是马步芳匪徒，是那些革命队伍中的可耻的逃兵、叛徒徐向前。

徐向前，这个可耻的逃兵，在到处是马步芳匪军的情况下，丢下了警卫战士，一个人落荒而逃，丢枪弃甲，只影孤身，换上便衣，化装成商人，身背钱褡，骑着一头毛驴，经过半年多的时间，才找到当时的红军第一军团。

徐向前是三反分子陈再道的黑后台

徐向前，这个军内走资派一贯反对毛主席。在这次文化大革命中，他一次又一次地跳出来。他是刘邓资产阶级反动路线的忠实执行者，是带枪的刘邓路线的积极推行者。是二月资本主义复辟的总根子，是镇压无产阶级革命派的罪大恶极的刽子手。他颠倒是非，混淆黑白，围剿革命造反派，实行白色恐怖，对无产阶级革命造反派实行资产阶级专政,又是何其毒也!

在"二月黑风"中,反革命修正主义分子陈再道在其黑后台徐向前的指挥与指使下,疯狂地镇压武汉地区的无产阶级文化大革命。徐向前在武汉地区犯下了滔天罪行!

下面请看徐向前在武汉地区所干的罪恶勾当:

二月一日,武汉军内造反派在军区后勤大院召开"控诉资产阶级反动路线"的大会。当时,徐立清用电话要军区后勤部给造反派传达徐向前的三点指示,其大意是:(1)大会是非法的;(2)必须立即解散;(3)坚持下去就要抓人。

武汉军区×××因镇压造反派而被造反派抓到北京。当时,李曼村代表军委把×××要去放了(事后才知道李曼村代表的只是徐向前一人),×××从北京回武汉后,进一步镇压造反派。他在二月二十三日说:"徐向前同志在北京接见了我。徐向前同志问我:'武汉军区的文化大革命为什么停下来了?'我说:'我们的腰杆子不硬'。徐向前同志问'有反对派怎么办?'我说:'抓!'徐向前同志说:'对!'各总部、各军区都抓了不少人。"他还说,徐向前批评他"抓人太少""犯右倾了"。

为了进一步镇压武汉地区的文化大革命,于二月上旬至二月下旬,徐向前坐镇武汉军区,指挥陈再道镇压武汉地区的无产阶级革命造反派。

二月十七日,×××、钟汉华在地方股长级党员干部大会上讲:"在这次文化大革命中,牛鬼蛇神都跑出来了,这很好!军委指示(实际上是徐向前的指示):凡是跳出来的,有好多,抓好多,不管问题大小,先抓起来再说。"

二月十一日,二月十四日武汉军区曾二次写出《武汉部队严正声明》,但都因太露骨而不敢发出,但在二月十七日,徐向前亲自批准了这个严正声明。于是二月十八日《武汉部队严正声明》发出,并用汽车、飞机散发,并进行武装示威游行,开始了大逮捕。这个声明是陈再道向武汉市、湖北省革命造反派发起全面进攻的总动员令。

二月十八日上午,军区政治部斗争造反派,并当场抓了五个人,还抄了他们的家。

二月十九日，武汉部队公告发出。此公告是陈再道警告军内造反派镇压造反派的宣言书。它借抓生产，压革命，以不许冲击军事机关为名，使穿军衣的一切机关与外界隔绝了。

自二月二十一日至二十四日，陈再道派重兵，同时包围了武汉高级步校，武空护校，武汉卫校，文工团等单位，进行残酷镇压。将一些革命造反组织打成"反革命"或"反动组织，"将无数革命小将打成"反革命""牛鬼蛇神""野心家"等等。多少革命小将被送进了监牢。

在徐向前的策划下，武汉军区支右不支左，陈再道等人把已经垮了台的保守组织"三字兵"又扶植起来，而对造反派组织"工总""钢二司"等却强行解散。他们大量逮捕革命群众，仅天门县一天就逮捕了四百多人，孝感县一次就逮捕了三百多人。老保逼造反派写检查，请罪，被革命造反派批判的走资派也出来"控诉"造反派的"罪行"。

地方上的造反派遭受镇压，军区中的造反派也惨遭迫害。军队院校造反组织被解散，其组织负责人被抓，无数坚定的革命小将也被捕入狱。在高压下，有的被迫撞墙自杀，有的喝敌敌畏自杀。徐向前在武汉欠下了大批血债。这批血债一定要讨还。

徐向前对革命造反派进行残酷镇压，而对党内、军内一小撮走资本主义道路当权派却百般保护，使其过关。

二月十七日，军区秘书传达了徐向前指示：陈再道有严重错误，但不是三反分子，属于内部问题。

二月二十三日，×××副司令在高级步校召开的全校人员大会上讲："徐向前同志讲：'陈再道不是三反分子，以后不准再喊打倒陈再道了，谁再喊谁就是反革命。'""王任重有错误，不是三反分子，写打倒王任重、陈再道的标语是反动标语。"

徐向前讲："陈再道、钟汉华有错误，但和李迎希、张广才不一样，不是三反分子，到北京参加军委会议是够条件的。北京军区没有一个人，昆明只去了一个。陈再道、钟汉华去年揭发王任重，给毛主席写报告，连我都不知道。"

陈再道之流不让我们喊"打倒王任重",甚至还说:"王任重是我们的好政委。"直到三月二十八日,武汉部队还向战士传达:"刘、邓是人民内部矛盾。贺龙还未定性,王任重不是三反分子。"三月三十日王任重还乘小轿车到军区参加了四级干部会议。内部传达说"王任重、陈再道是无产阶级司令部的人,你们把矛头指向他们是错误的。"

以上所举事实,足以说明徐向前与陈再道的亲密关系,再联想到从前陈再道一向是徐向前的老部下,他听徐向前的话而不听毛主席的话,如武汉军区×××副司令员说:"徐向前的话应该完全相信……。"这一切都说明了陈再道的黑后台就是徐向前,这次武汉反革命暴乱事件的黑后台。就是徐向前。

徐向前是军内最大走资派
——关于徐向前的揭发材料(二)

红旗尖刀连

《红旗》第 62 期,1967 年 8 月 19 日

徐向前镇压军内革命造反派、打击迫害革命干部罪责难逃

史无前例的无产阶级文化大革命运动使徐向前这个罪大恶极的反革命分子面临着灭顶之灾。基于反革命的本性,他对无产阶级文化大革命运动怕得要死,对无产阶级革命派恨得要命,利用他窃据的军委文革组长的要职,对无产阶级革命造反派进行了疯狂的镇压。

在他的黑爪牙、反革命修正主义分子刘志坚被"一筹"等革命造反派揪出来以后,徐向前又指使他的一批黑爪牙李曼村、谢镗忠等在造反派内部挑拨离间、制造矛盾,收买利用"二筹"的一些头头,蒙蔽"二筹"的广大群众,来排斥、打击"一筹"的革命造反派同志,

使军内革命造反派出现了令人痛心的分裂局面，把军内轰轰烈烈的文化大革命运动一下搞得冷冷清清。

在军委八条命令下达以后，他又利用职权，颠倒是非，混淆黑白，在全国范围内有组织有计划地对军内的无产阶级革命造反派，特别是对"一筹"的同志进行了骇人听闻的反革命镇压活动。参加"一筹"成了所谓"反革命"的一条罪状。限制他们的人身自由，剥夺他们的政治权利，对他们实行盯梢、监禁、抄家、逮捕等等一系列的镇压活动。至今还有很多革命造反派同志仍然处于一片白色恐怖之中。

一九六七年一月九日军内走资派、大军阀贺龙被揪出来了。全国、全军对贺龙这个阴谋政变分子进行了大量揭发。一月×日唐平铸同志等写大字报揭发了贺龙女婿、北京军区政委廖汉生的大量反党反毛主席的罪行，军队院校造反派马上揪出了廖汉生和贺龙的许多政变人物。但徐向前为了保存自己的实力，为了包庇贺龙的反革命罪行，在一月十七日人大会堂的一次会上，暗暗地向军校造反派点了唐平铸的名，把唐平铸同志打入解放军报反党小集团中。并挑动不明真相的群众开了数次"斗争唐平铸"大会，此后一直压制、打击唐平铸同志，妄图混战一场，保自己的爪牙过关。直到二月底陈伯达同志给唐平铸平了反，恢复了人民日报总编辑职务。

徐向前对各军区支持当地造反派的领导干部，恨之入骨，全都以军委名义将他们调到北京软禁，限制人身自由。据很不完全统计就有以下干部：

李迎希 张广才	武汉军区副司令员 湖北军区副司令员	支持武汉钢二司	调到北京不许与武汉造反派接触
左　齐 高法鉴 刘　汉 陈　俊 薛旭日	新疆军区副政委 新疆宣传部部长 新疆群工部部长 新疆军训部部长 新疆工兵部部长	支持新疆红二司，反对王恩茂。	调到北京软禁
江明锋	广州军区政治部副主任	支持当地造反派	调到北京软禁。不准接触外人，甚至电话也不许接。
徐志成	北京军区军训部部长	给徐向前贴大字报	隔离反省。

徐向前在海军两个司令部的斗争中究竟扮演了什么角色？

海军通讯学校的《革命造反兵团》和《红色反修总队》是两个革命造反组织，他们在海军两个司令部的斗争中，坚定地站在以李作鹏、王宏坤、张秀川为首的无产阶级司令部一边，坚决与苏振华等一小撮反革命修正主义分子作斗争，是在海军大院的一月革命、二月决战中冲杀出来的左派组织。在锦州《兵团》《总队》响应毛主席"解放军要坚决支持左派广大群众"的伟大号召，与锦州的革命造反派战斗在一起，与北京红代会北航红旗、邮电东方红、石油大庆公社等革命造反派战斗在一起，向锦州党政军内一小撮走资本主义道路的当权派进行了坚决的斗争。而当地驻军××军在支左问题上犯了方向路线错误，对海通校的《兵团》《总队》等组织进行了残酷的镇压。就在这时徐向前于三月二日匆匆派出了以何世雄为首的"调查组"，在八天"调查"之后，徐向前亲手将《兵团》《总队》打成反革命组织。这个反革命事件是空前的。这不能不使我们深思徐向前如此卖力到底是为了什么？

《兵团》《总队》被打成反革命组织的过程是这样的：以何世雄为首的"调查组"是三月二日到达锦州，三月十日离开的。在这八天的调查过程中，仅用了一天半的时间来听取主要对象《兵团》《总队》的汇报，其他时间都在××军及其支持的老保一边，听取他们所谓的控诉。十日离开锦州，十一日就在京匆匆地召开了情况汇报会。听取汇报的有海军副司令周希汉等。汇报情况主要由何世雄与锦州××军的检查长，他们颠倒黑白，混淆是非，攻其一点，无限上纲，将革命左派组织《兵团》《总队》说成有一小撮坏头头操纵，要解散这两个组织，并要揪出幕后操纵者。何世雄与×××军代表在他们的后台老板徐向前的支持下，气势汹汹，肆无忌惮地对海军副司令周希汉同志攻击，对海军施加压力，周希汉同志提出的疑义，何与××军代表马上进行蛮不讲理的驳斥。

第二天下午（三月十二日）在全军文革的多次催促下，海军党委讨论通校《兵团》《总队》的问题，虽然海军党委对这两个组织是很了解的,是信任的,但在徐向前及他所控制的全军文革的强大压力下,被迫做出"如果有一小撮就抓"的决定,并决定派出海军调查组,到锦州进行调查,然后执行。徐向前及全军文革在海军党委的斗争下,迫不得已同意了这个决定。

但是,就在海军党委做出这个决定的第五天(三月十七日),徐向前控制的全军文革突然发出了一个批示:"揪出幕后及首恶分子,依法惩办,彻底整风,向全市人民公开承认错误。"公开地把《兵团》《总队》打成了反革命组织,就在这一天下午,锦州××军负责人指使大批老保组织,对《兵团》《总队》的战士进行残酷的围攻和毒打,以致使八人重伤住院,更为严重的是四月二十七日在××军某些负责人的指示下,公安局一小撮坏蛋纠集社会上的牛鬼蛇神,煽动不明真相的群众在大街上围攻殴打海军检查组达十多小时,并扬言要揪出海军党委中的"一小撮",要"和海军党委血战到底"。

徐向前到底要干什么?难道仅仅是为了对待《兵团》《总队》这两个小小的组织吗?不!"醉翁之意不在酒"!徐向前是为了打击我们伟大领袖毛主席和他的亲密战友林副主席早已肯定了的海军左派领导干部李、王、张。残酷打击坚决站在李、王、张一边的海通校《兵团》《总队》及其他组织,是徐向前妄图给海军三反分子苏振华翻案,搞垮海军无产阶级司令部的手段。锦州××军干部恶毒地对《兵团》《总队》战士说:"我们知道你们的后台在北京,是那个姓李的,给你们出了很多坏点子。""你们受海军党委的骗了!""你们不要上海军党委的当!"等等,三月十七日徐向前在军委扩大会上大骂海通校《兵团》《总队》两个组织,并在当天就签发了把《兵团》《总队》打成反革命组织的"3.17批示",这些都不是偶然的,这是徐向前对抗林副主席,炮打海军无产阶级司令部的铁证。

毛主席教导我们说:"必须善于识别干部,不但要看干部的一时一事,而且要看干部的全部历史和全部工作,这是识别干部的主要方法。但是要特别警惕像赫鲁晓夫那样的个人野心家和阴谋家,防止这样的坏人篡夺党和国家的各级领导。"

徐向前自从投机革命以来,就不是毛主席司令部的人,而是张国焘"左"右倾机会主义路线的制定者和坚决执行者。徐向前跟随张国焘以来，在很短的时间内由师参谋长提升为方面军总指挥，就有力地证明他是张国焘分子。张国焘之所以胆敢疯狂地反对党中央，反对毛主席，分裂党，分裂红军是和徐向前枪杆子的支持分不开的。

徐向前自从投机革命以来，就一贯反对毛主席。在许多关键时刻，他都是站在张国焘一边疯狂地反对毛主席，反对毛主席的革命路线的。

徐向前自从投机革命以来，每到革命的关键时刻，都当了软骨头，抛下革命的同志不顾，当了可耻的逃兵，放弃根据地，断送了大批的党和红军的优秀干部。

徐向前在一九六三年主持编写的红四方面军史是吹捧、美化徐向前的作品。"战史"中将一切责任推给张国焘、陈昌浩，把一切功劳归于徐向前，把徐向前打扮成一个正确路线的代表者。但是徐向前丑恶的历史是掩盖不了的。一本"战史"改变不了徐向前反对毛主席、反对毛泽东思想、反对毛主席革命路线的阶级本性，在这场触及人们灵魂的史无前例的文化大革命中，徐向前之流终于又跳出来了，我们毛主席的红卫兵坚决与全军造反派一起揪出徐向前，打倒徐向前！

九、批叶剑英

痛打落水狗叶剑英

北航红旗钢铁纵队

《红旗》第 98 期，1968 年 4 月 10 日

一个不大但也不小的杨余傅右倾分裂反党集团被揪出来了！它们彻底灭亡的丧钟敲响了！今天，我们把杨成武的黑后台叶剑英的反革命嘴脸拿出来示众。叶剑英几十年来对抗毛主席的革命路线，是一个地地道道的资产阶级野心家，阴谋家，反革命两面派，尤其在文化大革命中，欺上瞒下，玩弄权术，其罪状不可胜举！

叶剑英这个反革命的军阀，出于他反动的资产阶级本性，一贯对我们最伟大的导师毛主席和战无不胜的毛泽东思想，进行疯狂地攻击和诋毁。早在庐山会议前期，叶剑英就跳了出来，和反革命修正主义分子彭德怀遥遥相应，大肆叫嚷道："有些同志还不是那么十分敢想，十分敢讲，……还有顾虑，还不能像海瑞那样，哪怕是坐牢，也要把皇帝大大批评一顿。"毛主席是中国人民在几千年来所找到的最优秀的领袖，是中国和世界无产阶级革命的导师，叶剑英公然煽动反对主席，罪该万死！叶剑英对革命群众活学活用毛主席著作运动也千方百计地进行诬蔑，说什么"……有的人熟读语录，已经能够背了，从头到尾背，像我们从前读孔书一样背，这样背没有用。……光背变成了教条了。我希望我们院校同志过去曾经犯过教条主义的，现在不要在这个问题上犯更多个错误"。林副主席指示我们，为了把毛泽东思想真正学到手，要反复学习毛主席的许多观点，有些警句甚至要背

熟，反复学反复运用。而叶剑英却把这污蔑为教条主义，和彭真黑帮们唱着一个调子。

叶剑英公然反对我们伟大领袖毛主席的接班人林副主席，狗胆包天，是可忍，孰不可忍！

叶剑英大肆吹捧刘少奇，为刘贼的"剥削有功"论高唱赞歌。他包庇过逃兵邓小平，还是大叛徒陶铸的救命恩人。

叶剑英竭力美化美帝国主义，吹捧马歇尔和司徒雷登。把苏修赫秃头描绘成"君子"，更是一幅十足奴颜媚骨的奴才相。

在这次史无前例的无产阶级文化大革命中，叶剑英再也抑制不住他那反革命的仇恨心，一次又一次地跳将出来，大打出手，向以毛主席为首的无产阶级司令部猖狂进攻，对无产阶级革命派进行残酷镇压。

是他，充当了二月逆流黑干将；

是他，当反革命分子赵永夫制造青海反革命事件后，在电话中对赵大加赞赏："我是叶副主席，你们打得好！"并把赵永夫叫到中央来，在军队干部会议上介绍反革命的"经验"。可见，叶剑英的反革命立场是何等鲜明！

又是他，假冒中央军委名义，炮制了"二月镇反"的公开信，把四川广大革命派打成反革命。

还是他，破坏内蒙、新疆、湖南等地的无产阶级文化大革命，疯狂镇压各地无产阶级革命派，旧恨新仇，现在到彻底清算的时候了！

是他，在六六年十月十八日伙同反革命两面派陶铸、熊复一手策划了众所周知"标语口号事件"，疯狂反对毛主席无产阶级革命路线。

是他，操纵其狗女叶向真、狗婿特务刘诗昆破坏首都文艺界文化大革命运动，还操纵现行反革命小丑朱成昭炮打中央文革。

是他，就是反动组织"联动"的一个黑后台！

是他，在大叛徒、大坏蛋肖华被揪出来时，不等开完会就哭着离开会场，事后大拍桌子，把自己右手骨节都拍断了。由此可见，叶剑英的反革命立场是多么顽固，他对无产阶级文化大革命又是多么刻骨仇恨！

是他，多次对抗中央文革，现在又跳了出来妄图为"二月逆流"翻案，矛头直指中央文革，指向江青同志，妄图推翻无产阶级司令部。

叶剑英罪状累累，磬竹难书！

叶剑英今天是鬼，昨天也不是人！他并非今天才变得反动，历来就是一个老反革命。

地主、资产阶级的孝子贤孙叶剑英走出"讲武堂"的门槛，就充当着封建官僚、军阀的忠实奴才，曾受窃国大盗袁世凯的器重，加"上校侍卫长"桂冠，"威武凛凛"，曾在反动军阀陈炯明手下做忠实门徒，直到解放后，还将其穿戴"上校侍卫长"全副"披挂"的照片挂在床头，可见他对其丑史，对其主子何等留恋，其反动面目不也显而易见了吗！

贪生怕死的叶剑英混入革命阵营之后，在国内战争时期广州暴动失败之后，身为教导团团长，却带其第二个老婆大地主曾国藩之后裔曾宪植跑至香港，当了可耻的逃兵。

人民公敌蒋光头的哈巴狗叶剑英，在抗日战争时期又暗地里与蒋贼勾勾搭搭，私通密信。同时公开另搞一套，破坏毛主席的战略部署，使抗日战争受到严重损失。更甚者是肉麻地吹捧蒋混蛋。胡说什么"我们相信，以最高统帅蒋委员长之天才英明，指挥若定和素有军事素养和技术训练的广东军训，无疑将给入侵广东的日寇以致命打击"，还宣称什么"第八路军全体指战员……是坚决完成蒋委员长及阎、卫正副司令长官所给予的光荣任务。"等等。呸！好一副赤裸裸的哈巴狗的奴才相！他投靠蒋介石，反对毛主席的反革命嘴脸不是已经暴露无遗了吗！

叶剑英不仅在抗日战争时期，就是在解放战争时期，包括在一九四六年到一九四七年停战谈判期间，仍然大肆推行投降主义路线，他是一个十足的投降主义分子。

叶剑英既是家奴，又是洋奴！他竟公开颂扬双手沾满中国人民鲜血的战争贩子马歇尔和司徒雷登，说什么"……马帅遇事不做到底，不会放手，在中国和平谈判无具体结果前，相信其绝不会半途而废。"

"司徒博士以七十高龄,现仍为中国和平奔走,热诚精神实堪钦佩"。难道这里有一点共产党人的气味吗!连敌人都承认,在叶剑英设宴招待"美方代表吉伦将军以及美方人员"的宴会上,"看不出延安方面反美色彩"。难道这是偶然的吗?!

在美帝国主义即将被赶出中国大陆之时,他又把美国特务臭妖婆王光美送到延安,难道是事情的巧合吗?绝不是!这又是他卖国反党的又一铁证!

叶剑英历来就是这样一个老反革命。现在是到了彻底清算的时候了!毛主席教导我们:"帝国主义和国内反动派,决不甘心于他们的失败,还要做最后的挣扎。"叶剑英这批老反革命分子,看到刘邓陶、彭罗陆杨、贺龙、肖华……之流一个个被揪了出来,预感到自己末日的来临,在无产阶级文化大革命即将取得全面胜利的时候,又一次进行垂死挣扎,他们拼命拉山头,凑班底,耍阴谋,搞分裂,妄图同以毛主席为首、林副主席为副的无产阶级司令部对抗,挽救他们彻底灭亡的命运。但是他们的阴谋永远不会得逞,他们的马前卒杨余傅已被揪了出来,他们也必将被历史的车轮轧得粉身碎骨,一切阴谋家,野心家,一切牛鬼蛇神都将被扫进历史的垃圾堆!

打倒刘邓陶!打倒叶剑英!打倒一切野心家!

十、批聂荣臻

聂荣臻在文化大革命中干了些什么?

红旗"孺子牛"战斗组

《红旗》第3期，1967年1月1日

  国防科委党委常委在无产阶级文化大革命中始终顽固地推行了一条资产阶级反动路线，运动初期就派出了庞大的工作组、联络组去北航、京工、西电等院校镇压轰轰烈烈的革命群众运动。直到十六条公布以后仍然继续压制革命左派，挑动群众斗群众，制造白色恐怖，妄图把文化大革命纳入刘、邓的修正主义轨道。最不能令人容忍的是罗舜初竟公然对抗最高指示，不听毛主席的话，不让赵如璋与红旗战士澄清问题达二十八天之久。

  国防科委为什么至今还负隅顽抗，不向革命群众作认真检查？罗舜初为什么如此大胆，敢于违抗毛主席的指示？为什么至今罗舜初还趾高气扬，不肯低头认罪？钟赤兵、路扬等副主任为什么一直躲着不敢出来和群众见面？这一切，不能不使人们怀疑一贯坚持修正主义教学科研路线，在文化革命中又躲在第二线的科委党委书记聂荣臻。

  文化革命开展以来聂荣臻被他的部下严密保护着，是一个幕后操纵的神秘人物。我们下面介绍一些聂荣臻在文化革命中的动态，从中不难看出他在文化革命中究竟扮演了什么角色？干了些什么勾当？

一、第一次批判工作的破坏者

八月十九日，赵如璋和我院筹委会事先预谋，勾结一气，在我院做极不像样的第二次"检讨"，企图在赵"检讨"后，筹委会立即把运动转入所谓的"斗批改"，赵便可蒙混过关，溜之乎也。就在这天聂荣臻写来一封信，我们剖析如下：

……"深为遗憾！（按：身体有病，不能来校但却可以接见外宾，并发表长篇演说，岂不怪哉？）……组织了反干扰的辩论（按，镇压革命群众的"大辩论"，到八月十九日还称之为什么"反干扰"，你的立场到底站在哪边？）是个方向、路线的错误（按：这就给赵如璋所谓"一度犯了方向路线的错误"定了调子，事实上，赵如璋从六月初操纵院党委组织第一次围攻起，一贯犯方向路线的错误）……不要影响革命师生员工之间的团结，不要成为你们前进的障碍。（按：两条路线的尖锐斗争，难道仅仅归结于什么"不要影响团结"的枝节问题吗？斗争的客观规律恰好证实了聂荣臻的"希望"完全落空了！在两条路线斗争中抹稀泥，就是包庇反动路线。）……团结就是力量，（按，就是不提在毛泽东思想的原则基础上团结，实质上是要革命派放弃对资产阶级反动路线的斗争）……迅速转到一斗二批三改上去。（按，筹委会果然不辜负聂荣臻的希望，送走工作组，立即拉了黑帮分子周天行来"斗"，使两条路线的大辩论终于流产。）……

这封信给革命群众大泼冷水，对保驾工作组，维护资产阶级反动路线起了关键性作用。

二、罗舜初、赵如璋的后台

八月二十五日，红旗战士到科委找赵如璋澄清问题。当天，聂荣臻就作了电话指示：（1）不同意在这里见面。（2）有意见可以通过筹委会，叫什么时候回去就什么时候回去，群众有意见有问题可以让工作组做检查。罗舜初所以敢违抗总理指示，不听毛主席的话，二十八昼夜不让赵如璋与红旗澄清问题正是根据这两条指示办事的。聂荣臻清楚知道，筹委会是科委忠实的御用工具，他可以借口筹委会不同意而拒绝红旗的合理要求。他可以利用筹委会挑起群众斗群众，逃避不接见红旗战士的罪责。"有问题可以让工作组做检查。"注意，不是"澄清"而是检查。所以赵如璋被迫出来后立即拿出一份"检查"，从而逃避实质性问题。正是根据聂荣臻的指示。

三、还要在红旗中抓"牛鬼蛇神"

在毛主席、周总理、陈伯达等同志的命令下，赵如璋终于在九月二十一日出来了。为了让他在"随叫随到"的保证书上签字，红旗战士又斗争了两昼夜。然而，赵如璋哭丧着脸签字之后，聂荣臻却大为恼怒，在九月底竟说出如下的谬论：

"赵受了委屈我很难过。（按，为资产阶级反动路线的失败而难过。什么立场？什么感情？）但被迫签字不是对敌人和帝国主义而是对学生。（按：自我安慰。）要他讲政策很困难。（按：什么是政策？同资产阶级反动路线斗争到底，就是最大的政策！要我去讲你们的什么"政策"而放弃原则吗？妄想！）对北航和西电要总结经验，（按：果然后来科委变得更加狡猾了。）派工作组中央做了检讨。（按：什么中央？以毛主席为首的党中央吗？显然不是！聂荣臻的"中央"，就是以刘少奇为首的修正主义司令部！）严格说，也不是"科委"的责任，（按：各算各的账，推是推不掉的，至少二十八昼夜拒不接见是科委的独创！）北航问题也不是那样严重，（按：非要像清华那样，死几个人才算"严重"吗？打出了几百名"牛鬼蛇神"难道还"不那样严重"吗？）

现在是也要听听少数人的话，暴露他们一下，我怀疑他们后台有人支持，如牛鬼蛇神。（按：图穷匕首见。我们终于明白了聂荣臻苦费心机的目的何在。聂荣臻！请你把"牛鬼蛇神"是谁说出来！否则，只能说明你在造谣，在挑动干部斗群众！）

这个讲话已经完全暴露了聂荣臻在科委执行的资产阶级反动路线中扮演了什么角色。我们可以说，聂荣臻就是科委资产阶级反动路线的总根子！就是钟赤兵、罗舜初、路扬、赵如璋、刘景路之流的后台老板！要想彻底批判科委的反动路线，必须火烧聂荣臻！

四、千方百计逃避与革命群众见面

红旗战士与科委二十八昼夜斗争中，曾多次要求，而聂荣臻从未出面。十二月下旬，西北电讯工程学院革命同学要和聂荣臻见面，回答"病了"。两天之后，红旗战士请聂荣臻参加 12 月 25 日的批判科委资产阶级反动路线大会，却又回答"二十五号出差不能来。"运动以来从未与学生见面。聂荣臻为什么不敢与学生见面？

周总理、陈伯达同志、康生同志、江青同志是多么全心全意，满腔热忱支持革命群众的革命行动，对那一小撮资产阶级当权派是多么疾恶如仇，而聂荣臻却是如此冷冷冰冰，态度暧昧；见面比登天还难，究竟聂荣臻对群众的革命行动是什么感情？

聂荣臻！你在无产阶级文化大革命中够不上坚定的革命左派和毛主席的好学生，相反，你是国防科委资产阶级反动路线的后台老板。现在，是你彻底纠正错误，真正站到毛主席一边来的时候了！

这是一批哪路人马？

红旗追穷寇兵团

《红旗》第 5 期，1967 年 1 月 11 日

前 言

在第三期《红旗》报上发表了《聂荣臻同志在文化大革命中干了些什么》一文之后，红旗战斗队开始打响了炮轰国防科委，火烧聂荣臻的排炮。

国防科委三个常委副主任钟赤兵、罗舜初、路扬，三家一唱一和，吹吹打打，是一批刘邓反动路线的忠实打手，罗舜初竟敢不听毛主席的话，镇压群众运动，已经够坏的了，可是跟钟赤兵比，不过小巫见大巫，钟赤兵这个秋后算账派就更坏。

在破坏北航、西电、京工的文化大革命中,他们都各有各的账,罪证如山,想逃、是逃不了的!深秋已过,严冬已到,我们该算这笔账了!

第一章 革命雷声隆隆响,密使路扬悄悄来

是我们最最敬爱的领袖毛主席,指引着中国革命和世界革命的航船,绕过险滩激流,破浪鼓帆向前进!

1962年,毛主席向全国人民发出了一个庄严的号召千万不要忘记阶级斗争。从此,掀起了文化大革命的序幕,牛鬼蛇神开始为之胆战心寒。三家村头头邓拓慌忙抛出三十六计,走为上计。

1963年,毛主席又一声令下,姚文元的文章《评新编历史剧海瑞罢官》在上海发表,于是,无产阶级文化大革命的号角吹响了!举国上下,从中央到地方文化革命的雷声隆隆响起,一场具有伟大意义的革命创举宣告开始。

1966年4月14日,三家村黑帮眼看就要原形毕露了,文化革命将要达到一个新的转折点之际,科委副主任路扬察看风声不妙,忙作安排。他们深知,革命青少年的嗅觉是最敏锐的,社会上的阶级斗争必然波及学校、波及整个教育界。就在这一天,路扬对修字号院党委借传达突出政治的指示,打了几针预防针,他说:高等学校在突出政治过程中,必然出现一场尖锐的阶级斗争……,必须注意被资产阶级知识分子所利用的群众运动,必须加强党的领导,要警惕一些人歪曲主席指示向我们进攻。对群众要进行正面教育,提高认识,革命越深入,斗争越是尖锐,各种奇谈怪论就会出来,不要紧,有些问题可以解决,有些问题可以放到以后解决。请看,用这种思想来指导即将开展起来的蓬蓬勃勃的群众运动难道还能不被冲垮吗?路扬唯恐那些满脑袋修正主义臭货的刘邓之流还不明白,又指点起来说:严格防止有人故意捣乱,把秩序搞乱,把思想搞乱,冲击领导。就这样,第一次预防针打完了。扑灭革命烈火的第一批水龙头造成了。

也就是事后两天,4月16日,北京日报的假批判,真包庇的编者按破门而出了,毒蛇终于现了原形,反革命修正主义集团彭真之

流，便一下子处于千百万革命人民的层层包围之中，随即，全国性的规模空前的批判三家村高潮开始了！这时学校却望而不及，远远落后于广大工农兵群众。但是，激战的前夜虽然平静，却早已酝酿着一场风雨就要来临了。路扬之流，反动的嗅觉也是灵敏得很，又第二次向王八恒秘密指示。

一、五七年夏季攻势又要出现。

二、要加强领导，要狠抓，否则就越来越乱。

三、会有坏人冲击领导，要加强领导，要头脑冷静、顶得住……云云。第二剂预防针又匆忙打下了。

果然不假，4月末来了个义务劳动14天，五月份一开始，就决定，停课来整训，名曰，政治业务大辩论，从五月二日一直到五月十六日，文化大革命的重要文章从未组织学习，他们把同学自我检查的材料收上去，再以毒放毒。把同学远置于文化大革命之外，同学们看外面向三家村开火斗争形势，仿佛是一盆火在烤着自己，可就是被拉得紧紧地，空谈政治、业务，搞得糊里糊涂，讨论到最后，还是一个错误概念，政治落实于业务，什么没有不通过政治的业务呀，也没有不体现于业务的政治呀！等等。一直到五月二十五日，同学还是坐在教室里平平静静。路扬文化革命的黑指示果然奏效。

平静总要突破，革命总要爆发。五月二十五日聂元梓等七位同志的全国第一张马列主义的大字报，北京公社的宣言书在北大贴出来了！革命造反的大旗首先在富有革命传统的北京大学升起了。正像老鼠见不得阳光一样，陆平一伙人在后台老板刘邓的指使下，在一阵心惊肉跳的恐慌之后，神情稍一镇静，便发动全面进攻，妄想把北大的革命派打下去。岂知，真理是压不倒的，是我们伟大的领袖毛主席又亲自下令，六月二日，人民日报登载了这个北京公社的宣言书，一场空前伟大的创举如同骤风暴雨般在全国开始了！成百万，成千万的青少年在文化大革命的阶级斗争战场上开始冲锋陷阵了！文化革命的烈火一下子便燃遍了全中国。

第二章　派工作组镇压再镇压，走革命路造反再造反

六月初，革命形势一片大好，许多修字号党内当权派被纷纷冲垮，这时，那些牌子响，名声大的人，亲自出马了，他们趁主席不在北京，便大派工作组。派工作组就是为镇压群众破坏文化大革命。刘少奇、邓小平就是头号主谋，科委的一些头头就是一群不折不扣的小丑帮凶。

还在6月6日，罗舜初就召集北航、京工的小头头们开会，暗授机宜，讲：群众起来不要怕，否则就成为革命对象，大字报是否都正确？不可能。要揭发批判，也可以消毒，批判到各种意见都说完为止。组织群众写文章，学院是否那样纯，没牛鬼蛇神？知识分子成堆。

罗舜初此时讲的这些话和路扬4月16日的讲话还不是很明显吗？我院第一次对革命派的大围攻，可以说，他们俩就是罪魁！6月8日，在院党委已被群众冲垮，不能再执行他们的意图了的时候，于是刘邓路线的黑货，工作组派来了。

科委派工作组来是干什么的？是斗倒那些党内走资本主义道路的当权派吗？不是，绝对不是。他们与那些党内走资本主义道路的当权派眉来眼去，勾勾搭搭，穿一条裤子。6月11日的时候，周天行等耍了一个武光事件阴谋，破了产不说，他自己的狐狸尾巴——跟反党大右派吴子牧的关系已被群众揪住了。毛主席说：敌人拥护的我们就要反对。全院的火力一下子集中到周狗天行身上。这种情况下，夜深人静，周急忙向路扬通话，说：我们都被扣上帽子，学生天天找，饭都吃不下了，没法领导了。路扬随即答道：这不好啊！不要去扣帽子啊，还没有下结论吗！让工作组出来讲话吧！……，常委有意见，不要互相贴大字报，可以在会上谈。路扬与黑线人物如此亲善，互相包庇，屁股坐在哪边还不是很明显了吗？

在6月17日，工作组突然来了一个横扫它一家伙，全面开花谁有问题就揭谁，有什么问题揭什么问题。一下子又把群众运动镇压下去了。运动又来了一个冷冷清清。6月19日、20日两天，全院大字

报一齐向工作组开了火，又举起造反的大旗。6月21日晚石兴国的大字报一条无头黑线贴出来了，也正是这时，刘少奇、邓小平，在23日，指使李雪峰做了一个向革命群众开始大举镇压的黑报告。从这时起，一时黑风四起，造成一片白色恐怖。当时那种革命有罪、造反无理的景象难道我们可以忘记吗？那种资产阶级反动路线猖獗一时，刘邓路线阴风大作的情形难道是我们可以忘记吗？

航院是钟赤兵这个政治大扒手，鼓吹李雪峰黑报告，积极执行刘邓反动路线，挑起了我院6·27大围攻。钟赤兵就是镇压我院文化大革命的一个罪魁！6月26日，在科委研究一条无头黑线时，钟就迫不及待地说：要在明天的大会上，结合传达李雪峰的报告，公开点名这张大字报是一棵大毒草，是别有用心。当时，赵如璋连声高叫高！高！，罗舜初、路扬也在一边喜形于色。这次大举围剿革命群众，破坏文化大革命的大阴谋就这样策划了。这以后，从6·27一直到7·5历时8天的所谓大辩论，就是一场公开的反革命大围剿，是公开的资产阶级对革命派的专政，钟赤兵、罗舜初、路扬，你们的铁证如山罪责难逃！

钟赤兵，时至今日，你还死抱着刘邓反动路不放，不肯给革命群众平反，告诉你，血债是要还的，耍赖是赖不掉的！

钟赤兵，你公开对抗中央指示，企图使工作组逃避群众批评，维护其错误的阴谋也早已破产了。撤走工作组的通告上规定，工作组要留在本校整训，听取群众意见，钟赤兵在接到通知的当天晚上，就匆忙叫工作组赶紧撤走，越快越好，说是宜早不宜迟。当时有的人不同意，他便拿出官架子，威胁地说：你们不撤，犯了错误我不管了。请看，这不是心怀鬼胎，惶惶然如漏网之鱼吗？

钟赤兵你也是一个秋后算账派。

当时，工作组宣布撤走，但是，有许多同学不同意，认为应当听完群众批评再走，就写了大字报批评工作组，在这时，钟赤兵在8月2日的工作组留校的最后一次会上又杀气腾腾地说：乱，还要乱，我希望它乱，彻底暴露、彻底表演，北航，北工乱一下有好处，左派、右派搞不清楚将来也不好……。

但是，革命仍然是发展的，革命的烈火是压不灭的，要求批判工作组错误的呼声越来越高，他们突破种种阻挠，在8月8日，工作组终于又给拉回航院了！这时钟赤兵一伙人却又炮制了一个新阴谋，他们拟定了一个假检查，真逃避的所谓检查稿给赵如璋，指定要照稿子念，不许离开。唯恐赵一个不小心，泄露了天机。

这个假检查，纯粹是一个刘邓反动路线的产物，它迎合了一批院内保守势力的胃口，继续压制革命派，因此，造成后来标语战、口号战，学生斗学生，工人斗学生，不能不说都与此有关。钟赤兵你必须低头认罪！

这是一批哪路人马（续）

红旗追穷寇兵团

《红旗》第 7 期，1967 年 1 月 19 日

第三章　钟赤兵混蛋透顶，罗舜初罪责难逃

毛主席说，敌人是不会自行消灭的。无论是中国的反动派，或是美国帝国主义在中国的侵略势力，都不会自行退出历史舞台。

钟、罗等人，上欺骗毛主席、周总理、江青，下镇压群众，犯下了滔天罪行。

1.对抗毛主席指示，真是可恶已极。

在八月二十六至三十日期间，我们伟大的领袖毛主席就知道了北航红旗战斗队在国防部南门要求赵如璋出来一事。当时，毛主席就作了指示，大意是：不要怕，不要让学生席地而坐，搭起棚子来，闹上三个月，等等。这个指示，在总政各大单位会议上，钟赤兵是首先知道的，当时，徐平也参加了这个会议。他们回来后，又向机关里的

常委传达了，罗舜初也就在这个会上知道了毛主席的这个指示。

可是，钟、罗等人竟然胆大包天，把主席的这一指示封锁起来，拒不执行。真令人气愤！

林彪同志早就提出：读毛主席的书，听毛主席的话，照毛主席的指示办事。钟赤兵不听我们伟大领袖毛主席的话，这就充分暴露了这一小撮人敌视无产阶级文化大革命，拼命追随刘邓反动路线的丑恶嘴脸及肮脏的灵魂。他们已失去了作为一个革命者最起码的要求，堕落成了一个人民的罪人！

2. 无视总理和江青的指示。

九月五日，总理办公室周家鼎同志传达了总理和江青同志的指示。江青同志明确指出：要赵如璋向红旗战士单独澄清问题，总理也同意。这个电话记录稿是钟赤兵亲自批印为常委文件的。这时，红旗战士已在业余航校等了十二天十二夜了。可是钟赤兵和罗舜初就是不执行总理和江青同志的指示，置二千余名红旗战士的要求而不顾。

九月七日，总理直接给罗舜初打电话，询问处理单独接见红旗战士的结果。当时罗舜初有病，派秘书把总理指示送给钟赤兵看，钟赤兵仍然是置之不理，还是不让赵如璋出来。

九月八日晨，周家鼎同志又打电话催问此事。罗舜初还在生病，就报告了钟赤兵。罗讲：总理、江青同志已有指示，聂总也指示应当马上与北航红旗澄清问题。又是这个钟赤兵，仍然顽抗，坚决不同意。钟赤兵，反动的立场可谓坚定矣。好一个顽固分子！

在革命力量的压力下，九月九日下午，罗舜初提出当晚八时在三座门与北航红旗战士座谈，研究如何与红旗战士单独澄清问题一事。我们红旗战士听到这个消息后，立即下定了决心，非把这一仗打胜不可！我们对科委某些领导十几天以来的无理态度早就怒火万丈了！我们为彻底肃清工作的遗毒而斗争到底的决心是坚定不移的。当晚九时许，罗舜初在一大批警卫副官簇拥之下到来了。我们红旗战士早已严阵以待，他们更是如临大敌。会场气氛大有一触即发之势。但是，时间过去了一个小时，又过了一个小时，九点、十点、……一直到第二天，赵如璋一直没来。这是他们又一次公然欺骗革命群众，他们这伙人这种出尔反尔的卑劣作法更激起我们的愤怒！

事情到底是怎么回事呢？赵如璋为什么没到三座门来呢？原来，在钟、罗等人开会结束时，钟赤兵指示八局薛炳甫打电话通知了北航筹委会。结果在晚八点，北航筹委会、红卫兵、赤卫队出动二十几人，把赵如璋从半路上劫走了，演出了一场钟赤兵导演、罗舜初登台的把戏。钟赤兵、罗舜初扮演了这样一个极不光彩的角色，还自以为得意，然而，事情真相一旦被揭穿之后，不正是暴露他们害怕群众、压制群众的罪行吗？3．军令状的真相——对抗陈伯达同志，已到何等猖獗地步。

红旗战士从 8 月 25 日以后就进入了最艰苦的时期。由于科委钟、罗等一小撮人的挑动，院内外数千人对红旗战士进行大围攻。但是，新生的力量，进步的力量是一定可以战胜反动的力量的。在斗争中，我们得到了党中央，毛主席以及中央文革小组的巨大关怀。9月20日中央文革小组组长陈伯达同志向毛主席汇报工作时，谈到了北航红旗在科委艰苦斗争的情况，主席当时就说：要谈。当晚，陈伯达同志亲自到科委，传达了主席的指示。但罗舜初好大的狗胆，竟抗拒主席的指示拒不和红旗战士见面，怕群众怕得要死。在这种情况下，陈伯达同志当即给他们立下了军令状，命令他们出来，军令状全文如下：

字据：以普通劳动者的态度，同北航学生聚谈或者同住几天，科委的干部（包括罗舜初，赵如璋二同志），如果被学生杀死或杀伤，陈伯达情愿抵偿。一九六六年九月廿二日夜十二点。关锋记、陈伯达（签字）。

（说明：此处日期可能不对）。

罗舜初当即把此事报告钟赤兵。以上事实说明，罗、钟二人心中还有党和毛主席吗？还有中央文革小组吗？还有广大的革命群众吗？没有，统统没有！

军令状是对罗、钟的历史判罪书。还是这个钟赤兵竟无耻到这种程度，在中央工作会议上，念着别人给他写好的假检讨，胡说什么：

"昨天看到红旗战斗队题为罗舜初不听毛主席的话的传单，……陈伯达同志九月廿二日向他写的军令状，我一直不知道甚至还绘声绘色地说：好像一颗大炸弹（指罗）使我震惊。"又在天安门上造谣说：罗舜初在北航上午劳动，下午挨斗。堂堂副主任竟然这样干，撒起谎来了，简直可耻到极点！但用毛泽东思想武装起来的革命群众，一定会识破这骗局，而使钟赤兵暴露于光天化日之下。

3. 挑动群众斗群众。

大约八月三十日，钟、罗在一次会上说：第一次（八月二十二日）我们把刘景路交出去被西电临委会斗争了两天两夜……为了接受刘的教训，赵不要再交出去了。

事实是，八月二十二日，刘景路被西电叫出来后，在协议书上签了字，要随叫随到。在二十四日，就追查到不少关于钟赤兵破坏西电文化大革命的罪行。钟很害怕，就把刘关在科委里，不再放出来。由此可知，钟赤兵讲不要再交出赵如璋，其目的不是很清楚了吗？

在九月六日下午，总理指示已经下来。钟赤兵忙把北航筹委会叫去，商量对策。钟当时大发雷霆，一拍桌子跳了起来。大叫道：根据现在的材料，赵如璋同志不是黑帮。是个好同志。谁敢动一根毫毛，，我们决不答应！并指使筹委会负责保卫赵的安全。赵如璋坐在桌边也得意地听着，用手往后理着头发……随着，钟赤兵宣布：暂不接见！并指使筹委会：不要管他们（指红旗）。叫他们去闹，你们抓紧斗、批、改。

罗舜初也指使警卫处单方面接见筹委会，发表攻击红旗的谈话。罗并指使赤卫队火速印刷，趁"十一"前学生云集北京之机，抛出去。企图搞臭红旗。

他们在接见赤卫队、红卫兵时，也一再强调：你们要相信红旗的大多数。意思就是红旗里边少数人是右派。制造抓红旗右派的舆论。助长了围攻红旗的嚣张气焰。名义上是不相信红旗的少数，实际上是整个红旗他们都不相信。

此外，他们还透露一些情况，让赤卫队、红卫兵和科委机关里的人员去围攻曾经给红旗讲了一些工作组情况的乐群同志。骂乐群同志是红旗的后台。

九月二十一日，在中央文革小组和革命群众的压力下，科委被迫将赵如璋放了出来。当时，红旗战士和科委辩论得十分激烈，红旗战士要求赵如璋签字，保证随叫随到。罗坚决不让赵签字，说：杀头也不签字。使接见从二十一日一直到二十三日，长达四十三小时。罗把红旗战士讲的话全部录音。带来的录音带不够，又花了四百元买了十盘。科委里边的人听说外边辩论的很激烈，钟赤兵于是决定，增派一些人去加强科委方面力量。

这一系列事实，无不说明钟、罗一伙人，积极鼓吹刘邓反动路线，破坏文化大革命。他们罪证如山，罪责难逃！必须向人民低头认罪！再顽抗下去，决没有什么好下场！在毛主席、周总理及中央文革小组的关怀支持下，红旗战士经过二十八个昼夜的斗争，终于胜利了。钟赤兵、罗舜初等人的一系列阴谋诡计都统统破产了，毛主席的革命路线在北航第一次胜利了！让我们全体红旗战士更高举毛泽东思想伟大红旗，作一个彻底的革命造反派，做一个红色革命者！（完）

炮打聂荣臻

——彻底揭开科委机关阶级斗争盖子

李敏、刘宗江、薛增友等

《红旗》第 110 期，1968 年 7 月 2 日

最高指示

你们要关心国家大事，要把无产阶级文化大革命进行到底！

林副主席指示

对毛泽东思想抱什么态度,是一个很重要的问题。我们就是要抓对毛主席的态度,对毛泽东思想的态度问题。

"钟山风雨起苍黄,百万雄师过大江"。无产阶级文化大革命洪流滚滚向前,毛主席和林副主席亲自发动的第五次战役,取得了伟大胜利,全国形势一片大好!

我们科委机关无产阶级文化大革命,在伟大领袖主席和林副主席以及周总理的亲切关怀下,广大革命群众高举毛泽东思想伟大红旗,紧跟伟大领袖毛主席的战略部署,狠抓阶级斗争,把暗藏在科委内的一小撮阶级敌人杀得丧魂落魄,乱了阵脚。

但是聂荣臻等人仍在坚持错误,像往常一样,阻碍运动向前发展,为了全面彻底揭开国防科委机关阶级斗争的盖子,必须炮打聂荣臻,扫除一切障碍。让我们看看聂荣臻在两年多文化大革命中,究竟干了些什么!

身为国务院副总理、军委副主席、国防科委主任的聂荣臻竟敢明目张胆地捏造最高指示,蒙骗群众,包庇大叛徒唐延杰;滥用林副主席指示,压制群众揭发安范死党,从政治上陷害毛主席,陷害林副主席,不择手段地包庇和重用一小撮叛徒、特务和走资派,大刮右倾翻案妖风;对抗最高指示和林副主席批示,打击和排挤革命的领导干部;封锁毛主席,封锁林副主席,封锁以毛主席为首、林副主席为付的无产阶级司令部,拉山头,搞宗派;坚持执行资产阶级反动路线,欺上压下,大耍两面手法,拉一派,打一派,镇压革命群众,不执行周总理和江青同志的指示,干扰和破坏毛主席的伟大战略部署,破坏革命大联合,严重影响了抓革命,促生产;在机关封官许愿,恢复旧秩序,旧制度,对抗毛主席关于精简机构的重要指示,搞资本主义复辟。再联想到无产阶级文化大革命初期,不执行毛主席的革命路线,紧跟刘邓黑司令部,顽固执行资产阶级反动路线。这一切的一切,岂不发人深省吗?

无产阶级革命派的战友们,革命的同志们:我们无产阶级革命派,最忠于毛主席的无产阶级革命路线。让我们紧密地团结起来,高举毛主席思想伟大红旗,紧跟毛主席的伟大战略部署。下定决心,排除万难,坚决打倒右倾机会主义,右倾投降主义,右倾分裂主义,彻底粉碎右倾翻案妖风。让我们行动起来,夺取第五战役的全面胜利。彻底揭发批判聂荣臻等人的一系列严重错误,全面、彻底揭开科委机关阶级斗争盖子,把暗藏在科委内的一小撮叛徒、特务和顽固不化的走资派统统揪出来,批深批透,斗倒斗臭,为夺取无产阶级文化大革命的全面胜利而英勇顽强地战斗吧:

誓死保卫毛主席!

誓死保卫林副主席!

誓死保卫以毛主席为首、林副主席为付的无产阶级司令部!

誓死保卫中央文革!誓死保卫江青同志!

伟大领袖毛主席万岁!万万岁!!

李　敏、刘宗江、薛增友

刘永恩、尹香金、韩盛起

叶富珍、黄正伯、叶华清

一九六八年六月二十四日

我们同聂荣臻等人的斗争及其实质

北航红旗钢铁纵队

《红旗》第 110 期,1968 年 7 月 2 日

史无前例的无产阶级文化大革命,两年多取得了极其伟大的成就,群众运动的滚滚洪流

事物发展总是按辩证规律进行的,两年来斗争经历了一个又一个回合,在夺取文化大革全面胜利的今天,革命与反革命又展开了一

场的激烈搏斗。被推翻的反动势力不甘心他们的失败,在末日到来之时,更以"十倍的努力,疯狂的热情、百倍增长的仇恨来拼命斗争,想恢复们被夺去的'天堂'"。在新的反扑中,被打倒的阶级敌人、国民党的新老代理人和各种机会主义分子联合在一起,他们上下呼应、从中央到地方大刮右倾翻案妖风、大搞"三右""三否定",大肆进行资本主义复辟活动,从各方面向无产阶级进攻。

在当前这一斗争中,在两个司令部、两条线的激烈搏斗中,在夺取文化大革命全面胜利的关键时刻,国防科委聂荣臻、刘华清等人完全站到了反动势力一边,站到了企图阻挡历史潮流前进的反动派一边。正是他们,大搞山头主义、独立王国,同以毛主席为首、林副主席为副的无产阶级司令部分庭抗礼;正是他们,结党营私、招降纳叛、包庇重用坏人,为他们称王称霸做组织准备;正是他们,站在资产阶级反动立场上,顽固地否定群众运动、否定红卫兵小将、否定文化大革命;正是他们,在当前第五回合战役中大刮右倾翻案妖风,大搞资本主义复辟,同无产阶级司令部进行夺权斗争。我们同国防科委聂荣臻、刘华清等人的斗争,是关键时刻两个司令部、两条路线斗争的组成部分,是同资产阶级和国民党反动派长期斗争的继续。为了捍卫毛泽东思想,捍卫毛主席的革命路线,保卫无产阶级司令部,保卫文化大革命的伟大成果,我们坚决把这场反翻案、反复辟、反夺权的斗争进行到底!

(一)粉碎聂荣臻、刘华清等人的山头主义,保卫以毛主席为首、林副主席为副的无产阶级司令部

科委某些领导人表面上拥护毛主席、林副主席,实际上他们早已另有打算,把自己跟以毛主席为首、林副主席为副的无产阶级司令部对立起来。他们大搞山头主义,力图在科委系统中搞一个针插不进、水泼不进的"独立王国"。他们有自己的路线、组织和自己的"领袖"聂荣臻。为了给这个"独立王国"罩上一把"大红伞",为了拉大旗作虎皮、包上自己去吓唬别人,他们拼命吹捧聂荣臻,竭力把他打扮成"一贯正确""一贯紧跟""一贯高举""好学生""亲密战友""国

防科研战线上的司令官"，他的动人事迹"一个晚上也讲不完"等等，等等，不一而足，谎话连篇，真是吹捧到无以复加、登峰造极的地步了。

聂荣臻自己，更是贪功不厌，一马当先，自吹自擂。他把自己描绘成犹似"尖端科学之父"（别忘了苏修的"宇宙航行之父"啊！），他说我国的××是靠了他的"专案"才发展起来的，××工业基础也是由于他的安排促进才奠定起来的。真是大言不惭！既没有毛主席和林副主席，也没有创造历史的广大人民群众，简直目空一切！无怪乎当叶剑英为他吹嘘说："在国防科委聂副主席的直接领导下，我们尖端事业发展很快"时，他是多么满意，多么欣然自得啊！而在××基地，当有人把他提到毛主席、林副主席之上、高呼"敬祝聂总身体健康"，并且违反中央规定地提出要向他"七十寿辰献礼"时，他更是喜出望外，飘飘然了。这里连"好学生""一贯高举"等等的影子也没有了，一点也没有了，完全流露出一副凌驾于毛主席和林副主席之上的姿态。

聂荣臻"大树特树"自己的权威是由来已久的。早在晋察冀根据地时，他就搞过"聂荣臻小学"，"三家村"黑店老板邓拓也亲笔题字，称聂荣臻为"晋察冀根据地的创造者"。七年前，反革命修正主义分子周扬之流又为聂荣臻大颂赞词，说什么"聂荣臻致力于建立一个强大的科学技术队伍"，"这是一个革命家的宏伟的愿望"等等。文化革命开始后，在去年四月十八日，杨成武、肖华、关锋这三个阴谋家、野心家又一起出台表演，他们齐鸣锣鼓、甩袖讴歌，为聂荣臻拉山头、立旗号大造声势，掀起了一场规模空前的吹捧聂荣臻的邪风。有了舆论和思想准备之后，科委某些负责人便开始大搞山头主义的"以我为核心"论。他们提高嗓门、挺起胸脯、大肆宣扬："坚决拥护以聂荣臻为核心的国防科委党委的正确领导"，"在国防科研两条路线斗争中，对待聂副主席的态度，就是对毛主席革命路线忠不忠的问题，是站在那一边的问题"，"毫不含糊地维护聂荣臻同志的威信，也就是维护毛主席无产阶级司令部的权威"，如此等等，荒谬论调滔滔不绝，在国防科委系统中泛滥成灾。他们忠于毛主席是虚的，忠于聂荣臻是实的，忠于以毛主席为首、林副主席为副的无产阶级司令部是假的，忠于他们自己的"独立王国"是真的。当聂荣臻最卖劲的吹鼓手刘华清说："我们应以聂副主席为光辉榜样"时，就更加透露了他们在接班人问题上无视林副统帅，想夺无产阶级司令部大权的心。

对周总理，他们更是不放在眼里，一次次地贬低和攻击。直到前个时期，在科委第二次学代会上，总理于四月二十日代表毛主席和林副主席对大会做了重要指示，扭转了大会的错误方向，指出了国防科委某些领导人的严重问题，可是聂荣臻却狂妄地说什么总理的讲话只对大会"起了一定的作用"！而在总理批评之后，科委某些领导人竟在学代会上选取语录说："当天上出现乌云的时候……"看！他们对抗总理到了何等猖狂的地步！回顾去年夏天，总理刚刚指示"跨行业的组织不要搞"，聂荣臻马上就大唱反调，几乎同时挑战似的把一个跨行业的组织封为"左派"，并且胡说总理的话是"在走廊里随便讲的"。在他们的眼里哪还有什么无产阶级司令部？！他们有的，只是他们的"独立王国"，他们自己的"司令官"。

另一方面，聂荣臻与反革命两面派、大野心家杨成武之流的关系却十分密切，他们情投意合，长期勾勾搭搭，亲如一家。在总参第四次学代会上，聂荣臻抱病出席，使他的老部下杨成武受宠若惊、感激涕零。在科委第二次学代会上主持人在开幕词中说："大会是在杨代总长直接关怀下进行的！"并要全体代表"祝杨成武代总长身体早日恢复健康。"而"杨代总长"在给大会的"电话贺电"中仍念念不忘"大树特树"他的老上司聂荣臻的"绝对权威"！

近年以来，科委某些领导人及其同伙如此用尽力气大吹特吹聂荣臻，到底是出于什么目的呢？他们所炮制的种种虚妄的东西何以会大肆泛滥呢？究竟有什么政治背景和阶级斗争需要呢？我们回顾一下两年来的斗争，许多阶级敌人被打倒了，刘邓司令部的黑干将们接连倒台了，但他们人还在心不死，一切陈腐的旧势力决不会停止反抗，他们势必把复辟的希望更多地寄托于革命队伍内部的分裂上，他们势必千方百计地在革命队伍内部寻找自己的代理人。正是适应于这种夺权斗争的需要，正是由于科委某些领导人与刘邓司令部早就有千丝万缕的联系，加之他们的个人野心，于是他们就在当前条件下扮演了反动势力代表人物的角色，以反对派的面目同毛主席为首、林副主席为副的无产阶级司分部相抗衡。

林副主席说："山头主义，就会把我们党的政权、阶级的政权，变为个人的政权，变为资产阶级的政权，变为镇压无产阶级的政权。"科委聂荣臻等人所搞的正是这一套。

为了捍卫以毛主席为首、林副主席为副的无产阶级司令部，粉碎他们复辟资本主义的罪恶阴谋，在文化革命第五回合中我们同科委聂荣臻等人展开了坚决斗争，下决心把这场斗争进行到底！

（二）聂荣臻等人招降纳叛、包庇重用坏人，罪责难逃！

为了给他们夺取霸权、搞资本主义复辟作组织准备，科委聂荣臻等人长期包庇重用叛徒、特务、修正主义分子，大力推行宗派主义的组织路线，为他们的独立王国收罗兵将。

科委副主任唐延杰是个大叛徒，聂荣臻早就知道他的问题，但由于他是聂二十多年的老参谋，与聂关系密切，所以长期被聂包庇重用。文化革命中广大革命群众把他揪出以后，聂荣臻还极力死保，说什么"唐延杰是历史问题，过去大家都知道。"还说："不要再提了，不要影响他的工作情绪"等等。如此颠倒敌我、为叛徒开脱、压制革命群众！更可恶的是聂荣臻为包庇叛徒唐延杰，竟敢明目张胆地捏造最高指示，蒙骗广大群众，真是罪该万死！

直到这次学代会期间，科委某些负责人还把毛主席像章和语录送给唐延杰的手里、以示关怀，公开为叛徒张目。

科委副主任安东是三反分子，罪行累累，却被聂荣臻长期重用。安东是聂的老秘书，是聂得力的左右手，也深知聂荣臻的问题。文化革命开始后，在彭真被揪出后的第二天安东就畏罪自杀，广大革命群众要揭安东的问题，却遭聂荣臻等人的百般阻挠，他们滥用林副主席指示，压制群众揭发，并以泄露中央机密之说进行威胁，还说什么"揭安东就是把矛头指向聂总"，这就更加暴露出他们心中有鬼，他们与安东同病相怜！

科委副主任张爱萍、路扬、张震寰，副秘书长范济生，局长刘绍先、庞展、孙式性、唐炎、李庄等等叛徒、特务、阶级异己分子、三反分子，都长期受科委聂荣臻等人的包庇、爱护、关怀、怂恿、重用。科委的许多重要职权都落到这些坏人手中，情况极其严重，已使科委机关在相当程度上形成了"大红伞"下群魔乱舞的局面，而在整个科委系统中更是妖风四起。北航的情况就是一例。资产阶级教授、国民党某工厂的工头董寿莘被科委调去当了上校副所长，直接掌管我国×××的核心机密，阶级异己分子张锡圣被科委聘为某研究院顾问，直接掌握。国防核心机密。这种例子多得很！我们不必一一列举。多年来，在北航有许多国民党的残渣余孽被科委某些领导人当作宝贝，有不少思想腐烂、政治反动的资产阶级教授按照科委聂荣臻等人的标准变成科委系统内横来横往的红人，当上了×××院的顾问、××专业组组长、副组长等等，真是牛鬼蛇神大出笼！这就是聂荣臻等人招兵买马，进行资本主义复辟活动铁一般的例证，这就是他们组织路线的活生生的表现！

在文化大革命中，科委聂荣臻等人又对干部大搞反动的"山头主义站队论"，凡是站在他们当一边的就是好的，不满和反对过他们的就是坏的，顺我者昌，逆我者亡。他们明目张胆地招降纳叛，排除异己、打击革命干部。大量事实表明，被他们保护过关、提拔重用的所谓"好干部"包含些什么人呢？（1）有重大政治历史问题，但是高喊"拥护聂副主席"的人（如×机部×院严文祥）。（2）叛徒、特务、修正主义分子，但忠于聂荣臻者（如大叛徒、×局局长唐炎，由于在文化大革命中死保聂荣臻等人有功，被升为××部副部长）。（3）顽固地坚持资产阶级反动立场，镇压群众的刽子手（如国防科委山头主义的得力吹鼓手和疯狂镇压革命造反派的打手张震寰之流）。（4）炮打无产阶级司令部，但死保聂荣臻的坏蛋，（如真"516"分子、×局局长李庄，由于他紧跟聂荣臻而成为科委机关中"红得发紫"的人，就是这个反动家伙竟成了参加科委第二届"学代会"的唯一领导干部，还参加了大会主席团）。（5）善于溜须拍马、逢迎上司，极力往上爬的无耻之徒（刘华清本人便是一个不轻不重的典型）。

相反的，真正坚持毛主席革命路线、敢于同他们的错误进行斗争的干部，则被他们视之为敌，百般压制和打击。他们把支持"916"的广大革命干部污蔑为"炮打无产阶级司令部"，使其中许多人被批判、被隔离反省、被抄家、被搜身、被殴打，有的竟惨遭打死。他们对毛主席、林副主席亲自保过的革命领导干部钟赤兵同志及其他同志千方百计地进行排斥、打击、恶毒地迫害，只想置他们于死地。

科委聂荣臻等人爱什么、恨什么、热什么、冷什么、好什么、恶什么，不是非常清楚吗？！很明显，如果让他们继续这样搞下去，继续招降纳叛，排斥异己，那么，无产阶级队伍不就变成资产阶级队伍、共产党不就变成国民党、社会主义不就变成资本主义了吗？！情景是多么危险啊！

毛主席说："无产阶级文化大革命，实质上是在社会主义条件下，无产阶级反对资产阶级和一切剥削阶级的政治大革命，是中国共产党及其领导下的广大革命人民群众和国民党反动派长期斗争的继续，是无产阶级和资产阶级阶级斗争的继续。"我们同科委聂荣臻等人及其长期包庇重用的坏人的斗争，正是同国民党反动派长期斗争的继续，是一场反对资产阶级的尖锐的阶级斗争，是同各种陈腐老朽的旧势力在当前条件下新的代表人物的斗争。

（三）科委聂荣臻、刘华清等大否定群众运动和红卫兵小将，绝没有好下场！

毛主席教导说："对广大人民群众是保护还是镇压，是共产党同国民党的根本区别，是无产阶级同资产阶级的根本区别，是无产阶级专政同资产阶级专政的根本区别。"科委聂荣臻、刘华清等人究竟是什么阶级，施行的是什么专政？他们顽固地站在资产阶级反动立场上，不折不扣地对群众施行资产阶级专政。

从文化革命一开始，他们就大力推行资产阶级反动路线，颠倒是非，混淆黑白，实行白色恐怖，凶狠地镇压革命造反派。

青海"818"是在文化革命大风大浪中冲杀出来的无产阶级革命派。忠于毛主席革命路线的门合等同志坚决支持"818"，科委聂荣臻等人则与门合同志完全相反,他们坚决镇压"818"。去年3月4日聂荣臻明确点出青海"818"是反动组织,并通过刽子手赵永夫去挥舞屠刀,大砍出手。科委要员贾学增在这一反革命逆流中积极为赵永夫出谋划策,罪行严重,事后却被聂荣臻保护起来,直到群众愤怒的浪涛不可阻挡时,聂荣臻才被迫宣布贾学增停职反省,实则改头换面地进行保护。

更令人不能容忍的是,直到最近,聂荣臻等人还公开抵制和对抗中共中央、国务院、中央文革关于学习忠于毛主席革命路线的好干部门合同志的指示,国防科委不仅不指示所属单位进行学习,反而散布种种流言蜚语,胡说什么:"门合是打砸抢派的,有什么好学习!"真是荒谬绝伦!这完全是对门合同志、对广大无产阶级革命派的恶毒地污蔑,对毛主席、林副主席和毛主席革命路线的公开对抗,真是狂妄至极!

科委某些领导人对广大群众惯于摆出一副老太爷和老虎屁股摸不得的架势,对于批判过他们的错误的人更是怀恨在心,不肯放过,蛮横镇压,挑动群众斗群众。在七机部,他们就是这样拉一派打一派,扶一派压一派,视一派为己、另一派为敌,聂荣臻亲自出马封一派为"核心",把另一派革命群众组织比做"百万雄师",把两派分歧比作国共两党之争,在他的私心恶念中,"916"的广大革命群众竟成了国民党!他们的打手傅贼崇碧更是凶狠加倍,赤膊上阵、咬牙切齿地说:"916是反动组织",真是要把革命群众置于死地而后快!

科委某些领导人对科委机关内的广大群众一直实行高压政策,凡是贴过聂荣臻大字报、批评过聂荣臻的人,都在去年年底和今年年初遭受不同程度的迫害,有的被批判、被抄家、被监视、被盯梢,……白色恐怖的情景实在可观,广大群众还有什么民主权利呢?对待文化革命中起来造反的红卫兵小将,科委某些领导人更是心中发狠、眼中发红,得打就打、能欺就欺。科委某负责人多次地发泄说:"红卫兵乱造反!瞎碰!"科委常委王力华就精明多了,他刚刚检查完自己对红卫兵小将有资产阶级派性,语音未落,一调过屁股就说:"对学生就是要捧着点,哄着点。"真是颇有老成达练的资产阶级政客之才!

他们否定红卫兵运动，在科委系统第二次学代会上达到了新的顶点。他们控制大会，千方百计地不让反映文化革命中红卫兵运动的情况，不让宣传像刘天章那样无限忠于毛主席、大造旧世界反的红卫兵小将的英雄事迹，不让歌颂被无产阶级司令部一再肯定的红卫兵小将们创立的震惊世界的历史功勋，他们想埋葬这一切、使人们忘掉这一切！大会的组织者还恶毒地说：红卫兵"没什么可说的，老本早吃光了！"真是混蛋透顶！这不仅是歪曲和欺骗，而且是无耻的污蔑！果然不错，当会上有人直接攻击红卫兵小将时，他们就心花怒放，欢天喜地了。

　　对于北航红旗，从战斗队诞生的那一天起，就被聂荣臻等人视为眼中钉、肉中刺。我们十分清楚，就是这个聂荣臻，指挥科委党委公开对抗毛主席和林副主席的指示，顽固推行资产阶级反动路线，妄图把红旗战斗队——这支新生的革命力量扼死在摇篮中，一举扑灭北航的革命烈火。但历史的潮流是不可阻挡的。在我们伟大的领袖毛主席和林副主席的亲切关怀下，在中央文革的亲手培育下，红旗战斗队成长壮大起来了。于是，聂荣臻、刘华清等人便转用资产阶级政客的吹捧拉拢手段，企图把红旗战斗队引上他们的资产阶级轨道。然而，在用毛泽东思想武装起来的红旗战斗队面前，聂荣臻、刘华清等人的种种卑劣手段遭到了可耻的破产。正因为如此，聂荣臻、刘华清们对北航红旗总是怨恨十足、刁难不已，一有机会就想铲除"祸害"，拔掉北航这颗"钉子"。前个时期，他们不惜歪曲总理讲话、对抗总理指示、大肆攻击北航红卫兵小将，他们操纵和怂恿一些人、开动所有的宣传机器、到处散发传单、张贴标语、不遗余力地进行攻击，他们两次恶毒攻击、殴打我红旗战士，真想把北航红旗一口吞掉！

　　为什么科委某些领导人对红卫兵小将这么不满、这么愤恨、这么誓不两立呢？原因很明白：他们对文化革命不满、他们否定文化大革命。红卫兵小将走上社会之后，大造了一切反动派的反，也大造了他们山头主义、"三右""三否定"的反，打破了这些寨主们的黄粱美梦，于是他们怨而成怒、仇恨满怀。

　　不过，正如《划时代的文献》中说的："无产阶级文化大革命群众运动的胜利是不可抗拒的"。谁否定群众运动和红卫兵运动，谁就将被它的巨大潮流所淹没。科委聂荣臻、刘华清等人长期站在资产阶级反动立场上，顽固否定群众运动和红卫兵小将，对抗毛主席无产阶级革命路线，绝对不会有好下场！广大革命群众和红卫兵小将决不会放过你们！

（四）决不容许聂荣臻等人否定文化革命，攻击中央文革！

《划时代的文献》指出："中国的无产阶级文化革命激起了帝国主义、现代修正主义和各国反动派极大的恐惧、仇恨和惊慌。这些资产阶级的老爷们，总是把希望寄托在中国无产阶级文化大革命的夭折，寄托在中国无产阶级政权的'垮台'。他们像巫婆那样，恶毒地诅咒'文化革命前景暗淡'。但是，我国无产阶级革命派和广大革命群众胜利前进的步伐，踏碎了这些老爷们的痴心妄想"。国防科委聂荣臻等人从文化革命一开始就与上述老爷们遥相呼应，与国内阶级敌人遥相呼应，一遇机会就诋毁文化革命，肆意否定文化革命。

毛主席在去年秋天说："全国的无产阶级文化大革命形势大好，不是小好，整个形势比以往任何时候都好"。聂荣臻等人刚好相反，把文化革命形势看得一团糟，处处都不顺眼。去年上半年，聂荣臻做出一副悲悲戚戚的样子说："许多科研单位领导瘫痪，研究工作陷于停顿，很多协作关系中断了。×线建设也存在许多问题……"如此等等，大摆特摆。很明显，如果不是对文化大革命怀有强烈的不满情绪，怎么能有这么强的倾向性、这么深的偏见、这么大的怨气呢？！叶剑英边在"六·二〇"会议上代表聂荣臻的讲话中，就表现得更加露骨、毫无忌惮了，他把文化革命说得一团漆黑、把形势描绘成"今不如昔"，尽情倾泻他们内心的不满。他还恶意造谣说："67年一门炮也没有出来，出来一门也算是毛泽东思想的胜利！"这种论调同美帝、苏修走卒们的论调有什么区别？！

毛主席在"516通知"中指出，必须"批判混进党里、政府里、军队里和文化领域的各界里的资产阶级代表人物，清洗这些人，有些则要调动他们的职务"。聂荣臻却愤愤地叫道："不能一批一批地打下去!""封建皇帝登基还要大赦呢!"他不但极力为被打倒的一小撮鸣冤叫屈,而且恶毒地把矛头指向毛主席。当他满怀悲恸的心情为被打倒的所谓"老干部",如反革命两面派肖华之流感伤落泪的时候,他的爱憎,他的怨恨,他对文化革命的态度,他究竟站在哪个司令部一边,岂不表现得更加鲜明吗?!

正因为他们否定文化革命,所以他们对中央文革非常不满,他们曾多次散布流言攻击中央文革,以我们亲自接触的事实为例:当我院六六届毕业生去科委请聂荣臻讲一次话时,聂办主任刘昌明别有用心地说:"聂总去讲话不太方便吧,你们还是去找中央文革去吧!"同学们问:"是不是聂总身体不好?"他说"不是。""是不是工作忙?""不是。"既然都不是,为什么不讲,又偏偏推向中央文革呢?原来,他们心里早就藏着一种不肯吐露的真情。又一次,我院同学到科委反映意见,当发生争议时,科委某负责人火气十足地说道:"你们上有中央文革,下有红旗战斗队,还来找我们干什么?!"真是达到不可容忍的程度了,他们与中央文革的对立情绪已经毫无隐讳了!前个时期,科委竟有人在下面对北航红旗战士说:"你们保卫你们的江青,我们保卫我们的聂荣臻!"看!界限何其分明,态度何其清楚,他们完全把自己摆到了与中央文革对立的位置上!

这些言行只是科委几个人的吗?只是出于偶然和疏忽吗?不,完全不是!这正是聂荣臻、刘华清等人对中央文革态度的真实写照,正是他们反对中央文革的真情流露。联系到前个时期学代会上很少歌颂毛主席的革命路线,很少提到坚决贯彻这条路线的中央文革的历史功勋,问题就更加清楚了。

聂荣臻、刘华清等人否定文化革命,攻击中央文革,正是抵制和反对毛泽东思想,把矛头指向以毛主席为首、林副主席为副的无产阶级司令部,是他们向无产阶级司令部进行夺权的组成部分。对于这种反动逆流,我们必须坚决粉碎!毛主席亲自发动和领导的无产阶级文化大革命是人类历史上的伟大创举,两年来取得了伟大成就,震撼了整个世界,鼓舞了全世界人民的战斗意志。在文化革命胜利开展的整个过程中,中央文革起了巨大的作用,立下了不朽的功勋。谁否定这一点，谁就是站到反动派一边故意颠倒历史，我们决不答应！

（五）坚决粉碎聂荣臻等人的右倾翻案妖风！

在文化革命第五回合中，聂、刘等人配合两个司令部的斗争，大刮右倾翻案妖风。在上面，他们为刘邓黑司令部的黑干将们翻案，为二月逆流翻案，竭力保护坏人过关，大搞官复原职，猖狂地恢复旧秩序；在下面，他们对无产阶级革命派进行反攻倒算，打击报复，挑动群众斗群众，破坏革命大联合，破坏抓革命促生产，对无产阶级司令部施加压力。

前个时期，在聂、刘等人的授意和布置下、科委系统内有些人明目张胆地为去年二月逆流翻案，在×所"516"专案组的汇报材料中明白写道："国防口炮打聂荣臻，农林口炮打谭震林"是"反革命逆流"。白纸黑字，想赖是赖不掉的！这不是被打败的反动势力向无产阶级反扑又是什么？！

我院××研究室转入科委某科研单位后，依照科委某些领导人的意旨，立即就要解散该室在文化革命中产生的革命权力机构、恢复旧的领导班子。新技术局一归入科委也遭到了同样的结局，马上实现官复原职，有严重政治历史问题、在群众中根本无法通过的"干部"，在科委某些负责人一手包揽下又大摇大摆地上了台，革命造反派却靠边站！情况就是如此！科委某些领导人到处搞的这一套不是典型的"支保不支左"又是什么？！

在对革命群众进行打击报复上，聂荣臻、刘华清等人更是熟练自如，得心应手，残酷无情。他们搞了一个所谓抓"516"的标准，上面又规定些什么呢？文件说："操纵一部分群众，蒙蔽群众，有目的、有计划地反对聂副主席的那些前台后台指挥者和操纵者"就是"516"分子。这就是他们大抓"516"分子的标准，真是反动透顶的标准，杀气腾腾整群众的标准！

在这个标准下，大批革命群众遭受了野蛮的镇压，由于他们批评了聂荣臻，炮轰过"独立王国"的"领袖"聂荣臻，由于他们坚持了毛主席的无产阶级革命路线，而遭到残酷的迫害，许多人被勒令"交代问题"，被批斗，被抄家，被劳改。刘华清就是一个以抓"516"为名，大行镇压国防口革命派之实的狡猾的打手，他赤膊上阵，亲自定调，亲自出谋划策，亲自部署，亲自指导，事实俱在，刘华清罪责难逃！

聂、刘等人的反攻倒算，对我院毕业生早就开始了。在毕业分配中，他们不是被拒之于科委大门以外，便是一进门就遭到打击迫害。许多优秀的红旗战士，一到科委××单位就受审问，就被盯梢。因为批评过聂总，有些人被内划为"516"分子，有的被当作反革命抓起来，情景真是触目惊心！在北航，他们极力操纵地下黑党委，妄图颠覆新生的红色政权；在上海，他们颠覆上海市革命委员会，炮打张春桥同志，在南京，他们大搞许世友同志。真是恶毒已极，痴心妄想复辟资本主义。不仅如此，聂荣臻等人还发明了"二次站队"论，借以对我北航红旗战斗队进行打击报复，并采用同样恶劣的手法，对科委系统的内蒙"818"、河南二七公社，上海工总司、青海"818"等真正的无产阶级革命派进行迫害。聂荣臻、刘华清等人如此猖狂地大刮右倾翻案妖风，攻击无产阶级司令部，镇压无产阶级革命造反派，他们在第五回合中究竟扮演了什么角色，岂不是昭然若揭了吗？

从上面大量事实，我们清楚地看到，聂、刘等人的问题是极其严重的。他们口头上拥护毛泽东思想，实质上抵制和反对毛泽东思想；他们口头上拥护毛主席、林副主席，实际上早已另有打算，设下埋伏，企图凌驾于毛主席、林副主席之上；他们大搞山头主义，大搞独立王国，为建立自己的霸权积极活动；他们明目张胆地捏造最高指示，滥用林副主席指示，包庇特务、叛徒、反革命修正主义分子，压制广大革命群众，从政治上陷害毛主席和林副主席；他们长期以来大肆贩卖修正主义黑货，推行阶级斗争熄灭论、技术挂帅和资产阶级专家路线，把所谓的"科研路线斗争"凌驾于全党全军两条路线之上；在文化革命第五回合中他们又密切配合刘邓黑司令部和一切反动势力对无产阶级的反扑，大搞"三右""三否定"，同以毛主席为首、林副主席为副的无产阶级司令部进行夺权斗争。

他们所干的这一切有一个明确的目的，就是接替已被打倒的刘邓司令部，继续搞资本主义复辟。现在他们正在充当刘邓反动势力在革命队伍内部的代理人。

我们同聂、刘等人的斗争，是一场严重的尖锐的阶级斗争，是为捍卫马列主义的第三里程碑，捍卫毛主席的革命路线而进行的斗争，为保卫以毛主席为首、林副主席为副的无产阶级司令部、反对资本主义复辟而进行的斗争。为了保卫毛主席、林副主席，彻底粉碎聂荣臻、刘华清等人篡夺无产阶级司令部大权的罪恶企图，无限忠于毛主席的广大无产阶级革命派和红卫兵小将们将坚持不懈，百折不回地同聂、刘等人斗争到底！

我们正告聂荣臻、刘华清等人，不要再执迷不悟了，事实俱在，罪行累累，必须向我们伟大领袖毛主席低头认罪。聂荣臻、刘华清不投降就叫你们灭亡！炮打聂荣臻，揪出刘华清！誓夺第五回合的彻底胜利！

聂荣臻镇压革命群众运动罪责难逃

《红旗》第 113 期，1968 年 7 月 17 日

我们最敬爱的伟大领袖毛主席教导我们："对广大人民群众是保护还是镇压，是共产党同国民党的根本区别，是无产阶级同资产阶级的根本区别，是无产阶级专政同资产阶级专政的根本区别。"无产阶级文化大革命以来，聂荣臻怀着不可告人的目的，顽固站在资产阶级反动立场上，抗拒毛主席的无产阶级革命路线，积极推行刘邓资产阶级反动路线，狂镇压革命的群众运动，把革命的群众组织打成反动的组织，或打成保护罗瑞卿的组织，把革命的群众打成反革命，公然对抗毛主席、党中央、中央文革有关革命大联合，停止串联和军管补充规定等一系列指示，拒不执行周总理的指示，把手伸到了国防工办和国防工业部，在国防科研和国防工业系统，支一派，压一派，打一派，

拉一派，挑动群众斗群众，造成两大派长期的严重对立和分裂，破坏了革命的大联合，干扰了毛主席的伟大战略部署，严重地影响了抓革命促生产。

聂荣臻在一九六七年八月二十五日接见国防科委筹备处的讲话是一篇反对毛主席无产阶级革命路线，疯狂镇压革命群众的自白书。现公布如下，供同志们分析批判，以利于彻底肃清聂荣臻所造成的恶劣影响，全面贯彻落实毛主席一系列最高指示，更好地促进革命的大联合，为夺取无产阶级文化大革命的全面胜利而战斗！

炮打聂荣臻，彻底揭开国防科委阶级斗争盖子！

无产阶级文化大革命全面胜利万岁！

毛主席的革命路线胜利万岁！

战无不胜的毛泽东思想万岁！

伟大的领袖毛主席万岁！万岁！万万岁！

科委八局部分革命群众李敏等十一人
六八年七月八日

彻底清算聂荣臻在科技界犯下的修正主义罪行（一）

北航红旗卫东二分队

《红旗》第 116 期，1968 年 8 月 7 日

在国防科研和教育战线上两条路线的激烈斗争中，伟大领袖毛主席发表了极为重要的最新指示："大学还是要办的，我这里主要说的是理工科大学还要办，但学制要缩短，教育要革命，要无产阶级政治挂帅，走上海机床厂从工人中培养技术人员的道路。要从有实践经验的工人农民中间选拔学生，到学校学几年以后，又回到生产实践中去。"

毛主席这一最新指示为我们国防科委系统的广大革命群众指明

了前进的方向,是我们进行科技和教育革命的指导方针。这一最新指示的发表也向广大无产阶级革命派提出了进一步开展革命大批判的任务,号召我们向反革命修正主义路线展开总攻击。

多年以来,国防科研和教育战线上两条路线的斗争,实质上是要不要按照毛主席关于在无产阶级专政条件下继续革命的理论,把社会主义革命进行到底,要不要防止"和平演变",避免资本主义复辟,能不能坚持国防科研、教育事业为无产阶级政治服务不转向的问题。这方面毛主席的一贯思想,是突出无产阶级政治、坚持革命化的道路,依靠广大群众,充分发挥他们的聪明才智,自力更生、奋发图强地赶超世界科学技术先进水平,建立社会主义的强大国防。

但国防科委聂荣臻等人,长期以来拒不执行毛主席的革命路线,忠实地执行贩卖中国赫鲁晓夫的修正主义黑货。他们极力宣扬阶级斗争熄灭论,反对突出无产阶级政治,鼓吹业务挂帅,贩卖折中主义,大搞政治落实于业务;鼓吹个人奋斗、名利挂帅、物质刺激,大肆推行资产阶级专家路线,反对群众运动。他们在把国防科研和教育领域变成资本主义复辟的阵地方面,起了极其重要的突出的作用。

今天,在毛主席最新指示的指引下,我们要高举革命批判的大旗,坚决清算聂荣臻等人多年来犯下的种种罪行,彻底肃清他们在国防科研和教育领域内散布的大量修正主义流毒。

(一)反对聂荣臻的技术挂帅,坚决突出无产阶级政治

在国防科研和教育战线的两条路线斗争中,斗争的焦点始终围绕着突出政治还是突出业务,无产阶级政治挂帅还是技术挂帅的问题。在这个问题上,马克思主义与修正主义、无产阶级革命路线与资产阶级反动路线根本对立。

毛主席教导我们:"马克思主义认为政治与军事、政治与经济、政治与业务、政治与技术的关系,政治总是第一,政治总是统帅,政治总是头,政治总是率领军事、率领经济、率领业务、率领技术的。"

林副主席说:"毛泽东同志建军思想的基本精神,就是人民军队的建设要突出政治,要首先和着重地从政治上建军,政治是统帅,政

治工作是我军的生命线。""我军的两条路线斗争中,一条是突出军事,一条是突出政治,我们要坚决地走突出政治的路。"

国防科研和教育战线上的两条路线正是全党全军两条路线的组成部分。按照无产阶级革命路线,就要坚决走突出政治的道路。

中国赫鲁晓夫及其同伙,出于反革命修正主义本能和复辟资本主义的需要,疯狂反对毛主席突出无产阶级政治的革命路线。

在这方面聂荣臻为了追随中国赫鲁晓夫,反对政治挂帅、推行技术挂帅,竟施展了全部才智,拼凑出一套耐用的"理论"。这些"理论",至少就其系统性而言,也算是聂荣臻的"伟大发现"吧!

聂荣臻的第一种论调:政治问题已经解决,只存在技术任务了,专"是天经地义的"。

聂荣臻这一理论的基础,就是他大肆鼓吹的阶级斗争熄灭论。聂在一九六一年说:"经过一九五七年的反右派斗争和三年来的连续跃进的实践,我们在科学技术事业中基本上解决了社会主义方向和道路的问题。"

这位理论家念念有词的一席话是什么意思呢?他是说,在科技领域内已经不存在尖锐的阶级斗争了,已经没有两条路线的激烈斗争了,已经没有方向和道路的严重问题了,都解决了,不存在了,阶级斗争熄灭了!真是怪诞绝伦的歪曲马克思主义!

毛主席多次指出:"阶级斗争并没有结束。无产阶级和资产阶级之间的阶级斗争,各派政治力量之间的阶级斗争,无产阶级和资产阶级之间在意识形态方面的阶级斗争,还是长期的,曲折的,有时甚至是很激烈的。""在社会主义这个历史阶段,还存在着阶级、阶级矛盾和阶级斗争,存在着社会主义同资本主义两条道路的斗争,存在着资本主义复辟的危险性。"并且谆谆告诫我们:"千万不要忘记阶级斗争!"

聂荣臻对抗毛主席的指示,却十分顺从中国赫鲁晓夫的调子。老机会主义者刘少奇直到一九六五年还叫嚷说:"现在我们已经消灭了阶级!"一年之后,聂荣臻则摆出一副饱学之士、全能大帅的姿态以教训的口吻说:"现在的时代已进入了原子弹、氢弹的时代,原子弹到氢弹，就是裂变到聚变，你懂吗？"真是神气活现、得意忘形、一副吓人的样子！"从裂变到聚变的时代！"真是一番高深莫测的道理！聂荣臻真可称得上深通时代特点的专家了！真可以和发明"核武器时代"怪论的苏修头号专家媲美了！

在宣扬方向、道路问题已经解决之后，聂荣臻继续说："在目前条件下，许多知识分子经过了十年八年的考验，经历了多次政治运动，能够在社会主义的土壤上，在科学研究工作中扎下根来，积极工作开花结果，从大多数情况来说，就应当认为是社会主义积极性的表现，是红的一定表现。"

显然，聂荣臻说这番话是小心翼翼的，不过它的中心意思非常明确：资产阶级知识分子已经在社会主义土壤上扎下根来，政治问题基本解决了，现在大家都是一样的"劳动者"，再也不必过问什么阶级差别了，红的问题可以通过了，剩下来的就是专，就是掌握技术，就是只管"上天"了。

聂荣臻宣扬的这套东西当然不是什么新鲜玩艺，而是早就被列宁批驳过的抹杀阶级斗争、麻痹无产阶级革命意志、解除革命群众思想武装的修正主义怪论。列宁明确指出："在整个过渡时期中反抗这个变革的，有自觉进行反抗的资本家及其在资产阶级知识分子中为数众多的走卒。"列宁还针对"科学实验室是一个团结的集体，它的全体成员协调、一致并自觉地进行活动"的说法，深刻地批驳道："不对。在阶级尚未消灭以前，这是不可能的。""怀疑、犹豫、阴谋、叛变等等还会长期地存在。"

聂荣臻并不甘心，进一步顽固地说："对于自然科学工作者，要求他们专，是天经地义的。如果对专家不要求专，是毫无道理的。"当然，聂荣臻并非"毫无道理"，而且头头是道呢！他把该说的说了，该让你想的就留给你了，从来不会错拿一点。这是聂的惯技。他用强调的手法告诉人们，专"是天经地义的"，不专"是毫无道理的"，至于什么"不是天经地义"，什么"并非毫无道理"，那就要你自己去说了，心有灵犀一点通么。此时无声胜有声，人们还是知道，他想说：不红可以，不专绝对不行！

就是这样，聂荣臻完成了他的第一种理论，从一个荒谬的前提——"阶级斗争熄灭论"出发，推演出只要专，只要技术的结论。有了这个理论，他就更可以理直气壮地大肆兜售"技术第一"的修正主义黑货了。

聂荣臻在一九六一年的一次讲话中说："科学研究应当为国家建设服务，这是不能有任何疑问的，在这方面，五院更不应当存在问题，一切为了搞出新型号。"非常明确，一切为了新型号！在另一个报告中又说：对科研工作的"根本要求是出成果，出人才。""进行政治思想工作，是为了保证完成任务，出成果，出人才。"你看他，左一个成果右一个成果，左一个人才右一个人才！聂荣臻所说的成果。自然是技术成果，就是"一切工作围绕××××，一切为了上天"。他说："如果根本任务完成得不好，造出来的东西上不了天，其他活动搞得再好，也没有用。我们的一切工作，一切措施都要为了实现这个根本任务。"一切、一切、一切为了上天，这就是聂荣臻的一切！反革命野心家罗瑞卿跟他遥相呼应，得意地狂叫："拿出成果来，只要你们的××搞出来，我就给你们报喜，报真喜！"

聂荣臻所说的人才，正是指技术人才，就是与火热的阶级斗争相隔绝、埋头于业务里"钻、钻、钻"的人才。正像他们大肆宣扬的重业务轻政治，"苦读十卷"的张履谦等人那样。聂荣臻还给一本名为"向张履谦学习"的小册子写下序言，果然不错，这个小册子一问世就受到罗瑞卿的赞赏。

前几年，当罗贼在军事上搞"大比武"，用军事冲击政治时，聂荣臻在科技界用技术冲击政治；罗贼在军队中培养"尖子队"，聂荣臻在科技界培养"技术尖子"。他们一唱一和，配合得十分密切：军事第一，技术第一，业务第一，成果第一！就是没有政治第一，没有毛泽东思想第一，没有林副主席提出的"四个第一"，没有人的思想革命化！聂荣臻等人搞的这一套，正是想使人们忘掉阶级，忘掉敌人，忘掉政权，不知不觉地"和平过渡"到资本主义去。

聂荣臻的第二种论调：政治与业务是统一的——它们统一于业务。

聂荣臻建立这种理论是靠了折中主义和诡辩术,他原是最会耍这套把戏的能手。

聂荣臻说:"红与专必须是统一的。只红不专,便是空头政治家。只专不红,就会迷失政治方向。红必须落实,不能是空空洞洞的。自然科学工作者的红,应当在他们钻研科学的实际行动中表现出来。"

请注意,在这段话中聂荣臻巧妙地耍了两个花招,他首先说红与专必须统一,一方面要红,一方面要专,看来是很全面的了,实际上,他是用折中主义方法混淆政治与业务的辩证关系,把政治与业务并列起来。用这种二元论代替了突出政治的一元论,用机会主义代替了马克思主义。列宁说:"把马克思主义偷偷地改为机会主义的时候,用折中主义冒充辩证法是最容易欺骗群众的。"聂荣臻正是这样欺骗群众的!接着,他借口说红"不能是空空洞洞的",又耍了一个诡辩把戏,把红落实到"钻研科学的实际行动中",把政治落实于业务中,完成了红与专的统一、政治与业务的统一。原来就是这样合一的!果然又变成一元论,业务成了矛盾主要方面,政治附属于业务了!这是不折不扣地反毛泽东思想的一元论。

毛主席说:"政治与业务这一矛盾中,主要的矛盾方面是政治,把政治抽去了,就等于把灵魂抽去了。……所以政治第一。政治统帅业务,不能平起平坐。"

聂荣臻何止平起平坐呢?!简直是一个在天上,一个在地下!他用折中主义与诡辩术偷换辩证法,把突出政治变成了突出业务。这在理论上是荒谬的,在实践上是反动的,它反对无产阶级政治、替资产阶级效劳。

聂荣臻说:"政治思想工作必须围绕中心任务,保证中心任务的实现,影响了中心任务,工作就失去目的性了"。他的"中心任务"大家是非常熟悉的,在聂荣臻看来,它是政治思想工作的出发点和归宿,离开它,政治便是"空空洞洞"的了!聂荣臻推销的完全是"出了成果就是最大的突出政治"的修正主义货色。在这方面,反革命野心家罗瑞卿就表达得更加露骨了:"革命化最后的结果,不外是最后拿出成果来,拿不出像样的成果,这就不是真正的革命化!"

聂荣臻的第三种论调：青年时代是学习科学的黄金时代，青年面临着科学技术现代化的任务，青年必须抓住每"一寸光阴"在业务上加紧奋斗。

聂荣臻建立这种十分动听、欺世骗人的"理论"，毫无例外地又采用了诡辩术。他这套堂皇的怪论与毛主席关于培养和造就无产阶级革命事业接班人的教导是针锋相对的。

毛主席说："我们的教育方针，应该使受教育者在德育、智育、体育几方面都得到发展，成为有社会主义觉悟的有文化的劳动者。"毛主席又在最新指示中教导说："要无产阶级政治挂帅。"相反地，顽固坚持资产阶级观点的聂荣臻却单纯强调青年们要学好科学知识，用对青年的业务要求偷换了全面发展的方针。一九六一年他在×院讲话中说："青年时代，是学习知识、经验的黄金时代，今天到会的很大部分是×院的青年同志，我希望同志们好好利用这一段宝贵光阴，积极学习本领，提高能力，努力把自己锻炼成为一个红色的专家。"

聂荣臻满怀激情地大谈"黄金时代""宝贵光阴"，一心想激起人们强烈的热望和急切的心愿：钻、钻、钻！"知识"，"经验"，"本领"，"能力"，"专家"，牢牢地记住啊！

聂荣臻引用的"红色"一词不过是个美丽的标签、点缀物而已。一九六三年聂荣臻在对我院毕业生讲话中说："青年时代是长知识的时代，特别是二十五岁到三十岁这段时间不要空放过去，'一寸光阴一寸金'，要学，要钻，专，一定要有一番事业心……。"何止是一番"事业心"呢？聂荣臻在教诲青年要有两番"事业心"：要钻成资产阶级"权威"；要钻成资本主义复辟！按照聂荣臻的办法，二十五岁至三十岁，是培养修正主义苗子的最好时光。

聂荣臻极力鼓吹个人奋斗，引诱青年走"十年寒窗"、成名成家的道路。他对我院毕业生说："同学们在各个具体的岗位上都需要成年累月地艰苦劳动，专门研究一个零件，一个部件，一门科学，钻下去，才能成为专家。"当一位毕业生以惭愧的口气说："我五七年入学，开始学习很努力，但不关心政治，只想当一个物理学家，还想超过爱因斯坦",并希望得到聂总的正确指引时,聂荣臻回答的是:"应当有这个抱负,能超过爱因斯坦就更好嘛!"真是表白得干净利落,明白彻底!坚决走只专不红的道路,向资产阶级专家看齐。这就是聂荣臻为青年们指出的道路!

在谈到研究生问题时,聂荣臻说:"研究生就是要考,就是要看你们的本事。……不能马马虎虎,要一个顶一个。连大学也要这样,现在不可能每个人都上大学,每人都上大学就等于没有大学。我最主张严一点的。考研究生,你们应当有这个志愿,但取不取,则要靠你们的本事。"聂荣臻的技术至上、分数挂帅、个人奋斗的观点,表白得非常透彻了。

聂荣臻为了把青年引上脱离无产阶级政治的邪路,还大肆贩卖资产阶级"技术派"的谬论,鼓吹用技术改造社会,反对在无产阶级专政条件下继续进行革命,用单纯实现科学技术的现代化来偷换社会主义革命和建设任务,只管发展科学技术,不管国家变不变颜色,只管××上天,不管资本主义复辟。他对我院毕业生说:"无论岗位是多种多样、地点是天南地北,可是目的都只有一个,就是为了我们祖国的四个现代化,特别是科学技术现代化。""放在大家面前的任务都很重,要实现四个现代化,特别是实现科学技术现代化","只要你们把仪表造好,实现了几个现代化,就不愁解放台湾了。"

可以肯定地说,按着聂荣臻这套办法去做,不管政治,不管阶级斗争,不搞革命化,那就不是我们解放台湾,而是台湾"解放"大陆了!正如毛主席教导的,如果忘记了社会主义社会里的阶级和阶级斗争,"那就不要很多时间,少则几年、十几年,多则几十年,就不可避免地要出现全国性的反革命复辟,马列主义的党就一定会变成修正主义的党,变成法西斯党,整个中国就要改变颜色了。"

苏联的情况不正是这样吗?!曾经自力更生地发展工业、发展尖端科学技术、迅速赶上了世界先进科学水平,实现了几个现代化的苏联,由于放弃了阶级斗争,没有防止"和平演变",结果导致资本主义复辟。卫星上了天,红旗落了地!这个惨痛的教训不是非常深刻吗?!

林副主席在一九六六年十月指出："建设我们的国家有两条路线，一条就是像苏联那样片面地只注意搞物质、搞机器、搞机械化，还搞什么物质刺激。另一条就是毛主席领导我们走的这条路线。……我们同修正主义领导的国家不同，他们片面地搞机械化，我们搞革命化，也搞机械化，我们用革命化领导机械化。"

为了充分吸取伟大列宁创导的世界上第一个社会主义国家被"和平演变"成资本主义的惨痛教训，为了避免资本主义在中国复辟、保证党和国家永远不变颜色，我们必须坚定地走突出无产阶级政治的道路，在国防科技战线上用革命化领导科学技术现代化。（未完待续）

彻底清算聂荣臻在科技界犯下的修正主义罪行（二）

北航红旗卫东二分队

《红旗》第 117 期，1968 年 8 月 14 日

（二）粉碎聂荣臻的专家路线，坚持毛主席的群众路线

（接上期）对待群众的态度从来就是马克思主义与修正主义、无产阶级革命路线与资产阶级反动路线的分水岭。

毛主席说："群众是真正的英雄"。"社会主义革命和社会主义建设，必须坚持群众路线，坚决地相信群众、依靠群众，放手发动群众，大搞群众运动。"

林副主席指出："党内两条路线，一条是刘、邓为代表的路线，是压制群众，反革命的路线。另一条呢，就是毛主席的敢字当头的路线，是相信群众，发动群众的路线，也就是我党的群众路线，是无产阶级路线。"

无产阶级的政治是群众的政治，"突出政治就是要突出群众"，充

分发挥群众的积极性、主动性、创造性、发挥蕴藏在群众中的无穷的智慧和力量。走不走群众路线,是要不要突出无产阶级政治的根本原则问题。

在这个问题上,国防科委聂荣臻等人长期追随中国赫鲁晓夫,极力反对群众路线,大肆推行资产阶级专家路线。

中国赫鲁晓夫说:"社会主义建设主要依靠资产阶级知识分子的力量。"其爪牙陆定一进一步叫嚷:"不利用资产阶级知识分子,要想建设社会主义是不可能的。"

聂荣臻"聪明"一些,所采取的办法,不是直接否定群众路线,公开提倡专家路线,而是用诡辩手法把群众路线悄悄换成专家路线,借群众路线之名行专家路线之实,搞了一个依靠专家的"群众路线",没有群众运动的"群众路线"。

聂荣臻在广州会议上专门讲到科技工作中群众路线的问题。这个题目一开始,他先轻轻提了一下应该尊重工农群众的经验和创造,发挥他们和青年技术工作者的积极性。接下去便板起面孔强调说:"但是,如果把科学技术工作人员同工农群众对立起来,似乎只有工农是群众,科学技术人员不是群众,走群众路线,就是排斥科学技术人员,则是完全错误的。""如果把老专家和青年专家对立起来,似乎只有青年是群众,专家不是群众,走群众路线,就要排斥专家,则是完全错误的。"紧接着就得出结论说:"科学技术人员,老科学家、老工程师、老教授,肯定是属于群众的一部分,在科学技术工作中贯彻群众路线,不仅不应该排斥他们,而且一定要充分发挥,他们的积极性和作用。"

"许多同志提出要把群众路线和突击式的群众运动区别开来,这个意见是好的"。

请听,这就是聂荣臻关于群众路线问题的有名讲话中最有名的部分。他究竟要说什么,耍了什么把戏呢?聂荣臻在这里故意避开了要不要充分相信群众、依靠群众,坚决反对资产阶级知识分子在科技界的垄断权,粉碎他们对群众的压制和束缚这一重要问题,竟说什么专家也是群众呀,不要对立起来呀等等。好一副貌似公正的面孔,好一副替资产阶级帮腔的态度，好一副对广大群众蛮横的凶相！

聂荣臻虚晃一枪后，通过强调充分发挥专家的作用，就把问题的重点落实到"专家"上，突出了"专家"，把群众路线说成充分依靠"专家"，实际上是鼓吹不折不扣的资产阶级专家路线。

为了进一步向资产阶级"专家"交心，聂荣臻更明确地补充说："要把群众路线和群众运动分开"！聂荣臻的确发挥了绝顶聪明的"才智"，又做出一个新颖的"创造"：没有群众运动的群众路线！好一个绝妙的"创造"！毛主席说："什么工作都要搞群众运动，没有群众运动是不行的。""在群众、领导干部与专家的关系上首先是大搞群众运动。"聂荣臻却公然违抗这一指示，把群众路线与群众运动分开。正是这样，多年以来，群众路线在聂荣臻那里只是一个名词，专家路线独有的代名词。无怪乎今年年初，当有人提出批判专家路线时，聂荣臻还神气十足地说："我从来不提专家路线"！当然了，对于聂荣臻，专家路线是采用另一个代号的！

聂荣臻靠诡辩术完成他的"理论"，又靠他的"理论"使专家路线合法化，使资产阶级知识分子统治科技界的现象合法化。

多年以来，在专家路线的掩护下，大批未改造好的资产阶级知识分子、阶级异己分子、叛徒、特务、国民党员被拉入党内，有些被安插到领导岗位，掌管了科研教育重要职权和国防核心机密。正如群众中广泛流传的两句话所说的："只要技术强，入党有保障"，"技术领导入了党，党委常委准能当。"事实也正是如此。

聂荣臻在广州会议上说："许多科学家建议要搞科学顾问团，参与国家重大科学技术工作问题的研究和讨论，这个建议很好。"接着，成批的资产阶级知识分子、反动教授们和国民党的残渣余孽便纷纷出笼，得意扬扬地登上了××技术委员会、××学会、××学部、××专业组、××顾问团的宝座。

聂荣臻说："对于具体型号方案，涉及科学技术问题，我要听×××和各位专家的。""研究室一级要由五六至五八年毕业生、留学生等人员当家，设计部一级由老专家当家，老工人、老技师要归队。"家、家、家，就是没有广大工人！就是没有一般的技术人员！

在科技问题上，大至科研方向、小至技术措施他们连发言权都没有，更谈不上什么领导地位，聂荣臻极力排斥他们参加管理，明确规定要他们"归队"！正如姚文元同志所揭示的："革命的工人、农民、战士的地位都应当摆得很'低'，岂但低，简直应当打进地狱，压至最底层，永世不得翻身，而摆得很高很高以至极其崇高的，是那一大串的资产阶级'家'。"

毛主席指出："在某种意义上说，最聪明、最有才能的，是最有实践经验的战士。"又在最新指示中说：要"走上海机床厂从工人中培养技术人员的道路。"聂荣臻完全相反，根本不把工人群众放在眼里，在他看来，怎么可以把普通工人和高贵的专家相提并论！按照他陈腐老朽的资产阶级观点，普普通通的工人们发明、创造出那么多使资产阶级权威老爷们怎么也搞不出来的东西，这简直是不可想象的事情，根本是不该发生的事件！正是在聂荣臻这种专家至上、目无群众的资产阶级思想、作风的影响和带动下，科委系统中出现了许多蔑视群众、颠倒历史的恶劣现象。七机部某负责人曾说："试验很危险，要炸就炸死一些战士，可千万别炸死技术人员"！北航的旧领导和资产阶级"权威"只把研究室的教师称为技术人员，把广大的工人和实验员却称为"劳动力"！在这些老爷们的心目中，广大的工人、战士只不过是会说话的工具，他们的生命又算得了什么？！这些老爷们的灵魂是何其肮脏，他们对广大群众又是何等冷酷无情。聂荣臻为推行他的专家路线便竭力否定群众运动。他说："科学机构中的研究工作，能不能搞突击式的群众运动呢？这些问题需要根据几年来的经验教训，仔细分析，做出总结。现在，研究得还不够成熟，还不能做出全面的结论。但是过去有一些工作方法，现在看来，是不恰当的。"真是高高举起，轻轻放下！前句话倒蛮漂亮，说要总结经验，可是一落实，便是全盘否定，"不恰当"，到头来，群众运动不行！

聂荣臻又说："过去几年，学校的科学研究工作，是有成绩的。问题是一个时期，在某些学校中采取了一些不恰当的搞法，如打乱教学秩序，发动大批低年级学生搞科学研究，研究任务安排过多，要求过高等等，这是要纠正的"。结果又是不行！打乱了资产阶级教学秩序，不行！大批低年级学生参加科研，不行！研究任务要求"过高"，不行！一句话，科研中搞群众运动不行！就连北航进行教育革命探索，发动群众搞一个新型号，他们开头也是说不行！

毛主席指示说："进行无产阶级教育革命，要依靠学校中广大革命的学生，革命的教员，革命的工人，要依靠他们中间的积极分子，即决心把无产阶级文化大革命进行到底的无产阶级革命派。"科委聂荣臻等人却对群众运动总是极力压制和反对。相反地，对于资产阶级"权威"，聂荣臻却百般爱护和关怀，为这些资产阶级知识分子创造自由乐园。他说："各个专业学会是开展学术活动，发扬学术民主的重要场所，应该很好地发挥它们的作用。"大家知道聂荣臻所说的专业学会纯粹是资产阶级知识分子的自由王国，变成他们随心所欲地进行个人钻营的领地，变成他们散布资本主义毒素、腐蚀青年、为资产阶级争夺接班人的场所，变成他们大搞资本主义复辟活动向无产阶级进攻的裴多菲俱乐部。这些被资产阶级老爷们控制的学术团体完全排斥广大工人和技术人员，不但学会"理事"和"委员"中没有一个工人和普通技术人员，而且广大群众参加学术活动的权利也被剥夺了。现在是彻底砸烂这些反动学会的时候了！

聂荣臻又说："报刊应该发表争论各方面的意见，成为学术上百家争鸣的园地。在学术问题上，技术问题上，无论是领导干部或者不是领导干部，大家一律平等，都可以自由发表自己的意见，批评别人的意见。"

听！聂的这副腔调是多么动听啊！可是，在科技界广大群众受资产阶级老爷百般压制的情况下，在他们的才智和积极性被束缚和压抑的情况下，在他们实际上处于无权的最底层的情况下，聂荣臻宣扬这套"自由""争鸣"不是在欺骗愚弄广大群众吗？这些年的事实表明，聂荣臻所说的自由，正是资产阶级知识分子争名夺利、钩心斗角，兜售黑货的自由，无产阶级广大群众只有被压制、被资产阶级老爷们使用和愚弄的自由！聂荣臻玩弄的这种"自由"的美词不是效忠资产阶级反对无产阶级又是什么呢？！他这种为资产阶级"专家""权威""舐皮靴的文明样子"再清楚不过了！

综上所述，聂荣臻多年来在国防科研和教育战线上的两条路线斗争中，紧紧追随中国赫鲁晓夫、忠实执行了中国赫鲁晓夫的反革命修正主义路线，严重地干扰和破坏了毛主席的革命路线。聂荣臻批发了大量修正主义黑货，给国防科研和教育事业造成巨大损失、替资产阶级大效犬马之劳，真不愧为刘邓在科技和教育战线上大搞资本主义复辟的一员得力的干将。

聂荣臻所作所为，彻底撕破了他把自己装扮成科技战线上正确路线化身的假面具。所谓聂荣臻"一贯正确""一贯高举"，完全是骗人的鬼话，所谓聂荣臻是"红线代表人物"，完全是无耻的捏造，所谓国防科委对下的领导一直是红线占主导的"红线论"，完全是虚伪的谎言！聂荣臻等人炮制这种"红线论"不过是为了抵制毛泽东思想、反对在无产阶级专政条件下继续进行革命、反对群众性的革命大批判、极力保存中国赫鲁晓夫的反革命修正主义科技和教育路线、在国防科委系统中大搞右倾翻案而使出的一种狡猾的伎俩而已，这种"红线论"本身就是不折不扣地反对以毛主席为代表的红线的。

毛主席说："世界上一切革命斗争，都是为着夺取政权，巩固政权。"多年来，国防科研和教育战线上的两条路线斗争也正是紧紧围绕着政权问题进行的，资产阶级千方百计地想通过"和平演变"的方式夺取政权。他们进行复辟活动的核心问题就是反对突出无产阶级政治、反对革命化、反对群众运动，一句话，就是要走苏修的道路：大搞技术第一、物质刺激、名利挂帅。在这方面，聂荣臻正是一个热心的鼓吹者、积极的推行者、当之无愧的代表者。多年以来正是他竭力要把国防科研和教育界引上苏联修正主义所走的道路，在搞"和平演变"上他确实对资产阶级做出杰出贡献，完全应该受到资产阶级真诚感谢和加倍奖赏的。

但是无产阶级却决不容许他搞这一套！毛主席谆谆告诫我们：不要忘记苏联复辟资本主义的惨痛教训。为了防止"和平演变"，避免资本主义在中国复辟、保证国防科研教育事业千秋万代不变颜色，我们坚决走伟大领袖毛主席指出的突出政治、革命化的道路，我们坚决高举革命批判的大旗，彻底砸烂中国赫鲁晓夫的反革命修正主义路线,彻底清算聂荣臻在国防科研和教育界犯下的罪行,肃清他散布的大量修正主义流毒!

千钧霹雳开新宇,万里东风扫残云!为了把国防科研、教育阵地真正变成战斗的无产阶级阵地、变成红彤彤的毛泽东思想大学校,让我们坚定不移地沿着毛主席最新指示所开辟的革命航道胜利前进!

十一、批刘志坚

打倒三反分子刘志坚!

红扫帚

《红旗》第 57 期, 1967 年 8 月 5 日

"混进党里、政府里、军队里和各种文化界的资产阶级代表人物,是一批反革命的修正主义分子,一旦时机成熟,他们就会要夺取政权,由无产阶级专政变为资产阶级专政。"

刘志坚就是这样一个反革命修正主义分子。他是中国的赫鲁晓夫刘少奇、邓小平之流的忠实信徒,是刘少奇在我军里的代理人彭德怀、罗瑞卿的同僚死党,是刘邓反动路线在我军里的代言人。他一贯反对毛主席,反对毛泽东思想,反对毛主席的革命路线,在无产阶级文化大革命中,更是两面三刀,极尽投机取巧之能事,顽固地推行刘邓资产阶级反动路线,恶毒诬蔑和攻击高举毛泽东思想伟大红旗的中央文革小组,镇压军内文化大革命。他罪恶滔天,罄竹难书。现在我们将他的三反罪恶事实摘要公布于众,供同志们批判。

刘志坚一贯反对毛主席,反对毛泽东思想

毛主席是当代最伟大的马列主义者,是当代无产阶级最最杰出的领袖。毛泽东思想是当代马列主义的顶峰,是最高最活的马列主义。对待毛主席的态度,对待毛泽东思想的态度,是革命和反革命、马列主义和修正主义的试金石。刘志坚同刘少奇、邓小平、陶铸、彭真、彭德怀、罗瑞卿等党内、军内最大的一小撮走资派一样,一贯万

分仇视我们伟大的领袖毛主席，一贯疯狂地反对光焰无际的毛泽东思想。

1. 刘志坚在历史上就是反毛主席的。在长征途中，当叛徒张国焘阴谋袭击中央红军，妄图杀害毛主席时，他就在这个关键时刻投靠了张国焘，画漫画辱骂毛主席，成了可耻的叛徒。他还与李伯钊合伙写歌词骂毛主席和周总理等人。

2. 一九六二年，在扩大的中央工作会议上，毛主席、林副主席都做了重要指示，而刘少奇却做了一个攻击三面红旗，散布修正主义思想的坏报告。刘志坚为了表示他对刘少奇的忠心，竟然两处把刘少奇列到我们伟大领袖毛主席的前面，并吹捧刘少奇的这个坏报告"是干部必须学好的主要内容。"

3. 一九六五年的一次会议上，他讲一个题词时，有七处作了指引，有四处引用反党分子罗瑞卿的。在引用顺序上，把罗瑞卿放在第一位，最后才是毛主席，是可忍，孰不可忍！

4. 一九六四年，刘下部队回来，在一次党委会上说毛主席的"开调查会是过时了，现在就是要下去蹲点……"这是和刘少奇相呼应，攻击毛主席。

5. 一九六四年，刘在长沙参观了毛主席创建的"船山学社"展览，回来后就露骨地诬蔑说："毛主席对文化教育方面系统的指示还没有。"

6. 刘居心险恶，竟然狂吠对毛泽东思想要"一分为二"，胡说什么最高指示有"正确的"，也有"错误的"，真是反动透顶。

7. 刘多次砍了毛主席语录的出版，与阎王殿旧中宣部勾结在一起，阻拦毛主席著作的印发。

8. 在我国遭受三年严重自然灾害，国内外一切牛鬼蛇神大刮阴风的时候，刘在全军宣传部长会议上总结时胡说什么："现在看起来，对毛泽东思想的提法，还是老提法好，不要穿靴戴帽。"恶毒攻击毛泽东思想和学习毛主席著作的群众运动。

9. 一九六一年六月二十三日，刘写了一个关于石家庄步校情况的考察报告，在这个报告中，恶毒地攻击学员学习毛主席著作是"不但脱离了学员的实际工作的需要,而且造成了许多糊涂观念。"并提出:"课程的基本内容可以是时事政策,连队政治工作,管理教育。此外可以酌情讲一些党的简史,党员修养。"他狗胆包天,公然把学习毛主席著作的课程砍掉,而塞上了刘少奇的《修养》这一黑货。其目的不是昭然若揭了吗?

10. 刘对抗林副主席指示,一九六一年勾结姜恩毅,复活谭政思想,反对把毛主席著作作为院校政治教刁育教材,硬要搞三门课(党史、社建、政工)的教学指示,规定章节、要点,下发院校,作为政治教育的依据。他借口部队政治教育内容多,反对部队政治教育以毛主席著作为主要教材,说什么"用毛主席著作为主要教材不行,必须另编教材。"他还反对战士读毛主席的书,一九六二年初,在一次听汇报时胡说什么:"业余时间由战士自由支配,提倡就等于下命令,你提倡谁敢不学呢?因此,不要提倡,战士愿看什么就看什么。"用心何其毒也!

11. 刘胡说什么"高级干部学习毛著方法很多,不一定读毛主席的书,开会看文件,写文件都是学习毛著。"他明目张胆地反对群众和干部读毛主席的书,却叫他们去学习刘少奇《修养》之类的黑货。在一九六三多年三月十九日的电话会议上,他竟然规定:"今后干部轮训,应以少奇同志的报告作为主要学习内容,结合学习两本书《社会主义建设的几个问题》和《党的生活的几个问题》。"这两本书摘引了许多刘邓讲话,有的专题中几乎都是摘自刘少奇的讲话。

12. 一九六六年全军政工会议确定,每年四好初评、总评要宣讲《古田会议决议》,但是,刘在起草一九六六年四好总评通知时,却以宣讲文件多为借口,不同意宣讲《古田会议决议》。千方百计地抵制学习毛主席著作,猖狂地反对毛泽东思想。

13. 一九六三年十二月毛主席对文艺工作做了极其重要的指示,批评许多共产党员热心提倡封建主义和资本主义的艺术,却不热心提倡社会主义的艺术,岂非咄咄怪事。他一拖再拖,不及时传达。而一九六四年,刘少奇找邓小平、陆定一、周扬开了一个黑会,在文艺战线上与毛主席大唱对台戏,他却在第二天就传达下去贯彻执行。更可恶的是他配合周扬攻击毛主席《在延安文艺座谈会上的讲话》这篇光辉的巨著"过时了",并大肆吹捧陆定一、周扬之流,胡说什么"中宣部关于文艺座谈会情况给中央报告分析很好……"

14. 一九六五年九月十五日在全军政治教育会议上,刘大肆攻击林副主席关于学习毛主席著作的二十一字方针,他胡说什么:"总之,我们理解,活学活用,用得着就学,用不着就不学,急用先学等等,都是解释'少而精'原则,怎么'少'法,怎么'精'法,就是学用一致。"在这里,他不仅歪曲了林副主席的指示,而且否定了毛主席的话"句句是真理"。真是罪该万死。

刘志坚反对林副主席,反对突出无产阶级政治

林副主席是毛主席最亲密的战友,最好的学生。对毛主席著作学得最好,用得最好,对毛泽东思想领会得最深。几十年来,他一贯最忠实、最坚定、最彻底地执行和保卫毛主席的无产阶级革命路线和军事思想。反革命修正主义分子刘志坚却猖狂地反对林副主席,反对突出政治。刘志坚同彭德怀、罗瑞卿之流一样,一贯反对毛主席的军事路线,解放以后更疯狂至极,他们妄图否定我军的历史经验和优良传统,只要资产阶级、修正主义的"正规化",不要无产阶级的革命化;力图取消党对军队的绝对领导,取消政治工作等等,妄图按照资产阶级、修正主义军事路线,改造我们的军队,使我军变成一支完全脱离毛泽东思想、脱离无产阶级政治、脱离人民群众、脱离生产劳动,为实现他们篡党、篡军的个人野心的工具。

1. 刘攻击毛主席"政治标准第一,艺术标准第二"的真理,一九六一年,他大肆宣扬什么"文艺作品到处受欢迎就是最高的政治,否则就是蹩脚的政治。"刘还胡说什么"现在迫切的问题是要强调专。红要落实到专上,红要保证专……我向'八一队'讲,你们提高技术打赢了球,为中国争光,就是政治,不然天天开会,学习,光输球,就是政治不高。"

2. 林副主席强调搞好人的思想革命化主要是活学活用毛主席著作,特别是活学活用"老三篇",而刘在一九六四年十一月七日全军

院校工作会议上却提出:"要认真学习刘少奇答江渭清的信和刘少奇的《修养》,作为武器,改造思想,改进作风。"与林副主席唱反调,公开吹捧刘少奇。

3. 一九六四年,林副主席关于突出政治的指示,是反对反党分子罗瑞卿资产阶级军事路线的。这个指示是交给刘带回北京,他是很清楚的,可是他却玩弄两面手法,一方面接受林副主席的指示,一方面又参与反党分子罗瑞卿篡改这个指示的罪恶活动,先后达八次。在斗争罗时,他却把自己打扮成扛红旗的旗手,欺骗了林副主席和群众。其实,他是反党分子罗瑞卿的帮凶,反对林在副主席,反对突出政治。

4. 刘恶毒污蔑和攻击林副主席关于突出政治的指示,说什么这个指示人们"接受不了",政治挂帅是空头政治。他追随罗瑞卿,反对突出政治,宣扬军事第一,技术第一,说什么"要依靠训练来提高战斗力"。长期以来,他顽固地推行以彭德怀、罗瑞卿为代表的资产阶级军事路线,反对毛主席的军事路线。

刘志坚是彭德怀、罗瑞卿的死党

刘志坚是彭德怀反党集团的漏网分子,是彭德怀的死党,同篡党篡军大野心家罗瑞卿是一丘之貉。在一九五九年庐山会议上,批判彭贼反党集团时毛主席说:"庐山出现的这一场斗争是一场阶级斗争,是过去十年社会主义革命过程中资产阶级与无产阶级两大对抗阶级的生死斗争的继续。"就在这场斗争以后,刘多次为彭贼出书立传,妄图为彭贼翻案,为彭贼东山再起制造舆论。

一九五七年刘写了一篇吹捧彭贼的回忆录《野火烧不尽》,这是一棵反毛泽东思想的大毒草,他竟然于一九六一年再次在《中国青年报》上发表,一九六四年又选入《星火燎原》一集二版。《星火燎原》一集中竟收集了二十二篇吹捧彭贼的文章,并一版再版,把彭贼-吹捧成"平江人民的救星"。这是刘志坚贼心不死,坚持资产阶级反动立场的铁证。

刘志坚伙同反党分子吴自立利用举办展览会、拍摄电影,编写史料等继续吹捧彭贼,为彭贼树碑立传。一九六〇年刘同吴密谋拍摄为彭贼翻案的电影《平江怒潮》(后改为《怒潮》),以后他要总政文化部和"八一"厂帮助修改,于一九六二年由"八一"厂拍成电影。这棵大毒草出笼后,受到群众的抵制和批判,他追随罗瑞卿却大为叫好,并对群众的批判进行压制。

刘志坚是篡军分子罗瑞卿的吹鼓手和积极支持者,他们完全是一丘之貉。罗瑞卿在审定《毛主席语录》前言时,公开反对我们最最敬爱的领袖毛主席,罗说:不能提"毛泽东思想是最高最活的马克思主义"。罗坚持要删掉这句话,他在场却以不表态而默认之。一九六五年上海会议把罗揪出来了以后,他仍不揭发。

在民兵工作中,他完完全全、彻彻底底地执行罗瑞卿反毛主席的一套主张,并竭力为罗涂脂抹粉。一九六五年十月他在一次会上颠倒黑白,把部队拼凑"尖子"说成是"训练成绩扎实",把四好连队大幅度下降说成是"四好连队上升",把部队歪风邪气上升说成是"部队的自觉性有所提高",替罗一九六四年搞大比武,反对突出政治开脱罪责。

刘志坚是刘邓资产阶级反动路线在军内的代言人

1. 一九六六年六月初刘少奇抛出资产阶级反动路线,提出向各大专院校派工作组镇压轰轰烈烈的文化大革命群众运动,刘志坚马上站在刘少奇这一边,极力支持派工作组,大肆抽调军队干部参加地方工作组,同时还向军队院校派了三十六个工作组,妄图一举扼杀无产阶级文化大革命。

2. 一九六六年六月底,陈伯达同志提出撤工作组,刘口头表示同意,但事后在刘、邓主持的中央会上,陈伯达同志受到刘邓等人压制围攻时,他却站在刘邓一边,反对陈伯达同志。毛主席批评刘邓派工作组的错误时,刘两次在场听;七月二十五日毛主席决定撤销工作组,他狗胆包天,竟与毛主席唱反调说:"工作组起了好作用",并于八月二日打电话给谢镜忠说:"军队院校与地方院校不同,工作组不但不撤,还要加强。"

3. 八月五日，毛主席亲自批了测绘学院杨寅田同志揭发该院在文化大革命中是世外桃源的大字报，毛主席用特字号标题印大号字发给十一中全会到会同志阅读，这是毛主席对部队文化大革命冷冷清清的批评，也是给部队敲警钟，事后全军文革部分同志要去测绘学院支持杨寅田革命精神，为他平反，刘竟指责他们说："不要太积极了。"

4. 刘在文化大革命中，顽固地站在资产阶级反动立场上，疯狂围剿革命派，恶毒诬蔑革命的群众运动，罪恶累累。早在文化大革命初期，他诬蔑革命的群众运动是"乱打，乱斗，打击面太宽，引起恐怖"，反复说："出现这种情况，是有反革命分子在幕后指挥"，"现在发现有地下指挥，真正的右派还没出笼""要组织纠察队""打击右派"等等，完全颠倒是非，混淆黑白，围剿革命派。一九六六年六月二十五日，他说：现在有些人"利用黑帮把我们党搞臭，实际上是反党反社会主义"，"现在已经发现坏分子捣乱"，"我们要顺蔓摸瓜，把真正反党分子摸出来"。恶毒攻击革命群众斗争党内走资派的革命行动，保护一小撮走资派，把斗争矛头完全指向革命群众。去年十一月份发生军事院校部分学员冲国防部问题。林副主席、周总理、中央文革多次指示要对造反派群众做好思想工作，指出冲国防部是错误的。但他利用此事疯狂镇压革命派，他说："叫他们冲就好了，冲进大楼更好，谁冲进来我们就抓谁。"还叫嚷"抓扒手"，"将来是要算账的！"

5. 十月五日，中央军委"紧急通知"解放了广大的革命派群众，掀起了批判刘邓反动路线的高潮，他不仅更狠狠地镇压革命群众，而且恶毒地攻击"紧急指示"是"不够慎重"，"有副作用"，"把革命师生斗争目标引向专搞材料"。还胡说什么："十月五日'紧急指示'是毛主席听了陶铸在二医大学习的女儿汇报后，受了她的影响，林副主席也感到很大压力，所以就匆匆忙忙发出来了"。他把攻击的矛头指向我们伟大的领袖毛主席和他的亲密战友林副主席，真是混蛋透顶，万罪不赦，打倒刘志坚！

十二、批陈再道

向陈再道之流讨还血债

本报记者述评

《红旗》第 54 期，1967 年 7 月 26 日

　　武汉地区的反革命组织"百万熊尸"和"8201"的一小撮混蛋，在陈再道这个反革命分子的操纵和指挥下，竟然绑架、殴打、游斗中央派往武汉的代表谢富治同志、王力同志以及我北航红旗战士。

　　消息传来，首都革命派无比愤慨！

　　二十一日下午，全院革命师生高举红旗，高唱战歌，顶着倾盆大雨，上街游行。"誓死保卫毛主席！誓死保卫中央文革！""打倒陈再道！""还我战友！"激昂的口号声此起彼伏、直冲云霄。大雨虽然湿了同志们的衣服，但却浇不灭这战斗的火焰！

　　第二天上午，全院革命师生发扬了"勇敢战斗、不怕牺牲、不怕疲劳和连续作战的作风"，又踏上了去西山的道路。七月的烈日似火烧，汗水浸湿了同志们的衣服。一路上，群情激昂，口号震天。坚决支持武汉造反派战友，愤怒声讨陈再道之流！

　　首都红卫兵和革命群众连日来倾城出动，上街游行，充分表现出誓与武汉的革命造反派并肩战斗的坚定信心。

　　二十五日下午，首都百万革命群众在天安门广场和东西长安街举行了盛大的集会，热烈欢迎谢富治同志和王力同志光荣归来。我们的伟大领袖毛主席的亲密战友林彪同志和周恩来、陈伯达、康生、李富春、江青等同志出席了大会。北航红旗战士井岗山同志在会上介绍

了武汉的斗争情况。首都和武汉的无产阶级革命派的代表先后在会上发了言。

会后，首都百万群众举行了声势浩大的游行示威。

这是一股铁流，是毛泽东思想的火车头带动下的革命的洪流。

这是真正的铜墙铁壁。王任重、陈再道之流只不过是几只碰壁的苍蝇。那些妄图阻挡住人民革命的洪流的小丑们，一定会被碰得头破血流！

武汉，是毛主席的武汉，是造反派的武汉！一个红彤彤的新武汉，一定会在暴风雨中诞生！

十三、批王恩茂

王恩茂是刘邓在新疆的代理人
——反革命修正主义分子王恩茂三反罪行简介

新疆红二司八一农学院革命造反兵团

《红旗》编辑部，新疆红二司《红卫兵》编辑部，1967年8月29日

一、过去十七年，执行反革命修正主义路线，三反罪行累累

1. 在伟大的土改运动中，王恩茂推行右倾机会主义路线，大搞"和平土改"。毛主席说："土地改革的目的，是消灭封建制度，即消灭封建地主阶级。"而王恩茂却说："我们的各级领导，千万不要忘记，土改的基本目的，就是为着发展生产。"并宣传什么土改要得到地主阶级的"拥护"，王恩茂在土改中抹杀两个阶级的斗争，在政治上对地富分子不做坚决的斗争，在经济上又加以保护，当时全疆进行土改的六十个县市，有一半左右的地富都被漏划掉了。当时，他鼓吹"新疆有的农业区没有地主"，于是只搞了什么"土地调剂"。对地富分子，王恩茂强调要"缩小打击面"，结果全疆被镇压的恶霸地主仅仅只有五个。在经济方面，他规定：地富分子的住房和房内的陈设也不要分配给贫下中农。王恩茂完全推行了刘少奇及其走狗习仲勋的长期保存富农经济的反革命修正主义路线，竭力反对毛主席的革命路线。

2. 反对毛主席的阶级斗争学说，鼓吹阶级斗争熄灭论。解放后，王恩茂在一系列的民主改革中，推行修正主义路线，不讲阶级斗争。在一九五六年党的八大会上又和刘少奇同唱一个调子（参看八大文

件）。王恩茂在一九五七年和一九五八年仍然多次地在党的重要会议上强调："自治区和全国一样，阶级斗争已基本消灭，敌我矛盾已基本解决。当前主要矛盾则表现为领导同群众之间的矛盾。"我们的国家"是消灭了阶级和剥削同时也消灭了民族压迫的国家"。"民主改革和社会主义改造胜利以后，又消灭了阶级和剥削。"他借自治区人代会一位妇女代表的话，说自治区"找不到一个反对党和人民政府的人。"还说什么"过去说人皆可以为尧舜，现在可以说人皆可以为马列。"企图以这些"全民国家""全民党"的黑话来使人们忘记阶级斗争，忘记无产阶级专政，麻痹人民的斗志，其目的就是为"和平演变"，复辟资本主义制造舆论。

王恩茂在牧区长期不划阶级，不组织阶级队伍，不进行阶级斗争。结果就使一批牧主、富牧和部落头目混入了党的组织和干部队伍，对贫苦牧民实行了资产阶级专政。当有人提出这些问题时，王恩茂却津津乐道地说："苏联就是这么做的。"直到一九六二年区党委开会，有人再次提出牧区应划分阶级时，王恩茂仍然说："要请示少奇同志。"结果还是不划阶级。

3. 在三年困难时期，煽动干部大肆放毒，为复辟资本主义大造舆论。在三年困难时期，自治区办了三期三级干部轮训班。轮训班一开始，王恩茂就动员说："在学习中要坚决贯彻'三不'的精神"。他在三干班开办期间带头借刘少奇的话大放其毒，胡说什么当时出现暂时经济困难的原因是"三分天灾，七分人祸"，"人民公社迟办几年也可以，但是已经办起来了怎么办？！"诬蔑五九年反右倾斗争"过火"了，"党的生活是残酷斗争，无情打击。"等等。在他的煽动之下，三干班顿时被搞得乌烟瘴气，向党向社会主义向毛泽东思想发动了一次猖狂的进攻，但是王恩茂听了许多极其恶毒的三反言论后，不但不批评，不制止，反而火上加油地说："有什么讲什么，敢于发言很好。讲出来的意见，都是一些很大的问题，路线问题，原则问题，中央毛主席的问题。""有气出了好，对不对另外分析。"

4. 在农业上推行"三自一包"，鼓吹修正主义的"五好"纲领。在三年困难时期，王恩茂亲自在三干会上动员搞复辟资本主义的

"三自一包"。会后又派了工作组,结果农牧区资本主义大肆泛滥。如阿尔泰专区(牧区)一地就把××多万头,即相当于三分之一的集体牲畜分给社员作了自留畜,以致有的一家一户就有几十头甚至上百头的羊。而机关干部中百分之八九十的人种自留地,不下乡工作。可是王恩茂一九六二年去阿尔泰检查工作时,竟表扬"阿尔泰的工作做得好"。近年来,在发展农业生产上,王恩茂极力鼓吹他的"建设社会主义新农村"的修正主义纲领——"五好"(即好条田、好渠道、好林带、好道路、好居民点)。在这"五好"之中,全是物资和技术,没有毛泽东思想,没有四个第一,没有大寨精神。在农牧场建设方面,他主张利润挂帅,提出"办好农牧场的标准,就是看你赚钱不赚钱,是盈利还是亏损。"甚至在一九六二年他还提出了一个"有多少粮食就有多少马列主义"的极其荒谬的论调。

5. 抵制毛主席的文艺路线,推行修正主义的文艺黑线。在三年困难时期,《海瑞上疏》《海瑞罢官》《谢瑶环》《李慧娘》等黑戏在自治区大量出笼上演,王恩茂不但不予制止,反而十分赞赏。一九六三年十二月,毛主席对文艺界提出尖锐批评后,王恩茂却继续推行周扬的修正主义文艺黑线。他在一九六四年二月《自治区戏曲革新座谈会》上讲话时,把大毒草《绿洲凯歌》《两代人》《阿娜尔罕》和《冰山上的来客》等都说成是"伟大的社会主义时代的好剧本。"他鼓吹先"立"后"破",继续贩卖超阶级的"有益无害论",主张凡是有"进步意义的","可以从中吸取历史教训的","能帮助我们增加历史知识的"古代戏都可以演。

6. 抵制、反对群众性的毛主席著作学习运动。王恩茂没有认真地抓过毛主席著作的学习。区党委干部向他提出订个干部带头学习毛著制度的建议,他不采纳。他下乡社教期间,从来不读毛主席著作,而当社教干部要求组织社员学习毛著时,他却说:"那不见得吧!好好学习双十条就行了!"一九六三年底,区党委组织地委书记及厅局长干部自修班时,他做了一个《决定》,要"自修班用少一半时间学习毛主席的三篇哲学著作,用更多的时间去读马、恩、列、斯的著作。"更加令人不能容忍的是,当一九六四——一九六五年西北地区广大革命群众买不到《毛主席语录》时，他却伙同刘澜涛，狗胆包天，把印刷《毛主席语录》的纸用去印刷什么《学习文件》实际上就是刘澜涛、王恩茂文集，数量达二十万册以上，在西安、兰州等地大量发行。王恩茂还企图用刘少奇的黑货来抵制群众学习毛主席著作，一九六五年春，他说："学习毛主席著作的提法不够全面，因为学习毛主席著作的提法，不能包括毛主席未发表的指示、党内文件和党的方针政策。将来少奇的选集出来了，也是宣传阐述毛泽东思想的。"其用心何其毒也！

7. 贬低毛主席的伟大形象，极力树立个人威信。长期以来，特别是一九六二年以来，王恩茂利用报刊、电台，大量地不断地发表他的文章、讲话、报告，刊登他的活动照片，甚至在报刊上用"王恩茂同志号召全党、全民……"之类的词句来抬高自己与毛主席党中央相提并论。一九六五年，他借《自治区十年成就展览》之机，又一次大树他的个人威信。整个农业展览馆只有两条毛主席语录，而却把他写的"前言""农业十二条"和民族政策的文章等都摘录出来，到处展出，全展览馆只有毛主席照片六张，而王恩茂的照片竟达二十一张。平时有人对他的吹捧和歌颂，如说什么"王书记是新疆八百万人民的领袖"，"中国有个毛主席是中国人民的幸福，新疆有个王恩茂是新疆人民的幸福"，"王书记万岁！"等等，他听到后都咧嘴一笑，全能领受。这充分说明王恩茂心目中，没有我们最伟大的领袖毛主席，而一心想在新疆称王称帝。

8. 推行任人唯亲、招降纳叛的组织路线，与党的干部政策相对抗。王恩茂为了树立他的独立王国，在干部问题上与党的任人唯贤、德才兼备的政策相违抗。长期以来，大搞宗派活动，竭力培植私党，到现在，自治区厅、局、部、委，各专、州、县、市级的主要领导干部，都以王的亲信为主。至于兵团和军区，那就更用不着说了。为了结党营私，王恩茂对其老部下，一贯采用包庇、重用的办法，如吴鉴群、黄浴尘、张仲瀚、贺劲南、林渤民等反革命修正主义分子，道德败坏分子，都是王恩茂一再包庇、重用的人物。长期以来，王恩茂使用民族干部，走的是地富路线，高级民族干部中大多数是里通外国分子、地方民族主义分子、地主、牧主，以致一九六二年伊塔事件中，有不少厅局长、专县长都相继外逃，或向苏修提供情报。相反，凡是在王家宗派以外的干部，稍不如意，王便加以打击排挤，甚至横加罪名，进行陷害。

9.对苏修卑躬屈膝，实行投降主义。五九年以前，王恩茂不顾一个主权国家的尊严，每逢自治区召开人代会和政协会，都要让苏领事馆人员列席，有事还同苏方商议；每年要派人向苏方介绍我党政策和自治区各方面情况；私自赠送和准许苏方订阅我内部刊物多种；甚至由他和赛福鼎私自决定将我党内机密刊物《党内生活》按时送给苏领事馆，对苏籍干部，姑息养奸，长期不做认真处理。一九六一年后，我与苏修矛盾已公开化，但王恩茂与苏修之间，仍然态度暧昧，不做坚决斗争。六一六二年伊犁副领事和秘书，曾四次去塔城煽动我边民外逃，王恩茂却根本不加制止。六二年伊塔事件发生后，我外交部明确指示：在苏方"五一"招待会上，要在乌市和伊宁两地同时向苏方提出抗议，但王恩茂却不予执行，俨若新疆是苏修的殖民地。

二、文化革命开始后，顽固执行资产阶级反动路线，抗拒文化大革命，镇压革命群众运动

10、执行彭真《二月提纲》抵制中央五·一六《通知》。去年二月反革命集团头子彭真抛出了他的《汇报提纲》。这个反革命修正主义的提纲，立即被王恩茂视若至宝，马上开会研究，随即下达，全力贯彻执行，直到五月底，自治区还在搞纯学术批判。由毛主席亲自主持制定的伟大历史文件五月十六日的《通知》发下后，王恩茂则迟迟不向下发。相反，王恩茂却背着中央，自己另外提出了一个新疆要挖"三条黑线"的口号，以此来与中央的《通知》相对抗，以力图扭转这次运动的大方向。六月，王恩茂与刘澜涛等人一起，在西安镇压了西交大的文化大革命运动。随后又不顾毛主席六月在杭州会议上关于"不要急急忙忙派工作组"的指示，相继向自治区各学校派出了工作组，实行"打击一大片，保护一小撮"的资产阶级反动路线，把刚刚发动起来的轰轰烈烈的文化大革命运动打了下去。

11. 吹捧刘少奇，保主子过关。自文化大革命开始以来，王恩茂就别有用心地极力吹捧刘少奇，妄图阻止人们对刘少奇的揭发和斗争，保其主子过关。去年三月，刘少奇来新疆时，王恩茂就说："刘少奇同志是马列主义理论家、实践家。""是工人运动杰出的领袖。"说刘到新疆"是各族人民的最大幸福。"并动员三十万人倾城欢迎，犹如欢迎外国元首访问一般。六月，王恩茂为了保其主子过关，利用当时正在西安召开的西北局扩大会议，大肆吹捧中国的赫鲁晓夫刘少奇，他把刘少奇吹捧为"毛主席的亲密战友"，又说"刘少奇在党的第七届全国代表大会上，全面系统地正确地阐述了毛泽东思想，一贯最忠实地、最坚决地贯彻毛泽东思想。"甚至还在他起草的关于学习毛主席著作的决定中，说什么"学习刘少奇的著作，是学习毛主席著作的不可分割的一部分。"当刘少奇的问题已开始暴露了的时候，王恩茂如此卖力地吹捧刘少奇，其狼子野心不是昭然若揭了吗？

12. 挑起"九·三"事件，镇压革命群众运动。去年八月，王恩茂开八届十一中全会回来后，不是首先向下传达这次全会的精神，传达《十六条》，传达毛主席的指示，而是一回来就急急忙忙地抛出了他的什么"十点意见"和"十二点意见"，以此来对抗《十六条》，扭转运动的大方向。在震动全疆的"九三"事件中，把《炮轰区党委》的革命大字报打成"反革命的动员令"，并调动大批不明真相的工农群众、机关干部以及军区人员围攻无产阶级革命派，把革命小将打成"反革命"。甚至当毛主席的"九·七"指示下达后，对革命师生的围攻仍在继续。王恩茂之流马上向各学校派去了"三大员"，操纵各校文革组织，整理革命群众的黑材料，大规模地镇压革命群众运动。

三、在两个阶级、两条道路、两条路线斗争的关键时刻，大搞资本主义反革命复辟，血腥镇压革命群众

13. 为"一·二六"事件定了一个黑案。在今年一月，当无产阶级革命派向党内一小撮走资本主义道路当权派夺权的关键时刻，在王恩茂，丁盛之流的策划下，石河子发生了武装屠杀革命群众的"一·二六"事件，随后又利用《十二条》对革命造反派进行迫害，

实行白色恐怖。把刚刚发动起来的文化大革命打了下去，使兵团成了王恩茂复辟资本主义的战略基地。

14. 刮起三月黑风，全面复辟资本主义。当全国刮起二月黑风时，王恩茂首先在北京向新疆革命造反派代表提出了"十一个问题"，从此开始了向革命造反派的反攻倒算。到了三月，从三干会开始，全疆刮起了一股黑风，王恩茂之流利用三支两军的机会，有计划，有步骤地执行了拿枪杆子的刘邓路线，把革命造反派重新打成"反革命"，把已经垮台的保守组织重新扶植起来，捧为"真正的无产阶级革命派"，把那些已被群众揭出斗臭的走资本主义道路的当权派，执行资产阶级反动路线的顽固分子以及一些有严重错误的人，均一律扶植上台，官复原职，并勒令造反派向他们交权。恢复旧秩序、旧章法，这是王恩茂大搞资本主义复辟的铁证。

15. 挑动武斗，对革命造反派进行血腥镇压。从今年四月，特别是五月以来，王恩茂之流到处对革命造反派实行了残酷的资产阶级专政，下毒手对革命造反派进行了一系列的血腥镇压。在王恩茂、张希钦之流的策划下，兵团《八野》《联总》和《红造部》等保皇组织，用木棒、铁棍、长矛、手榴弹、汽油瓶、燃烧弹、枪支、六〇炮、八二炮、火焰喷射器、推土机、喷沙机等武器在乌市和全疆各地制造了"四·一六"人民广场流血事件、"五·八"新疆日报社流血事件、"六·四"米泉流血事件、"六·二四"血洗八农、"七·二七"血洗新医、"八·一四"喀什惨案等成百次骇人听闻的大规模流血事件，成千上万革命造反派战士牺牲，王恩茂对人民欠下了累累血债！

16. 把矛头指向新华分社，企图向中央封锁消息。去年以来，特别是自今年三月以来，王恩茂之流千方百计对新华分社实行封锁，唆使一些保皇组织如《红促会》对新华分社进行挑衅，冲击殴打、绑架、迫害新华分社记者。这是王恩茂之流大搞独立王国，大反中央，抗拒毛主席无产阶级革命路线，大搞资本主义复辟的又一铁证。

无数事实证明，王恩茂就是反革命修正主义分子，就是刘邓在新疆的代理人，就是自治区党内最大的走资本主义道路的当权派，是资本主义反革命复辟的急先锋！是屠杀人民的刽子手！必须坚决打倒！

十四、批潘梓年

关于揪斗潘梓年的声明

北航《红旗》，清华《井冈山》，矿院《东方红》

体院《体育战报》联合版，1967年6月3日

最高指示

世界上一切革命斗争都是为着夺取政权，巩固政权。而反革命的拼死同革命势力斗争，也完全是为着维持他们的政权。

当前，无产阶级文化大革命进入了两个阶级，两条道路，两条路线的决战关头，在此关键时刻，围绕着政权问题，无产阶级革命派和党内一小撮走资本主义道路当权派正在进行一场拼死的搏斗。我们，毛主席最忠实的红小兵和无产阶级革命派，在伟大历史文件《通知》的光辉照耀下，正在努力实现无产阶级革命派的大联合和革命的"三结合"，把矛头直指党内最大的一小撮走资本主义道路的当权派和积极投入本单位的斗、批、改，同时保持着高度的革命警惕，密切注视着社会上两个阶级、两条路线的剧烈斗争，把那些隐藏着的赫鲁晓夫一个个揪出来示众。

今天，我们把隐藏在我们身边的又一个赫鲁晓夫式人物——潘梓年揪出来了，这是毛泽东思想又一伟大胜利！

我们特此发表声明如下：

一、潘梓年是一个反共反人民的老手，是一个出卖革命利益的无耻叛徒，是一个鼓吹资产阶级学术的反动"权威"，是一个彻头彻尾的走资本主义道路的当权派。在文化大革命中，潘梓年之流在中国最

大的保皇派、反革命修正主义分子陶铸怂恿包庇下，在学部顽固执行刘邓反动路线。潘梓年之流又招降纳叛，结党营私，把黑手伸向一些机关学校，在那里扶植保守势力，分裂左派队伍，妄图篡夺无产阶级文化大革命的胜利果实，实行资本主义复辟。

今天，我们坚决把潘梓年这个不齿于人类的"狗屎堆"揪出来，斗倒！斗垮！斗臭！

二、以傅崇兰同志为代表的学部真正的革命造反派的大方向始终是正确的，我们坚决支持以傅崇兰同志为首的革命造反派组织东方红兵团的一切革命行动，同时我们也坚决支持学部的广大革命群众起来揭发、批判潘梓年之流的反党反社会主义反毛泽东思想的反革命罪行，进一步揭开学部的阶级斗争盖子。

三、我们在这里正告那些过去肉麻吹捧潘梓年是"坚定的革命左派"的某些人，你们再死保这个不齿于人类的"狗屎堆"绝没有好下场！你们起来交代揭发，我们表示欢迎，假如你们继续玩弄权术，搞假批判，真包庇的把戏，煽阴风、点鬼火，制造左派队伍的"内战"，以保护潘梓年之流过关，这是绝对办不到的。你们的阴谋诡计必定破产，你们的卑鄙勾当终究要暴露在光天化日之下。

"六月天兵征腐恶，万丈长缨要把鲲鹏缚。"我们，用毛泽东思想武装起来的红卫兵和革命造反派，要把所有隐藏下来的走资本主义道路当权派、大叛徒、反共反人民的反革命分子都统统揪出来示众！把他们斗倒！斗垮！斗臭！

批臭叛徒哲学，批臭奴才哲学！

打倒潘梓年！

与潘梓年狼狈为奸，同流合污的人没有好下场！

用鲜血和生命保卫毛主席，保卫中央文革！

无产阶级专政万岁！

活学活用《通知》，把无产阶级文化大革命进行到底！

战无不胜的毛泽东思想万岁！

伟大的领袖毛主席万岁！万岁！万万岁！

红代会　北京航空学院"红旗"战斗队
红代会　北京矿业学院"东方红"公社
红代会　北京工农兵体院毛泽东思想兵团
红代会　清华大学井冈山兵团
红代会　北京外国语学院红旗战斗大队
红代会　新北大公社
红代会　中国人民大学三红
红代会　北医八一八红卫兵战团联合总部
红代会　北京外贸学院东方红公社
红代会　中央财经学院八·八队总部核心组
红代会　中央民族学院抗大公社
红代会　北京轻工学院"红鹰"战斗队队
红代会　北京工农兵体院运动系革命造反大队
中共中央统战部革命造反团
国家经委东方红公社
国家体委东方红革命造反司令部

潘梓年反革命言论摘录

北航《红旗》，清华《井冈山》，矿院《东方红》

体院《体育战报》联合版，1967年6月3日

一、竭力为蒋介石国民党歌功颂德、涂脂抹粉

潘梓年无耻地吹捧蒋介石是"民族领袖""最高统帅"；说蒋介石"如一座泰山似的镇压在首都"，像"光耀的灯塔指示着抗战的胜利"等等不胜枚举，请看下面材料。

"我们更具有克服这一危机的伟大力量，这就是我们抗战最高

领袖蒋委员长的坚决沉毅，……当国府决定移驻重庆之后，各机关人员都纷纷向上游各地移动，一时轮船火车顿然拥挤不堪，下关两岸待运的物体堆积如山，独有蒋委员长屹然不动，安详镇静，如一座泰山似的镇压在首都，这和国府移驻同样是抗战到底的坚强表示，实足以加强全国人民抗战胜利的自信力，实是对一般民族失败主义者悲观失望，企图中途妥协的最好、最严正的一个答复。"

《抗战的现阶段》《群众》创刊号一九三七年十二月十七日

"……空前的统一政府获得了巩固的基础，全国的军队统一起来了，蒋委员长成为卓越的、继承着孙中山先生的优越传统的抗战领袖。"

《争取抗战胜利》一九三八年十二月初版第一页

"卢沟桥炮声怒吼，全国人民一致在蒋委员长领导之下，为祖国的独立自由而浴血抗战，……""……蒋委员长一早指出，我们的战胜敌人，不取决于城市而取决于乡村。"

《为民主共和国而斗争》新华日报一九四一年十月十日

"我们的抗战，现已踏上了光明大道，从国府移驻以来曾经弥漫一时的调和空气，也给打得烟消云散了。

冲破这弥漫太空的调和空气的第一道曙光，就是领导着全国抗战的蒋委员长于十二月十三日晚上退出南京时所发表的那篇主张继续坚决抗战的宣言。这一宣言……真是发聋振聩，使全国人民对抗战前途，再也用不到惶惑。接着（十七日）蒋委员长又发表了告国民书……把全国人民对抗战的悲观失望，以及对调和空气的疑虑，全都一扫而空。因此全国人民，全国各抗日团体都纷纷通电，热烈拥护这两个宣言，拥护蒋委员长坚决抗战争取最后胜利。"

《光明的前途》《群众》一卷三期一九三七年十二月

"同样一个三民主义，在蒋委员长手里，阐发成为抗战建国纲领，成为坚持抗战到底的国策、成为全国人民都可从具体问题的解决中找出注解来的东西。"

《目前文化工作的具体内容》《翻译与评论》

第四期一九三九年三月一日

二、奴颜婢膝地颂扬美英帝国主义

"最近我们在美国看到了许多保卫和平反对侵略的势力；除了广泛的抵制日货、拒运军用货物往日本，募集金钱物品援助中国抗战等等以外，我们还看到美国政府对我贷款，罗斯福、赫尔、毕德门等等多次谈话与声明，看到罗斯福总统修改中立法的努力，……目前史汀先生这个努力，更可以把政府与人民为和平而奋斗……"

《美国不参加日本侵略行动委员会》
新华日报一九三九年一月二十二日

"我们认为英美两大国、特别是美国，在反对日本侵略者的共同事业上所作的伟大努力，以及两国政府与两国人民对于中国的同情与援助是值得感谢的。"

《中国共产党》《再生》一〇四期一九四六年一月八日

三、吹捧地主阶级的奴才武训

"今天是武训先生一百零七周年诞辰，我们都非常热烈的来纪念他。……不只是今天大家要纪念他，以后还会有许多人以至全国人永久要纪念他。"

"我们纪念他，固然是表示我们对他的尊敬、景慕。但既要纪念他一个人，总得从他身上学习一点什么，不让纪念成为一种虚文。我想，我们从武训先生身上至少可以学到两点：一是做人的道理，一是办教育的方向。"

"不管他那种生活的本身，是否是为后世法，他这样一种人生观，确实值得称颂，足够伟大的。他的人生观是为人服务，尤其是为劳苦大众服务的人生观，这正是我们今天所需要，是我们大家所应学习的一种人生观。"

"纪念武训，我们应当学习武训的人生观"。

《武训的人生观》新华日报一九四三年十二月四日

潘梓年是大叛徒

北航《红旗》，清华《井冈山》，矿院《东方红》

体院《体育战报》联合版，1967年6月3日

潘梓年是一九二六年混入党内的，但在一九二七年后就公开进行反共反人民的猖狂活动。一九二七年四月十二日蒋介石制造的反革命政变是国民党反动派对共产党的一场血腥大屠杀。国民党称之为"清党"。当时成千上万的优秀共产党员牺牲在蒋介石的屠刀之下。而潘梓年却完全站在蒋贼的反革命立场上赤膊上阵充当法西斯魔王的辩护士，他叫嚷什么："清党可以巩固党基，驱除民害。""清党的意义到底如何？有的说只要把O.P.分子（指共产党）清了出去——因为我们所以要清，就因为他们要消灭本党……"《洪荒初辟》《洪荒》一卷一期一九二八年五月一日）在他主编的刊物《洪荒》中，他恶毒地攻击道："叵耐共产党偏怀着吞没国民党的野心，几致亡党亡国的危险，累得吾党不得不暂且放下一切民众运动，先把共产党清了出去再说，因使后期北伐没有前期北伐那样的进展。这都是那个狐狸精害的呀！"（《不怕犯嫌》一文）由此可见潘梓年根本不是什么共产党员，而是一个地地道道蒋匪分子。

一九三三年五月十四日他在上海与丁玲同时被捕入南京伪陆军军人监狱。这个反革命老手在狱中给敌人抄抄写写十分勤恳。据温泉疗养院副院长舒国玺反映，潘当时每天八点上班十二点下班很积极。一九三七年六月潘梓年由他的狗弟（叛徒CC派特务）潘汉年向当时统治中国的四大家族之一的陈立夫"交涉"出狱，而且是由敌人用小汽车把他送出来的，出狱后这对狗兄弟还专程拜谢陈立夫。

据一九五六年王鹤寿、郑绍文检举：潘梓年出狱后曾给伪陆军军人监狱教诲室的我被捕人员写信，大意是，要同志们想各种方法出来。包括登报声明也可以，不要想立什么贞节牌坊等。

今年五月八日提审王鹤寿时，在王的口供中又提到潘给狱中人

员的这封信说:"信中的大意是:你可以写个东西要求出狱。不要不自首出来。想立什么贞节牌坊,也不要认为,我这样讲,写个东西出来就是小娘养的"。又据罗列夫(化名罗春现住武汉湖北第二监狱内,退休公安干部)回忆,潘梓年出狱后曾递进一封信说,"同志们,不要斗争了(当时狱中正进行绝食斗争,要求无条件释放),保养好身体,大有希望了。"看,潘梓年这个反共老手大叛徒的嘴脸不是昭然若揭了吗!

他不仅自己背叛革命,还动员别人也背叛革命。他叫嚷:"决不要能一个人勒紧了肚皮讲贞操",胡说革命者"不要随便就牺牲的";公开为汉奸叛国投敌辩护,胡说有些人是"迫于形势陷于敌手","身为汉奸,心存祖国",要"尽可能争取"他们,胡说反动的富农能变成"非常积极的革命先锋",胡说马列主义者最乐于"与人为善","决不念旧恶"。等等,等等。这与刘少奇在他的黑修养中所贩卖的叛徒哲学不是一路货色吗!事实证明,潘梓年不仅是个老反革命而且是个货真价实的大叛徒!

十五、批武光

彻底剥开黑武光的画皮
——关于黑武光的第一批材料(一)

批斗武光专案组

《红旗》第 98 期,1968 年 4 月 10 日

大特务、大叛徒黑武光终于被无产阶级司令部揪出来了,这是毛泽东思想的伟大胜利!多年来,武光千方百计把自己打扮成一个老革命,航院的一小撮也极力为武光涂脂抹粉,把武光乔装成"受前市委排挤的左派","红线的代表者"。"假的就是假的,伪装应当剥去"。第一批材料就是剥开武光的画皮,把他的反革命真面目揪出来示众。

一、假共产党员

革命导师列宁告诉我们:"马克思主义在理论上的胜利,逼得它的敌人装扮成马克思主义者,历史的辩证法就是如此"。

黑武光伪造历史,自称是:"一九二六年经翟少池介绍,我加入了共青团。当时党团不分,因此从一九二六年冬天起就是共产党员了。"俨然以二六年的"老党员"自居。

但是,我们经过充分的调查(包括黑武光所谓的入党介绍人——四十年无下落,跑遍半个中国才找到的翟少池),当时当地的所有党员都证明:黑武光根本没有入过团,当然也根本谈不上入党,而是一个地地道道的假党员。而恰恰相反,都证明了黑武光是当时国民党的骨干分子。

武光供认的唯一介绍人翟少池亲笔写道："在一九二五年或一九二七年路过深泽，不过三天两天……至于张青甫（即武光）既不认识他，更没有介绍过他入党入团，经过检查确实没有介绍过，这个人我根本不认识。""回忆这一年（按指一九二六年）我没去过深泽。"又写道"假如说当时有这样的人，愿意参加，我也不能介绍，介绍也得告知当地组织。总之，我不是'忘了'，而是根本没有这些事。"二六——三〇年在深泽管共产党的组织工作的王××说："没有材料证明武光在这段时间加入共产党和共青团。"

那时在县里作党的组织工作的张平之写道："虽然当时一般的党员之间可能不知道谁是党员，但是组织上都知道""而我不知道他加入共青团和共产党。"即便是黑武光的同伙，互相包庇、互相吹捧的大叛徒范文兴也不得不承认黑武光"没有参加共青团，也没有加入共产党。"……总而言之，没有一个人，一点材料可证明黑武光加入过共青团。

三十年黑武光跑到北京，隐瞒了参加国民党的反革命历史，欺骗组织"接上"团组织关系，，后又"恢复"党的关系，但仍没履行任何手续。三七年十月黑武光出狱后企图打入延安，但由于没有组织关系，在山西云阳镇被审查时，发现有叛变嫌疑和特务嫌疑而被拒绝去延安。黑武光灵机一动连忙找到林枫，在林枫的百般包庇下给刘少奇写了一封信。大叛徒刘少奇亲自给黑武光去了电报，"证明"了黑武光的历史，于是黑武光便飞黄腾达，青云直上，从此黑武光对其主子感恩不尽。不难看出，黑武光就是一个长期混入党内，窃取党内重要职务的假党员。

二、真国民党员

一九二六年，正值大革命，国共两党合作时因期，深泽县（武之家乡）成立了秘密的国民党县党部。武光此时在城厢高小念书，他在校很受其他老师、国民党极右分子吉佑民（现在台湾）的赏识，而被介绍加入了国民党。不久便以国民党员身份参加了县党部。

一九二八年五、六月间，蒋记国民党到深泽县收复县党部，由反动分子李哲卿、武光等七人到天津国民党省党部受训及进行总登记。回来后，就正式成立了公开的、反动的深泽县国民党县党部，武光任执行委员（相当常委），兼宣传部部长。直到三〇年春，因军阀混战，阎冯倒蒋，国民党各派势力互相倾轧，深泽县党部被阎锡山命令停止活动，武光等人因见大势已去，才离开深泽跑到北平。

武光在国民党县党部里，积极为其主子蒋介石效劳，死心塌地进行反共活动。在他控制下的宣传部，到处大量张贴反动标语及漫画，攻击诬蔑共产党。如"共产党是民族的败类，国家的蟊贼""共产党要赤化，我们要防止赤化"等并且极力宣传（国民党）"一党专政"，诬蔑共产党是杀人放火、共产共妻，叫嚷要"打倒共产党"。在深泽县县党部"告全县人民书"中，还积极为国民党反动派涂脂抹粉，歌功颂德，恬不知耻地呼喊"深泽县党部万岁"。同时武光还亲自为匪党发展组织。

一九三〇年春武光跑到北平之前，反革命分子吉佑民、李哲卿也先后到北平投靠国民党改组派会议，武光和他们仍保持联系。这就是反革命分子黑武光一贯自我吹嘘的所谓的"光荣"历史，就是他所说的"二六年——二八年在高小作秘密革命工作"，"二八年——三〇年打入国民党"，"在本县县党部作秘密反国民党工作"！真是厚颜无耻到极点！当我们审问武光关于二八年的历史时，他说："我思想上一直认为是打入"，以后在事实面前又不得不承认"不是打入"，是"误入歧途"。

什么"误入歧途"？其实他就是死心塌地的大搞反共活动的国民党反动派中的一员干将，是地地道道的老历史反革命。

三、混入党内，充当叛徒

一九三零年春，武光来到北平以后，考学校落第，就闲居北平。以后找到了同乡同学共产党员王国华，经他介绍加入党的秘密外围组织革命互济会，混入革命阵营。他隐瞒其反动历史，摇身一变，由国民党员变成共产党员，并窃取党团干部要职。

一九三二年下半年武光以团河北省直中特委的身份到石家庄去

检查工作。十二月十一日这天，被查户口的警察发现而怀疑，当即押送石家庄公安局。以后又解到天津高等法院审讯，按"共产党嫌疑犯"判处徒刑五年。

在敌人的法庭上，软骨头武光，为了苟且偷生免除痛苦，有问必答，大肆攻击、诬蔑中国共产党是"杀人放火，扰乱社会"，同时还出卖我党地下党员及我方同志王国华、马文蒋、刘清河、邸文田等人。武光在交代其历史时，表白说："我在法庭上的口供是假的，是编的，是骗敌人的。"那么，就看看他的所谓"假"口供吧。

武光在法庭上供认："我是加入的反日同盟会"，"是中国大学学生王国华给我介绍的。"是同乡马文蒋介绍"认识王国华的"，马文蒋"是华北大学学生"，"住在寿安里十八号同学邸文田家，当时有个姓刘的找我好几次。"武光把他认识的四个人，在法庭上全部供出了。这不是地地道道的叛变行为又是什么？

武光在狱中从没有受到任何刑罚，他还沾沾自喜地对别人讲"在监狱里我算是一个高级政治犯，住单间，给特殊待遇"，"出来反而胖了。"在国民党反动派"宁肯错杀一千，也不放过一人"的残酷政策下，武光如果不是叛变而为反动派效劳，这种情况可能吗？武光所自吹的他在监狱中和敌人如何如何斗争，表现又是"良好""善良"，这不是欺人之谈吗？

三七年"七·七"事变后日本打进北京，各监狱的管辖权移交于日本人，日本人多次去狱中检查，当时只放了一些刑事犯。而十月武光这个政治犯却提前三个月被释放了。武光自己交代说，是因为狱中没粮，他就被放出来了。事实上当时根本不缺粮，政治犯一天也不提前释放。是这个民族败类投降了日寇，充当了特务而被释的。

四、大特务

四五年日寇投降后，我们伟大的领袖毛主席指出"人民得到的权力，绝不允许轻易丧失。"又指出："我们的方针是针锋相对，寸土必争。"但是以武光、刘仁为首组成的北京市委不但不武装接收北平，反而与日本和美国大特务大搞交易，出卖革命。

当时北平市委的主要成员是：

书记：刘仁（日、美、蒋特务、大叛徒）

副书记兼组织部长：武光（同上）

宣传部长：周小舟（彭、黄、周反党集团骨干）

学委书记：余××（特务、旧北京市委组织部长）

委员：仁彬（特务，旧北京市委组织部副部长）

平委书记：赵凡（大特务、叛徒旧北京市委副书记）

工委书记：常明（大叛徒、农业部副部长）

军事：韩庄（大特务、前广州军区炮兵司令员）

刘仁、武光通过他们的黑爪牙李振中、郭木栋、吴清泉（均是日特、叛徒）等利用和日本特务、华北派遣军参谋长在西山普照寺举行"谈判"的机会，和日本特务进一步勾结。又通过日美特务王橙，接受了日本特务的大量物资、卡车、黑色轿车、手枪、军用望远镜等。而刘仁、武光又将我军的重要情报泄露给日寇。直到文化大革命前他们还保持着联系，其中第二颗原子核弹爆炸的情报就是刘仁递给日本的。

在这大量的活动之后，武光又亲自出马、化装偷进北京饭店和军调部饶漱石（日特）密谋为其日本主子效劳。

这些狗特务又通过孟昭盛、熊先立、钱××（均是日、美特务），于一九四五年十月和美国战略情报处（代号 O.S.S.）勾结在一起，用汽车将二个美特接到西山妙峰山"谈判"。这样他们又变成了美国战略情报特务，用二部电台与美特保持直接联系，接受美金做活动经费，并有美国情报处临时工作证二张。"会谈"后还由王橙（日、美特务）带二个美特到我解放区和张家口一带，摄取了许多军事设施照片和军事情报。

不但如此，刘仁还直接掌握军统特务刘俊英（女职业特务发报员，前北京儿童医院党委书记）与国民党大特务头子戴笠保持直接电报联系，将我军的重要情报直接送给蒋介石。

五、黑线关系

毛主席说："观人先观其友，物以类聚，人以群分"。黑武光历来就是刘邓黑司令部的一员干将。下面就让我们看看，他自己所提供的各大历史时期的证明人吧。

时间　　　　证明人

一九二六年　彭思明（前北京市工会主席，叛徒，其妻是日本特务）

一九三〇年　林枫、胡乔木、王德（中南局组织部长，叛徒）

三二年　　　杨成（一轻部副部长，叛徒）

三七年　　　武竞天（铁道部副部长，走资派）

四二年　　　刘仁（特务、叛徒、黑帮分子）

四五年　　　刘仁、刘澜涛（叛徒，原西北局书记）

四九年　　　周小舟（彭黄反党集团分子）

五二年　　　陶铸、王德

五四年　　　刘仁、刘少奇

再看他的活动吧：（一）早在三〇年，武光跑到北京混入党内，结识了林枫，在北京忠实地执行王明路线甚至到五八年还在《红旗飘飘》四卷"飞行集会"一文中公开吹捧王明路线。

（二）三七年，武光出狱后，到"青训班"受审查，组织结论是：①不分配工作②不能去延安。武光就跑到林枫处，林枫立即提拔他当特委宣传部长、特委书记。三八年当面接受刘少奇指示，不久到延安，混入马列学院。在延安曾受到在《解放日报》上的通报批评。

（三）四〇——四一年是我党最困难的时候，国民党搞反共摩擦，封锁我们，企图把我们困死，就在这时候，四二年初，武光追随刘少奇，竭力宣传"一切要通过统一战线，一切服从统一战线""要拥护国民党政府""拥护蒋介石"。

（四）四五年任冀察城工部部长时及任北平市委副书记期间，执行刘少奇的白区工作路线，大搞活命哲学、叛徒哲学，招降纳叛。并伙同彭真、刘仁反对林副主席。

（五）四九年南下，在湖南投靠黄克诚，在广东又投靠陶铸，和陶铸亲密来往，深得陶铸信任，执行陶铸形"左"实右路线。在武光土改蹲点的新会县柚山乡搞了一个假反革命案件，全乡四千多人中，被捕竟达五百六十人，死亡二十三人（包括枪毙、用刑、自杀），用刑十六种。武光亲自批准此案件。

在塘口饿死人的严重事件中，包庇周天行。

（六）在五四年、六二年多次大肆吹捧刘少奇、王光美。五四年吹捧刘少奇是"马列主义与中国实践相结合的最杰出的革命领袖，毫无疑问，刘少奇是毛主席的革命事业的继承人，这一信念是不能动摇的，谁企图动摇这一信念，谁就是企图将中国革命拉向后退，谁就是历史的罪人。"……

六二年武光对刘少奇攻击三面红旗的黑报告肉麻地吹捧，说什么"少奇同志的报告是一篇生动的活的马列主义的经典著作"，"是活的马克思主义教科书"，是"理论指导中国社会主义建设的典型"，"应当作马列主义的经典著作学习"。

六二年刘少奇的黑《修养》再版后，武光匆忙抛出"《修养》辅导报告"。说"《修养》一书，不仅管了过去（抗战党内二次整风运动，我已学了二十三年），管了现在，也管了将来，在整个社会主义共产主义建设历史时期对党的建设将长期起作用"。

六四年吹捧王光美的"桃园经验"说："王光美同志的报告篇幅虽长，但内容丰富、深刻、具体，文字通俗、生动，读起来容易引起人们的兴趣……大家感到王光美同志的报告在许多问题上把中央政策具体化了、形象化了，读了以后，留下深刻的印象……"。等等。

（七）五八年利用群众的热情伙同黄克诚和×院唱对台戏，破坏国防科研，破坏军事用品生产，妄图篡夺国防科研领导权。

（八）六四年在新疆蹲点搞"四清"期间，积极推行刘少奇形"左"实右机会主义路线，挖空心思地为干部设置三十六计……先礼后兵，大会斗小会挤，压硬服软，压大服小……层层剥笋……。还制定什么"依靠纯粹贫农"，贫农中有四不依靠，其中有和四不清干部有来往，有小偷小摸现象等也不能依靠。……对待贫下中农是"过三关,建贫协""四结合,六评审"……。

(未完待续)

彻底剥开黑武光的画皮
——关于黑武光的第一批材料(二)

批斗武光专案组

《红旗》第 99 期,1968 年 4 月 17 日

六、漏网的大右派

五七年,资产阶级右派分子,乘我党整风的机会,纷纷出笼,向党发起猖狂进攻,潜伏在党内多年的大特务、大叛徒黑武光,见时机已到,便与院内的资产阶级右派分子一唱一和,上下呼应,并怂恿右派分子恶毒地攻击我们伟大的党。下面便是他的反党言论和罪行:

1. 从社会上到院内,大小右派分子一齐叫嚷群众之间有"墙"有"沟",党有"宗派主义",武光马上提高调子说:"北航的党组织和领导是有宗派主义""党员踏在群众头上统治群众";五月十六日在教授座谈会上武咬牙切齿地说:"北航党群之间,不仅有一座墙,而且这座墙是一座'万里长城',甚至比'万里长城'还厚。"这是一支射向我们伟大的党的毒箭,立刻被右派记者发现,如获至宝,马上在五月二十一号的《光明日报》上在第一版上以显著位置登出。

2. 右派分子攻击我们党的领导是"党天下",又叫嚷什么"外行不能领导内行",企图推翻共产党的领导。我院资产阶级教授崔济亚提出:"诚恳敦聘航空科学上有权威的×××同志来当院长……请武院长'三顾茅庐'一下……党委可管一般行政及思想领导……"武听了深受感动,大有启发,立刻虔诚地表示:"请×××权威来我院当院长,'三顾茅庐'也可以……"。

3. 资产阶级右派猖狂叫嚷要"教授治校",说什么他们的"权力太小",在"院委会中发挥不了作用",黑武光马上煽动说:"院委会是形式,你们不是当家作主,而是在会上做客,举手通过……。"又在五月十九日的党、团、群干部会上说什么:"过去在考虑干部问题上反正总要配上一个党员才算周到,……因而形成了党外同志有职无权,这样的思想一直贯彻到支部和党员中,现在从报上看到,全国都有。"请看,与大右派储安平攻击我"党天下"的调子何等相似!

4. 反右斗争中,航院的右派学生带头闹罢课,武光慌了手脚,在一次教授会上恳求说:"学生不安定,现在得请你们帮忙安定学生情绪。"又一次会上,有人建议要求全体教授、副教授写一《告同学书》,选反动教授宁幌起草,武极为感动,并激动地和宁幌握手表示感谢,一副十足的奴才相。而这个所谓《告同学书》又是什么货色呢?它通篇是吹阴风点鬼火,鼓动右派学生,煽动一部分受蒙蔽群众情绪,最后才假惺惺地提到一句"不要停课",这也是进攻的策略罢了!

5. 彭真在接见我院一些右派学生时否定我院一九五五年肃反成绩,嚷什么:"你们没有搞出反革命,怎能算成绩是主要的呢?"于是黑武光紧跟着说:"我们一直强调肃反成绩是主要的,偏差缺点是次要的,这是党八股的提法,全国都这样提,但我们缺乏实事求是,结论可以推翻。"

6. 五七年五月十四、十五日,一系连续开了两次党员会,会上一部分有严重右倾思想的党员和党内右派分子攻击党委领导整风没有决心,领导部门像个衙门,党员毕业就做官,领导不务正业,党委领导要靠教师等等,武光如获至宝,马上用黑板报形式将这些言论公布于众,为右派提供子弹。

七、右倾机会主义分子

对于五八年的大跃进,武光从来就是泼冷水,竭力收集群众运动中的缺点错误,并把它强加于党的领导身上,从而把大跃进污蔑成一团糟。

1. 一九五八年，全国掀起了大炼钢铁等群众运动，而武光则不止一次地叫嚷："我们宁可接受一百面白旗，也要拿到教学科研一面红旗。"许多同志同学要求大炼钢铁，而武光却说："我们是学校，不是工厂，应以教学为主，……只抽出一部分职工就行了，搞多少，算多少。"

2. 一九六二年党内头号走资派刘少奇首先跳出来攻击三面红旗，说什么三年困难时期是由于"三分天灾，七分人祸"。党中央毛主席对群众建设社会主义热情给予很高的估价，认为成绩是主要的，而缺点和错误是次要的，难免的。而黑武光则大唱反调，在三月十九日黑市委召开的市委扩大会的小组会上说什么"在工作进行中，特别是在工作已经发现了缺点和错误的时候，则不宜再强调'难免论'。""……在此种情况下，再盲目地强调'难免论'那是不合时宜的，是对党对人民不负责任的一种表现。"黑武光的这篇发言，攻击矛头直接指向了我们伟大的党和伟大领袖毛主席，真是罪该万死！

3. 一九五八年十一月二十三日，正当轰轰烈烈地群众运动兴起的时候，黑武光却以"取经"搞"协作"为名，到全国各地去游逛，并写了许多攻击三面红旗的黑诗和黑日记，下面摘抄几段供人家批判。（一）"……杭州七日无游趣，卫星无粮难直上。"（《杭州七日》五八年十一月二十三）（二）"……最糟糕的是石子马路，使脚都放不平，全市皆如此，风景区有名无实，使我印象最深而又难以理解的是在市中心马路上不时地看到衣服极其破烂的人，有似土改前受地主剥削压迫下的贫农穿过了十几年的衣服，真是破烂不堪，还有，在大街上发现有人公开向我伸手要钱，就是乞丐，真使我不明白，为什么解放近十年了，还有如上两种现象，这显然是工作的问题，是我们的工作做得不好。"（按：不亚于资产阶级记者攻击我们的语言）（三）"南京给人印象很坏，……就这样初到南京饿肚子，离开南京还是饿肚子，求人说好话花多少钱也找不到车子，今天上午'交际处'派一个破得不能修的车子，因为它不能用了，所以才出租给我们……。""我的印象是杭州无钱能办事，上海有钱能办事，南京有钱也不能办事。"一九五八年十二月一日在南京（日记）

4.《一九六一年九月二十一日,在北京市委扩大会议小组会上的发言要点》中,黑武光又恶毒攻击人民公社"搞糟了",说什么农民觉悟低,而干部是"左倾"思想;说什么"现在的思想情况是农民和干部的思想是矛盾的,农民强调个体利益,热衷私有,而干部是强调国家和集体利益,对农民个体利益照顾考虑少……一般'左'倾思想尚未彻底纠正(这是一九五九年反右倾斗争的影响)",又恶毒地诅咒道:"过急是不行的,脱离群众就会要失败的。"。

八、剥掉"大跃进中'红线代表'"的面纱——黑武光对抗毛主席、林副主席指示,破坏国防科研的滔天罪行(略)

九、假的就是假的,伪装应当剥去

假的就是假的,伪装应当剥去。……隐瞒是不能持久的。总有一天会暴露出来。从进攻转为退却(即检讨)的策略也是骗不过人的。

旧市委反革命修正主义集团在一九五九年反右倾整风中,被迫"批判"了大特务、大叛徒黑武光。武光也利用五九年的"批判"为自己涂脂抹粉,把自己打扮成正确路线的代表。标榜自己是受反革命修正主义集团彭真、刘仁、邓拓等"排挤"的干部。特别是在伟大的无产阶级文化大革命运动中,到处招摇撞骗,叫嚷什么:"……反革命修正主义旧市委把我赶出了北航,赶出了北京"。蒙蔽革命群众,企图逃避人民的惩罚。对于大特务、大叛徒黑武光的这个阴谋必须彻底揭穿,把他那"正确路线的代表"和"受排挤"的画皮彻底揭开。

1. 一九五九年反右倾整风中,彭真、刘仁、邓拓反革命修正主义集团为什么要批判大特务、大叛徒黑武光?

(1)五九年庐山会议上,以毛主席为首的无产阶级司令部击退了彭、黄、张、周反革命集团的猖狂进攻。武光到底是什么人,这个问题自然而然地被提出来。原来,早在一九四九年黄克诚就重用武光。一九五八年黄克诚又支持武光破坏国防科研和×院唱对台戏,拆新技术的台。这些事,中央早就有所察觉。周小舟长期和武光在一起工作,武光当北京市委副书记时,周小舟是宣传部长,四九年两人又一起南下。五三年后，周小舟有机会来到北京，一定要来看望武光。在五九年康生同志视察北航后，敏锐地发现了武光有问题，必须加强航院工作。因此，康生同志让吴法宪同志从空军内调一名得力的干部到航院来。（这个决定在五九年十二月二十九日由刘亚楼、吴法宪亲自通知王恒，职务是第一书记兼院长），在这种情况下，显然，武光再也捂不住了，武光的暴露就会牵涉到刘仁、彭真集团。因此前市委决定插手这场批判。

（2）武光是假共产党员，真国民党员，老反革命分子的面目已露了马脚。过去组织曾做过多次审查，虽都被中国的赫鲁晓夫及其同伙安子文之流包庇过关，但漏洞并未遮盖住，随时都有被彻底戳穿的可能。前市委企图在入党问题及任国民党骨干的两个无法掩盖的问题上下结论，以修补漏洞，造成"历史问题已下结论"的假象。

2. 假批判、真包庇

在反右倾整风运动开始后，刘仁在幕后指挥邓拓出面组织了所谓批判武光的右倾机会主义的会，在批判过程中，放了很多烟幕弹。说什么要把武光打成右倾机会主义分子，批判后要撤武光的党委书记和院长的职务等，但这完全是骗人的鬼话，完全是为了欺骗以毛主席为首的党中央和革命群众的。

（1）假批判一九五九年十一月六日对黑武光进行第一次批判，后又在七日和九日开过两次批判会，共三个单元。会议由邓拓主持，会前他对宋硕讲："武光的问题严重，与兄弟单位协作关系不好，为帮助武光，对武光进行批判"。在给吴子牧的开会通知中说："清华大学和航院领导干部间关系很紧张，蒋南翔对武光有意见，武光思想作风有毛病，高教部、一机部对他也有意见，市委决定由邓拓主持会，约有关的人谈谈，解决清华和航院领导间的关系"。

（2）批判开始，邓拓又说："清华对航院领导有意见，两校领导干部间关系不正常，市委决定召集有关方面的人开会，当面谈清，并请有关部门、单位负责人一起来谈，加以解决。"参加批判会的有：钟夫翔、周一屏、刘子载、杨述、宋硕、彭珮云、蒋南翔、何东昌、魏思文、刘威一、吴子牧。批判的中心问题是武光的本位主义，教学、科研工作与各方面的关系都不好,对上级不够尊重,骄傲自满等。从以上批判内容看,反革命修正主义集团,不是在那里批武光的右倾,只给武光扣了几顶大帽子而没有相应的材料,就让武光回航院检查。

(二) 捂住盖子

从一九五九年十一月十六日起,航院广大党员干部(十七级以上,总支委员以上)在学习党的八届八中全会文件精神的基础上,对黑武光进行了批判,经过多次揭发、批判,把黑武光的很多反毛泽东思想,反对党的教育方针,反对政治挂帅,否定肃反成绩,推行教授治校等等罪恶事实,揭露出来。很多事实说明黑武光就是右倾机会主义分子,就是大右派。

五九年十二月二十八日旧党委根据总政关于划右倾机会主义分子的政策界限,对武光划不划右倾机会主义分子进行了讨论。结果是:十八人到会,主张不划右倾机会主义分子的一人;认为可划可不划、偏重于不划的五人;认为可划可不划、偏重于划的二人;主张划为右倾机会主义分子的八人;未表态的二人。总的是主张不划或偏重于不划的六人,主张划或偏重于划的十人,未表态二人。

这个讨论结果向旧市委反革命修正主义集团汇报后,不但没有给武光戴右倾机会主义分子的帽子,而且对其错误大加开脱,说什么"五七年整风开始立场不稳,讲出一些错误言论,但在反右派斗争中立场是坚定的,积极领导了运动,贯彻了党的政策,取得了反右派斗争的胜利"等,以此掩盖黑武光的错误性质,达到其包庇的目的。并且,保持武光院长一职务,王恒同志仅仅担任第一书记的职务。

(三) 前市委为武光翻案

一九六一年,以中国赫鲁晓夫为首的资产阶级司令部为右倾机会主义、牛鬼蛇神鸣冤叫屈,大刮翻案风,甄别工作一风吹,黑武光在这条修正主义路线保护下,极力为自己翻案。他在旧市委扩大会上说:"我没有错,市委搞错了"。刘仁也对别人说:"武光的问题怎么样?可以谈谈嘛。"

后在甄别的过程中,虽然刘仁、邓拓、吴子牧、宋硕等由表面上不肯将批判的问题全部推翻但重要问题都给甄别了,只保留了在招生工作上违反中央规定和多留学生,以及在科研方面协作不好等几个一般性的问题,妄图掩盖他们假批判,真包庇,真翻案的真相。

一九六三年上半年双反时,吴子牧亲自通知王恒说:"武光不参加双反运动,也不做检查了,简报可以给武光看看。"唯恐群众运动的烈火又烧到武光身上,显出其原形。这样武光就逃脱了党和人民的制裁。一些关键问题如下:

(1)黑武光与反党分子黄克诚的密切关系问题。(2)武光的历史反革命及现行反革命问题,都被掩盖下去了。

(四)反革命修正主义集团重用黑武光,连升二级,安插到新疆。

彭真、刘仁、邓拓等反革命修正主义分子,为了实现他们的政治阴谋,被形势所迫,批判了武光,之后根据其反革命的需要,对黑武光实行拉的政策。

一九五九年黑武光被批判后,不久,同样又是这个反革命修正主义集团伙同最大的一小撮走资派借调动之名,把武光安插到新疆,任自治区书记处书记兼常务副主席,连升二级。

黑武光离北京前,向刘仁辞行。刘仁还请武光到四川饭店吃饭,进行密谈,刘仁这个反革命修正主义分子,还鼓励黑武光说:"你要好好工作"。

以上就是旧市委反革命修正主义集团,五九年批判黑武光的内幕,从这里足以看出他们玩弄的假批判、真包庇、假撤职真升级的黑把戏。

十、武光在无产阶级文化大革命中的滔天罪行(略)

一九六八年三月十七日

判黑武光死刑

——彻底批判大叛徒大特务武光推行修正主义教育路线的罪行

刘天章四排

《红旗》第 103 期，1968 年 5 月 16 日

大叛徒、大特务，反革命修正主义分子、航院最大的走资派黑武光被揪出来了！这是毛泽东思想的伟大胜利！是毛主席无产阶级革命路线的伟大胜利！

大叛徒、大特务黑武光窃踞旧航院党政大权的十年，是罪恶累累的十年。在这十年里，他疯狂地反对战无不胜的毛泽东思想，反对毛主席的教育路线，忠实地执行其黑主子刘、邓的修正主义教育路线。黑武光恶贯满盈，罪恶滔天！打倒大特务、大叛徒黑武光！

一、反对毛主席、反对毛泽东思想的黑干将

林副主席说："毛主席的话威力最大，威信最高，句句是真理，一句顶一万句。""毛泽东思想是我们一切工作的最高指示"。对待毛主席和毛泽东思想的态度，是革命与反革命的分水岭。

毛主席在一九五五年就指示我们："要学少一些，学好一些。"这一伟大指示发表不久，黑武光就跳了出来，加以反对。他在一九五五年十二月的一次党委扩大会议上说："学少一些，学好一些，这是在现实条件下的提法。……将来我们提倡深、精，在深、精的基础上尽可能争取广一些那就更好。"什么"现实条件下的提法"！毛主席的指示是我们一切工作的最高指导方针，是永远指引我们胜利前进的灯塔！黑武光竟敢狗胆包天地提出什么"精、深、广"来和我们伟大领袖的指示相对抗，真是混账透顶！

毛主席在五七年教导我们说："我们的教育方针，应该使受教育

者在德育、智育、体育几方面都得到发展，成为有社会主义觉悟的有文化的劳动者。"而黑武光却肆意加以篡改，胡说什么"我们高等教育与工厂、农村不同"。很明显，他的"与工厂、农村不同"，暴露了他要培养的绝不是无产阶级革命事业的接班人，而是高踞于劳动人民头上的"精神贵族"。

一九五八年毛主席又指出，"我们的教育必须为无产阶级政治服务，必须同生产劳动相结合。"而黑武光却别有用心地说：我们"必须大力贯彻执行'教育与生产劳动相结合'的方针"。毛主席说："在现在世界上，一切文化或文学艺术都是属于一定的阶级，属于一定的政治路线的。"抽掉"为无产阶级政治服务"的阶级内容，而侈谈什么"与生产劳动相结合"，这是资产阶级也能接受的。美国以及其他资本主义国家不是早就在办"半工半读"学校了吗？

林副统帅教导我们说："毛泽东思想为广大群众所掌握，就会变成无穷无尽的力量，变成威力无比的精神原子弹"。黑武光极端仇视、害怕革命群众学习毛主席著作、掌握毛泽东思想。在轰轰烈烈的大跃进的一九五八年，我院广大革命师生自动组织了 120 多个毛主席著作学习小组。身为党委书记的黑武光不但不予支持，反而别有用心地鼓吹什么"读书会"，他说："我们要大力建立读书会。展开科学研究小组活动，读读哲学、马列主义、文学、体育各种书籍"，就是绝口不提学习毛主席的书。一次向他汇报下厂实习同学如何努力学习毛主席著作，加速知识分子思想革命化时，武光厌烦地挥了挥手："我不听你汇报这，你就谈谈有多少人达到三级工水平"。对革命群众活学活用毛主席著作的群众运动，大泼冷水，横加指责，达到了无以复加的地步。

二、推行修正主义教育路线、复辟资本主义的急先锋

毛主席在建国初期就指示："有步骤地谨慎地进行旧有学校教育事业和旧有社会文化事业的改革工作"。在五六年又指出，对外国"不要盲目地学，要加分析，要有批判地学"。毛主席亲手制定了无产阶级的教育方针，对教育改革做了多次指示。毛主席的一系列指示是进

行教育革命的伟大指南。

中国赫鲁晓夫及其在航院的代理人黑武光为了在中国全面复辟资本主义，培养修正主义的教育人才，提出"全盘苏化"的反革命纲领。他拜倒在苏修专家的脚下，一切唯"苏修专家"命是从。一整套的培养目标、教育计划、教学大纲、教材、教学方法、规章制度全是苏修专家制定的，甚至连教学楼的设计也是苏修专家提出的，这样精心策划了一年多，在一九五五年八月党代会上，黑武光洋洋得意地宣布："我们的教学组织、规章制度、方法内容一整套东西，都变成社会主义的了，都是学习苏联的。……教改的任务完成了。""再继续进行改革，那就要防止拿另外一套来改革社会主义的这一套了。""在十二年内我们要赶上莫斯科航空学院"。……完全是一副苏修狗奴才的腔调！真的"都变成社会主义的了"吗？完全不是！昔日旧航院，是黑武光顽固不化的走资派周天行、大叛徒程九柯、王大昌、张仲禹一手遮天所把持的天下，反动教授"权威"被捧上了天，工农子弟吞声饮泪被赶出校门。课程繁重，健康下降，这哪里是"社会主义的"大学？教育"改革的任务完成了"吗？没有！我们伟大领袖毛主席在五六年指出："课程要砍掉一半"，六五年"七三批示"中指出："学生负担太重，影响健康，学了也无用。"在十六条中指出："教育要革命，学制要缩短""资产阶级知识分子统治我们学校的现象再也不能继续下去了！"黑武光所"完成"的"任务"，不过是遵照黑主子的意旨，在航院大力推行修正主义教育路线的"任务"。说穿了，黑武光就是不要革命师生遵照毛主席的教导，用"另外的一套"也就是资产阶级的一套来改革教育，反对用毛泽东思想去占领教育阵地。在这场轰轰烈烈的无产阶级文化大革命中，我们就是要彻底砸烂修正主义的一整套教育路线，大立毛主席的无产阶级教育路线，把航院办成毛泽东思想的大学校。三年困难时期，中国赫鲁晓夫大刮反革命复辟翻案妖风，在教育界炮制了一个全面复辟资本主义的黑纲领《高教六十条》。大叛徒、大特务黑武光心领神会，立刻赤膊上阵，大搞复辟活动。在六一年三月院务会议上，他积极布置"按六十条精神着手安排工作"；四月，按《六十条》修改教学计划，恢复了苏修的一套；

五月，他组织资产阶级教授权威成立"规章制度问题""师资培养问题"等专题小组，把大权拱手相让，六月，大叫"整顿教学秩序"；七月，大叫"培养冒尖人才"；八月，《六十条》正式下达，武光更是亲自在党委会上逐字逐句地宣读了两天。接着，向资产阶级反动教授王俊奎"赔礼、道歉"，把王俊奎、王德荣拉入党内，武光一手包办的院务委员会中资产阶级教授竟占了百分之六十，于是，什么"教学工作条例""系（会）工作条例"，"教师考核办法"，"培养研究生暂行条例"等等修正主义规章制度一个个"破土"出笼。一时间"黑云压城城欲摧"，整个航院刮起了一股股反革命复辟妖风，而黑主帅就是这个大叛徒、大特务黑武光。

就是这么一个青面獠牙的黑武光，却在很长时间里被打扮成"老革命""好干部""毛主席的忠诚战士"。明明是航院最大的走资派，复辟资本主义的黑干将，却被人吹捧为"高举毛泽东思想伟大红旗""航院红线代表"。"假的就是假的，伪装应当剥去"，我们今天就是要揭下黑武光的假面具，还他一个本来的真面目！把他斗倒斗臭，叫他永世不得翻身。

三、鼓吹"白专道路"，腐蚀青年学生

培养无产阶级革命事业的接班人，还是培养资本主义殉葬的金童玉女，是毛主席教育路线与修正主义教育路线的根本分水岭，是无产阶级与资产阶级争夺青年的焦点。毛主席历来指示我们要成为无产阶级革命事业的坚强可靠的接班人，要"德智体"全面发展，要首先成为白求恩、张思德那样"毫不利己，专门利人"，"全心全意为人民服务"的革命者，要防止在我们这一代"和平演变"。在这场史无前例的文化大革命中，又统帅着我们红卫兵小将冲锋陷阵，让我们在阶级斗争的大风大浪中锻炼成长。中国赫鲁晓夫以及在航院的代理人黑武光却引诱青年走成名成家、"白专"道路。武光在五六年团代会上对青年教师放毒说："十二年以后，你们大都应该成为比较成熟的科学家或有威望的科学家"。并且学着他祖宗刘少奇的腔调，贩卖"公私溶化论"："青年教师的进修，提高自己的业务水平是一个严重

的政治任务，多花些时间用在这方面不是自私，更不是个人主义，这是党和国家的利益，自然也是教师本人的利益。""优秀生既不损人，又不单纯是个人利益。"当黑武光的业务第一，白专道路被广大革命师生抵制、批判时，他凶相毕露地说："有人列了优秀生十三大罪状，争分是第一条。争分是自然现象，哪个朝代不争分？"这真是不打自招！原来黑武光的"社会主义"教育与封建"朝代"国民党"朝代"没什么两样！

在黑武光宣扬的"白专道路"的毒害下，许多学生整天"两耳不闻窗外事，一心只读圣贤书"。拜倒在名人学者脚下，膜拜什么"斯基"之流。有多少天真纯洁的青年变成资产阶级的金童玉女，有多少思想健康的青年变成个人主义的俘虏。黑武光推行修正主义教育路线，毒害青年的罪行必须清算！

"金猴奋起千钧棒，玉宇澄清万里埃"。在这场轰轰烈烈的文化大革命中，这个骄逸蛮横、飞扬跋扈的航院太上皇终于被革命人民揪了出来，拉下了马，被推上了历史的断头台。

"宜将剩勇追穷寇，不可沽名学霸王。"我们一定要发扬延安的彻底革命精神，痛打落水狗，把黑武光批倒批臭，把他在航院的大大小小的黑爪牙揪出来，把叛徒、特务、顽固不化的走资派，国民党的残渣余孽统统揪出来，把航院文化大革命进行到底！

毛主席的革命路线胜利万岁！

伟大领袖毛主席万岁！万万岁！！

十六、批周天行

彻底揭发、批判周天行推行修正主义建党路线的罪行

彻头彻尾的修正主义建党纲领

——剖析周天行的一讲党课

北航红旗红风战斗组

《红旗》第100期，1968年4月24日

一九五六年一月十二日，周天行以党委书记的身份对我院高级知识分子讲一次党课，题目是"关于党的总纲"。这是一份典型的修正主义的建党纲领，是周天行修正主义灵魂的集中暴露！下面，具体列举一些问题来进行分析。

一、公开篡改党的指导思想

决定一个政党的无产阶级性质的首要标志，是以毛泽东思想作为党的指导思想。

林彪同志指示："毛泽东思想是无产阶级思想的集中表现，是同私有制思想，剥削阶级思想根本对立的"。所以，用毛泽东思想作为党的指导思想，就是用无产阶级的最高思想来统一全党，就是最根本地从思想上建党，就是从根本上体现出了党的无产阶级性质。

周天行怎么样？他在此党课第三部分中正式讲解党的指导思想时，说，"我们的指导思想即是辩证唯物主义和历史唯物主义，根据这个理论来考虑政治建设和经济建设的问题。因此，每个共产党员都必须学习辩证唯物主义和历史唯物主义，学习政治经济学，学习苏共

历史等马列主义的基本原理。……现在不提毛泽东思想了，因它会使人误解马列主义和毛泽东思想是两回事，我们要很好学习马列主义和毛泽东著作"。

这是明目张胆地篡改我党的指导思想！这绝不是小问题，而是大是大非问题，必须揪住不放。周天行讲此党课的时间比八大早八个月，这时，七大的党章完全有效。七大党章是怎样规定我党的指导思想呢？总纲第二段明文规定："中国共产党，以马克思列宁主义的理论与中国革命的实践之统一的思想——毛泽东思想，作为自己一切工作的指针"。

把七大党章总纲与周天行的党章总纲对比一下，即可清楚地看出，周天行所讲党纲的要害是把毛泽东思想阉割掉了！

周天行阉割毛泽东思想作为我党指导思想所用的手法是：第一，隐蔽式，即，只提马列主义，故意不提毛泽东思想，妄图用此手段从革命人民心中摘掉毛泽东思想这五个金光闪闪的大字。这不是典型的打着"红旗"（马列主义）反红旗（毛泽东思想）又是什么？这与刘少奇在六二年再版的黑修养中的手法完全一样，但却比黑修养早六年出笼。第二，公开式，即，公开叫嚣："现在不提毛泽东思想了"。作为一个大学的党委书记，在七大党章生效的条件下，自作主张，公然篡改党章，居然敢在讲党课的场合如此放肆猖狂，这不是他反毛泽东思想嘴脸的大暴露又是什么？！

有些人找到了一份中宣部的"通知"，说什么中宣部发通知不提毛泽东思想了。但是，即使是在阎王殿的这份黑"通知"里，也不得不遮人耳目："至于讲解党章和过去党的重要文件决议时，仍应按照原文讲解，不必改变"。周天行恰好是在"讲解党章"，为什么偏偏不"按照原文讲解"呢？公开对抗党章，是阎王殿没敢露骨干的事，而周天行竟然公开干出来了，这只能说明周天行就是阎王殿大反毛泽东思想的一名忠实打手。

周天行公开篡改党的指导思想并非这一次。一九五六年二月二十九日，周天行又对我院学生上了一次党课，题目是"党的总纲"。在该党课中，周天行说："党的一切活动都应有一统一的指导思想——

——马列主义,它的基础是辩证唯物主义,历史唯物主义,经济上有政治经济学,政治上有社会政治学说。苏联及中国的经验都是马列主义的宝贵财产,每个党员都应一步步地掌握这些思想,很好的学习马列主义。……毛泽东著作是马列主义结合中国实际的范例,因此,我们除了学习马列主义之外,还应好好学习毛泽东的著作。"

这一段话的要害同样是阉割毛泽东思想作为我党的指导思想,手法同样是打着红旗反红旗。

二、篡改党的无产阶级性质

周天行在此党课中说:"如消灭了剥削,党的组织即向前发展了,不是提工人阶级先锋队,……而是工人、农民、劳动知识分子中思想一致的(为共产主义)人所组成的志愿战斗联盟,将来我们党的性质也是在这个方向发展"。

这是公开篡改党的无产阶级性质!

党既然是这三种人的"志愿战斗联盟",岂不是成了超阶级的组织了吗?没有阶级性了吗?

"九评"说得好:"马克思列宁主义的常识告诉我们,政党和国家一样是阶级斗争的工具。一切政党,都是具有阶级性的。党性是阶级性的集中表现。从来没有什么非阶级的超阶级的政党,从来就不存在什么不代表一定阶级利益的所谓'全民党'"。周天行所说的党就是这种"全民党"!

联系到周天行在此党课中所说的下面一些话:"党是依靠共同认识、思想一致、奋斗目标一致的人组成的""共产党是最坚决、最先进、头脑清醒的人组织起来的",就不难看出,周天行妄图取消共产党的无产阶级性质的目的,在于他一心向往超阶级的全民党。周天行不愧为赫鲁晓夫的徒子徒孙。

三、"和平过渡"

周天行把我党对资本主义工商业的社会主义改造硬说成是什么"和平过渡",并且强加于毛主席的头上。是可忍,孰不可忍!

周在党课中的原话是:"即如民主革命过渡到社会主义革命,苏联采用流血斗争办法,而毛主席根据中国情况制定了和平过渡的办法——公私合营等。这办法是革命中损失最小的办法,京津最近搞得很热闹,资产阶级公开拥护共产主义,要走共产主义道路,这有国际意义,是中国党的伟大创造,日本代表团来中国也就是要看看中国资本主义如何过渡,尼赫鲁来中国也是要来看中国如何走社会主义的道路,中国的办法有伟大的意义,很多国家要向我们学习。"

简直是一派胡言乱语。毛主席从来没有制定过什么"和平过渡"的办法,周天行硬把他捏造的名堂强加在毛主席身上,这是对毛主席的莫大污辱,我们坚决不答应!中国共产党也从来没有"和平过渡"的"伟大创造",周天行硬把他的修正主义观点强加到我们党的头上,同样是对我党的莫大污辱,我们坚决不答应!

毛主席教导我们说:"资本主义可以和平进入社会主义,这是对马克思主义的严重歪曲"。周天行就是这样歪曲马列主义毛泽东思想的。

四、"巩固新民主主义"

周天行吹嘘他"认识共产主义的"过程时说:"抗日胜利了,但怎么办呢?后来才知道要消灭国民党。但国民党消灭后又怎么办?于是又提出'巩固新民主主义'……,不断提出问题,因此,对共产主义认识是个过程"。

"巩固新民主主义"是刘少奇于一九五一年提出的,毛主席早在一九五三年六月就批判了。为什么周天行到一九五六年还宣扬这个呢?顺便说一下,周天行既然在抗日胜利前连消灭国民党都不知道,那么,算什么共产党员?

五、叛徒哲学

周天行惋惜地说:"如原来我家乡的县委书记是叛徒,即是决心不够""陈独秀、张国焘没有很好改造,因此当了叛徒"。这就是说,叛徒没什么,只是"决心不够",并不可恨,并不可耻,周天行的立场完全和叛徒站到一起去了。周天行到底何许人也？我们拭目以待！

六、周天行的道路

周天行大力宣扬他所走的道路。好吧，我们看看究竟是什么样的道路。他自己吹嘘说："当时即找到很多书来看，共产党的看，不是共产党的也看，墨索里尼的、法国的、土耳其（的）也看。有人说美国好，我也看，但看来看去还不能解决问题。后来又看了甘地的，考虑是否可以走甘地的道路，也考虑是否可以学日本，但到底哪条路对呢？思想是很乱的。最后也想到只有共产党是好的，马克思主义是正确的，穷人不翻身国家总不翻身。但共产党为什么失败，为什么长征呢？于是自己即组织了一些人，学习马克思主义，自己搞共产党，后来中央来人，我们即接上了关系，成了共产党员"。

怪得很，知识分子不需要与工农结合，不需要投身到阶级斗争中去，只要找各色各样的书来看，就能从书本里"想到只有共产党是好的，马克思主义是正确的"就能成为共产党员了。这究竟是什么道路？纯粹是林道静的道路！周天行在五六年大力宣扬这条道路，目的究竟是为了什么？直到一九六四年纪念党的四十三周年生日时，周天行还继续公开宣扬这条道路，目的究竟又是为了什么？

七、大肆吹捧中国赫鲁晓夫刘少奇

周天行在这讲党课中没有向听众介绍一篇毛主席的著作，但却对听众说："少奇同志的'论党'大家可看一下。"在讲课结束时，周天行意味深长地对听众说："总的希望大家多看看少奇同志的报告"。在周天行的心目中，刘少奇才是他的绝对权威，他对刘少奇是何等崇拜啊！

这通篇党纲报告，都有些什么内容？是和平过渡、假共产主义、全民国家、全民党、巩固新民主主义、污蔑贫下中农、赞美资产阶级、叛徒哲学等等修正主义货色的大杂烩，是阉割党的指导思想的罪证。在这篇党纲报告里，通篇不提阶级斗争，通篇不提无产阶级专政，通篇不提消灭三大差别，通篇不提知识分子的思想改造，通篇不提知识分子与工农相结合,通篇不要毛泽东思想。

比一比,这究竟是什么党的纲领?是中国共产党的纲领吗?不是!这明明是修正主义法西斯党的纲领!

作为一个中国共产党员,作为航院当时的党委书记,又是"理论水平高"的高级干部,在如此严肃的党课上不讲中国共产党的纲领,反而大讲特讲成套的修正主义纲领,这是什么行为?难道不是值得人们深思吗?!

这份修正主义的党纲,充分说明,周天行远在苏共二十大召开之前就已经形成了完整的、成套的修正主义思想体系!修正主义在他思想中根深蒂固,修正主义深深地渗透到他的灵魂深处了。

什么是马列主义的基本原则?马列主义中关于阶级斗争的学说,无产阶级专政的学说,国家学说,政党学说,科学共产主义学说等等,都是马列主义最根本的东西。周天行在这一篇讲演中全面地、系统地背叛这些基本原则,那么,周天行究竟是什么人?!

毛主席教导我们:"否定马克思主义的基本原则,否定马克思主义的普遍真理,这就是修正主义。"根据上述事实,用此政治标准来衡量,难道还看不清楚周天行打着红旗反红旗的修正主义面目吗?!

马克思主义的本质是批判的。让我们高举革命批判的大旗,把周天行的这份修正主义黑纲领批倒批透!

评反革命两面派周天行

红旗 迎春到 斩妖剑

《红旗》第 103 期,1968 年 5 月 16 日

一九五八年,在我国基本上完成了生产资料所有制的社会主义改造、取得了反右派斗争的伟大胜利之后,我们伟大领袖毛主席天才地提出了"鼓足干劲,力争上游,多快好省地建设社会主义"总路线。

在这条总路线的光辉照耀下，我国人民在农村创造了人民公社这一具有强大生命力的崭新的社会组织形式，全国出现了轰轰烈烈的大跃进局面。

总路线、大跃进、人民公社这三面伟大红旗，使我国社会主义革命和社会主义建设空前发展，大大鼓舞了全国革命人民的斗志，给了资产阶级沉重的打击。三面红旗的伟大胜利，激起了国内外阶级敌人最激烈、最卑鄙、最疯狂的反对。国内外反动势力，结成了反华反共的"神圣同盟"，从一开始就恶毒地攻击我们党的总路线、大跃进和人民公社。

当时，党内一小撮右倾机会主义分子，刘邓的黑干将彭德怀等一批具有政治纲领、政治野心的家伙，紧密配合了国际国内的反革命阵营，打着所谓反对"小资产阶级狂热性"的旗号，在庐山会议上，发动了对三面红旗的最猖狂的进攻。这是党内反革命修正主义集团继"高饶集团"反党活动之后，上演的又一幕丑剧。

毛主席说："庐山出现的这场斗争，是一场阶级斗争，是过去十年社会主义革命过程中资产阶级与无产阶级两大对抗阶级的生死斗争的继续。在中国，在我党，这一类斗争，看来还得斗下去，至少还要斗二十年，可能要斗半个世纪，总之，要到阶级完全灭亡，斗争才会止息。"

毛主席英明地指出了这场斗争的实质，是两个阶级、两条道路、两条路线、两个司令部的一次大交锋。经过这场斗争的一番较量，刘邓资产阶级司令部的急先锋遭到了惨败，彭黄周张这个反革命小集团被揭露出来了，他们的阴谋被戳穿了，全国人民在伟大领袖毛主席和以毛主席为首的党中央的正确领导下，捍卫了党的总路线，大跃进和人民公社这三面光辉的红旗。

疯狂攻击三面红旗的黑干将

彭黄周张反党集团虽然垮台了，但是庐山会议的斗争并没有结束，资产阶级司令部的总后台刘少奇看到形势不妙，立即组织牛鬼蛇神们暂时退却，潜伏下来，以更隐蔽、更阴险的反革命两面派手法，继续与人民为敌。在三年困难时期，这群魑魅魍魉，以为机会到了，便露出杀人的血淋淋的大刀，疯狂地发动了向党向人民的更大规模的进攻。

在这场两个阶级、两条道路、两条路线、两个司令部的激烈斗争中，作为"4类"的"全国少有的好干部"周天行，到底站在那一边呢？果真如他自己及其小爪牙辩护士陆志芳之流，不惜工本，加了千百道油彩粉墨伪装的那样好吗？不！墨写的谎言，掩盖不了铁的事实，假的就是假的，伪装应当剥去！下面让我们剥开周天行的画皮，看看他的"庐山真面目"吧！

在我们党对彭德怀、黄克诚等反党分子进行了彻底批判后，周天行仍然捡起彭黄反革命集团的已经被批判得体无完肤的破烂货向无产阶级进攻，从而表明了他与人民为敌、顽固坚持资产阶级反动立场的修正主义嘴脸。

彭贼曾恶毒攻击总路线是"左倾冒险主义"，大跃进是"升虚火""发高烧"，三面红旗是"小资产阶级狂热性"，周狗天行则以其主子同样的腔调，同样恶毒的语言，攻击由毛主席领导的亿万革命群众进行社会主义革命和建设的无产阶级革命热情为"小资产阶级狂热性"，是"胜利冲昏了头脑，滥用了党的职权"，彭贼叫嚷，大跃进是"少数人主观愿望的产物"，周天行则污蔑大跃进是"想象的定出数字"。彭贼说三面红旗是"劳民伤财"、"得不偿失"，周天行则说："付出的代价也很大"。"工业支援农业，实际上搞的东西并不多，搞水利化，花了二百多亿元，好些没有搞好。"周天行与反党分子彭德怀一呼一应，配合得是何等巧妙啊！

当中国赫鲁晓夫、大叛徒刘少奇恶毒攻击"人民公社办早了"，"没有根据，没有进行充分的调查研究……就草率地加以决定，加以推广"时，周天行立即赤膊上阵："这几年调查研究放松了"，"不调研没试点"，他恶狠狠地说："还得退下来！""我们知道，三面红旗是我们伟大领袖毛主席走遍大江南北，做了大量的调查研究，根据亿万人民的发明创造，总结了广大劳动群众的智慧才提出来的，周狗天行竟敢污蔑三面红旗"不调研""没试点"，把矛头指向我们心中最红最红的红太阳，是可忍，孰不可忍？这些，难道还不足以说明周天行的屁股是坐在哪一边吗？

两本黑《批注》——狼子野心大暴露

最为明显的是，周天行于六一年底在旧中宣部阎王殿偷偷摸摸抛出的大毒草《党的生活的几个问题》、《社会主义建设的几个问题》两本黑书中所作的"批注"。

这两本书，由于旧中宣部的阎王们精心编著，又加上收进了其后台刘邓的不少黑话，早已经毒汁四溢了。所以连这帮鬼怪们也不敢让它见阳光，不得不列为"绝密"材料。周天行得到这两本书后，欢喜若狂，他对资产阶级司令部的旨意，对旧中宣部阎王们的恶毒用心，心领神会，于是大加批注，放肆地发泄他对党对人民的不满，是周天行狼子野心的大暴露，把他恶毒攻击三面红旗的反动嘴脸和反革命两面派手法表演得淋漓尽致！难怪连死保周天行的小爪牙程曰平，也不得不承认："这批注要落到九一六的手里，可就完了。"

为了毁去罪证，程曰平竟撕掉最恶毒的部分。周天行利用批注，向党中央和毛主席射出了一支支毒箭。他汪道："不学习以为见得多，对苏联经验学习差，超英赶苏，进入共产主义，已经掌握规律了——唯心主义出来了。"他在另一处同样"批"道："近年来唯心思想有所发展。"请注意；周天行多次提到"唯心主义发展"了，难道这是偶然的吗？联想到当时两个司令部的斗争，事情就完全明白了。什么"唯心主义"？原来这是反革命分子用来攻击三面红旗的一把烂斧头。彭黄反党集团咒骂大跃进、人民公社"糟得很"。五九年后，反革命修正主义分子杨献珍感到再说"糟得很"就太露骨了，于是把"糟得很"换成"唯心主义"，披着"哲学"的外衣，诋毁三面红旗是"唯心主义"，中国赫鲁晓夫刘少奇一九六一年五月同样赤膊上阵，大骂大跃进是"脱离现实的""唯心主义"。周天行的论调与资产阶级司令部这样如出一辙。他站在刘少奇一边，猖狂反对毛主席的罪行，不是昭然若揭了吗？

周天行在"批注"里，还影射我们党"脱离群众"，"跑得太远"。

什么"脱离群众"？周天行所极力主张"不脱离"的，不是别的，恰恰是资本主义势力，即大叛徒刘少奇所极力保护的"富农利益"，周天行所极力主张走的，恰恰是中国赫鲁晓夫贩卖的"三自一包"复辟资本主义的道路。周天行的右倾机会主义丑恶嘴脸，不用多加一个字，不是已经清清楚楚了吗？

周天行还攻击我们党是"瞎指挥"，"命令主义""没有群众"，够了够了，难道这还不足以说明周天行是一个什么货色吗？

如果说，周天行在两本《批注》里还比较隐蔽的话，那么，他在三年困难时期的一些言行便是赤裸裸的了！据×所同志揭发，周天行曾露骨地攻击说："经济发展成了马鞍形，""赤字很大""经济失调"，"三分天灾，七分人祸"，甚至别有用心的煽动："中国工人农民老实，不然会出现匈牙利事件。"周天行的言论，与刘少奇、彭德怀之流攻击毛主席、攻击三面红旗的反革命叫嚣，何其相似乃尔！

由此可知，周天行根本不是什么"4类的好干部"，而是地地道道的刘邓黑司令部的干将。

暹罗双胞胎——右倾翻案的吹鼓手

一九六一年一月，美蒋反动派的御用文人，"三家村"的急先锋吴晗，在《北京文艺》上抛出大毒草《海瑞罢官》，公然为右倾机会主义分子彭德怀鸣冤叫屈；六月，反革命修正主义分子，文艺黑线的"祖师爷"周扬鼓吹"我们要培养海瑞上本精神"，随后，《三家村札记》公开营业，刘少奇、邓小平为杨献珍翻案，从而社会上一批乌龟王八纷纷出笼，刮起了一股反党反社会主义黑风。

就在资产阶级司令部的大将彭真、陆定一、周扬等人倾巢出动，一迭连声"翻案"的紧锣密鼓声中，周天行也粉墨登场了，加入了这个反党、反人民、反社会主义的合唱队，拼命为彭贼之流翻案摇旗呐喊。

刘少奇说："在许多地方，部门发生反右倾斗争扩大化现象。"周天行则说："这些是内部问题，往往有些当成敌我矛盾处理。"（未完待续）

评反革命两面派周天行（续）

红旗 迎春到 斩妖剑

《红旗》第 106 期，1968 年 5 月 29 日

（续第 103 期）什么"内部问题"？难道两个阶级、两个司令部、两条道路的斗争是"内部问题"？难道一小撮反革命分子、叛徒、特务、走资派反党、反人民、反社会主义是"内部问题"？难道一小撮右倾机会主义分子大肆攻击三面红旗，阴谋篡党、篡军、篡政是"内部问题"？周贼天行把这一切都说成是内部问题，联想到他在广西搞土改时，包庇大批地主恶霸，他在八所时，重用大量坏人，岂不令人深省吗？

也还是那时，刘少奇对批判右倾机会主义分子极为不满，他破口大骂："这几年重犯了党的历史上残酷斗争、无情打击的错误。"周天行亦愤愤然："近年来，压服多于说服"，"党内缺乏民主生活""目前是言者有罪"。他高叫："不要乱打，现在太鲁莽了！"真是打在右倾机会主义者身上，痛在周天行心上。无怪乎航院的一帮牛鬼蛇神对周天行要感激涕零了！无怪乎航院的一小撮变色龙、小爬虫陆志芳们要拼命地吹捧周天行为"好干部"了！

什么"民主"？什么"自由"？世界上从来没有什么超阶级的民主和自由。很显然，周天行要的"民主"和"自由"不是别的，就是为右倾机会主义分子彭黄之流翻案的自由，就是他大反三面红旗向党向社会主义进攻的自由，就是他反对毛泽东思想、复辟资本主义的自由，一句话，就是要搞反革命的自由，而不给革命人民以反击的自由。无产阶级一反击，他们就感到不"舒服"了，有"压力"了。于是，骂一声"缺乏民主"，"你们乱打"。周天行等右派先生们，你们骂对了，对你们就是不给"民主"，也不给"自由"。岂但不给，而且要高举毛泽东思想"金箍棒"，劈头盖脸把你们打下去，打入十八层地狱，再踏上千万只脚，叫你们永世不得翻身！

毛主席说："凡是错误的思想，凡是毒草，凡是牛鬼蛇神，都应该进行批判，决不能让他们自由泛滥。"毛主席又说："在阶级斗争的社会里，有了剥削阶级剥削劳动人民的自由，就没有劳动人民不受剥削的自由，有了资产阶级的民主，就没有无产阶级和劳动人民的民主。"我们社会主义制度，就是不许一切反革命分子有言论自由，而只许人民内部有这种自由。你们要反对毛主席，要反对林副主席，要反对毛主席为首林副主席为副的无产阶级司令部，要反对江青同志，要反对中央文革，要反对三面红旗，就是要办罪！就是要打击！给你们！一点民主不给你们，半点民主也不给！

可笑的是：十七年后的今天，周天行竟然想为自己开脱了，他在"认罪书"中表白说："我这些想法……和彭德怀鸣冤叫屈没有任何直接联系。"真是"此地无银三百两"！当年那样神气地向党进攻的"干将"，刘邓司令部的一条挺卖力气的走狗，怎么忽然"谦逊"起来，不承认自己的"汗马功劳"了呢？当年你不是曾经为右倾机会主义分子打气："在受到打击和排挤时，也要有朝气和坚强的意志"吗？你不是还在刘少奇恶毒咒骂我们党对机会主义分子的批判为"尖刻""面孔板得愈凶，牙齿露得愈长"的黑话旁边，欢喜若狂地注上："目前就是这种情况"吗？你们主唱奴随，双簧配合得再紧不过了。正告周天行，认罪是可以的，赖账是不行的！

周天行是漏网的右倾机会主义分子

这一系列事实说明，周天行对群众运动的态度，对三面红旗的态度，完全不是共产党人的满腔热情的态度，而是站在资产阶级反动立场上，利用早已克服和当时正在克服中的缺点向群众和干部泼冷水、散布松劲、泄气、埋怨、悲观的情绪，企图制造思想上和政治上的混乱，他尽量表面上也装作拥护总路线和拥护毛主席，但实质上却站在刘邓资产阶级司令部一边，煽动党内外有右倾思想的分子，对党不满的分子，混入党内的投机分子和叛徒、特务，与国际国内的反动势力汇合在一起，向党的总路线、大跃进和人民公社、向伟大领袖毛主席和以毛主席为首的无产阶级司令部猖狂进攻，妄图在我国复辟资本主义。周天行是一个不折不扣的漏网右倾机会主义分子,顽固不化的走资派!

剥开周天行的画皮,原来站着的就是这样一个恶鬼!

毛主席教导我们:"在拿枪的敌人被消灭以后,不拿枪的敌人依然存在,他们必然地要和我们作拼死的斗争,我们决不可以轻视这些敌人。"党内一小撮走资派,比拿枪的敌人更隐蔽、更狡猾、更阴险、更毒辣。毛泽东思想的伟大胜利,逼得无产阶级的敌人不得不装着拥护毛泽东思想的样子,来反对毛泽东思想的本质和灵魂。这就是修正主义者的一贯伎俩,是无产阶级专政条件下阶级斗争的新特点。中国赫鲁晓夫刘少奇及其在航院的代理人武光、周天行等党内一小撮走资派,都是这样一批表面是人、暗中是鬼的剥削阶级野心家,阴谋家。

周天行这个伪君子,尽管他有时在大庭广众之中也装着人样,尽管他隐藏得很诡秘,但终究还是露出了狐狸尾巴,在毛泽东思想照妖镜下现了原形!他在两本书的《批注》,他在某些场合的黑话,白纸黑字,铁证如山,周天行及周天行的辩护士陆志芳,你们抵赖得了吗?百般狡辩,只能更加充分地暴露周天行顽固不化、恶贯满盈的反动嘴脸。

打倒刘邓陶!

打倒黑武光!

打倒周天行!

周天行不投降,就叫他灭亡!

十九、批判帝修反

砸烂勃列日涅夫和柯西金的狗头
——把苏修的丑恶嘴脸揪出来示众

本报编辑部

《红旗》第 10、11 期，1967 年 2 月 10 日

"梅花欢喜漫天雪，冻死苍蝇未足奇"。

无产阶级文化大革命敲响了帝、修、反的丧钟，克里姆林宫的一小撮混蛋们被文化大革命的风暴吓破了胆，他们浑身发抖，气急败坏，像一只丧家之犬，声嘶力竭地向我们狂吠。几个月来，在苏修的报刊上大量发表反华文章和材料，苏修头目勃列日涅夫、柯西金等人也袒胸露腹、赤膊上阵、公开叫骂。

一小撮苏修混蛋说什么，把毛泽东思想称为当代马列主义顶峰，是强加于世界共产主义运动，引起理所当然的反抗。真他妈的混账透顶，恬不知耻！

全世界人民都知道，毛主席天才地创造性地全面地继承捍卫和发展了马克思列宁主义，对国际共产主义运动做出了卓越的贡献！

毛主席亲自发动和领导史无前例的无产阶级文化大革命，将马列主义提高到崭新阶段。毛主席是继列宁之后又一个与现代修正主义者搏斗从而捍卫和发展了马克思主义的无产阶级革命导师！你们极端害怕毛泽东思想，正是因为你们极端害怕马列主义，正说明了你们不是什么马列主义者，而是地地道道的伪君子！伟大的毛泽东思想

好比波涛滚滚的大海，而你们这些谬论家们就连一滴水也够不上，充其量只不过是老修正主义茅坑里溅出来的一块臭粪！你们敢在革命人民面前碰壁，管叫你们尸骨无存！

这些混蛋为了抵制我国文化大革命的深远影响，公然叫嚷什么："现在在中国进行的'无产阶级文化大革命'无论同无产阶级，还是同文化，同革命，同社会主义的政策都毫无共同之处。"说什么"无产阶级被排除了对运动的领导"，说什么"工人阶级和广大劳动人民阶层脱离国家政治生活。"纯粹是放屁！修正主义老爷们，睁开你们的狗眼看看吧，中国的工人阶级和广大劳动人民顶天立地，是国家真正的主人，是天下真正的主宰！无产阶级革命造反派联合夺走资本主义道路当权派的权，自己解放自己，自己掌握自己的命运，这难道是与无产阶级毫无共同之处吗？在苏联，你们这些寄生虫勾结美帝残酷地剥削和压迫工人阶级和广大劳动人民，难道这就是与无产阶级有了共同之处吗？

在文化大革命中，我们创造了革命的文化，京剧改革，芭蕾舞剧改革，交响音乐改革……我们自己演，自己看。银幕上出现的是工农兵的英雄形象，舞台上充满的是战火与硝烟，这当然不合你们这些老爷们的口味，无怪乎你们不称之为文化；可是你们的文化都是些什么呢？什么腹泻交响曲、扭摆舞，乌七八糟，低级腐朽！不是封建主义的垃圾就是帝国主义的破烂；难道这就是无产阶级的文化吗？！

克里姆林的老爷又敲起自己的要饭碗当锣鼓。胡说什么我国"经济上遭到严重失败"，说什么"许多中国工人工资极低，用粮麸饼充饥，靠借债过活，找不到摆脱贫穷的道路。"这真是一个弥天大谎！修正主义的徒子徒孙们，你们究竟看见哪一个中国工人用粮麸饼充饥！？又有哪一个中国工人靠借债过活？你们卑鄙无耻到何等地步！中国人民在伟大的领袖毛主席的领导下，奋发图强，自力更生，取得了社会主义建设的伟大胜利。在工业上出现大庆油田，在农业上出现大寨，从第一颗原子弹爆炸到导弹核武器试验成功……。这难道不是最雄辩的证明吗？乌云遮不住太阳，流言掩盖不了真理，靠造谣吃饭的人必定没有好下场！

克里姆林宫的老爷们在大肆攻击我国之时还拼命为自己搽胭抹粉。说什么"苏联肩负同帝国主义斗争的重担，劳动人民已经取得了社会主义历史性的胜利。"说什么"苏联给世界各国革命巨大支持"。

我们真不明白你们知道不知道世界上还有"羞耻"两字。你们整天做着"和平共处"的美梦，生怕战争摧毁你们剥削的寄生生活。树叶掉下来都唯恐砸破狗头，还说什么"肩负斗争重担"，岂不滑天下之大稽！说什么"已经取得社会主义历史性的胜利"，明白地讲，你们的历史性的胜利就是彻底背叛马列主义，使资本主义在苏联复辟。你们的"支持"就是蒙蔽和扼杀。巨大的支持就是巨大的扼杀！难道刚果人民的领袖不是你们出卖的吗？难道古巴革命不是你们出卖的吗？难道现在勾结美帝拍卖越南人民的民族解放斗争的不也正是你们吗？要说真正的支持也是有的，你们不会是给美帝走狗印度反动派巨大的支持使其进攻中国吗？当这些铁的事实在无情地抽打着你们本来就歪了的嘴巴子的时候，难道你们不感觉到疼痛吗？！

在中苏关系问题上克里姆林宫的老爷们不遗余力地攻击中国外，还把自己打扮成正确的天使。苏修领导恬不知耻地说什么，"苏共中央和苏联政府在中苏关系问题上一贯符合于中苏两党和两国的利益，一贯符合于社会主义大家庭和国际共产主义运动的利益。"如果你们脖子上还长着头脑的话，那么总该不会忘记1961年你们片面撕毁几百个协定撤走专家给我国国民经济和社会主义建设带来巨大的损失吗？难道这也符合于我们两党和两国的利益吗？你们也总该不会忘记1965年3月份在莫斯科街头苏联警察对我留学生的血腥镇压吧！难道这也符合于我们两党和两国的利益吗？如果你们这些忘了的话，那么发生在今年1月25日的流血惨案总不能忘吧？你们为什么对革命学生恨之入骨，大出打手呢？难道也符合社会主义大家庭和国际共产主义运动的利益吗？！往事记忆犹新，在莫斯科中国留学生的血迹还未干而新的热血又再一次地撒上街头，难道就让我们用这些证明你们的诚意和友好吗？！好一副"正人君子"的面孔！告诉你们，中国人民是不可欺的，血债必须用血来还！

克里姆林宫的老爷们为了掩盖公众的舆论，在一顿泼妇似的沿街叫骂之后，还污蔑我们"不放过机会发展同美国的关系。"真是死不要脸！究竟是谁吹捧美国强盗头子约翰逊之流"明智"？究竟是谁对他们颂扬备至？究竟是谁对他们鞠躬尽瘁？究竟是谁和美帝勾勾搭搭，蜜月共处？！中国是美帝的死对头，这是世人皆知的，你们一只黑手遮不住天！难道和美国达成空间条约的是我们吗？难道和美帝签订文化交流协定的是我们吗？你们颠倒黑白，倒打一耙！你们在中国人民面前玩弄这套手法实在太不高明了！毛主席早在57年就已告诉我们："各种剥削阶级的代表人物，当着他们处在不利情况的时候，为了保护他们现在的生存，以利将来的发展，他们往往采取以攻为守的策略。或者无中生有，当面造谣；或者抓住若干表面现象，攻击事情的本质；或者吹捧一部分人，攻击一部分人；或者借题发挥，'打开一个缺口'，使我们处于困难地位。"难道这些对你们不正恰如其分吗？！

够了！我们真担心引用你们这些无耻的谣言和谎话会弄脏我们干净的纸笔。毛主席说："被敌人反对是好事而不是坏事"。你们反对我们那就证明我们做对了，你们破口大骂，就证明我们的行动好得很！你们疯狂地攻击、诽谤我们，只能彻底暴露你们色厉内荏的空虚丑恶的灵魂！

毛主席说："社会主义制度终究要代替资本主义制度，这是一个不以人们自己的意志为转移的客观规律。不管反动派怎样企图阻止历史车轮的前进，革命或迟或早总会发生，并且将必然取得胜利"

我们相信终将有一天，伟大的苏联人民会起来造你们的反，罢你们的官、夺你们的权、把你们打翻在地，在踏上一只脚，叫你们永世不得翻身！毛泽东思想的伟大红旗终将有一天会飘扬在克里姆林宫的上空！

打倒宫本显治
——宫本显治混蛋透顶

本报编辑部

《红旗》第 10、11 期，1967 年 2 月 10 日

在美帝、苏修和各国反动派的一片声嘶力竭的反华狂吠中，"马列主义者"、日本共产党总书记宫本显治，这个跳梁小丑，从阴沟里蹦了出来。

宫本显治之流一而再、再而三地攻击我国红卫兵，歪曲中日两党会谈情况，发表反华言论，公然污蔑我们红卫兵心中最红最红的红太阳毛主席。真是狗胆包天！

宫本显治一伙混蛋们，你们竖起狗耳听着：谁反对毛主席，就打倒谁！我们要把铁拳伸到东京，砸烂你们的狗头！

毛主席号召全世界人民组成反对美帝国主义反对苏联修正主义的统一战线。这好得很！一万个好得很！我们，毛主席的红卫兵，一千个赞成，一万个拥护！

反帝必反修。我们就是要反对苏联修正主义：打倒勃列日涅夫！砸烂柯西金的狗头！你们不舒服吗？！打在苏修的身上，痛在你们的心上！好一对双胞胎！

宫本显治，无耻！可悲！不要脸！堂堂的"马列主义"者竟然和苏修穿一条裤子。

狂叫什么"苏联虽然有修正主义的倾向，但因为它援助北越，因此应该包括在反帝统一战线之内"。这是胡说八道！这是混账话！

苏联只是有修正主义的"倾向"吗？不！你们睁开狗眼看看苏修，彻头彻尾，里里外外，修透了，甚至无异于法西斯。最近苏联当局血腥镇压我国留学生的暴行，不就充分地说明了这一点！

苏联"援助"了北越。这是骗人！苏修把破烂不堪的武器扔给越

南,是真心实意地援助北越吗?不!这是为了捞取政治资本,妄想把越南人民的斗争纳入它的修正主义轨道中,是为了和美帝国主义搞"和谈"阴谋。苏修援越是假,助美是真;抗美是假,出卖越南是真!何其毒也!

你们不是鼓吹什么"独立自主"吗?

戳穿了说,你们所谓的"独立自主",就是同真正的马列主义兄弟党闹分裂,同世界人民和日本人民相对立,同苏修相互勾结,同美帝、同日本反动派狼狈为奸!一句话,就是背叛马列主义,投靠苏修、美帝、日本反动派。

你们不是自称是"马列主义者"吗?!呸!真不害臊!你们整天和左藤政府勾勾搭搭,眉来眼去,一味追求什么"国会中拥有稳定的过半数"呀,什么"全国统一行动"呀,就是不见你们宣传武装斗争、用暴力夺取国家政权、赶走美帝国主义。

老修正主义者伯尔尼施坦曾说过:"在一百年以前需要进行流血革命才能实现的改革,在今天我们只要通过投票、游行示威以及诸如此类的威逼手段就可以实现了"。

"议会迷"、叛徒考茨基有一句"名言":"我们政治斗争的目的,和以前一样,仍然是以取得议会中多数的办法来夺取国家政权,并且使议会变成驾于政府之上的主宰"。

现代修正主义者,臭名昭著的赫秃子不是也鼓吹什么要"通过议会的道路向社会主义过渡"吗?

请看,你们这批"马列主义者"和那些老的、小的修正主义混蛋们又是何其相似乃尔。

主张暴力革命还是议会斗争,这是区别马列主义者和形形色色的修正主义者的试金石,是区别真革命与假革命、革命者与叛徒的试金石,是区分英雄和狗熊的试金石。

"小小寰球,有几个苍蝇碰壁。嗡嗡叫,几声凄厉,几声抽泣。"东京的几个苍蝇的悲叫,怎能压住革命火车头的轰天雷鸣!

宫本显治等一小撮可悲的反华先生们,中国红卫兵是不好惹的!我们总有一天会同日共中真正的革命者一起给你们挂上"反革命修正主义分子"的大牌子，戴上高帽子，把你们揪到光天化日之下，斗倒、斗垮、斗臭！

真正的马列主义者、日共党员安斋库治同志说得好：对宫本显治之流"必须毫不含糊地在他们的额头上打上'叛徒'的烙印。"

最近，住在北京的德田球一夫人等十名日共党员退出了日共，以抗议日共一小撮修正主义者对我们最最敬爱的领袖毛主席的攻击。这是革命的行动，我们坚决支持！

日共必须大乱！日共必将在大乱中得到新生！

苏修勾结印度尼西亚反动派罪责难逃

本报观察员

《红旗》第 13、14 期，1967 年 2 月 28 日

毛主席说："已经获得革命胜利的人民，应该援助正在争取解放的人民的斗争，这是我们的国际主义的义务。"

自 1965 年 10 月印度尼西亚发生政变以后，法西斯的恐怖罩着印度尼西亚的上空。印度尼西亚人民的革命遭到了反动派的疯狂镇压，印度尼西亚共产党人和印度尼西亚人民的鲜血洒遍了千岛之国。中国共产党、中国人民和世界各国人民严正地谴责了印度尼西亚右派的法西斯暴行，支持了印度尼西亚人民的革命斗争。可是"堂堂的"苏共领导干了些什么勾当呢？！

这些修正主义老爷们口头上胡扯什么"声援"世界各国共产党人和人民；说什么"给世界一切革命力量以巨大的支持"。但事实上他们却恰恰为苏哈托——纳苏蒂安的右派军人政权对印度尼西亚人民施加法西斯恐怖而感到高兴。他们从未谴责过印度尼西亚右派的法西斯暴行，相反却赞扬双手沾满鲜血的纳苏蒂安为"反帝的民族领袖"。他们也从未谴责过印度尼西亚军人政权的亲美政策，反而颂扬

它是"反帝反殖的"。他们更从未谴责过右派政府迫害我国华侨的严重罪行，反而替苏哈托之流咒骂中国人民。尤其是毫不放过机会地对印度尼西亚共产党和中国共产党进行诽谤和攻击。

请看：

苏联国防部长马里诺夫斯基去年二月接见了印度尼西亚空军副司令努尔亚丁，并进行了"融洽的会晤"。而右派头目纳苏蒂安也写信给马里诺夫斯基"表示希望两国进行密切合作，特别是两国武装部队进行密切合作"。

去年二月中旬空军司令赫兰邦在伊万米迪空军基地透露，印度尼西亚将从苏得到现代化装备，还说有些飞行员目前正在苏联受训。

去年九月中旬苏驻印度尼西亚大使塞坚科会见了印度尼西亚右派头目苏哈托。表示"苏联政府对印度尼西亚政府的态度仍然不变"。

去年十一月苏联代办库兹涅佐夫在庆祝十月革命节的电视演说中大言不惭地宣称什么："反对帝国主义和新老殖民主义、争取世界和平和安全，以及达到社会进步的斗争，本是苏联和印度尼西亚两国关系进一步发展的良好基础"。

特别是在去年十月苏修领导人同右派军人政权的外交部长，法西斯暴徒马里克在莫斯科进行了一项肮脏的政治交易。这个暴徒在苏联受到了隆重的接待。柯西金、葛罗米柯、对外经委主席斯卡奇科夫同他举行了会谈。最无耻的是葛罗米柯、斯卡奇科夫还同这个刽子手坐在一起进餐。

在马里克访问后又留下了审核总长苏普拉约基少将继续和苏修进行政治"买卖"，并且签订了协定。

尤其令人气愤的是在马里克访问前夕，苏修集团为了做出友好姿态而蛮横无理地将印度尼西亚共产党驻莫斯科特派记者安瓦尔、达尔马赶走。这是苏修卑鄙无耻的行径。正当印度尼西亚人民惨遭法西斯铁蹄蹂躏之时，正当印度尼西亚人民处于水深火热之中，苏修不仅没有对印度尼西亚人民的斗争给予丝毫支持，相反却和那些镇压人民的法西斯匪徒密谋策划，狼狈为奸。这是对印度尼西亚人民的公开背叛；这是对马列主义的国际主义的公开背叛！！

在今年一月十八日苏修又派了一个所谓"工人代表团"去印度尼西亚"访问"。在印度尼西亚反动派疯狂地非法禁止一切进步团体的情况下，苏修竟派代表团同印度尼西亚黄色工会密切交往，就再次地暴露他们同印度尼西亚反动派同流合污的叛徒嘴脸。

修正主义老爷们不仅在政治上同印度尼西亚反动派勾勾搭搭，眉来眼去，而且在经济上也是极力地支持印度尼西亚法西斯政权。

去年十一月下旬，苏普拉约基和斯卡奇科夫签订了关于"债务、援助和贸易"的议定书，其中规定印度尼西亚延期偿还达十二亿美元的债款，延长到以十三年为期，而这些款中有八亿美元是军费。苏修出钱出武器，印度尼西亚反动派出人，去镇压印度尼西亚革命，这和美帝国主义又有什么区别呢？！

除了这十二亿美元巨额外，苏修还为印度尼西亚修建一座钢厂、一座肥料厂，并同意供给印度尼西亚若干坦克车零件。苏修帮助印度尼西亚修建了"055"号军事工程，现早已交付印度尼西亚海军使用。

去年五月三十日，苏修会以红十字会名义送给印度尼西亚反动派价值二万八千美元的一批礼物，其中包括药品、食物、纺织品。六月中旬，印度尼西亚反动派又收到了苏修红十字会与红新月联合会送的一批药品和防疫菌苗。

正当印度尼西亚共产党人从沉痛的教训中拿起武器与法西斯进行艰苦斗争、印度尼西亚人民又有着新的希望的时候，苏修却大力地对印度尼西亚法西斯进行军事援助，妄想让法西斯暴徒把革命烈火扑灭。他们的目的是何等的阴险和毒辣！

从这些事实不难看出苏修反动的立场是何等鲜明。他们恨的是印度尼西亚共产党和印度尼西亚人民，他们爱的是印度尼西亚右派和法西斯暴徒。难道苏修对印度尼西亚的态度不正是他们背叛马列主义，出卖各国人民的革命事业的又一铁证吗！

毛主席说："中国共产党依据马克思列宁主义的科学，清醒地估计了国际和国内的形势，知道一切内外反动派的进攻，不但是必须打败的，而且是能够打败的。当着天空出现乌云的时候，我们就指出：这不过是暂时的现象，黑暗即将过去，曙光即在前头。"

共产党人是吓不倒的！革命烈火是扑不灭的！印度尼西亚反动派永远阻挡不住革命的车轮，美帝和苏修也挽救不了他们的命运。而最后这些混蛋们必将统统被革命的巨轮碾得粉身碎骨！

是马列主义还是修正主义
——评《关于"红卫兵"对我们党的激烈攻击》

《红旗》第 13、14 期，1967 年 2 月 28 日

二月十日我们发表的文章，狠狠地击中了日共中一小撮修正主义分子的痛处。他们掩盖不住内心的空虚和恐惧，急急忙忙又跳了出来。二月十七日《赤旗报》头版头条登载了一篇洋洋四千字的不署名文章，名为《关于"红卫兵"对我们党的激烈攻击》。这是一篇十分低劣而又空洞的文章。它疯狂地咒骂我们红卫兵为"市侩""流氓"，恶毒地攻击我国的文化大革命。

你们放毒，我们就要消毒。如果你们有勇气的话，那就把我们这篇文章再发表出来吧！

（一）

《赤旗报》二月十七日文章极力想把以宫本显治为首的一小撮修正主义分子打扮成革命者的样子，说什么，"为了加强反帝国际统一行动和统一战线，不断在奋斗。"事实是怎样呢？无产阶级革命的伟大导师列宁告诉我们："反对帝国主义的斗争如果不同反对机会主义的斗争密切联系起来，就是一句骗人的空话。"

反帝必反修！在今天反对不反对苏联现代修正主义是真反帝与假反帝的分水岭。

日共中一小撮修正主义者一方面假惺惺地说：苏共领导是"国际现代修正主义派别的一个中心"，另一方面，又自相矛盾地说他们"代

表苏联共产党和苏联人民"，这真是天下奇谈。众所周知，苏共修正主义领导集团，早已堕落成为帝国主义的附庸，成为国际共产主义运动和世界当之无愧的叛徒，像这样的叛徒怎么能代表伟大的列宁和斯大林缔造的苏联共产党和伟大的苏联人民呢？宫本显治之流的一小撮修正主义分子为苏修涂脂抹粉，不正是表明你们和苏修穿的是同一条裤子吗？！

苏修集团为了换取美帝的欢心，不惜出卖世界革命人民的利益。在刚果、在柏林、在越南，他们进行一桩又一桩肮脏的政治交易。美帝国主义在越南问题上想搞"和谈"骗局，苏修就四处奔走，不遗余力。日共中一小撮修正主义分子说苏修"在反对侵略越南、支持越南人民等方面进行一定的反帝斗争。"究竟又有何依据呢？

宫本显治之流的修正主义分子对待赫鲁晓夫叛徒集团的态度和当初苏共修正主义集团对待铁托叛徒集团的态度又有什么两样呢？撕开你们"公正"的外衣，里面包藏的是什么货色不就一清二楚了吗！你们要和这些家伙们搞"联合"，讲"团结"，也就充分地暴露了你们本来就不是什么"马列主义者"，而是一群无耻的叛徒。

（二）

《赤旗报》的文章说："他们还散布着马克思列宁主义关于议会斗争的初步知识都没有的非常幼稚的议论，指责我们党的革命路线，企图把'暴力革命'与'武装斗争'强加于日本人民。"好一副"马列主义者"的姿态！可是实际上是怎么回事呢？1964年11月24日宫本显治在日共九大的报告中胡说什么："如果能够在国会中拥有稳定的过半数，就能把国会从反动统治的工具变成为人民服务的工具，使革命的条件更为有利。"这是多么荒唐的神话和呓语。列宁斥责叛徒考茨基说："只有坏蛋或者傻瓜才会认为，无产阶级应当首先利用资产阶级压迫下和雇佣奴隶制压迫下进行的投票方式取得多数，然后才去夺权。这是绝对的愚蠢或绝对的虚伪，这是用旧制度旧政权下的投票来代替阶级斗争和革命。"

我们的主张，历来都像列宁说的那样：工人阶级政党"主张利用议会斗争，主张参加议会斗争，但是他们又无情地揭露'议会迷'，即无情地揭露认为议会斗争是唯一的或者在任何条件下都是主要的政治斗争形式的信念。"可是宫本显治之流早已把列宁的教导忘得一干二净。他们一味追求"议会斗争"，对"暴力革命"只字不提。对人民从不进行"武装斗争"的教育和组织，妄想凭资本家的赏赐获得无产阶级的解放。列宁尖锐地指出："这是最纯粹最卑鄙的机会主义，口头上承认革命，实际上却背弃了革命。"我们的伟大领袖毛主席说："革命的中心任务和最高形式是武装夺取政权、是战争解决问题。这个马克思列宁主义的革命原则是普遍地对的，不论在中国在外国，一概都是对的。"

事实上从"十月革命"以来，哪一个取得胜利的社会主义国家不是经过暴力革命和武装斗争呢？！而在国际共产主义运动历史上又有多少血的教训。"没有一个人民的军队，便没有人民的一切。"这难道不是十分清楚的吗？！

不需要更多地批驳，只要把宫本显治一伙的"理论"和马克思、列宁、毛主席的话一对照，就不难看出宫本显治之流反对马列主义，背叛国际共产主义运动的反革命修正主义丑恶嘴脸。

宫本显治是一个像叛徒考茨基一样的"议会迷"，这是人所共知的了。关于"议会道路"等叛徒理论早已被我们伟大的党驳得体体无完肤。不过使我们感到特别惊讶的是，这些打着"马列主义"招牌的老爷，原来是一些连马列主义最基本、最起码的知识："暴力革命是无产阶级革命的普遍规律"都不懂的厚脸皮先生！我们可以毫无愧色地对你们说，我们"幼稚"的议论要比你们臭气熏天的修正主义"理论"高明得多！你们对我们的攻击只能说明你们这些"议会迷"是一些对马列主义精髓一窍不通的修正主义无知之徒！

毛主席教导全世界人民说："马克思主义的道理，千条万绪，归根结底就是一句话'造反有理'"。

日共中以宫本显治为首的一些家伙，背叛马列主义，勾结苏修出卖日本人民的革命斗争，残酷打击真正的革命左派，把他们清除出党。这就彻底暴露你们修正主义的面目！真正的日共党员和革命人民快快行动起来,发扬"舍得一身剐,敢把宫本显治拉下马"的大无畏的革命精神,在马列主义、毛泽东思想伟大红旗下联合起来,造他们的反。把修正主义的日共领导彻底推翻!

一个坚强的真正的马列主义的日本共产党,必定会在摧毁修正主义的领导斗争中,在东方的日本诞生!

戳穿宫本显治的画皮

《红旗》第16、17期,1967年3月8日

最近,日共中以宫本显治为首的一伙修正主义分子借反对"盲从主义""教条主义""宗派主义"的幌子,正在肆无忌惮地进行一场反人民的罪恶活动。他们被日本革命人民掀起的学习毛泽东思想的热潮吓慌了手脚,急急忙忙跳了出来,充当了美帝、苏修反华大合唱中的一名小丑。

他们说什么"当代教条主义、宗派主义""它和现代修正主义是完全相同的。"说什么"挑衅倾向,漠视对日本的具体形势作科学的分析,模仿外国的武装斗争经验,把它搬用过来,轻视革命地利用议会,企图复活过去的极左冒险主义。"

《赤旗报》十月十四日发表日共悍然开除西泽隆二的决议,对我恶毒影射。决议说,西泽隆二要"高举特定外国党领导的思想红旗等充满非常幼稚的、非科学的、完全事大主义的思想""很明显证明,他已彻底堕落到极端事大主义和取消主义的泥坑中了。"

他们还说什么在北京的"反党暴力集团""他们的头脑和手脚都是借来的"。至于在大会小会出于一辙的谬论更不可胜数。

在当前全世界人民反对美苏勾结出卖越南人民和各国人民的革命斗争的情况,宫本显治一伙跳出来拼命反对什么"事大主义""教条主义""宗派主义"是为了什么呢?

毛主席教导我们："我们看事情必须要看它的实质，而把它的现象只看作入门的向导"。近几年来日本人民持续不断地掀起了气势磅礴的反美爱国斗争。毛主席对日本人民的这一斗争给予了极大的支持和关怀。毛主席说："日本民族是一个伟大的民族。它是绝不会让美帝国主义长期骑在自己头上的。"

　　日本人民在斗争中深深地体会到毛泽东思想的伟大意义。他们组织了许多毛主席著作学习小组、研究会。他们最爱读毛主席的书，他们最热爱毛主席。

　　在东京贫民区之一的山谷地区，有些贫苦工人组成"毛主席著作学习会"，学习毛主席语录。

　　东京的一位汽车司机为了积极地传播毛泽东思想，他和他的妻子每天六点钟开始收听北京广播直到十二点。记下广播提要，复制录音，送给友好的团体和个人，三年如一日从未间断。他说：毛主席是当代最伟大的马克思主义者。他把马克思列宁主义发展到一个崭新的阶段。世界革命将按毛主席指出的方向发展。他的妻子说：现在虽然苦一些，我们相信曙光就在前头。

　　日本山口县革命群众学习《老三篇》蔚然成风。他们把《老三篇》当作争取日本人民彻底解放的有力思想武器。

　　无数的日本朋友给中国写信，倾吐他们对毛主席的热爱；无数颗火热的心在向着北京跳动，诉说他们对中国的向往：毛主席啊，毛主席，革命人民的心永远向着您！

　　宫本显治之流大肆吹捧苏修，说什么苏修集团是"苏共和苏联人民的代表和领导"，企图把他拉入反帝统一战线。

　　日本人民学习毛主席著作之后，他们说："毛泽东思想是世界人民的共同财富。日本人民一定要在毛泽东思想的指引下，把反帝反修斗争进行到底。"

　　东京葛饰区一工人说："由于日本人民今天出现了苏联现代修正主义的追随者，毛主席发表谈话的意义就更为重要。我们日本人民要永远按毛主席指出的方向前进。"

　　山口县的人们说："日本人民正在受难。我们只有用毛泽东思想武装起来,才能打倒美帝国主义、现代修正主义及其形形色色的新旧追随者,才能取得日本的彻底解放。"

宫本显治之流,你们看看,日本人民对现代修正主义是何等愤恨,对毛泽东思想又是何等高度的评价。日本人民学习毛主席著作,必将把反修斗争进行到底,可是你们不仅自己和苏修勾勾搭搭,还不让别人反对。吵吵嚷嚷,什么"无批判地追随"呀,什么"头脑和手脚都是借来的"呀,十足的阿Q!

东京山谷区贫民窟的一位六十多岁的老工人说:"我们这里没有真正的马克思列宁主义的领导。我们把希望寄托在毛泽东身上。只有靠毛泽东思想,才能解放全日本。""毛泽东思想总有一天也会照亮我们这个山谷地区"。

在东京葛饰区的一个"毛泽东思想研究会"的座谈会上,人们一致指出:胆小如鼠的懦夫们不敢举起反美旗帜,日本革命群众却把反美旗帜举得更高。一个反美爱国的斗争高潮必将到来。

山谷的工人谴责一小撮自称"革命"的人已经堕落成为现代修正主义。他们说:"在今天,最可信赖,真正的世界革命先锋队只有毛泽东主席领导的中国共产党。"

宫本显治之流,你们听听,日本人民的豪言是何等壮丽,他们对毛主席寄托多么大的期望,对你们又是多么严厉地谴责。你们打起"议会道路"的破旗,高喊什么不要"模仿外国武装斗争经验",什么不要"轻视革命的利用议会",攻击马列主义是"极左冒险主义"。只要把你们这些"破烂"放在马列主义、毛泽东思想的阳光下一照就会原形毕露。什么"盲从主义",什么"挑衅倾向"都挽救不了你们失败的命运。难道几顶大帽子就会把革命人民吓住吗?正如列宁所说:不把你们这些所谓领袖抛弃,就不能完成无产阶级具有历史意义的解放使命。

你们极力把自己打扮成马列主义者,把真正的革命左派开除出党,打击迫害,谩骂中伤。把他们打成"反革命",打成"反党暴力集团"。可是你们不要忘记反革命围剿会锻炼出革命的左派。你们这样做,恰恰会使日本人民更好地觉醒,更快地看清你们的灵魂究竟是什么东西！

日本人民的斗争已经发生了巨大的变化，这就是光辉灿烂的毛泽东思想照亮了日本人民的心。他们掌握了这一强大的思想武器，就必定会掀起更大规模的反美斗争；就必定会揭穿宫本显治之流追随苏修背叛马列主义的丑恶嘴脸；就必定会拿起枪杆子和日本的垄断势力斗争到底；就必定会用暴力夺取政权，走"十月革命"的道路。

这些怎能不使宫本显治之流心惊胆战呢？暴力革命和武装斗争对他们来说又是何等的可怕，他们大喊什么反对"盲从主义""教条主义"，说穿了就是一句话：抵制日本人民掌握马列主义、毛泽东思想，从而把日本人民革命纳入修正主义轨道。他们已经堕落成只想"资产阶级统治下获得大多数选票"的"极端愚蠢"和"欺骗工人"的"叛徒""腐儒"！

"天若有情天亦老，人间正道是沧桑"。革命的洪流汹涌澎湃，历史的车轮滚滚向前！最后胜利必定属于伟大的马列主义和毛泽东思想；最后胜利必定属于伟大的日本人民！

同日本反修战士欢聚一堂

《红旗》第 19、20 期，1967 年 3 月 21 日

本报讯 三月十三日，这是继十日威尔科克斯同志来航院后，又一个令人难忘的日子。这天晚上八点左右，数千红旗战士聚集在俱乐部，忽然传来一个振奋人心的喜讯：前日共总书记德田球一的夫人——德田多津等十名坚强的日本反修战士，将和我们欢聚一堂！

来了！七十高龄的德田球一夫人精神矍铄、容光焕发，挥动红彤彤的《毛主席语录》，稳步登上了主席台。"起来，饥寒交迫的奴隶；起来，全世界受苦的人！满腔的热血已经沸腾……"不同的语言，同一个音符。雄壮的国际歌声，把我们的心紧紧地连在一起。今天

德田球一夫人高兴地说:"不久前,我们十个人到北航和红旗战斗队的同学举行了座谈,给我们介绍了很多情况。到会的十位同志曾经发表了声明,同宫本显治集团决裂。对于我们的声明,北航红旗给了我们很大的支持,为了表示对你们的感谢,我们又到这里来了。"

之后,在外文出版局工作的横川次郎同志提议,由日本朋友带领,大家满怀着对我们伟大领袖毛主席无比爱戴、无比信仰的心情,集体学习了最高指示。

白发苍苍的横川次郎做了精彩的讲演,他热情洋溢地歌颂伟大的毛泽东思想,称赞中国的文化大革命和红卫兵,给每个红旗战士上了一堂极其生动、形象的政治课。他说:"我们今天到这儿来,能同大家见面,感到非常的光荣。

你们《北航红旗》,这个英勇的红卫兵的名字,不仅全国知道,而且全世界都知道。你们高举毛泽东思想伟大红旗,这对全世界革命人民是莫大的鼓舞,而帝国主义、修正主义却吓破了胆!最近在你们的机关报《红旗》上面,发表了一篇批判日本宫本显治的文章,因此日共《赤旗报》——我们叫它《黑旗报》,用了整整的一版,对你们进行了疯狂的反扑。他们竭尽谩骂之能事,对你们进行攻击。刚才我们学习了毛主席语录:如若敌人起劲地反对我们,把我们说得一塌糊涂,一无是处,那就更好了,那就证明我们不但同敌人划清了界线,而且证明我们的工作是很有成绩的了。所以,你们的工作取得了很大的成绩!(热烈地鼓掌)

"今年二月底,我们十个人曾经就日修集团对中国红卫兵进行恶毒的攻击,进行了谴责。而《赤旗报》,就是《黑旗报》,长篇累牍地发表文章,不仅对我们这十几个人,而且对北航红旗,对我们敬爱的领袖毛主席,进行恶毒的诽谤,这恰恰说明我们的工作是很有成绩的。现在,日本真正的马列主义者,对窃据日共领导的修正主义集团,我们已经造反了!(雷鸣般掌声、欢呼声)我们树起了'反'旗。正因为如此,他们把我们开除出党。《黑旗报》几乎每天都在报道开除的党员名单。在开除我们时,《黑旗报》还附了一篇攻击我们的长文章,这还是第一次。这恰恰说明他们是多么害怕伟大的毛泽东思

想,多么害怕中国的红卫兵,多么害怕在伟大领袖毛主席领导下的中国的文化大革命!(欢呼声)

"我今天看到北航红旗的同学们,你们都很年轻,(亲切的笑声)正如毛主席所说的,好像是早晨八、九点钟的太阳,你们朝气蓬勃。今天我们这些老年人来,你们可能感到奇怪,这没有什么可奇怪的:因为信仰毛泽东思想的人,永远是保持年轻的!(长时间热烈掌声)他们的思想永远是革命化了的!"

横川次郎的讲话,不时被热烈的掌声和口号声打断,自始至终激动着每个红旗战士的心。红旗战士代表说得好:"虽然我们语言不同,国籍不同,但是,我们的心脏,是为着同一个目的而跳动,这就是——在全世界实现共产主义!"

"大海航行靠舵手,万物生长靠太阳。"在一片嘹亮的歌声中,红旗战士给日本朋友藏上了光芒四射的毛主席像纪念章和经过战斗洗礼的红旗袖章。

中国的红卫兵小将,日本的反帝反修老英雄,手挽手,肩并肩,心连心,他们坚信:"今天,我们相会在北京,但总有一天,我们会相会在日本人民的东京。"

蒙修是苏修豢养的哈巴狗

《红旗》第 41 期,1967 年 5 月 27 日

蒙修领导集团公开背叛世界革命,充当苏修的忠实哈巴狗的叛徒行径,早已人所共知。最近蒙修在苏修策划下导演的卑劣的反华丑剧,则进一步暴露了他们修正主义的丑恶嘴脸。

蒙修追随苏修反华是偶然的吗?不,绝不是。这是蒙修背叛本国人民的利益,在政治、经济、军事和文化各方面依附苏修,堕落为苏修附庸国的必然结果。

在蒙古第二个五年计划期间，苏修给予的贷款金额占蒙古整个投资的百分之四十三点七，即十八亿五千六百万图格里克。一九六六年，苏修为了使蒙古在中苏冲突中"忠诚"于它，提出愿对蒙付出每人每年五十英镑的代价。这对于长期以来仰俯于苏修的蒙修领导集团当然是求之不得的"恩赐"了。为了报答主子的施舍，蒙修领导集团彻底地出卖本国人民的利益，拱手让出了军事主权，同一年里，苏修三个师的军队进驻了蒙古。

在政治上，蒙修更不愧为苏修豢养的忠实哈巴狗。蒙修紧紧尾随苏修，大肆宣扬"和平共处"是现代历史条件下"最正确的政策""对于蒙古人民来说，没有比没有战争的和平生活更加崇高。"一九六六年苏修撮合了破产的印巴塔什干会谈，蒙修则大加吹捧苏修对宣言做出了"贡献"。在越南问题上，蒙修背弃越南人民的利益，鼓吹"联合行动"和召开"各国党的国际会议"。蒙修哈巴狗为了进一步讨得主子苏修的欢心，并掩饰国内日益加深的阶级矛盾，今年以来大大加剧了反华行径。一月份苏修砸毁我新闻展览橱窗后发表了混淆黑白的声明，蒙修党报对此发表观察家文章，就我革命群众反修示威，进行恶毒反华，大肆吹捧什么"苏无比克制和忍耐"。真是无独有偶，蒙修也竟在二月份破坏了我新闻橱窗。现在蒙修当局又公然制造了殴打、拘捕、扣留我外交人员、新华社分社工作人员和大批华侨的法西斯事件。

我们伟大领袖毛主席教导我们："社会主义制度终究要代替资本主义制度，这是一个不以人们自己的意志为转移的客观规律。不管反动派怎样阻止历史车轮的前进，革命或迟或早总会发生，并且将必然取得胜利。"蒙修追随苏修反华是绝没有好下场的！他们狂狗吠日，妄图阻挡光焰无际的毛泽东思想在蒙古人民中的传播，是注定要失败的，他们追随苏修愈紧，反华愈狂，就愈将促使蒙古人民认清他们的修正主义嘴脸，加速自己的灭亡。试看未来的世界，必将是帝、修、反破产，毛泽东思想红光普照的世界！

把英帝扫进太平洋

《红旗》第 44 期，1967 年 6 月 6 日

"帝国主义的豺狼们应该记住，由他们任意摆布人类命运、任意宰割亚非国家的时代，已经一去不复返了。"

英帝国主义当然也不能例外。如果他们胆敢狂妄，那末，"捣乱，失败，再捣乱，再失败，直至灭亡——这就是帝国主义和世界上一切反动派对待人民事业的逻辑，他们绝不会违背这个逻辑的。"毛泽东思想是不可抗拒的。历来多少反华小丑，多少如狼似虎的残杀中国同胞的鹰犬，没有一个不被投进了垃圾箱，成为不齿于人类的狗屎堆。

在衰朽透顶的英帝国主义策划下，港英混蛋"总督"戴麟趾，为了进一步追随美帝战争政策和侵略政策，采取了有计划、有预谋、有组织地对港九爱国工人进行一场灭绝人性的血腥镇压，掀起了严重的反华事件，对伟大的中国人民进行挑衅。他们从垃圾堆里拾起破烂，妄图扑灭越烧越旺的港九同胞反帝抗暴的熊熊烈火，是可忍，孰不可忍！

任凭他，挥舞警棍施放催泪弹，任凭他，制定千万条的"公务员行为及纪律"的"奉公守则"，也威胁不了被港英暴徒所逼出来的中国同胞的反迫害斗争。怯懦者最残暴，港英暴徒派遣便衣特务上船监视工人，航空母舰"堡垒号"驶进香港，狗胆包天，在我国南大门卖弄侵略的淫威。预谋炮制的"五六""五一一""五二二"的血案，使用殴打、非法拘留、非法绑架和无理判刑等法西斯手段。疯狂地摧残和迫害我同胞，使港九陷入一片白色恐怖。……英不过是只纸老虎，它没有什么了不起的力量，他们在港九犯下的滔天罪行一定要彻底清算，受到应有的惩罚。

在殖民地时代告终的今天，不管他有多少统治殖民地的经验，不管他怎么擅长外交，手腕圆滑，梦想最终要破产。港九一位工人说得好："这天是毛泽东思想的天，地是毛泽东思想的地，海也是毛泽东

思想的海！"香港是中国的。中国人不是好惹的。

修正主义的势力在中国已经垮台，什么投降帝国主义、投降苏修、投降各国反动派，扑灭世界革命的政策与我们革命派水火不兼容，英帝别想在我们革命派身上找到一点"容忍"的余地。

中国的文化革命激荡着全世界，帝国主义、现代修正主义和各国反动派，对我国的无产阶级文化大革命非常害怕，万分痛恨。它们不断地叫嚣反华，到处掀起歇斯底里的反华活动。它们竭力挑拨友好国家同我国的关系，并且企图用联合反华的办法来孤立中国，抵制伟大的毛泽东思想。这是痴心妄想，任何阻止中国人民胜利前进的企图，都是一定要失败的。

爱国同胞的抗暴怒潮已经席卷香港，用毛泽东思想武装起来的我港九爱国同胞，是吓不倒、压不垮的。我们红卫兵小将对于英帝血腥镇压港九同胞的滔天罪行，绝不能坐视不管。血债用血还。我们坚决支持港九爱国同胞的革命行动，和他们战斗在一起、胜利在一起。

我们希望全世界受压迫的人民，发扬无产阶级革命造反精神，为争取自身的民族解放而斗争！全世界劳苦大众奋起之日，即帝国主义被埋葬之时。

从肖洛霍夫到刘少奇

2141《铲修尖兵》

《红旗》第 44 期，1967 年 6 月 6 日

> 要捉大的，捉肖洛霍夫，要敢于碰他。他是修正主义文艺的鼻祖。
> ——林彪同志委托江青同志召开的部队文艺工作座谈会纪要

历史是无情的见证者，它在革命的关键时刻总是迫使那些假马列主义者，真修正主义者，撕下自己的面纱，原形毕露于光天化日之

下。肖洛霍夫及其吹捧者就是如此。肖洛霍夫何许人也？他就是臭名昭著的小说《静静的顿河》《一个人的遭遇》《被开垦的处女地》的炮制者。曾经被现代修正主义的头目赫秃驴吹捧为"杰出的艺术家、天才的大师。"在一九六五年十月这位号称"无产阶级作家"的肖洛霍夫竟垂涎三尺跪倒在西方资产阶级足下，接受了臭名昭著的"诺贝尔文学奖奖金"。早在伟大的十月社会主义革命胜利以后，帝国主义和各国反动派极端仇视这个世界上唯一的社会主义制度国家，千方百计想把这个国家扼杀在摇篮里。于是作为"西方工具"的诺贝尔文学奖金的颁发机构就一直在俄罗斯的作家中寻找他们所需要的"东方叛徒"了。在一九三三年这个文学奖授给了一个极端仇视社会主义革命逃亡巴黎的"白俄作家"蒲宁。一九五八年这个文学奖又授给了一个臭名昭著的叛徒，反共小说《日瓦戈医生》的作者帕斯捷尔纳克。

曾几何时，这个连法国资产阶级作家萨特都不愿意接受的诺贝尔文学奖金，竟塞入感激得涕泪双下的肖洛霍夫手里。这下，"西方工具"在俄罗斯作家中终于找到一个非常如意的"东方叛徒"了。

这件事说来并不奇怪，看看下列事实也就觉得十分自然了。早在二十几年前，肖洛霍夫就在他的《静静的顿河》这部（四本）"巨著"中狂热竟达白炽状态地歌颂一个疯狂地和苏联红军作战的血债累累的反革命分子葛利高里，恶毒地攻击十月社会主义革命和阶级斗争的"不人道"，无情地咒骂由斯大林同志领导的伟大的卫国战争，为以后赫秃驴大反斯大林同志大作舆论准备，因而得到其主子的欢宠。同时，又在他的《一个人的遭遇》中，通过索科洛夫一个人的"遭遇"，极力宣扬战争的恐怖，让人们看到的是战争太可怕了，由于战争索科洛夫不得不离开他的"年轻、漂亮"的妻子走向残酷的战场。作者把索科洛夫当作全人类在战争中毁灭的缩影。我们知道，现代修正主义的头目赫秃驴在他当权以后不就是屈服于帝国主义的压力而主张与帝国主义"和平共处""美苏两大国主宰世界"吗？

不就是他极力地反对一切战争，为了"土豆烧牛肉"的共产主义而狂喊吗？作者为了得到他主子的欢心，就大量贩卖资产阶级的和平主义，达到反对革命战争的可耻目的，充当了美帝和苏修忠实的喉舌。而中国的赫鲁晓夫不是也在国内大谈什么"阶级斗争熄灭论"吗？不是也带着他的王夫人到印度尼西亚与资产阶级的政治大流氓苏加诺"共处"同享人间豪华吗？在《一个人的遭遇》中作者还大肆兜售活命哲学，极力美化叛徒、懦夫。这个索科洛夫满脑子"和平就是幸福"，而在战争的紧要关头就必然是"个人幸福第一""小家庭第一""活命第一"，只要保住脑壳，什么奴才、走狗、叛徒都可以当。什么"阶级利益""民族利益""国际主义"……在他们的大脑里从来没有这类的信号反应。这种人早把自己的灵魂当成破烂卖给帝国主义和修正主义了！看！这与中国的刘克思又何其相似乃尔。

就是这个肖洛霍夫，自从他的"巨著"一问世，西方资产阶级就敏感地嗅到其强烈的反共和修正主义的气味，美国报刊大加吹捧。西方资产阶级还把他列为诺贝尔文学奖金的候选人。曾几何时，一九五六年在苏共二十次代表大会上，肖洛霍夫公开疯狂地大反特反斯大林。赫鲁晓夫及其继承者格外地赏识这个具有特殊作用的忠实代言人。因为这个大混蛋的头上挂着"党员作家""斯大林奖金获得者""苏维埃代表"一连串的头衔，至少还能迷惑一部分不明真相的苏联人民，它像鸦片一样欺骗、麻醉革命人民的斗志。所以我们一定要用毛主席光辉的文艺思想为武器揪出这个修正主义文艺鼻祖。

就是这个可耻的叛徒，苏修文艺路线的总代表肖洛霍夫及他的作品，却在中国得到了肉麻的吹捧，广为传播，大加赞扬。周扬一伙，把刚出笼的大毒草《一个人的遭遇》接过来，捧为佳作，马上发表，还专门举办放映《一个人的遭遇》的电影周；居然召开作协的专门会议鼓吹"学习"肖洛霍夫的"创作自由"精神，上上下下，紧密配合，如此热闹，是文学界少有的场景。刘少奇正是这场吹捧丑剧的导演者。刘少奇对苏修的文艺一向是无限拜服的，说"看《天鹅湖》可以提高兴致，《巴黎圣母院》艺术水平也很高"，更露骨地叫喊"世界各国的电影，只要无害的都可进口"。刘少奇看芭蕾，听音乐，欣赏苏修电影，把熟悉工农兵的作家诬蔑为"土作家"，大叫"要学习苏联电影的思想性和艺术性"，竟然把苏修腐朽的文化生活说成是共产主义式的标准。由此可见，刘少奇是苏修文化最大的吹鼓手，是苏修文化在中国的代言人。

我们坚信，在光焰无际的毛泽东思想的光辉照耀下，在中国文化大革命的巨大影响下，苏联人民迟早会起来造反，毛主席革命路线的光芒必将照亮莫斯科，普照全世界！修正主义的末日到了！

印度反动派不投降就叫它灭亡

红旗《红扫帚》

《红旗》第48期，1967年6月20日

印度反革命间谍分子鲁冠南之流罪恶累累，证据俱在，受到我国政府法律制裁，被我公安部门和红卫兵小将驱逐出境，好得很，好极了！大长了我国和全世界一切革命人民的志气，大灭了印度反动派的威风。

美帝国主义的忠实小走狗印度反动派又恼又恨，竟耍出流氓手段，无理砸烂我驻印使馆汽车和使馆前橱窗，公然殴打我外交人员，非法剥夺我外交人员的行动自由。对这一侵犯我国主权的阴谋报复行为，我们毛主席的红卫兵和全国人民一道，向印度当局提出最最强烈的抗议！强烈抗议印度反动派暴徒的法西斯暴行！

我们严正警告印度反动派：伟大的中国人民不好惹！反华的人绝没有好下场！

为了回击印度反动派极端无理疯狂的挑衅行动，我全体红旗战士和全院革命师生同仇敌忾，包围了印度驻华使馆。游行示威的人群一再振臂高呼："打倒美帝国主义！""打倒苏联现代修正主义！""打倒印度反动派！""中国人民不好惹！""反华绝没有好下场！"愤怒的声讨声一浪高过一浪。理屈词穷、胆小如鼠的印度使馆一片漆黑，不敢开一个灯，使馆人员统统缩在乌龟壳里，不敢吱一声。红卫兵小将把象征着印度反动派是纸老虎的草人浇上汽油，放火烧了，火光冲天，示威人群无不拍手称快。警告愚蠢透顶的印度反动派，纵火者必自焚，搬起石头砸自己的脚，这就是你们的下场！

毛主席说"捣乱，失败，再捣乱，再失败，直至灭亡——这就是帝国主义和世界上一切反动派对待人民事业的逻辑，他们绝不会违背这个逻辑的。"对他们，我们的方针只能是针锋相对，坚决斗争！印度反动派不投降就叫它灭亡！早在中印边境战争中吓得你们丧魂落魄的中国人民的铁拳头在等待着你们！我国氢弹的爆炸成功是对印度反动派的当头一棒，我们的国防力量越来越强，我国的无产阶级专政越来越巩固，印度反动派的狂吠丝毫无损于太阳的光辉，任何挑衅、威胁只能遭到可耻的失败。让刘少奇的「投降帝国主义，投降修正主义，投降国反动派，扑灭革命人民斗争」的奴才哲学见鬼去吧！

印度反动派之所以如此热衷反华，是因为它们的日子实在过不下去了。印度反动当局腐败透顶，苛捐杂税，经济危机，激起了印度人民强烈的不满。印度政府一方面奴颜媚骨，卖身投靠美帝国主义，另一方面千方百计煽动反华，妄图转移印度人民的斗争矛头。我们要正告印度反动当局：你们的阴谋永远也不能得逞！印度是印度人民的，不是反动派的！日益觉醒的印度人民正在遵循世界革命人民的伟大导师毛主席的教导，积极组织起来，开展武装斗争。我们深信，终有一天印度人民会起来大造印度反动派的反，在革命人民的汪洋大海面前，印度反动派难逃灭顶之灾！

宫本集团背叛马列主义罪责难逃

千钧棒

《红旗》第 49 期，1967 年 6 月 27 日

人们清楚地看到，在帝修反联合反共反华反人民的大杂剧中，出现了一个卖力小丑，这就是日共修正主义宫本集团。

去年以来，日共修正主义宫本集团的反革命修正主义嘴脸便暴露无遗了。宫本显治之流大反世界革命人民的领袖，我们心中最红最红的红太阳毛主席，大反毛泽东思想，放肆地攻击和诬蔑我国伟大的无产阶级文化大革命，攻击和诬蔑无限忠于毛主席的中国红卫兵小将，简直达到了歇斯底里的地步。他们对臭名远扬的国际共产主义运动的大叛徒、美帝国主义的头号帮凶苏联修正主义集团勃列日涅夫、柯西金之流却颂扬备至，大加美化。事实证明，日修不愧为苏修的一条小巴儿狗。在国内，宫本修正主义集团推行的是彻头彻尾的修正主义路线，是不要革命、反对革命的路线。

早在一八四七年，马克思和恩格斯就在光辉万丈的《共产党宣言》中写道："共产党人……的目的只有用暴力推翻全部现存的社会制度才能达到。"毛主席也早就指出："枪杆子里面出政权。"这些都是无产阶级和劳动人民长期同反动统治阶级英勇斗争的总结，是颠扑不破的放之四海而皆准的真理。伟大的俄国十月革命的胜利证明了这一点，伟大的中国革命的胜利也证明了这一点，其他许多国家的革命斗争实践也都证明了这一点。只有武装斗争才能使无产阶级取得胜利，这是稍有马列主义常识的人都能懂得的道理。

奇怪的是，日共宫本集团对"武装斗争"忌讳得要死。他们所津津乐道的是"议会斗争"，是"选票""多数票"。他们日思梦想的是为了追求几个席位。这是一条让日本人民永远受美日反动政府统治的道路。他们不仅自己贪生怕死、放弃斗争，还要把日本真正的马克思列宁主义和日本人民引上"议会迷"的斜路上去，到处宣扬那种所谓在国会里占有多数而革命就接近胜利的谬论。真是混账透顶！这充分暴露了宫本显治之流根本不是什么马克思列宁主义者，而是地地道道的反革命修正主义分子，是日本反动政府的奴才。宫本之流背叛日本人民的利益，背叛无产阶级专政，背叛马克思列宁主义，罪责难逃！

毛主席指出："修正主义，或者右倾机会主义，是一种资产阶级思潮，它比教条主义有更大的危险性。修正主义者，右倾机会主义者，口头上也挂着马克思主义，他们也在那里攻击'教条主义'。但是他们所攻击的正是马克思主义的最根本的东西。"伟大的、光荣的、正确的中国共产党，忠实于马克思主义的根本原理，在天才的领袖毛主席的领导下，对赫鲁晓夫修正主义分子进行了长期的毫不妥协的斗争，终于使赫鲁晓夫走投无路，混不下去，滚下了历史舞台。接着，我党又对以勃列日涅夫、柯西金为首的披着新外衣的苏修新领导集团进行毫不妥协的斗争，坚决地捍卫了马克思列宁主义。

然而，宫本集团对于苏修新领导勃列日涅夫、柯西金之流不是反对，而是追随，不是抵制，而是颂扬。他们叫嚷什么"必须把苏联拉到国际统一行动中来"。这完全是对英勇斗争的越南人民的背叛，是对苏联人民的背叛，是对世界人民的背叛。

无产阶级文化大革命的洪流席卷全中国，震惊全世界。中国红卫兵的铁拳击痛了白宫的约翰逊、腊斯克，击痛了克里姆林宫的勃列日涅夫、柯西金，也击痛了正在做着"议会梦"的日修宫本显治之流。红卫兵战旗一指，铁笔一挥，宫本的反革命修正主义面目暴露无遗，日修的反共反华反人民的桩桩丑事昭于天下。于是，日共修正主义分子更加坐不安，暴跳如雷了。他们开动了所有的宣传机器，利用《赤旗报》

《前卫》等发表一篇接着一篇的又长又臭的文章，大小官员到各地游说，攻击我们伟大的领袖毛主席，攻击我国的无产阶级文化大革命，攻击我英勇的红卫兵。像苏修咒骂我们是"教条主义""分裂主义"一样，日修也咒骂我们为"极左机会主义""大国主义"。日修为我国党内最大的一小撮走资本主义道路的当权派和反革命修正主义分子喊冤叫屈对红卫兵的革命行动恨得要命，怕得要死，竭力攻击。是可忍，孰不可忍？

值得指出的是，日修《赤旗报》不仅大肆攻击我广大的红卫兵，而且竟敢指名攻击我北航红旗甚至红旗战士，真是胆大包天！如果《赤旗报》的先生们继续这样干，小心你们的脑袋！我北航红旗和中国广大的红卫兵绝不是好惹的！

据说，宫本已经发誓：日本绝对不像中国这样干。对不起，宫本，你的话比放屁还不如。美日反动派是欢迎你的话的，但历史的发展恰恰与你们的愿望相反。中国的无产阶级文化大革命，是国际共产主义运动史上，是人类历史上前所未有的壮举，是社会主义过渡到共产主义的必由之路，是世界各国无产阶级革命到底的必由之路。这样的文化大革命，终有一天，将会在日本进行，而且，日本人民一定会把它进行到底的！

　　毛主席说："日本民族是一个伟大的民族。"他还说："中日两国人民要联合起来。"现在，千千万万的日本青年和日本人民已经找到了真理的宝库——战无不胜的毛泽东思想。美日反动派和日共修正主义的鬼话已经欺骗不了觉醒了的日本革命人民了。日本真正马克思列宁主义者的力量正在日益发展壮大。我们中国的红卫兵坚决支持日本真正的马克思列宁主义者起来大造美日反动派的反，大造宫本修正主义的反，把日本引上民族解放和社会主义的光辉道路！

打倒奈温

本报编辑

《红旗》第 50 期，1967 年 7 月 1 日

　　反动透顶的缅甸奈温政府最近猖狂反华，杀害我专家，刺伤我信使，袭击我使馆，迫害我华侨，制造种种令人发指的法西斯暴行。消息传来，我红卫兵战士万分愤怒！我们坚决拥护我国政府的严正立场，最强烈抗议和声讨奈温反动政府的反华滔天罪行！

　　奈温是个什么东西？他是一个大土匪，大阴谋家，是反共反人民的老手，是美帝的巴儿狗，是苏哈托的同伙。自从他以政变的阴谋手段推翻吴努内阁上台执政以来，极尽反革命两面派之能事。他代表着缅甸大地主大资产阶级和美帝国主义的利益，对人民实行残酷的压迫、剥削、敲诈勒索，造成了人民生活极端贫困，国内经济极端困难和混乱。"有压迫就有反抗"，国内民怨沸腾，反声日高。缅甸共产党长期以来，以农村为革命根据地进行武装斗争，不断发展壮大。而奈温反动政府一直对缅甸共产党实行残酷的镇压，妄图扑灭革命的星星之火。但是，由于中缅两国人民的友谊源远流长，根深蒂固，由于中国这个东方巨人在世界上的崇高威望，所以在过去，奈温这个家伙还说几句中缅友好的漂亮话。

最近，在缅甸国内阶级矛盾尖锐化，缅甸人民对反动政府日益不满的情况下，在中国的无产阶级文化大革命以排山倒海之势横扫一切牛鬼蛇神，清除资产阶级和修正主义的一切破烂，揪出党内一小撮走资本主义道路的当权派，对帝修反、当然也对奈温反动政府以沉重打击的情况下，奈温反动政府撕下外衣，采取猖狂反华排华的法西斯暴行，是不足为怪的。这和印度、印度尼西亚反动派的反华一样，和日修的反华一样，没有什么了不起。"'搬起石头打自己的脚'，这是中国人形容某些蠢人的行为的一句俗话。各国反动派也就是这样的一批蠢人。他们对于革命人民所作的种种迫害，归根结底，只能促进人民的更广泛更剧烈的革命。"有着抗英抗日光荣斗争传统的缅甸人民，一定会识破奈温的鬼把戏，掀起更广泛更剧烈的革命运动。

最近一年来，缅甸共产党高举毛泽东思想伟大红旗，坚持进行武装斗争，以农村为基地，组织和武装人民群众，运用毛主席提出的"敌进我退，敌驻我扰，敌疲我打，敌我追"的十六字诀，把反动政府军赶得四处乱窜，狼狈不堪，使奈温的反动统治摇摇欲坠。缅甸人民胜利的日子已经不远了。

奈温如此猖狂地反华，自以为得计。其实，奈温比蠢驴还蠢十分。中国人民的力量是举世闻名的，尤其经过这场无产阶级文化大革命的锤炼之后，更是所向披靡。你敢和中国人民较量，轻则碰得鼻青脸肿，焦头烂额，重则奄奄一息，身败名裂，到头来还得自认倒霉。奈温若不信，就等着瞧吧。

"小小寰球，有几个苍蝇碰壁。"已经跳出来的反华英雄好汉们，蠢蠢欲动但还没有跳出来的反华英雄们，统统竖起你们的狗耳朵听着：用战无不胜的毛泽东思想武装起来的七亿中国人民不是好惹的！称霸世界的美帝都没有吓倒我们，绞尽脑汁地反华的苏修都没有征服我们,其余的反华英雄更算得了老几!你们反华一天,就离灭亡更近一天!反华愈烈,灭亡愈快!打倒缅甸反动政府!打倒奈温!

打倒缅甸反动政府

红旗一兵

《红旗》第51期,1967年7月4日

正当反动透顶的缅甸奈温政府疯狂地掀起反华排华的浪潮的时候,六月二十八日,缅甸共产党中央委员会发表了一个声明,表示坚决支持我国同胞的革命的勇敢的正义行动,指出缅甸反动政府反华排华必定很快走向灭亡。并向全国人民发出彻底打倒奈温军人政府的战斗号召。这是一个高举毛泽东思想伟大红旗的文件。这个缅甸共产党自从一九四三年成立以来,一直为缅甸的人民民主和民族解放而努力斗争着。

一九四九年,中国革命的胜利震撼了世界。一九五二年,缅共中央召开了会议,学习毛主席的伟大思想,做出了正确的决定。如以农村为基地进行武装斗争,提出党、党所领导的军队和统一战线是战胜敌人的主要武器。从此,缅甸人民的革命斗争进入了一个新的阶段。

声明好得很!我们坚决支持缅共中央的这个声明!缅甸的人民民主和民族解放而努力奋斗着。

最近一年来,缅共中央进一步决定以毛泽东思想作为建党建军的指导思想,他们认真学习了毛主席关于持久战和游击战的著作以及林彪同志的文章《人民战争胜利万岁》。他们还决定以中国人民解放军的建军原则建立和发展自己的武装部队。缅共《人民政权》刊物全文发表了毛主席为我军制定的《三大纪律八项注意》,命令全体人员遵照执行。战无不胜的毛泽东思想的光辉照亮了缅甸共产党前进的道路。

在抗日战争胜利后,中国向何处去的关键时刻,毛主席向我党英明指出:"蒋介石对于人民是寸权必夺,寸利必得。我们呢?我们的方针是针锋相对,寸土必争。"中国共产党和中国人民按照毛主席的话去办了,我们就胜利了,蒋介石落荒而逃。奈温是缅甸的蒋介石,缅甸反动政府代表着缅大地主大资产阶级的利益,应该彻底打倒,让他们统统完蛋。胜利的道路只有一条,即共产党领导下的人民武装斗争。这是马克思列宁主义、毛泽东思想的光辉道路,是人民胜利的道路。缅甸共产党已经在这条路上取得了一个又一个的胜利,他们也一定会取得最后的胜利。

缅甸共产党所领导的人民武装斗争的熊熊烈火,燃遍了缅甸的城市和农村、山林和平地,给奈温反动政府降下了灭顶之灾。毛主席说:"在人类历史上,凡属将要灭亡的反动势力,总是要向革命势力进行最后挣扎的。"奈温反动政府也毫不例外。它妄图以反华排华来转移国内人民的视线,以便更加疯狂地镇压国内的革命力量。但是奈温的好梦是做不成的。缅甸共产党已经是一个用马列主义、毛泽东思想武装起来的党,她是摧不垮的。缅共领导的武装斗争是毛主席军事思想的产物,她的熊熊烈火是扑不灭的。缅甸反动政府必将被人民战争的熊熊烈火所埋葬,必将被中国人民和缅甸人民的强大铁拳所砸烂!

苏修小丑挡不住,复课闹革命的洪流

本报观察员

《红旗》第 53 期,1967 年 7 月 15 日

我院和全国许多大专院校复课闹革命的迅雷,吓慌了苏修小丑。苏修电台声嘶力竭地发出了猪一般的嚎叫。他们把我们复课闹革命说成是"企图迫使学生回到学校里去继续学习"。真是胡说八道!我

们复课闹革命是文化大革命形势之所趋,广大革命师生人心之所向。去年,我们停课闹革命,是文化大革命深入发展的必然结果,现在,我们复课闹革命,也是文化大革命深入发展的必然结果。过去,我们挖出了在我国复辟资本主义的总根子,赫鲁晓夫的难兄难弟刘少奇、邓小平,现在,我们还要对他们进行大斗争,大批判,彻底清算他们在各个领域里的滔天罪行,彻底埋葬资本主义、修正主义的教育制度,创立崭新的无产阶级的教育制度。苏修的笨猪们对此一无所知,也永远不会有所知。

他们还瞎嚷什么:"让我们用北京航空学院做个例子来看看在那里怎样上课。那里的学习日是这样安排的:用两个半小时的时间学习毛泽东的著作,还用两个半小时的时间去进行所谓文化革命。"更恶毒地攻击我们学习毛主席著作的群众运动,说什么"光靠语录不会得到什么结果"。真是混蛋透顶!毛泽东思想是当代马列主义的顶峰,是反帝反修的最强大武器。我们毛主席的红卫兵对毛泽东思想无限信仰、无限崇拜,毛主席怎样说,我们就怎样干。

苏修说我们每天两个半小时学毛著,不!我们时时刻刻都在学毛主席著作!我们学习了毛主席语录,依靠毛泽东思想,就什么人间奇迹都可以创造出来,什么敌人都可以被我们打倒,我们就无往而不胜!我们的无产阶级文化大革命取得这样伟大的胜利,我们的社会主义建设事业取得这样伟大的胜利,原子弹、氢弹,弹弹成功,我们在国际上威望越来越高,把你们老修和美帝打得焦头烂额,难道这不都是伟大的战无不胜的毛泽东思想的无比强大的威力吗?警告苏修电台的混蛋们,再敢这样诬蔑我们学习毛主席著作的群众运动,我们就要打烂你们的臭嘴!

毛主席说:"我认为,对我们来说,一个人,一个党,一个军队,或者一个学校,……如若被敌人反对,那就好了,那就证明我们同敌人划清界限了。如若敌人起劲地反对我们,把我们说得一塌糊涂,一无是处,那就更好了,那就证明我们不但同敌人划清了界限,而且证明我们的工作是很有成绩的了。"苏修对我们复课闹革命如此害怕,如此反对,正说明我们做得对,做得好!我们一定要坚持复课闹革命的大方向，做教育革命的勇敢的探索者，将文化大革命进行到底，将教育革命进行到底，给苏修以更沉重的打击！

苏修的教育制度是修正主义和资本主义的大杂烩，是毒害青年的染缸，是高薪阶层的温床，是苏联劳动人民的死敌。它已经是一潭死水，日暮途穷了。而我国，崭新的无产阶级的教育制度正在形成，它培养的是有社会主义觉悟的有文化的劳动者，是敢想、敢说、敢干、敢革命、敢造反的、经过阶级斗争的大风大浪锻炼的无产阶级革命事业的接班人，这正是"不尽长江滚滚来"。今天，我们砸烂了中国的修正主义教育路线，将来，我们一定还要砸烂苏联的修正主义教育制度，代之以崭新的毛主席的无产阶级教育路线。让苏修混蛋们在我们的胜利面前发抖吧！灭亡吧！

苏修电台攻击我校复课闹革命

《红旗》第 53 期，1967 年 7 月 15 日

本报讯　苏修喉舌——莫斯科电台七月九日对华广播节目中，有一篇叫做《光靠语录不会得到什么结果》的短评，以北航为例，就我校复课闹革命的问题进行恶毒攻击，并诽谤我文化大革命和学习毛主席著作的群众运动。短评疯狂地攻击我们伟大的党"已经连续好几个月徒劳无益地企图迫使中国学生回到学校里去继续学习。""……通过在政治上还不成熟、容易受骗和容易迫使盲目地执行自己意志的青年去进行这个目的。""……这批青年得到了完全自由……惨无人道的行动，自然会引起人民群众的不满，开始发生冲突。"

他们还攻击以毛主席为首的党中央"要暂时地制服已不受管制的青年，从而也减少人民群众的不满情绪。""但是，让我们用北京航空学院做个例子来看看在那里怎样上课。那里的学习日是这样安排的：用两个半小时的时间学习毛泽东的著作，还用两个半小时的时

间去进行所谓文化革命。""在高院里认为专业课程是次要的事,并漫不经心地讨论这些课程。可以认为,这不是航空学院,而是培养所谓毛泽东思想宣传工作者的学校。也许是培养具有高等专门知识的航空技术人员的新方法。但是要知道,没有专门的知识光用毛泽东的语录是飞不到空中去的,飞机也建造不成。……中国青年现在被迫把自己的精力和时间浪费在没有前途的啃毛泽东语录方面,而用这些语录不会得到什么结果。"

第二辑

歌 颂

二、歌颂林彪

英明的副帅　伟大的功勋（一）

《红旗》第 93 期，1968 年 3 月 19 日

一九六六年八月十八日，晴空万里。

在天安门广场上，一个具有世界意义的大会就要开始。

九点三十分，在雄壮的东方红乐曲声中，在沸腾的人的海洋的欢呼中，天安门城楼上升起了一轮最红最红的红太阳！

毛主席！毛主席！他老人家神采奕奕，昂首阔步走过来了！

紧跟着，我们的林副统帅也来了，我们的周总理也来了，我们中央文革小组的首长也来了。他们紧紧地跟着毛主席的高大身躯，登上巍峨的天安门，就像在战火纷飞的年代，在井冈山、在雪山、草地，……紧紧跟着毛主席前进！

这是一次胜利的大会。是具有重大历史意义的八届十一中全会伟大成果的大检阅。

大会向全中国人民，全世界人民庄严宣告：在两个司令部激烈斗争的关键时刻，经过三十八年的考察，全党全国一致确定林彪同志为我们的副统帅。

毛主席手中的革命航舵传之无虑了，世界无产阶级革命事业后继有人了！

我们怎能不高兴得欢呼雀跃，我们怎能不激动得热泪盈眶！

忽然，沸腾的广场万籁无声。千百万人屏住了气息。一个洪亮的钢铁般坚定的声音在百万人上空震响！我们的副统帅精神抖擞地向

全世界宣布伟大统帅的命令，在向百万文化革命大军做伟大战役的总动员。

"我首先代表我们的伟大领袖毛主席，向大家问好！我代表党中央向大家问好，我们坚决地支持你们敢闯、敢干、敢革命、敢造反的无产阶级革命精神！"

他以最大的决心，最大的魄力宣布他几十年来的夙愿："一句话，就是要大立毛泽东思想。""只要资产阶级思想存在一天，我们就要战斗一天，要一直打到底！"

毛主席微笑着站在天安门上，林彪同志亲近地站在毛主席身旁。像两颗青松耸立在高山之巅，像一轮红日升起在大海之上。

林副统帅是完全可以信赖的。从井冈山上点起的第一堆烽火，到天安门下这无产阶级文化革命大军的海洋，三十几年的斗争长途，林彪同志一直紧紧地跟随毛主席，对毛主席的革命路线没有离开过一步。从遵义会议埋葬"左"右倾机会主义，到八届十一中全会揪出中国的赫鲁晓夫。在两个司令部的反反复复生死搏斗中，林彪同志总是毫不迟疑地，岿然不动地站在毛主席身旁，像一棵挺拔的青松，迎击着狂风暴雨，像一个威武刚强的卫士，抗击着妖魔鬼怪的进攻。保卫着毛主席，保卫着毛主席的革命路线。林彪同志一直是毛泽东思想伟大红旗举得最高，毛主席著作学得最深最精，用得最活最好的杰出的无产阶级革命家；是对毛主席最忠诚、最热爱、最了解、最信仰的毛主席的最亲密的战友。

因而，一切反党野心家，他们有一条共同的规律，就是反对毛主席，反对毛泽东思想，必然要疯狂地反对林副统帅，拼命磨灭伟大副帅的光辉业绩。

但是，这样的人，十个有十个都失败了，乌云遮不住太阳，一抔黄土岂能埋住高耸入云的山岗，从莱阳追歼到平型关大捷，从辽沈战役到海南岛解放，林彪同志的英雄战绩刻在人民战士的心上；从延安的窑洞到天安门城楼，从兴安岭的密林到南海的渔村，林彪同志的故事在他按着毛主席的指示亲手解放的广阔土地上传扬。

我们的英明的副统帅林彪同志和他的伟大功勋一定会载入无产

阶级革命事业的光辉史册，放射永不熄灭的光芒。（未完待续）

誓死保卫毛主席的亲密战友林副主席

林彪同志一贯最忠实、最坚决、最彻底地贯彻毛泽东思想，执行毛主席的正确路线。在中国革命的重大历史关头，林彪同志总是坚定地站在毛主席一边，同各种"左"的右的错误路线进行不调和的斗争，英勇地捍卫了毛泽东思想。他主持军委工作以来，高举毛泽东思想伟大红旗，创造性地运用毛泽东思想，提出了加强我军革命化建设的一系列重大措施。他号召我军开展活学活用毛主席著作的群众运动，取得了极大的效果，推动全国掀起了一个工农兵学习毛主席著作的群众性热潮。他是毛主席最亲密的战友，最好的学生，是活学活用毛主席著作的典范。

全军同志都应当以林彪同志为榜样，像他那样始终不渝地学习、贯彻、传播和捍卫毛泽东思想。（摘自一九六六年十月十一日《解放军报》社论）

英明的副帅　伟大的功勋（二）

《红旗》第 95、96 合刊，1968 年 9 月 26 日

沧海横流，方显出英雄本色

（上接第 93 期）为革命，在枪林弹雨中，林总四次负伤。为革命，林总几十年如一日，忠心耿耿紧紧跟着毛主席，刻苦学习、勇敢战斗。只有在一九二七年部队经过湖北葛店，林总回家几天以外，几十年来再也没回过家了，林总的经历是一个无产阶级革命家的经历，一个无产阶级战略军事家的经历。在少年时代，他就是一个敢于革命敢于造反的革命造反派，他无所畏惧地开始了向旧世界的第一次挑战。他曾经组织一些同学，大破四旧！一举推倒骗人的泥菩萨，丢入

泥塘，实践了革命的第一个胜利！

他从小就胸怀壮志，立志武力救国。他高瞻远瞩，非常关心国家大事。他预言道：中国的革命没有三十年不能太平。他十几岁就参加了进步组织《社会福利社》。在武汉共进中学时就积极领导学生运动，敢于和特务暗探面对面的斗争，表现出非凡的组织天才和机智勇敢。

一九二七年，二十岁的林彪同志参加了南昌起义。随后，他带队到湖南宜章一带坚持斗争。莱阳一战，他已经开始熟练应用主席的战略战术，以少胜多，带领一个连打退敌十二个连，又赶跑了两个营，充分显示了卓越的军事天才。

当时敌强我弱，如果继续南下对我们很不利。林彪同志全面深刻分析了局势，坚决反对贺龙依靠外援搞暴动的路线。他毅然带队奔向井冈山，见到了早已敬仰的毛主席！

以后，林彪同志带领 28 团，坚持井冈山斗争，屡次击退来犯敌人。毛主席不止一次地赞扬这位 24 岁的青年军团长说："我们的队伍要这样的人！"

在井冈山，林总抓住一切机会如饥似渴地向毛主席学习。有时骑在马上也学习，主要是学毛主席著作！按林彪同志自己的话讲：以前看了马列主义的书，就是记不住，用不上。跟着毛主席把马列主义与中国革命具体实践结合起来，通俗易懂，用起来攻无不克战无不胜。可见当时林总已经是活学活用的典范！

有一次讨论毛主席提出的"分兵以发动群众，集中以歼灭敌人"的战略方针。毛主席也参加了。经过激烈争论，林彪同志镇定地站起来，斩钉截铁地说："我们的军队叫做工农红军，是彻底为人民服务的军队，我们不但要打仗，还要做群众工作，进行生产，我们既是战斗队，又是工作队，也是生产队。我们要到处宣传群众，武装群众，帮助群众建立革命政权。所以，我们应坚信毛泽东同志提出的战略方针是完全正确的。这是中国革命走向胜利的唯一正确的道路……。"他的话音洪亮有力，分析得精辟透彻，顿时全场鸦雀无声。毛主席听了一面不断点头，一面用赞许的眼光打量这位英姿勃勃的青年指挥员。

这与彭德怀之流形成了鲜明对照。他不听毛主席的话,对部队采取军阀主义,流寇主义,经常吃败仗,每次作战伤亡都很重!井冈山人民恨透了他,都不愿报名到他的部队!

在一九二九年古田会议前,彭德怀等排斥毛主席的正确建军原则。曾经一度否定了毛主席的意见,把主席挤出了军队。当时只有林彪罗荣桓等同志坚决反对。主席走后,林彪同志仍然坚持主席革命路线,保持了战斗力。同时又协助主席以极大的耐心教育其他同志。由于军事上的失败,很多同志也逐渐认识了毛主席军事思想的伟大,一致要求主席回来。这样就召开了古田会议,通过了毛主席起草的决议,指出首先在思想上建军,强调党对军队的绝对领导,从此使红军完全建立在马列主义毛泽东建军路线上,造就了一支举世无双的人民军队。而这个决议,首先就是在林彪同志的部队里得到贯彻!

由于主席正确军事路线的深入人心,使得在前四次反围剿中,红军内部自觉地抵制了王明右倾路线。其中林彪同志就是最突出的一个。在第四次反围剿中,敌人分兵几路来进攻。我们占据了有利地势,打则必胜。可是王明却不让打。林总坚决抵制错误领导,当机立断,发起冲锋,消灭敌一个师击溃五个师,这一仗奠定了第四次反围剿的胜利基础!林彪的名字威震四方,蒋介石曾经扬言出十万元暗害林彪同志。到第五次反围剿,由于"左"倾路线占据统治地位,他们排斥打击毛主席以及林彪等同志,使红军损失很大。反围剿失败了。开始了二万五千里的伟大长征!

就在江西突围时,毛主席创建的红军被王明、博古、彭德怀篡了权。他们恶毒地要把毛主席留在江西交给敌人,自己逃走。这激起了林总和广大指战员的愤怒,他们的阴谋才没有得逞。在长征途中,毛主席一直和林彪同志的一军团一起前进,做开路先锋。很多胜仗就是毛主席亲自指挥的。林总抓住这一时机,认真学习,更深刻地领会了主席的思想。每次都是坚决执行命令,出色完成任务。表现出了无限忠于毛主席的决心,经受了许多严峻考验。

刚进草地第二天,张国焘背叛革命,不愿继续前进,他引诱士兵南下,入川吃大米,而且还派两个军来阻止一方面军北上抗日。林总知道后,非常气愤,命令第一军一字排开,一声雷霆万钧的命令:谁敢阻拦前进就坚决消灭他。张国焘见势不妙只好撤退。林总的第一军团,是长征的主力部队,是长征的坚强核心。他的贡献最大,战绩最辉煌。

长征刚开始,林总根据毛主席的指示,迂回作战回师遵义,消灭了尾随的薛(岳)周(浑元)纵队,取得长征以来最大一次胜利,奏起了长征的第一首凯歌。长征途中,林总指挥部队一举抢渡大渡河,开辟了前进的道路,使全军转危为安,粉碎了蒋介石妄图使红军成为第二个石达开的美梦。长征的最后一段,林总又率领他的部队,青石咀打骑兵,赢得了直罗镇一仗的重大胜利。正如毛主席说的:"给党中央把全国革命大本营放在西北的任务举行了一个奠基礼!"

数风流人物,还看今朝

到达陕北以后。三六年六月一日毛主席根据革命的新形势,决定在延安建立抗大。毛主席任抗大政委,林彪同志任校长。毛主席说:"一个军事学校,最重要的问题,是选择校长教员和规定教育方针。"

于是,我们身经百战,世界驰名的林总,没有辜负主席的信任,坚决执行最高指示,亲自担任了"游击战"和"红军建设"两门课。在延安的窑洞里,实现了主席这一天才部署,造就了数以千计的优秀干部,为革命战争胜利打下坚实基础,创造了有史以来第一所崭新的大学——毛泽东思想大学校。

一九三七年七月七日,卢沟桥响起了枪声,全国进入了抗日战争。侵华日寇,猖獗已极,国民党军队一溃千里。不到一个月连失北京、天津,中华民族处于生死存亡的紧要关头。林彪同志根据主席指示:"选择有利条件,集中优势兵力,与之有把握的战役和战斗上决战。"于是,这位二十九岁的师长,率领他的一一五师,挺进敌后,选择平型关,痛歼日寇板垣师团!大长了中华民族志气,大灭日寇反动派的威风。真正做到林总预言的那样:"给日军一个打击,给友军一个配合!给人民一个兴奋!"

可是,就在战斗胜利结束时,国民党的军队跑来抢战利品。并且开枪打伤了我们林彪师长。战士们气愤极了,狠狠教训了他们一顿。

由于伤势较重,毛主席派林彪到苏联医治养伤。当时正是希特勒大举进攻苏联,林彪同志不顾负伤的身体,发扬了崇高的无产阶级国际主义精神。参加了斯大林召集的军事会议,提出了卓越的见解,一些苏联将军大吃一惊。讲完了,斯大林非常同意,就让林彪带领一路红军守卫莫斯科。结果,其他两路苏联将军守卫的防线都被突破,唯独林彪同志这一路,坚持到大反击。并且一举夺回其他二路防线。斯大林同志一直称赞这件事。五〇年毛主席到苏联时,斯大林曾经开玩笑地对毛主席说:"我宁愿用十个元帅换一个林彪。"还说,将来如果发生第三次世界大战,帝国主义必然败在林彪手下!

以后,主席决定三个师到敌后建根据地,邓小平(一二九师)贺龙(一二〇师)都畏缩不前,不愿到日本中原的心脏山东去。又是林总挺身而出,率领那百战百胜的一一五师插入敌人心脏,并且娴熟地运用主席的战略战术。连连打胜仗,使山东苏北等根据地非常牢固。这时彭德怀在太行山上不听主席一再警告,自作聪明,连连吃败仗。毛主席在七大上把他叫做"败家子"!

四五年八月九日,毛主席发出《对日寇最后一战》命令。林总立即率领十万大军二万干部,分兵四路沿北宁线及由山东跨海北上。冲破了蒋介石调来的曾在缅甸作过战的"最精锐"部队的拦截,在东北辽阔土地上,铁骑纵横,击溃日寇关东军,解放了被奴役十四年的东北人民。

林总前进的每一步都严格按照毛主席的战略部署进行。

在东北战场上,林总坚决执行毛主席农村包围城市的教导,发动群众建立根据地。而彭真一伙却阳奉阴违,林总当即尖锐批评他:"他在延安装着反对王明路线,到东北又搞王明路线,……他不把重点放在农村,恋恋不舍大城市,不愿离开大城市。搬出沈阳还赖在郊区不走。搬到本溪,搬到抚顺,又搬到梅河口,不肯在农村安家,不准备打,只准备和。""他想把主力孤注一掷和敌人硬拼,以军事上的冒险主义掩盖他政治上的投降主义。"鉴于他破坏东北战场,毛主席批准,把彭真赶走。

以后，毛主席说，"让开大路，占领两厢"。林总就用四个月把群众发动起来，万人下乡搞土改，号召"脱掉皮靴，放下皮包，穿起农民衣服吃高梁米！"建立巩固根据地！

毛主席说，战争的胜负"决定的因素是人不是物"。林总就创造了"四快一慢""一点两面""三三制"这套独特战术，练出一支敢于刺刀见红的部队。（未完待续）

英明的副帅　伟大的功勋（三）

《红旗》第99期，1968年4月17日

（续95、96期）毛主席命令："歼灭内线敌人，收复失地"。林总的第四野战军闻风而动。发动强大的冬季攻势，解放城市十八座歼敌三十余万。随后锋芒一转，声东击西，根据主席的布置，黑山阻击，塔山阻击，三十一小时全歼锦州守敌，活捉剿总副司令，蒋介石还为此吐了血。

毛主席发出了"打倒蒋介石，解放全中国"的进军令。四野挥师入关，打响了平津战役。猛攻拿下天津，和平解放北京。马不停蹄，强渡长江拿下武汉直逼两广。和广西土皇帝白崇禧一场恶战，所向披靡，解放广州、桂林、南宁。再向南，红旗一直插上海南岛。南征北战几千里，林总和他的四野，为中国人民解放事业立下奇勋！

可是，我们的林总，从不满足。四九年在中南局工作时对干部讲："全国解放以后，很多东西我们是不熟悉的。我们要学习，但首先要学习马列主义毛泽东思想！"而且以身作则为我们树立了光辉榜样。他边战斗边学习，即使在中南带病在担架上指挥剿匪战斗中还孜孜不倦地学习！

当时，有一个苏联记者访问过林总。谈到他的战绩时，林总停顿了一分钟，思考了一下说："要是哪一段战斗细节使你感到有兴趣，你自己到你访问的部队当场了解他们！我不过告诉你，四野的军事行动主要阶段的概要，这是毛泽东同志总的领导下在各线战场上展开军事行动的一部分。"

当记者提出，希望林总讲几句关于自己的话。林总显得出奇地不健谈，他果真只说了"几句"！用不过五分钟时间讲自己，而又那么从容而周到地讲了四个钟头毛主席的英明伟大战略思想。时时处处宣传伟大的毛泽东思想，这就是我们伟大副帅的最伟大品质！

敢教日月换新天

林副统帅自从主持军委工作以来，为坚决捍卫毛泽东军事路线进行了艰苦卓绝的斗争。

五九年罢了彭德怀的官。是林副统帅代表党和毛主席夺了军权。根据伟大领袖毛主席的一贯教导和我军的实际情况，林副主席大抓狠抓了政治建军，彻底摧毁了彭德怀所推行的资产阶级军事路线。在一九六〇年，他亲自主持召开军委扩大会议，创造性地运用毛泽东思想，制订了我军建设的纲领性文件《关于加强军队政治思想工作的决议》，这是我军革命化建设道路上又一个伟大的里程碑。"决议"指明了在新的历史条件下，我军政治工作和军队建设的方向，恢复和发扬了古田会议决议精神，捍卫了毛主席的伟大军事思想和建军路线，系统地总结了我军在全国胜利后进入革命化现代化建设新时期的军队建设经验。几年以来，林副主席高举毛泽东思想伟大红旗，积极倡导和全力推进活学活用毛主席著作的群众运动，为毛泽东思想的大普及开创了广阔的道路。林副主席提出的突出无产阶级政治，坚持四个第一，大兴三八作风，发扬三大民主，创造四好连队运动等一整套方针、原则的贯彻和落实，极大地促进了全军的思想革命化，粉碎了彭德怀的资产阶级军事路线和篡军反党的罪恶阴谋，使我军面貌焕然一新。毛主席高度赞扬说："四个第一好，这是个创造。解放军的思想政治工作和军事工作，经林彪同志提出四个第一、三八作风之后，比较过去有了一个很大的发展，更具体化又更理论化了。"

当林副主席提出的这一套方针原则被全军广大干部战士接受

时，反革命修正主义分子罗瑞卿，又跳出来疯狂地反对毛主席的无产阶级军事路线，反对部队活学活用毛主席著作，反对突出无产阶级政治，反对四个第一，擅自搞大比武，贩卖"军事就是政治""军事政治并重"的折中主义黑货，顽固推行资产阶级军事路线，甚至狂妄地叫嚣要林彪同志"让贤""让位""让权"。在刘少奇等党内最大的一小撮走资派的指使下，妄图篡夺军权，实行资本主义复辟。在这种情况下，在毛主席的英明预见和正确领导下，林副主席同反革命修正主义分子罗瑞卿进行了坚决斗争。林副主席做出了著名的突出政治的指示，并领导全军彻底粉碎了以罗瑞卿为代表的资产阶级军事路线，勇敢地捍卫了毛主席的无产阶级军事路线。

是我们的林副统帅，一开始就牢牢抓住了笔杆子。他委托江青同志召开的《部队文艺工作座谈会纪要》，高举毛泽东思想伟大红旗，回答了社会主义时期文化革命的许多重大问题。

是林副统帅在《人民战争胜利万岁！》这篇光辉文章中，深刻阐述了毛主席光辉的人民战争思想，唤起亚非拉人民拿起武器以世界的农村包围世界的城市！

是林副统帅紧跟毛主席发现了彭德怀、贺龙、罗瑞卿的反革命政变阴谋。他告诫同志们：

"毛主席这几个月就是做这个文章，这是没有完全写出来的文章，没有印成文章的毛主席著作，我们要学这个没有印出来的毛主席著作。毛主席为了这件事，多少天没睡好觉，这是很深刻很严重的问题！"林副统帅急毛主席之急，想毛主席之想，有力配合毛主席"调兵遣将，防止反革命政变，防止他们占领我们的要害部位。"及时地出色地完成了这一关系世界命运的伟大战略部署！这是多么伟大的配合，多么深刻的相互了解，多么巨大的贡献。（未完）

英明的副帅　伟大的功勋（四）

《红旗》第 100 期，1968 年 4 月 24 日

毛泽东思想的坚强卫士

（上接第 99 期）我们的伟大领袖毛主席天才地、创造性地、全面地继承、捍卫和发展了马克思列宁主义，把马克思列宁主义提高到一个崭新的阶段。全世界越来越多的革命人民，正集合在伟大统帅毛主席的旗帜下，集合在战无不胜的毛泽东思想的旗帜下，以"横扫千军如卷席"之势，向旧世界发动空前规模的伟大的胜利进军。

毛主席的亲密战友，我们敬爱的林副主席，以高度的马克思列宁主义的远见和智慧，以无比的魄力和毅力，一如既往，适应时代的需要，迎着时代的东风，更高地举起毛泽东思想的伟大红旗，为把毛泽东思想的伟大红旗插遍全中国，插遍全世界，做出了极为光辉的贡献。

国际共产主义运动发展的历史证明，每当无产阶级领袖和马克思主义的权威有一个大的树立，无产阶级革命事业必然会有一个大的发展。国际共产主义运动发展的历史还证明，每当出现一个伟大的天才领袖，把马克思主义发展到一个新的阶段，在这同时也必然会出现一个杰出的、天才的伟大政治家，作为他最亲密的战友和最得力的助手，帮助世界无产阶级认识自己的伟大的天才领袖，捍卫他的权威，阐明和捍卫他的思想，继承和发展他的事业。

十九世纪的无产阶级天才领袖是马克思。他和恩格斯在一起分析了资本主义社会的矛盾，创立了马克思主义学说。当时作为马克思的亲密战友的恩格斯，自从和马克思认识的那一天起，就非常锐敏地认识到马克思是天才。恩格斯在谈到创立科学社会主义学说时说："马克思比我们一切人都站的高些，看得远些，观察的多些和快些。马克思是个天才，我们至多是些能者。"为了使马克思的天才得以发挥，为了树立马克思和马克思主义的权威，恩格斯用尽了毕生的精

力。在反动势力的迫害下，恩格斯为了替无产阶级保全自己的领袖，承担了最大的自我牺牲，让马克思专心致意地写《资本论》。他同马克思并肩战斗，坚决粉碎了阴谋家巴枯宁对马克思主义的猖狂进攻。

二十世纪初叶的伟大天才是列宁。列宁彻底粉碎了伯恩斯坦、考茨基修正主义，捍卫和发展了马克思主义的革命精神，解决了帝国主义时代无产阶级革命的一系列问题，解决了在一个国家内实现无产阶级革命的理论和实践问题，把马克思主义提高到了列宁主义阶段。同列宁一起并肩战斗的最亲密战友是斯大林。斯大林用很大的精力捍卫列宁和列宁主义的权威。斯大林称列宁"是最高典型的领导者"，"是现在世界上最有力量，最有锻炼的无产阶级政党的领袖"。斯大林粉碎了托洛茨基和布哈林对列宁主义的猖狂进攻，领导批判了反辩证唯物主义的德波林学派，捍卫和发展了列宁主义。

我们的伟大领袖毛主席是当代最伟大的天才。毛主席解决了当代无产阶级革命的一系列问题，解决了在无产阶级专政条件下继续进行革命、防止资本主义复辟的理论和实践问题，把马克思列宁主义发展到了一个崭新的阶段。这是马克思主义发展史上第三个伟大的里程碑。作为毛主席的亲密战友和接班人的林副主席，根据毛主席关于社会主义时期阶级和阶级斗争的伟大学说，根据党内两条路线斗争的严重事实，根据国际共产主义运动的历史教训，根据世界无产阶级革命的历史任务，怀着对伟大统帅毛主席的无限热爱、无限忠诚、无限信仰、无限崇拜的无产阶级感情，创造性地捍卫了毛主席的权威，最突出的表现在这四个方面：

一、林副主席最全面、最正确、最科学地评价了伟大领袖毛主席和战无不胜的毛泽东思想。他指出："毛主席是当代的列宁。像毛主席这样的天才，中国几千年，世界几百年才出现一个。""毛主席是当代无产阶级最杰出的领袖，是当代最伟大的天才，是我们时代的代表，是党的代表，是群众的代表，是无产阶级的代表，是群众的领袖，群众的灵魂。毛主席在全国、全世界有最高的威望，是最卓越、最伟大的人物。毛主席比马克思、恩格斯、列宁、斯大林高得多。所有前辈的马克思列宁主义者，谁也没有像毛主席那样亲自指挥过那么多重大的政治战役和军事战役；谁也没有像毛主席经历过那么多无产阶级革命和无产阶级专政一系列重大的理论和实践问题。"他指出："毛泽东思想是我们时代的旗帜，是人类的灯塔，是世界革命的最锐利的武器，是放之四海而皆准的普遍真理，是当代最高水平的马克思列宁主义。毛泽东思想是全党全军和全国人民的统一的行动纲领。"林副主席对毛主席和毛泽东思想所做出的最全面、最正确、最科学的评价，字字句句表达了亿万革命人民的愿望，字字句句说到了亿万人民的心里，极大地增强了全国和全世界革命人民学习和掌握毛泽东思想的革命自觉性。

二、林副主席最忠诚、最坚决、最勇敢地捍卫了毛主席最高领袖的权威，捍卫了毛泽东思想，捍卫了毛主席革命路线。

是林副统帅带领我们向毛主席宣誓："我们现在拥护毛主席，百年之后，也要拥护毛主席。毛主席活到哪一天，几十岁，一百岁，都是我们的最高领袖，他的话都是我们的行动准则，谁反对毛主席，谁背着毛主席做赫鲁晓夫那样的黑报告，谁就是阴谋家，野心家，就把他打翻在地！"

几十年来，林副主席对来自任何方面对毛主席的攻击，对毛泽东思想和毛主席革命路线的攻击，都针锋相对，坚决还击，毫不留情。他既不怕骂，也不怕围，不怕泰山压顶，不怕坏人挡道。他教导全军全党和全国人民，要把拥护还是反对毛主席，高举不高举毛泽东思想伟大红旗，作为鉴别好人和坏人的首要标志。他几次发现并揭露了反党、反毛主席的阴谋集团。他在去年五月的中央政治局扩大会议上，根据党内两条路线斗争的严重事实，严厉警告党内最大的一小撮走资本主义道路的当权派："毛主席是我们党的最高领袖，毛泽东思想是永远的普遍真理。谁反对毛主席，反对毛泽东思想，全党共诛之，全国共讨之。"在同党内最大的一小撮走资本主义道路的当权派的斗争中，林副主席表现了一个伟大的马克思列宁主义者的智慧和胆略，表现了对毛主席和毛泽东思想的赤胆忠心。

三、林副主席最忠实、最全面、最彻底地贯彻了毛泽东思想和毛主席的革命路线。他对伟大领袖毛主席跟得最紧最紧，毛泽东思想伟大红旗举得最高最高，他对毛泽东思想学得最好最好，领会得最深最深，用得最高最高，发挥得最多最多。他的一切言论行动，都按照毛泽东思想办事，是我们学习和运用马克思列宁主义、毛泽东思想的当之无愧的典范。他总是告诉我们："毛主席的话水平最高、威信最高、威力最大，句句是真理，一句顶一万句。对于毛主席的一切指示，要坚决执行，理解的要执行，不理解的也要执行。"他把毛主席的每句话，每个指示，都当作最高的权威，绝对的权威。他在长期的、复杂的、激烈的革命斗争中，在一系列的著作、讲话和指示中，在政治、军事、经济、文化、哲学等方面，全面地、系统地、深刻地、创造性地阐明、运用和发挥了毛泽东思想。在他的四十多年的伟大革命实践中，处处闪耀着毛泽东思想的灿烂光辉。

四、林副主席最英明、最积极、最认真地领导和组织了毛泽东思想的大普及运动，开创了工农兵直接掌握马克思列宁主义、毛泽东思想的新纪元。党的八届十一中全会公报指出："林彪同志号召人民解放军在全军展开学习毛泽东同志著作的群众运动，为全党全国树立了光辉的榜样。"早在全国胜利前，林彪同志就告诉我们："对我们具有重大意义的就是要努力学习，用马克思列宁主义、毛泽东思想把自己的头脑武装起来。这样，我们不但可以迅速取得全国胜利，而且能够巩固这个胜利，建设一个新中国。"全国胜利后，他反复号召我们，一定要高举毛泽东思想伟大红旗，把毛泽东思想真正学到手，真正掌握起来。他发出了"人人读毛主席的书，听毛主席的话，照毛主席的指示办事，做毛主席的好战士"的伟大号召。他提出：学习毛主席著作，要带着问题学，活学活用，学用结合，急用先学，立竿见影，在"用"字上狠下功夫。这是行之有效的，普遍适用的，理论联系实际的原则和方法。随着学习运动的发展，他不断提出新的要求，不断总结新的经验，不断树立新的先进典型。他把无产阶级文化大革命的根本任务，高度概括为一句话，"就是要大立毛泽东思想"。他把波澜壮阔的活学活用毛主席著作的群众运动从全军推向全国，现在正由全国推向全世界。这种大好局面，是马克思列宁主义发展史上空前未有的。这是林副主席对中国革命和世界革命最卓越、最杰出、最伟大的贡献。他的这个伟大的贡献,深受中国人民和全世界人民最热烈最衷心的感激,值得我们子孙万代大颂特颂,大书特书。他的这个伟大贡献,将作为划时代的伟大创举,载入国际共产主义运动的光辉史册。

是我们的副统帅林彪同志第一个高呼:"我们伟大的导师,伟大的领袖,伟大的统帅,伟大的舵手毛主席万岁!万岁!万万岁!"这句充满激情的口号,道出了全中国全世界无产阶级革命派的心声,它像经久不息的春雷,将永远响彻全中国、响彻全世界、响彻全宇宙。

革命人民的好副帅,毛主席最可靠的接班人

我们敬爱的林副主席,几十年来,一贯最忠实、最坚决、最彻底地贯彻毛泽东思想,执行和捍卫毛主席的正确路线。在中国革命的每个重大历史关头,都是坚定地站在毛主席一边,同各种"左"的和右的错误路线进行不调和的斗争,英勇地捍卫了毛泽东思想。一贯最高举毛泽东思想伟大红旗,创造性地运用毛泽东思想,掀起活学活用毛主席著作的一个又一个的高潮,把活学活用毛主席著作的运动,由全军推广到全国,由全国冲击到全世界,形成声势浩大、不可阻挡的群众运动的滚滚洪流!

林副主席是毛主席亲自培养的,是我们党久经考验的最卓越的政治家、思想家、军事家、理论家。经过了我们伟大领袖毛主席几十年的考察。

第八届十一中全会上,敬爱的林副主席被选为毛主席的接班人,我们的副统帅。这是众望所归,是全党全国,全世界革命人民最可庆幸的大事!

我们广大红旗战士,革命的师生员工,永远以林副主席为光辉榜样,坚决跟着伟大统帅毛主席,誓把在社会主义条件下的无产阶级反对资产阶级的政治大革命进行到底。把世界无产阶级革命进行到底!我们坚信,我们这一代,一定能把美帝国主义彻底埋葬!"殖民主义、帝国主义和一切剥削制度的彻底崩溃,世界上一切被压迫人民、被压迫民族的彻底翻身,已经为期不远了。"

每当我们高呼"毛主席万岁!"的时候,我们就立刻想起了我们

的林副统帅,每当我们敬祝毛主席万寿无疆的时候,我们就情不自禁地敬祝林副主席身体健康!永远健康!

我们广大红旗战士,革命的同志,无限忠于毛主席,无限忠于伟大的毛泽东思想,无限忠于毛主席的无产阶级革命路线,无限忠于以毛主席为首、林副主席为副的无产阶级司令部。谁胆敢反对毛主席、谁胆敢反对林副主席,我们就坚决打倒谁!

(本文系根据首都红代会《红卫兵文艺》第三期《英明的副帅伟大的功勋》改编)

三、歌颂江青

誓死保卫文化大革命的伟大旗手江青同志

《红旗》第 95.96 期合刊，1968 年 3 月 26 日

暮色苍茫看劲松，乱云飞渡仍从容。天生一个仙人洞，无限风光在险峰。——毛泽东

编者按：几十年来，我们敬爱的江青同志始终不渝地与中国赫鲁晓夫及其在文艺界的代理人进行了艰苦卓绝的斗争。一贯坚持和保卫毛主席的无产阶级文艺革命路线，抗逆流，顶妖风，战恶浪，充分显示了一个无产阶级革命家的襟怀、魄力和胆略。史无前例的无产阶级文化大革命中，江青同志又是首当其冲，在摧毁刘邓陶黑司令部及反革命野心家、阴谋家、右倾分裂反党小集团杨成武、余立金、傅崇碧的斗争中，在揭露反革命两面派关王戚的斗争中立下了不朽的历史功勋！

江青同志不仅是文艺战线上，而且是政治舞台上无产阶级当之无愧的光辉旗手，无畏战士！誓死保卫无产阶级文化大革命的英勇旗手江青同志！

不向霸王让寸分

一九六五年一月，江青同志针对电影界阶级斗争空前尖锐、复杂的形势，当面责成周扬、石西民等召开"全国电影摄影座谈会"。周扬等一小撮反革命修正主义分子串通一气，对江青同志的指示采取了阴一套、阳一套的反革命两面派手法，进行抵制和破坏。他们开始

故意拖延时间；后来实在拖不下去了，就推给了旧电影局副局长、反革命修正主义分子司徒慧敏，由他出面召集各厂的摄影师，讨论过期的彩色胶片如何使用的问题，阴谋扭转方向，谈完就散。

江青同志知道这个会已召开以后，立即表示要来参加。周扬闻讯后惊恐异常，他恶狠狠地说："为什么要通知她，她来干什么？"

第二天，江青同志来了。周扬这个两面派也假惺惺地陪同前来，并请江青同志指示。江青同志语重心长地说她只有三句话，要与会的同志："为无产阶级政治服务，为社会主义革命和社会主义建设服务，为工农兵服务。"江青同志并批评了会议室挂的一张毛主席画像，指出：这张画是抽象派的画，抽象派把真实形象抽掉了，你们熟视无睹，建议你们马上将这张画摘掉。江青同志还谈到要"标新立异"，标社会主义之新，立无产阶级之异。要破掉资产阶级的"导演中心制"等重要问题。这时，来参加会的摄影师们才知道开这次会的真正目的。周扬看阴谋即将败露，不得不把原订的三天会期再延长七天，并亲自出马，和反革命修正主义分子刘白羽一唱一和，妄图抵消江青同志讲话的巨大影响。

在会上，反革命两面派周扬做了又臭又长的发言，反革命的气焰极其嚣张。周扬说："地球上半数以上的人在看我们的影片，你们是和平战士。"在令人作呕的开场白，周扬凶相毕露，大放厥词，胡说什么文艺工作之所以有错误的原因是："没认清革命性质的区别……对于反对资本主义道路很多人没有思想准备。三十年代继承了'五四'，但是它反帝反封建的思想和经验到了今天就大大的不够了。"还说什么瞿白音的反党的《创作独白》只是"虚无主义和颓废主义"，千方百计回避政治问题，避重就轻，企图蒙混过关。他还极端恶毒地歪曲、攻击江青同志提出的"标新立异"口号，把会议引向邪路。

敢同恶鬼争高下，不向霸王让寸分。这个会议过后不久，江青同志亲自对电影摄影、电影体制等问题写了一封很重要的信。江青同志说："电影问题是复杂的，因为它是综合艺术，又是科学技术。它得通过摄影艺术才能在银幕上得到表现，单是电影摄影的问题就很多。"并特别强调指出："为了彻底解决目前这种资本主义、修正主义的经营管理方式，我建议认真解剖一个麻雀（制片厂），废除导演中心制，实行党的民主集中制。所有创作人员都参加讨论，然后把好的、正确的意见集中起来，由导演执行，不妥和不正确的意见，可以解释和批评。"

江青同志这封充满了无产阶级革命精神的信，判处了电影界资本主义统治的死刑。一小撮反革命修正主义分子对此恨得要死，怕得要命，他们害怕这封信在电影界会燃起熊熊的革命烈火，失掉他们向无产阶级专政进攻的阵地，于是，使尽了反革命的伎俩进行抵制和破坏。他们严密封锁消息，不让江青同志的信与广大革命群众见面。这封信转到反革命修正主义头子彭真手里，他根本不加理睬，一脚踢给了旧文化部的肖望东。肖望东这个刘、邓的忠实走狗把信压了五个月之久，才假惺惺地让秘书写一张纸条，说什么要电影局提出个处理意见。后来，肖望东一伙又拖压了三个月，才勉强拼凑了一个所谓"调查组"，并指名让反革命修正主义分子吴雪当挂名队长，以"调查"为名，疯狂抵抗江青同志的指示，大搞资本主义复辟。

但是，一小撮反革命修正主义分子并没有挽回他们必然灭亡的命运。在无产阶级文化大革命中，他们通通被扫入历史的垃圾堆。

播下文化革命的火种

文艺往往是阶级斗争的先导。我们完全可以这样说：一九六四年京剧现代戏惊天动地的锣鼓，已经揭开了无产阶级文化大革命的序幕！

在京剧革命中，江青同志首先选择了旧北京市委严密控制下京剧一团做突破口，亲自指挥排演革命现代京剧《芦荡火种》，这是一把烧向彭真反党集团的火。从这个意义上说，江青同志就是为无产阶级文化大革命播下火种的人。

江青同志一到京剧一团，彭真慌了手脚，立即布下层层障碍，设置道道防线。他们采用了欺上瞒下、封锁消息的办法，甚至还派了爪牙监视江青同志的一举一动、一言一行。

江青同志要一个剧团做试验田，彭贼三次刁难，大设关卡，不给演员，不拨剧场，给江青同志施加压力，甚至利用职权，以"粗制滥造"为名强行停演《芦荡火种》，向江青同志示威。就在这关键的时刻，伟大领袖毛主席观看了革命京剧《芦荡火种》的演出，并做了重要指示；要突出武装斗争。改名为《沙家浜》。伟大领袖毛主席的亲切关怀和英明指示给予了这个戏新的生命和灵魂！

一贯鼓吹阶级合作，抹杀阶级斗争的中国赫鲁晓夫是反对宣传武装斗争的。彭真这个反革命集修正主义分子更不例外，他对毛主席突出武装斗争这一指示恨得要命，怕得要死。他指挥一帮爪牙疯狂地反对江青同志把毛主席的指示落实到这个戏中去。彭真说什么："《芦荡火种》不改也可以。"旧北京市委宣传部长、反革命修正主义分子李琪也煽动说："不要轻易地改。"他们甚至还穷凶极恶地叫嚷："毛主席的话只能是参考。"真是反动透顶！江青同志坚决捍卫毛主席的指示，明确提出：要腾出篇幅加强新四军，突出指导员郭建光，安排从正面打进去消灭日伪军。并具体指出要删掉和修改"假报""芦荡"等几场戏。原先的"芦荡"，突出表现了反面人物刁小三，长了敌人志气，灭了我军威风。"假报"等场戏过分突出地下工作的作用，削弱了武装斗争。彭真立即出面阻拦说："刁小三这个人有戏，不要改。"李琪也说："'假报'一场很有戏，不要把好好一个戏改坏了。……"他们还以不给场地、不调演员、削减经费等卑劣手段进行阻挠。甚至公然不准剧团跟随江青同志走革命的路。彭真威吓地说："你们剧团啥时候听过我们的话！"李琪之流也说："江青同志的话也不要全听嘛！""领导之间有意见先照市委的办。"

面对着敌人的猖狂进攻和恶毒攻击，江青同志坚定不移地和他们进行了针锋相对的斗争。她亲临最前线，鼓励剧团革命同志说：有毛泽东思想就什么也不怕，革命者要做披荆斩棘的人！在修改排练过程中，她严格认真，一丝不苟。郭建光原来有几句唱词是"芦花白，稻谷黄，绿柳成行"，她觉得有问题，经过亲身访问老农，证实了这几种植物的颜色对不上季节，于是便改为"芦花放，稻谷香，岸柳成行"。经过艰苦的斗争和艺术实践，毛主席指示的精神逐渐在剧中体现出来。彭真贼心不死，又赤膊上阵，一面召开黑会，密谋重开传统戏，用帝王将相、才子佳人来压垮这个戏，一面指示另一个队按修改前的本子排演，公开和毛主席指示唱对台戏。

光焰无际的毛泽东思想是战无不胜的。不管他们怎样反扑，都只能落得可耻的下场。在我们心中最红最红的红太阳的光辉照耀下，《芦荡火种》终于突出了武装斗争，改名《沙家浜》，突破封锁，杀出来了。

反革命修正主义分子彭真惨败之后，如火燎身，暴跳如雷，对《沙家浜》破口大骂："我根本不承认什么样板戏！""什么样板不样板，我这个中央五人小组的组长就不知道！"妄图进行垂死前的挣扎。

星星之火，可以燎原。一九六六年六月，毛主席亲自决定播送第一张马列主义的大字报，点燃了无产阶级文化大革命的熊熊烈火，彭真反党集团完蛋了！中国赫鲁晓夫完蛋了！江青同志在改编《芦荡火种》时与彭真之流进行的斗争为无产阶级文化大革命吹响了激昂的前奏曲！

无畏的战士，伟大的旗手，披荆斩棘的人
——无产阶级文化大革命的伟大旗手江青同志事迹连载之一

《红旗》第 108 期，1968 年 6 月 12 日

"暮色苍茫看劲松，乱云飞渡仍从容。天生一个仙人洞，无限风光在险峰。"这是我们伟大领袖毛主席在一九六一年九月九日为江青同志所摄庐山仙人洞题的诗。毛主席这首气势磅礴，震撼山岳的千古绝章抒发了一个无产阶级革命家的伟大胸怀。同时，这又是对江青同志的最全面最完美最深刻最形象的写照。

每一个革命同志朗诵到这首气贯长虹的诗，心潮无比澎湃，久久不能平息对江青同志无限崇敬的激情，为江青同志在漫长的战斗岁月里所建立的伟大历史功勋深深感动。

如果说阿芙乐尔巡洋舰的炮声向全世界宣告了世界无产阶级革命新纪元的开始,那么,中国京剧现代戏的第一阵惊天动地的锣鼓,则揭开了二十世纪世界无产阶级文化大革命的战斗序幕,宣告了世界无产阶级战斗的新文艺的诞生,迎来了我国工农兵文艺舞台上百花盛开的春天!

伟大的领袖毛主席是这场世界历史上没有先例的文化大革命的最高统帅、最高司令。敬爱的江青同志是文化革命战线上智勇双全的无产阶级英雄,是开拓京剧革命新路的大无畏的披荆斩棘人,是带领亿万红卫兵小将和无产阶级革命派冲锋陷阵砸烂旧世界的指挥员,是六十年代文化革命的伟大旗手,是毛主席、林副主席最亲密的战友,最忠实的学生!

踏遍青山人未老

陈伯达同志说:江青同志是"九·一八"事变后参加革命的,有三十五年的斗争历史,江青同志是我党的好党员,为党做了很多工作,从不出头露面,全心全意为党工作,她是毛主席的好战友。

江青同志从"九·一八"事变后参加共产党,至今已三十五年了,这是多么惊心动魄的三十五年啊!三十五年来,江青同志跟着伟大领袖毛主席,南征北战,驰骋纵横。与日本侵略者斗,经过八年抗战,终于赶走了日本鬼;与美蒋斗,埋葬了蒋家王朝,赶走了美帝国主义;与周扬田汉等人的三十年代文艺黑线,六十年代修正主义文艺黑线斗,与党内最大的走资派,国民党反动派在党内的代言人刘少奇斗,在这场轰轰烈烈文化大革命中,终于彻底摧垮了三十年代和六十年代的文艺黑线,摧垮了以刘少奇为首的资产阶级司令部。三十五年,是中国社会"天翻地覆慨而慷"的三十五年,是江青同志为无产阶级革命事业忠心耿耿的三十五年,是无产阶级革命家的光辉的战斗的三十五年!

一九三一年,日寇发动了"九·一八"事变,加紧了侵略中国变中国为殖民地的脚步,蒋介石"不攘外"却专门"安内",掀起反共高潮。全国人民在毛主席领导下,坚决抗击日本侵略者。年轻的江青同志在天津参加了中国共产党，决心为共产主义事业奋斗一生。从此，江青同志就把自己的一切都献给中国人民的解放事业和无产阶级革命事业。

三十年代的文艺战线上，以周扬、田汉为代表的王明右倾投降主义路线，鼓吹不分阶级的一切服从抗战的"国防文学"，使"国民党区域内的""党的文化机关中在蒋介石的文化围剿下处于毫无抵抗的地位"，而以鲁迅为代表的毛主席革命文艺路线则代表全民族的大多数，向着国民党反动派进行勇猛的冲锋陷阵。江青同志在上海一面做党的地下工作，一面坚定地站在毛主席的革命路线一边，站在以文化革命旗手鲁迅为代表的革命阵营一边，向当时上海文坛上的鬼魅，遗老遗少，汉奸巴儿狗文人们，国民党走狗爪牙文人们，向以周扬为代表的王明右倾投降主义路线做了不屈不挠的英勇的斗争，捍卫了毛主席的革命文艺路线。

抗日战争爆发后，毛主席和党中央居住地延安成了全国人民心中的灯塔，抗日救国的指挥部。江青同志到了延安。根据毛主席的指示，进行了京剧（当时称"平剧"）革命的具有重大历史意义的第一次尝试，演出了以林彪同志直接指挥的"平型关战役"为题材的革命现代京剧《平型关》等，歌颂了毛主席亲手缔造、林副主席亲手指挥的中国人民解放军（当时叫八路军），歌颂了毛主席领导下的人民抗日战争。党内的资产阶级代理人对江青同志这一创举极端仇视，拼命加以扼杀。直到一九五六年，反革命修正主义分子，三十年代文艺黑线的祖师爷田汉还咒骂这"是一条错误的路线，要加以否定"。

抗日战争胜利后，蒋介石玩弄反革命两手，一方面加紧反共宣传，调兵遣将，进攻解放区，另一方面放出假和谈风，企图欺骗人民。毛主席英明地洞察了蒋贼的阴谋。为了争取全国彻底解放，向全国人民揭露蒋匪的阴谋，不顾"蒋介石是政治大流氓，毫无信义"，"一身系天下之安危"到重庆谈判。我们敬爱的江青同志陪伴毛主席到重庆去。面对蒋介石发动新的反共高潮的剑拔弩张的嚣张气焰，特务、流氓、地痞、打手的跟踪、盯梢，匿名信，暗杀。身入虎穴，毫无惧色。经过针锋相对的斗争，终于取得了胜利。

在胡宗南匪帮疯狂进攻延安的日子里，江青同志随着毛主席最后一批撤离延安，转战数百里，始终没有离开陕甘宁边区。

"虎踞龙盘今胜昔，天翻地覆慨而慷"我们敬爱的江青同志在漫长的战斗岁月里，跟随伟大领袖毛主席，和全国人民一起，埋葬了历史上最后一个吃人的蒋家王朝，迎来了人民大解放的胜利的灿烂春天！

暮色苍茫看劲松

"一唱雄鸡天下白"。一九四九年，全国解放，中华人民共和国成立。我国进入社会主义革命阶段。毛主席及时教导全国人民"要学会在城市中向帝国主义者，国民党，资产阶级作政治斗争、经济斗争和文化斗争。"告诫全党："在拿枪的敌人被消灭以后，不拿枪的敌人依然存在，他们必然地要和我们做于拼死的斗争，我们决不可以轻视这些敌人"。以刘少奇为代表的党内走资派，利用各种文艺形式，宣传"巩固新民主主义秩序"，企图把中国拉向资本主义。刘少奇在天津说："宣传封建不怕""《四郎探母》可演""禁了，人家就不知道这些汉奸戏了"。鼓吹"对书报，戏剧，老电影的审查尺度要放宽"。为封建主义，资本主义大开闸门。

直到五六年，刘少奇还无耻地为汉奸戏《四郎探母》辩护："戏曲不应该采取禁演的办法。你说《四郎探母》宣扬汉奸意识，可是最后共产党还是胜利了""《四郎探母》唱唱也不要紧嘛，唱了这么多年，不是唱出了一个新中国吗？"周扬之流秉承其黑主子的意旨，也大力鼓吹作品的"趣味性"，强调写恋爱，"即使有点色情也可以"。一时间，黑云翻滚，妖雾迷漫，歌颂封建主义，为蒋家王朝招魂的影片、戏剧、小说、报刊纷纷出现。江青同志与刘少奇之流展开了针锋相对的斗争。她坚持禁演了《游龙戏凤》《拾玉镯》等宣扬封建主义糜烂色情的坏戏，并组织文章，批判了梅兰芳反对京剧革命的错误主张。

一九五〇年，反动影片《清宫秘史》出笼，在北京，上海各地放映，并在报刊上大肆吹捧。毛主席严正指出，《清宫秘史》是一部卖国主义的影片，应该进行批判。党内最大走资派刘少奇却说"这部影片是爱国主义的"。当时担任文化部电影事业指导委员会委员的江青，坚持毛主席的革命路线，几次提出要批判《清宫秘史》。但是，陆定一、周扬、胡乔木等人却在其黑主子的撑腰下，大唱对台戏，极力宣扬这部影片的"爱国进步性"。江青同志要按毛主席指示办事，他们却抬出了他们的黑主子。江青同志坚持真理，力排众议，义正词严地驳斥了他们这种反动的，荒谬的主张，坚持要批判这部影片。

同年二月，"伪中国电影制片厂"未拍完的反动影片《武训传》，在反革命修正主义分子夏衍、于伶等人主持下拍摄完成，经周扬审定公演。封建主义、资产阶级代表人物纷纷出来捧场喝彩，到次年四月仅京、津、沪三市报刊发表的吹捧文章，就达四、五十篇。

针对这种乌烟瘴气的情况，毛主席于一九五一年五月二十日亲自为人民日报写了社论《应当重视电影〈武训传〉的讨论》，彻底批判了《武训传》的反动本质，并严厉斥责文艺界黑帮头目："资产阶级的反动思想侵入了战斗的共产党，这难道不是事实吗？""文艺界的思想混乱达到了何等的程度！"遵照毛主席的指示，江青同志亲自组织了《武训传》专案调查组，到山东去调查，以便更有力地批判反动电影《武训传》。周扬则派了心腹亲信，右派分子钟惦棐等人前往山东，名为调查，实为阻挠，破坏毛主席司令部对《武训传》的批判。（未完）

无畏的战士，伟大的旗手，披荆斩棘的人

——无产阶级文化大革命的伟大旗手江青同志事迹连载之二

《红旗》第109期，1968年6月26日

江青同志在山东堂邑一带与钟惦棐等人做了坚决的斗争，亲自跋山涉水，访问老贫农，做了大量、细致、广泛的调查工作。《武训

历史调查记》经主席亲笔修改以后，在《人民日报》上连载发表，以铁一般的确凿事实揭露了武训这个大地主、大债主、大流氓的反动丑恶面目，撕破了他"办义学""为人民服务"的假面具。彻底暴露了那些"号称学得了马克思主义"的"共产党员"，借宣扬武训从而污蔑农民战争，歌颂在中国大陆上行将灭亡的封建统治者的罪恶居心。为这场无产阶级与资产阶级的大论战做了无产阶级的结论。九月，在中宣部的一次会议上，江青同志对周扬等人坚持资产阶级反动立场，阻挠对《武训传》的批判，玩弄假检讨的两面派行为，做了尖锐的批判。周扬、胡乔木等人对江青同志恨之入骨，到处散布流言蜚语，说有江青同志在，"工作难做"。

一九五二年，武训专案调查团返京，江青同志指示："可以调查所得材料为依据，立即编京剧《宋景诗》"。可是这一剧本刚一出世，就被周扬等人扼杀了。

一九五一年电影创作处于困难时刻，江青同志亲自抓了宣传毛主席军事思想的影片《南征北战》的创作。九月六日，在电影指导委员会会议上，江青同志大力推荐，通过了《南征北战》文学剧本，并做出决定："应组织创作干部进行对这部剧本创作经验的学习"。一九五二年在江青同志亲切关怀与指导下，上海电影制片厂完成了《南征北战》。一九五二年十二月，江青同志在电影指导委员会上再一次强调提出要搞《辽沈战役》《淮海战役》《抗美援朝》，并组织力量进行了创作。江青同志指出："写革命战争，首先要明确战争的性质，我们是正义的，敌人是非正义的。作品中一定要表现我们的艰苦奋斗，英勇牺牲，但是也一定要表现革命的英雄主义和革命的乐观主义。"后来由于陆定一、周扬、陈荒煤等一小撮反革命修正主义分子疯狂抵制和反对，这个革命计划和建议未能实现。

一九五四年九月毛主席亲自发动了对以俞平伯《红楼梦研究》为代表的资产阶级唯心主义烦琐考证的批判。毛主席看到《关于〈红楼梦简论〉及其他》一文后，给予极大的重视和支持。九月中旬的一天下午，江青同志带着毛主席的指示亲自到《人民日报》编辑部，找来周扬、邓拓、林默涵、邵荃麟、冯雪峰、何其芳等人，说明毛主席很重视这篇文章。她提出《人民日报》应该转载这篇文章,以期引起争论,批判资产阶级的唯心主义。周扬一伙竟对抗毛主席的这一伟大指示,借口是"两个小人物的文章","党报不是自由辩论的场所"。周扬指责说,这篇文章"很粗糙,态度也不好",林默涵、何其芳则说:"没什么了不起的地方。"加以阻挠,拒绝发表。毛主席针对俞平伯的红楼梦研究上的资产阶级思想做了批判。指出,一切新的东西都是"小人物"提出来的,青年志气大,有斗志,要为青年开辟道路,扶持"小人物"。而所谓的"大人物"往往不注意,并往往加以阻拦,他们同资产阶级作家在唯心论方面讲统一战线,甘心作资产阶级的俘虏,痛斥了周扬一伙维护、包庇资产阶级反动权威,压制新生革命力量。江青同志坚决贯彻毛主席一系列指示,热情支持"小人物"的文章,同周扬一伙做了坚决的斗争。

六二年,江青同志根据毛主席的指示,亲自下剧场调查,用毛泽东思想审查了一千三百多个京剧剧目。指出:目前剧目混乱,毒草丛生,鬼戏泛滥。看了京剧《海瑞罢官》后指出该剧存在严重的政治错误,坚持禁演这个戏。一九六二年九月在八届十中全会上毛主席发出"千万不要忘记阶级斗争"的伟大号召。吹响了反击资产阶级猖狂进攻,扫荡一切牛鬼蛇神的伟大进军号。会议期间,江青同志向齐燕铭提出舞台上牛鬼蛇神和鬼戏的严重问题,希望文化部注意。此后,在同中宣部、文化部四个正副部长谈话中指出舞台上银幕上根本不是反映工农兵,而是帝王将相,才子佳人,牛鬼蛇神,死人洋人大泛滥。在江青一再催促下,四月三日中宣部发出停演鬼戏的决定;五月六日,上海《文汇报》发表了江青同志和柯庆施同志组织写成的梁壁辉的文章,批判大毒草《李慧娘》和《有鬼无害论》;八月,在江青督促下,全国停映香港影片。

针对着党内最大的走资派刘少奇及其在文艺界的代理人陆定一、周扬一伙用文艺来为复辟资本主义"做舆论工作",而当时的银幕舞台上牛鬼蛇神张牙舞爪气焰十分嚣张的情况,为了夺回文艺界的领导权,坚决贯彻毛主席二十五年前在《讲话》里所制定的"为工农兵服务,为工农兵创作"的无产阶级革命文艺路线,为了在资产阶级司令部长期把持严密控制的文艺界冲破一个突破口从而彻底摧毁资产阶级司令部,江青同志遵照毛主席的指示,身带光辉四射的四卷雄文,来到了北京京剧一团。把北京京剧一团作为突破口,点起了京剧革命的熊熊烈火,迎接了京剧革命的第一场恶战。

从此,江青同志率领文艺界的无产阶级革命派,向剥削阶级的老爷们所长期盘踞的艺术舞台发起了进攻。他们冲破了党内走资派所设下的重重障碍,层层关卡,使京剧这个最古老的剧目又恢复了战斗的青春,重新放射出灿烂的光彩夺目的光辉!在京剧、芭蕾舞剧、交响乐的舞台上,历史的真正主人——工农兵英雄的高大形象大放光彩。长期统治舞台的老爷太太少爷小姐统统被赶下了台。在荆棘丛生毒草茂盛的荒原上开拓出了一块怒放着八朵鲜花的无产阶级文艺阵地!揭开了世界上最为壮丽的无产阶级文化大革命的序幕。

亲爱的同志,当你在舞台上看到《红灯记》《智取威虎山》《沙家浜》《白毛女》等反映我国人民革命斗争英雄史诗的革命现代戏,看到李玉和,杨子荣,郭建光,阿庆嫂,沙奶奶等工农兵英雄形象在舞台上大放异彩的时候,当你在收音机里听到革命交响乐的时候,你可曾想到,这里面凝聚了江青同志多少血汗,包含了多少个战斗的白天和夜晚!你又可曾想到,解放十几年来我国的舞台银幕上是一幅怎样的图景?

解放十几年来,我们的舞台银幕报刊杂志被党内最大的走资派刘少奇及其代理人陆定一、周扬之流长期把持,资产阶级在那里肆无忌惮地大喊大叫,大演大跳,群魔乱舞,鬼哭狼嚎,充满着厚古薄今,崇洋非中的龌龊空气;死人、洋人、古人统治着舞台。《济公传》《扬州八怪》要搬上银幕,《奥赛罗》要改成评剧上演。大毒草《海瑞罢官》到处放毒,一片吹捧喝彩。叛徒扮成了"革命英雄",老爷太太少爷小姐成了"历史的主人",而中国共产党和伟大领袖毛主席领导下的人民革命战争却上不了无产阶级的舞台,创造历史的真正主人——工农兵群众却成了"渣滓"。刘少奇及陆定一、周扬一伙利用文艺来为他们复辟资本主义服务,拆社会主义的台,瓦解社会主义经济基础,腐蚀无产阶级的革命斗志,为反党分子鼓劲打气,替右倾机会主义分子鸣冤叫屈……真是飞扬跋扈,无恶不作。而无产阶级却连一点批评的权力也没有。江青同志组织了一篇批判《海瑞罢官》的文章,竟要担风受险,保密八个月。江青同志气愤地说:"我们这里是无产阶级专政,我们自己搞一篇评论文章,他们都不许。气愤不气愤哪!"他们可以撤下现代戏不演,大演《赵氏孤儿》《红楼梦》。在三年困难时期,演出大毒草《海瑞罢官》《海瑞上疏》《谢瑶环》。甚至把这些毒戏,坏戏,鬼戏拿到福建边防前线,咿咿呀呀,毒害我们的海防战士。更不能容忍的是,他们竟然把这些大毒草拿到中南海去,在毛主席面前演出,真是猖狂至极!是可忍,孰不可忍!对坚持毛主席革命路线的江青同志,则是多方阻挠,四面围剿。对江青同志盯梢,整黑材料,跟踪。江青同志到上海养病。他们派出剧团追去围攻,大演毒草剧目。……的的确确是一条又黑又粗的资产阶级黑线专了我们的政。正如毛主席严正指出的:"这些协会和他们所掌握的刊物的大多数(据说有少数几个好的),十五年来,基本上(不是一切人)不执行党的政策""最近几年,竟然跌到了修正主义的边缘。""他们对于一切牛鬼蛇神却放手让其出笼,多年来塞满了我们的报纸、广播、刊物、书籍、教科书、演讲、文艺作品、电影、戏剧、曲艺、美术、音乐、舞蹈等等,从不提倡要受无产阶级的领导,从来也不要批准。"而这一切的罪魁祸首,这条黑线的总后台就是刘少奇!

沧海横流,方显出英雄本色。面对群魔乱舞,牛鬼蛇神张牙舞爪,江青同志有如激流砥柱,巍然屹立,与他们进行了坚决的斗争。她向全国无产阶级革命派发出战斗号召:"旧的文学艺术不能适应社会主义的经济基础,古典的艺术形式不能完全适应社会主义的思想内容,那要不要革命?要不要改革?"她充满豪情壮志地说:"过去,教育文化上面被一条修正主义资产阶级思想专了无产阶级的政,现在,我们把它夺过来!"

肩负着毛主席的伟大使命,江青同志高举毛泽东思想伟大红旗,高举无产阶级文化革命的旗帜,天不怕,地不怕,不顾个人安危,不管疾病在身,敢同恶鬼争高下,不向霸王让寸分,向资产阶级堡垒发动了猛烈进攻!党内最大走资派刘少奇曾经取笑道!"你们想攻坚？！"江青同志代表全国无产阶级革命派斩钉截铁地回答，"是的，我们就是要攻坚！"独有英雄驱虎豹，更无豪杰怕熊罴。闯过曲折漫长的斗争道路，经历了惊心动魄的拼死鏖战，终于攻下了资产阶级最顽固的堡垒！冲上了当代无产阶级文艺的最高峰！无产阶级在文化上彻底翻身，扬眉吐气的日子终于来到了！

周总理无限感慨地说："近几年来，京剧改革，芭蕾舞剧改革，交响乐改革，雕塑改革，都取得了划时代的成就。这是文艺革命化、大众化、民族化的一个大飞跃"。"文艺革命的成绩都是同江青同志的指导分不开的。江青同志亲自参加了斗争实践和艺术实践。虽然艰苦的斗争损害了江青同志的身体健康，但是精神上的安慰和鼓舞，一定能够补偿这些损失。"

陈伯达同志充满激情地称誉江青同志说："一九六三年，在毛泽东思想指导下，掀起了京剧改革的高潮，用京剧的形式表示中国无产阶级领导下的群众英勇斗争的史诗。……这种无产阶级新文艺……将大大加强我国人民群众的政治觉悟，将大大加强我国无产阶级专政和社会主义制度。坚持这种文艺方针，而同反革命，反动派，反革命修正主义分子进行不屈不挠斗争的同志中，江青同志是有特殊贡献的。""江青同志一贯坚持和保卫毛主席的文艺革命路线，她是打头阵的。这几年来，她用最大努力，在戏剧、音乐、舞蹈各个方面，做了一系列革命的样板。许多同志跟江青一起，成为文艺革命披荆斩棘的人。"

回首往事，一幕幕英勇斗争的历史，记录了江青同志的丰功伟绩。一曲曲革命造反的战歌，震撼着三山五岳，激励着我们永远奋勇前进！

播下"火种"

北京京剧一团，是由反革命修正主义分子彭真直接控制，长期以来上演帝王将相才子佳人的封建堡垒。江青同志从一九六一年就到一团去看戏。开始大家很不理解，以为是在"休养"，后来才明白是在找火种。一次她看到一出现代戏如像在毒草丛中发现了一朵微弱的香花，她非常高兴。他接见青年演员时，严肃地说："我们今天舞台上尽演鬼戏，还演帝王将相，这算得上人民民主专政？为什么你们剧场观众这样少？有青年人没有？你们演老戏，完全是脱离了广大工农兵群众。"她接着说："古老剧种完全能够演革命现代戏"。语重心长的一席话，深刻地教育了一团革命群众。

然后，江青同志千里迢迢从上海带来《芦荡火种》沪剧剧本，要一团改成京剧，进行现代戏试验。反革命修正主义分子彭真慌了手脚，他们一方面对江青指示阳奉阴违，按照他们的反革命目的，把《芦荡火种》改得面目全非，叫什么《地下联络员》。另一方面，设下层层关卡，布置道道防线。他们采用了欺上瞒下，封锁消息的办法，甚至还派人进行盯梢，监视江青同志的一举一动，一言一行。彭贼对《芦荡火种》的排演，不给剧场，不给演员，给江青同志施加压力，甚至利用职权，以"粗制滥造"为名强行停演《芦荡火种》。正在《芦荡火种》这颗幼芽将要被扼死的关键时候，我们伟大领袖观看了革命京剧《芦荡火种》的演出，并做了重要指示：要突出武装斗争。改名为《沙家浜》。毛主席的伟大指示鼓舞了江青同志和文艺界的革命派，给了彭真一伙致命的打击。但是，他们并不死心，又加以反对。彭真亲自出马，赤膊上阵，狂吠："为什么不演传统戏？大专学校不是还上历史课吗？可以两条腿走路嘛！"大搞黑试验，亲自动手整理《除三害》《将相和》，又搜罗了一百八十多个老剧团，用"政治任务""经济任务"强迫剧团上演！江青同志识破了这一阴谋，顶住了这股逆流，义正词严地回击他们："不要单纯为了几个钱！"江青同志对革命群众说："要革命还能被几个钱难住吗？革命者就是披荆斩棘的人，有毛泽东思想就什么也不怕。"她还把亲笔题字的毛选送给大家，教育同志们："你们不要以为我在这里搞戏，我是在这里和封建主义、资本主义、修正主义战斗！"她教育大家好好学习《在延安文艺座谈会上的讲话》和《实践论》等光辉著作，用毛泽东思想武装演员的头脑，使他们明确了前进的方向，增添了斗争勇气。

在《芦荡火种》上演之后，刘少奇、邓小平、彭真等掀起了猖獗的围攻。刘少奇说："帝王将相也搞，现代戏艺术水平不行"，邓小平说:"表现将相智慧的也可以演",周扬气急败坏地叫喊:"历史传统不可偏废",彭真污蔑现代戏是"穿开裆裤""吃手指头",是"洋教条",是"利用无产阶级强加于人,结果非驴非马,不中不西。"江青同志面对恶魔狂舞,横眉冷对,分毫不让。江青同志针锋相对地斥责道:"资本主义对我们的东西就更粗暴,我们那么一点点小苗苗他们就硬是不许","新剧目现在还没有一半,已经有人叫要两条腿走路了!""就是要允许一段非驴非马的东西!"刘少奇极力鼓吹"老戏很有教育意义",《恶虎村》是"改得好的剧目"。直到六六年三月还指示京剧团让反动权威给外国人演《野猪林》。江青同志旗帜鲜明地说:"不能演老戏"。邓小平大耍两面派:"新戏好的不多,还是老戏吧……戏剧改革我举手赞成,但我就是不爱听。"(未完)

无畏的战士,伟大的旗手,披荆斩棘的人

——无产阶级文化大革命的伟大旗手江青同志事迹连载之三

《红旗》第 112 期,1968 年 7 月 10 日

反革命修正主义分子彭真直到六六年三月还让演员到他家里,从下午到深夜录制二十多套旧戏唱片。江青同志严厉地斥责道:"解放十几年了还是演地主头子、地主婆,不可耻吗?""十几年工夫还搞古时的感情,是个立场问题。"并厉声质问:"你们常说的艺术家的良心何在?"旧北京市委一小撮反革命修正主义分子跟着其主子乱嚷,制造种种谬论,说什么"现代戏是白开水,是话剧加唱,不过瘾。"妄图用反革命舆论来扼杀京剧革命。江青同志痛加驳斥:"有人说我们的现代戏像白开水,是话剧加唱。告诉他们,有白开水比没有好。有白开水就不渴,有白开水就可以泡出各种各样的茶来,有白开水就可以造出酒来。至于过瘾不过瘾以后再说"。

为了更好地演好这一剧,江青同志还特地把上海人民沪剧团请

到北京来演出，让京剧团更好地学习。

她还针对剧团演员活思想，教育大家活学活用毛主席著作，要像林彪同志所指出的那样，把自己当作革命的一份力量，同时又要不断地把自己当作革命的对象。在斗争过程中改造自己的世界观，树立"一辈子为工农兵演出"的文艺方向。在她的教育鼓励下，参加这一演出的演员一个个精神抖擞，意气昂扬。

在江青同志的亲切培育下，这颗微弱的"火种"终于越烧越旺，燃成燎原之势！

《沙家浜》的枪声

在《芦荡火种》上演之后，江青同志热情地鼓励一团文艺战士再接再厉，精益求精。她问："你们怕不怕改？"大家说："不怕改，我们一定要把戏改好！"从一九六三年底，江青同志就亲自领导北京京剧一团排演革命现代戏《沙家浜》。江青同志传达了毛主席的指示：要突出武装斗争的作用，强调武装的革命消灭武装的反革命，戏的结尾要正面地打进去。加强军民关系的戏，加强正面人物的音乐形象。江青同志具体指出，要删掉破坏剧情的《三茶馆》一场戏，削减反面人物刁小三的戏，加强正面人物郭建光的形象。

但是，旧北京市委宣传部部长李琪公开抗拒毛主席的指示，叫一团前总支负责人保留《三茶馆》一场戏。反动权威也和他们勾结在一起，拒不改戏。硬顶软磨，达四个月之久。

更令人气愤的是，他们以种种手段打击江青同志。他们未等演员唱熟，就接二连三地打电话催正在病中的江青同志来审查唱腔。江青同志一次又一次冒着严寒带病来审查唱腔。他们一面软磨硬泡，一面打击江青同志，摧垮江青同志的身体。

可是，敌人的暗算，难不倒英勇善战的指挥员。江青同志是一直关怀着改编工作。

她一方面与李琪等人做了针锋相对的斗争，砍去了《三茶馆》一场。一方面又鼓励同志们："你们都很辛苦，但不要搞一两个戏就退坡。我是怕你们退坡，你们是第一个接受我的剧本，我希望你们一直干下去。当然不要革命也没办法。一个演员在舞台上演地主、地主婆有什么好处？我是坚决不听那些东西。""我们是在和帝国主义、修正主义、反动派、秋后算账派打仗啊！"

在词意准确性方面，江青同志也是逐字逐句琢磨，使之达到尽可能完美无缺。比如郭指导员有句台词："芦花白，稻谷黄，柳绿成行"，江青同志为了证实三种植物，三种颜色与季节的关系，特地访问当地的老贫农，发现原词写得不准确，"稻谷黄"是在秋季，"柳绿"是在春季，稻子刚刚在插秧。经过江青同志仔细推敲，改为"芦花放，稻谷香，岸柳成行"。在表演方面，为了让演员真实再现当年新四军的英勇战斗形象，江青同志组织演员到阳澄湖去看芦苇荡，亲身体验。

她还指示，消灭胡传魁，解放沙家浜，应当是新四军从正面打进去。要删掉一些无关紧要的场子，腾出篇幅来表现新四军。她提出要千方百计树立郭建光的音乐形象，要有成套唱腔，要有精彩唱段。她一遍又一遍地在剧场听"听对岸"那一段唱腔，一字一板地推敲，要求有层次，不能铁板一块。她说，"听对岸"的"听"字要唱得挺拔，"村镇上乡亲们要遭祸殃"要唱得有感情，要和人民群众息息相关……伤病员要帮助老乡收稻子，郭建光在沙奶奶面前要像一个孩子，应像晚辈对长辈那样亲热和尊敬。为了一句"穿过了山和水沉睡的村庄"，她特地了解了常熟一带有没有山。

江青同志不止一次地提出，男旦不能演革命现代戏。男旦是封建社会的产物，在社会主义舞台上出现是怪事。男旦演革命现代戏只能起破坏作用。但是彭真公开反对，说什么某某人唱得好，有人愿意听。一团总支负责人还为男旦安排演出。一九六四年，他们千方百计让男旦演出了《芦荡火种》。一九六五年还叫他"演点老戏"。这个男旦在演革命现代戏时，彭真组织了一帮遗老遗少怪叫怪嚷，大捧特捧。

彭真黑帮眼见《沙家浜》越战越强，赢得了国内外革命人民的好评，恨之入骨。一方面搞假现代戏《海棠峪》来对抗《沙家浜》；一方面疯狂地大演老戏。一团到山西参加华北地区京剧革命现代戏会演时，白天演现代戏，晚上李琪就大点旧戏上演。还在剧团内存留了五十出旧戏用的戏箱、戏衣,足够全部开放旧戏之用。

江青同志明确指出:"京剧一团搞革命现代戏试验,决不能演老戏。"她又组织同志们学习毛主席著作,勉励大家:"我们既是在这里搞戏,也是在打仗。为了党的事业,为了宣传毛泽东思想,向帝国主义、封建主义、修正主义打仗,我们一定要打胜。"在江青同志带领下《沙家浜》越战越强,击败了彭真黑帮搞假现代戏《海棠峪》的阴谋,在政治性、艺术性上都达到了尽善尽美的地步。中国文艺舞台上第一个闪耀着毛泽东思想灿烂光辉的革命现代京剧终于冲破妖雾,踏平恶浪,在阶级斗争的暴风雨中诞生了!

"已是悬崖百丈冰,犹有花枝俏。"革命现代京剧《沙家浜》像一枝傲立于冰天雪地,数九严寒的梅花,报来了无产阶级新文艺百花盛开的绚丽春天!

从此,在老爷太太哼哼叽叽,少爷小姐咿咿呀呀的舞台上,冲出了毛主席领导下的工农兵革命战士,成了舞台的主人。在阴霾黑暗旧舞台的上空,雷鸣电闪,响起了武装斗争的枪声。这枪声宣告了封建主义、资本主义、修正主义文艺的死亡,具有强大生命力的无产阶级灿烂辉煌的革命文艺的诞生!

高举《红灯》向前进

《沙家浜》的胜利得来不易,《红灯记》也一九六三年十一月,江青同志精心研究了十二种《红灯记》的剧本后,选择了其中最好的一个剧本,亲手交给中国京剧院,让他们改编成京剧。明确地要求他们要突出工人阶级的英雄形象李玉和。她鼓励大家:"演出就是战斗","要教育我们青年一代知道无产阶级江山得来不易"。"要鼓舞世界上被压迫人民的斗志"。江青同志给了京剧院一盏引导他们在迷雾中胜利前进的红灯。但是京剧院的反革命修正主义分子拒不执行江青同志的指示,还恶毒地咒骂江青同志。江青同志提了上百条意见,他们对群众严密封锁;江青同志亲自修改的唱词送去,他们不用;江青同志十几次要求他们做总结,他们置之不理,胡说什么"没有什么可总结的!"真是混账之极!

《粥棚》一场是很重要的一场。江青同志指出，这场要突出李玉和同群众的密切关系，以及当时的社会背景，应该进一步用行动来歌颂李玉和在敌人面前脸不变色心不跳，沉着、机智、勇敢的无产阶级英雄性格，突出一个共产党员的优秀品质。但是，反革命修正主义分子林默涵等人却硬把这场戏砍掉。在江青同志的坚持下，才不得不加上。

江青同志还指出：要突出剧中英雄人物，对于反面人物的表现和处理，要给工农兵英雄让路，不能搞平分秋色，更不能喧宾夺主。一小撮反革命修正主义分子却着力刻画反面人物，大事渲染，哗众取宠，还说什么"有戏，要抓住观众，各找各的窍头"。在《刑场斗争》一场戏里，江青同志曾几次指出，这场戏李玉和要大唱一下，要用成套的完美的唱腔，来集中抒发李玉和这个英雄人物胸怀祖国，放眼世界的革命英雄主义和革命乐观主义精神。要有音乐形象，进一步表现李玉和身在监狱，眼望世界革命，临危不惧，视死如归的共产党员的坚贞不屈的英雄品质。林默涵等人却说："唱多了不好，非把观众唱死了不可！"他们要在这场戏里大肆宣扬修正主义的一套"儿女情"，用酷刑拷打、儿女情长，丑化英雄人物形象，美化反面人物的恶毒手法来"刺激"观众。林默涵等人提出要压缩李玉和的戏，"保持'旦角'的完整艺术构思"。江青同志识破了他们的阴谋，愤怒地斥责道："没有革命的先辈，哪来革命的后来人？"江青同志指出，李玉和走出刑场时，要奏《国际歌》，使气氛庄严、肃穆，表现出李玉和忠于毛主席，忠于党，忠于无产阶级革命事业早已将生死置之度外，英勇就义的精神。然而，有一次林默涵去看彩排时，却恶毒地诅咒道："没有气氛，好像耍耗子一样！"

为了把工人阶级的高大形象树立起来，为了表演毛主席领导下的中国革命斗争轰轰烈烈的史诗，为了向青年一代进行革命先烈为了革命事业前仆后继、代代相传的革命传统教育，江青同志虽然身体不好，还是坚持去看彩排，提出修改意见。从剧本改编到导演、表演，直到每一个动作，每一句台词，每一个音符，直到灯光、美工、装着、气氛，都要反复修改，反复推敲，哪怕一个字也不放过。如有一句"救孤儿东奔西藏",根据观众意见,江青同志亲自把它改为"为革命东奔西忙",使剧本政治性更强。

为了攻克京剧这个贯彻修正主义文艺黑线的顽固的堡垒,为了字斟句酌地反复修改,为了每一个动作、每一句话的修改更能表现英雄人物的高大和革命后代在血与火的斗争中成长,有多少个寂静的深夜,江青同志彻夜不眠;有多少个疾病缠身的白天和夜晚,江青同志带病去看排演,和演员、导演、美工、化妆人员亲切地交谈。我们敬爱的江青同志真正是对革命忠心耿耿,体现了"对工作的极端的负责任,对同志对人民的极端的热忱""全心全意地为中国人民服务"的精神,毫无保留地倾注了她那满腔的热血!

我们敬爱的江青同志是我们学习的光辉典范,她亲自培育的《红灯记》样板戏,像雾海孤帆遥望前方光芒四射的灯塔,像妖雾迷漫,风雨扑离高举红灯奋勇前进的英勇战士,让我们高举红灯永远向前进!

阳光灿烂照《海港》

在革命的京剧舞台上,第一出反映二十世纪六十年代新中国工人阶级斗争生活的革命现代京剧《海港》诞生了。这是毛泽东思想的又一伟大胜利,是毛主席的革命文艺路线在戏剧舞台上的又一伟大胜利!

《海港》是革命京剧工作在江青同志的直接指导下移植、改编的。在《海港》诞生过程中,忠诚执行毛主席革命文艺路线的江青同志和文艺界革命派,同以党内头号走资派以及剧团内一小撮走资派进行了反复的斗争。

一九六四年,在帝王将相、才子佳人统治着上海戏剧舞台的情况下,江青同志看了淮剧《海港的早晨》的演出,立即肯定了这出戏的可贵之处,在于表现了上海码头工人国际主义、爱国主义的豪情壮志,并建议上海京剧院把它改编成京剧。着力塑造工人阶级的英雄形象。

江青同志指示,改编时要突出反映新中国工人的爱国主义、国际主义精神，要着重塑造铲煤女工出身的党支部书记方海珍和码头工人出身的装卸组长高志扬这两个工人阶级的英雄形象，要表现出毛主席教育下的码头工人胸怀祖国、放眼世界的豪情壮志，对青年工人韩小强要写得单纯可爱，他的不安心工作只是思想认识问题。

正在这时，党内头号走资派刘少奇来到上海，他看了淮剧《海港的早晨》后，说什么他过去"在上海领导工人运动时"，码头工人罢工，生活发生困难，地下党筹划了一笔钱进行救济，但总是发个不完。后来发现有人冒领，重领，就想了一个办法：评杠棒领钱。在这个家伙眼里，码头工人成了多么愚昧、自私的群氓！他别有用心地提，要着重写"培养接班人"，也就是要写"中间人物"，借以丑化新中国的工人形象。

那些窃踞《海港》改编大权的家伙听了这番黑话，是多么感激涕零啊！主子一声令下，奴才们心领神会，着力照办。不久，京剧《海港的早晨》上演了。这是一出什么样的戏啊！这些家伙，采用了很多手法，去描绘那个落后青年工人的转变。甚至用了鬼魂出现的手法，让那个青年工人口唱《乌盆计》中那样大段的"二黄"，像幽灵似的在舞台上渐现渐隐，以表现内心痛苦和复杂矛盾，把这个单纯可爱的新中国青年走社会主义道路当成"苦难的历程"来描绘。他们还丑化党支书的形象，把她的出场用"点将"的手法，放在群众的对立面。

江青同志看了后立刻尖锐地指出"这是在搞'中间人物'嘛！哪里是革命现代戏！"她决定重新加工。

阶级敌人不甘心失败，派出心腹，打入剧团内部，把码头写得一片乌烟瘴气。党支部书记软弱无能，装卸组组长作风粗暴；那个青年工人白天要听评弹旧调，夜里要看《不夜城》，还和阿飞交往，和资产阶级分子的儿女谈情……。

一九六五年，江青同志组织了全团革命同志的辩论，指出剧本歪曲了原来的主题思想，彻底批判了写"中间人物"的反动文艺思想，进行了夺权斗争，调整了演出人员，增强了创作力量，亲自领导《海港》改编工作。

但是阶级敌人并不甘心于失败，他们在社会上散布反革命舆论，说演《海港》是"劳民伤财""糟蹋演员青春!"一个被罢了官的导演恶狠狠地说:"我是离开《海港》了,这个《海港》真是苦海无边啊!"一小撮反革命修正主义分子疯狂攻击《海港》,叫喊什么"只有码头工人才看得懂""《海港》是毒草",狂叫"要一句一句地批判。"

在乱云飞渡之中,江青同志岿然不动。她对《海港》剧组的同志们说:"一切文艺,不为资产阶级服务,就为无产阶级服务。京剧艺术原封不动地拿来为无产阶级服务是不行的,这就需要有改革京剧艺术的披荆斩棘的人。因此,要有牛劲,要有信心,要经得起考验。"江青同志的一席话,给了战士们极大的鼓舞。为了贯彻毛主席的革命文艺路线,坚决按照江青同志指示排演好《海港》,剧组全体同志再一次到码头体验生活,改造思想。在同码头工人同吃、同住、同劳动中,他们得到了很多宝贵的修改意见和建议,学习了码头工人的优秀品质,使自己的思想有了进一步的提高。在江青同志的亲自指导下,在码头工人的热情支持和帮助下,一出划时代的塑造当代中国工人阶级革命英雄形象的革命现代戏《海港》终于胜利地诞生了!

毛泽东思想的灿烂阳光照亮了《海港》!

那些哀鸣的小丑不是绝望的诅咒"山海经要念到什么时候为止"吗?("山"指"智取威虎山","海"指《海港》)我们可以明白地告诉你们:"山海经"要一直念下去,永远念下去!因为,这就是毛主席《在延安文艺座谈会上的讲话》中所指出的方向!这就是我们无产阶级新文艺与资产阶级文艺血火斗争的结晶!

红太阳照亮了芭蕾舞台

长期以来,作为家庭贵族的宠儿,资产阶级沙龙的玩物——芭蕾舞,是陆定一、周扬、林默涵及其后台老板刘少奇散布资本主义、修正主义毒素的工具。他们把西方腐朽得发臭的破烂货,奉若神明,顶礼膜拜。芭蕾舞台上尽是什么《天鹅湖》,什么王子、公主、牛头马面、男怪女妖;宣扬什么"永恒的爱情""人情味",资产阶级糜烂腐朽的生活方式,毒害着我国的青年一代和劳动人民。革命人民对之深恶痛绝。

一九六三年十二月，江青同志建议中央歌舞团把《红色娘子军》改编成芭蕾舞，进行芭蕾舞剧的革命。她指示，改编后的芭蕾舞剧《红色娘子军》要宣传毛主席的人民战争思想，歌颂毛主席领导下的工农武装斗争，描写琼花在毛泽东思想哺育下成长的过程，这在当时国际国内形势下都大有教育意义。

反革命修正主义分子、文艺黑线的黑干将林默涵却耍了个偷梁换柱的阴谋，要剧团搞充满人情味的《达吉和她的父亲》，与江青同志的指示相对抗。在这个阴谋破产之后，林默涵等人又玩弄新的花招，强调搞一人一事，说"这样有戏剧要性"，企图把一个表现人民战争思想的题材，搞成一个宣扬个人英雄的传记。（未完）

无畏的战士，伟大的旗手，披荆斩棘的人

——无产阶级文化大革命的伟大旗手江青同志事迹连载之四

《红旗》第 113 期，1968 年 7 月 17 日

江青同志严正指出：一定要写好人民战争，不仅要写好娘子军，还要写男红军。有了他们的共同战斗，海南岛的革命才能一直红旗不倒；要写出革命阶级的英雄形象，写出琼花的苦大仇深，塑造出一个无产阶级革命战士的典型。

江青同志还建议赤卫队给群众分粮，以表现军民关系，要特别突出党的领导。反面人物南霸天要演得凶暴一些，残忍一些，但正面人物一定要压倒它。她多次鼓励大家"要树立雄心壮志，要敢于标新立异"，西方资本主义国家的芭蕾舞艺术已经没落了，我们东方无产阶级要走自己的路。"今后要特别强调政治挂帅。为什么人服务？为个人还是为工农兵？资产阶级个人主义相当严重。要使全体创造人员明确，是为六亿几千万还是为五千万？为亚、非、拉被压迫人民，还是为资本主义、修正主义服务？要推资本主义之陈，出社会主义之

新。要敢于标新立异，标社会主义之新，立无产阶级之异。社会发展史从奴隶社会开始到封建社会、资本主义社会都有革命，但剥削人民的本质是继承下来了，只不过是方式不一样。到无产阶级革资本主义的命是最后消灭剥削，因此对他们是生死关头，是你死我活的斗争。……崇拜西洋认为资本主义的东西是高不可攀，这是奴隶思想，一定要把它烧掉！要把民族自豪感，革命干劲，对亚非拉人民的革命责任心树立起来。这样个人主义就见不得天日了。"

江青同志指示演员要下去到工农兵中去体验生活。"晚上同工人吃一顿饭。住在工人家里不同吃不同睡，不能了解工人的思想感情。下去搞几个月，编写、作曲就更应该下去了。""下去生活时，上午要练功，下午要下场劳动。还要向工人调查，全心全意向工人学习，帮他们工作，这样才能在舞台上表现工人。……脑子里没有一点革命气质不行。"

周扬、林默涵等人极力阻挠、破坏、抵制、刁难江青同志的一系列宝贵指示。他们不让编导人员和演出人员到部队、工厂去，后来只答应给十天时间，但又把编导人员留在家里，关门空想，闭门造车。他们用各种办法，要把这个新生的幼苗扼死。

千层雾嶂遮不住光芒四射的红太阳，低压的阴霾挡不住震响在长空的春雷。革命是豪迈的，是不可战胜的！芭蕾舞剧《红色娘子军》在江青同志的亲切关怀下，经过革命文艺战士的努力，终于诞生了。我们伟大领袖毛主席于一九六四年十月八日观看了《红色娘子军》，给予了很高的评价："方向是对的，革命是成功的，艺术上也是好的"。世界革命人民心中最红最红的红太阳来到了芭蕾舞台，跟演员一一握手，合影留念。红太阳照亮了芭蕾舞台！经历了惊涛骇浪，流下了辛勤血汗的文艺革命战士们热泪盈眶，激动万分。毛主席啊毛主席，我们有多少知心话儿要跟你讲，有多少热情的歌儿要对你唱！让我们祝福你老人家万寿无疆！万寿无疆！

毛主席的支持给了战士们无穷的力量，他们决心向更高的高峰迈进，去攀登芭蕾舞艺术的更高峰！

一小撮反革命修正主义分子大为惊慌。林默涵第二天急急忙忙赶到剧团，歇斯底里地大肆侮辱：《红色娘子军》是襁褓里的婴儿，京剧现代戏是穿开裆裤的小孩子！周扬也恶毒攻击它是"见不得人的丑媳妇"，反革命修正主义分子、院长赵沨更胜一筹，诬之为"还没出笼的窝窝头！"

中国的赫鲁晓夫刘少奇最后集中说出了这帮反动家伙们的心里话："反映现在生活不能勉强，芭蕾舞、外国歌剧不一定能反映！"他还说："《天鹅湖》可以提高兴致。""《巴黎圣母院》的艺术水平也很高。"

中国的赫鲁晓夫刘少奇及其反革命徒子徒孙反对毛主席，达到了令人不能容忍的地步，真是狗胆包天！

"沉舟侧畔千帆过，病树前头万木春。"让一小撮反革命修正主义分子死抱着行将灭亡的腐朽没落的西洋芭蕾舞去哀鸣吧！让那些遗老遗少们去做资本主义、封建主义、修正主义文艺的殉葬品吧！红太阳的光辉照耀着芭蕾舞台！世界上第一个反映工农兵斗争生活的芭蕾舞剧《红色娘子军》在暴风雨中，在生死搏斗中倔强地成长着！让我们欢呼芭蕾舞艺术的新生！

独有英雄驱虎豹

一九六四年，在江青同志亲自指导下，上海京剧院排出了《智取威虎山》。江青同志坚决地把原来反面人物的嚣张气焰镇压下去，成功地树立了少剑波、杨子荣等用毛泽东思想武装起来的革命战士的高大英雄形象。

江青同志给参加《智取威虎山》改编、演出的同志们鼓劲说："《智取威虎山》是能搞好的，要有干劲，要有信心。要磨，要经得起磨。""我们一定要搞出样板来，才对得起上海人民，才对得起党，对得起去世的柯庆施同志"。江青同志用自己的行动给大家做出了榜样。她自己曾回忆道："我是外行，但是还有点干劲，要坚决贯彻党中央文艺方针政策、毛泽东思想。不达目的，难下火线。医生命令我休息，可是我放不下心。"《智取威虎山》还处于襁褓之中的时候，反革命修正主义分子林默涵就企图把它一棒子打死。他迫不及待地跳出来，大加反对。并指使爪牙发表文章，别有用心地提出要在舞台上突出座山雕等土匪头子，突出反面人物，大树特树反面人物的形象。江青同志怒斥了这种"反对写正面人物""坐在反面人物一边"的反动主张。她说："要考虑坐在哪一边？是坐在正面人物一边，还是坐在反面人物一边？听说有人反对写正面人物，这是不对的。好人总是大多数。""我们搞革命现代戏，主要是歌颂正面人物。要着重塑造先进革命者的艺术形象，给大家以教育鼓舞，带动大家前进。"

在江青同志的亲切关怀下，在柯庆施同志的热情帮助下，京剧《智取威虎山》又杀上了革命文艺舞台，成了又一颗闪耀着毛泽东思想光辉的光彩照人的无产阶级文艺明珠！

"踏遍青山人未老"，"快马加鞭未下鞍"。一个战斗接着又一个战斗，一个胜利接着另一个胜利！

一九六五年一月江青同志又风尘仆仆来到了中央乐团，给这里带来了明媚的春天的气息。她听了各种乐器演奏后鼓励大家说："武器很好嘛！我看完全可以为人民服务，为革命服务嘛！资本主义的交响乐已经死了，你们为什么要跟着洋人去死呢？"一席话，如晴天霹雳！震撼着乐团同志们的心，如长空电闪，划破乌云，照亮了前进的方向。对！"要走自己的路，决不能跟着洋人去死！"

江青同志具体指示，在京剧《沙家浜》的基础上，把它加工和移植成交响音乐。"要自己摸索出一条路来，我们要有自己的民族风格"。要"通过独唱，合唱，乐队结合起来，过门可以发展"。"走的时候不要走台步，因为京剧的台步是封建社会贵族小姐的，我们一定要把它改过来"。"导板上要用唢呐多好听，'二簧'一般用唢呐更好听一些"。……乐团的无产阶级革命派欢欣鼓舞，劲头十足。决心闯出一条"洋为中用"的路子来，让西洋音乐为东方无产阶级文艺事业服务。可是，旧中宣部、旧文化部和乐团内一小撮走资派却拼命抵制。他们开始用拖的办决拖了三个月。由于江青同志及乐团革命派同志的斗争，他们被迫答应。却又耍了一个花招，企图把交响音乐《沙家浜》纳入他们的轨道，要把革命的交响音乐拉回到资产阶级"纯音乐"的轨道上去。

乐团的反动学术权威也跳出来进行攻击。他们说:"我不搞《沙家浜》也不能说我是反革命","我就是不同意搞京剧,宁可做个保守派"。乐团的走资派更是嚣张,学京剧,不给条件;要排练,不给演员;要上演,不给服装。

景阳冈上的老虎吓不倒英雄的武松,千难万险难不住我们敬爱的江青同志。她高举毛泽东文艺思想伟大红旗,率领无产阶级文艺大军,坚定不移地豪迈地走京剧革命的道路,交响音乐《沙家浜》——这个社会主义音乐的典范,无产阶级新文艺宝库里又增添了一颗光华璀璨的明珠!

无产阶级的文艺明珠

三十年代文化战线的伟大旗手是鲁迅先生。在中国共产党领导下的三十年代新民主主义文化战线上,鲁迅先生投枪似的笔,直刺敌人的心脏。他是"在文化战线上,代表全民族的大多数,向着敌人冲锋陷阵的最正确、最勇敢、最坚决、最热忱的空前的民族英雄。"六十年代文化革命的伟大旗手是江青同志。江青同志遵照毛主席的指示,不畏艰险,在反革命修正主义分子统治的文艺界,顽强战斗,冲破阎王殿的反革命封锁,杀出一条血路来,坚决捍卫了毛主席的革命文艺路线,把颠倒了的历史重新颠倒过来,为无产阶级文学艺术的发展开拓了广阔的道路。

我们敬爱的江青同志不但是高超的艺术家,而且是伟大的无产阶级文化大革命的闯将,既是文化革命的指挥员,又是冲锋陷阵的战斗员。江青同志直接指导的戏剧革命震撼了世界阶级斗争的舞台。

一位危地马拉剧作家热情地说:"没有理由阻碍戏剧革命,应该用社会主义内容来代替封建主义、资本主义的内容,让社会主义时代的新人物登上舞台。"

出席亚非作家紧急会议的一位斯威士兰代表感慨地说:"这个剧(指白毛女)使我知道了过去中国人民是怎样受剥削压迫的。现在中国人民站起来了,可是,这种事情在斯威士兰还在发生。看了这个舞剧,我感到产生了一种力量,去争取解放,这个剧等于给了我武器。"

世界被压迫人民是何等热爱我们的革命戏剧呵!

世界被压迫人民在恶浊的封建主义、资本主义、修正主义文艺的统治下,看到了东方无产阶级新文艺的夺目曙光,是何等欢欣鼓舞呵!

革命的样板戏不仅是中国人民的样板,他是属于全世界无产阶级的宝贵财富,他是世界革命人民的样板,

革命的样板戏是高举毛泽东思想伟大红旗的样板,是毛主席《在延安文艺座谈会上的讲话》伟大胜利的样板。(未完待续)

无畏的战士,伟大的旗手,披荆斩棘的人
——无产阶级文化大革命的伟大旗手江青同志事迹连载之五

《红旗》第 114 期,1968 年 7 月 24 日

革命样板戏是把颠倒的历史再颠倒过来,使文艺第一次为工农兵服务的样板;革命的样板戏是击退资产阶级在意识形态方面的复辟阴谋,巩固无产阶级专政的样板;革命的样板戏是使上层建筑真正适应了社会主义的经济基础的样板;革命的样板戏是指引世界革命文艺前进方向,开辟世界无产阶级文艺新纪元的样板!

她是江青同志亲手培育的闪烁着毛泽东思想光辉的无产阶级文学艺术的明珠!是江青同志亲身参加斗争实践的辉煌产物!

江青同志高举毛泽东思想伟大红旗,踏出了前人没有走过的路,攀上了前人没有攀过的高峰,攻克了旧文艺中最顽固的堡垒,迎来了无产阶级新文艺的明媚春天。当我们站在无产阶级的文艺高峰,豪迈地回头来看资产阶级的文艺山头,这只不过是几堆低矮丑陋的沙丘而已,不过是一抔黄土而已。那真正光辉灿烂的无产阶级文化新时代,就在前面!

雄关漫道真如铁,而今迈步从头越。

最近，我们敬爱的江青同志又发出了豪迈的誓言："我的雄心壮志——只要我不死，搞二十个戏，二十个电影，希望同志们努力……"

敬爱的江青同志啊！我们全国人民和世界革命人民都衷心祝愿你，把毛主席文化革命的大旗举得更高，在无产阶级新文艺的宝库里增加更多的明珠，为中国人民和世界人民创造更多的精神财富！

更无豪杰怕熊罴

话剧《南海长城》是一出好戏，江青同志建议把它搬上银幕。在这部戏的剧本修改和筹备拍摄之中，江青同志像抓《沙家浜》《红灯记》《红色娘子军》一样，亲自指导，不但为了拍好戏，而且为了通过拍戏培养好接班人，树立一支文艺界的阶级队伍。

她一再指示，民兵连长区英才是这部戏的男主角，是正面人物，要突出他，树立他的形象。只要有助于加强正面人物的英雄形象，整个戏都可以改，就是拍一只"手"的镜头，也要是劳动人民的手，是健康的颜色，不是纤细白嫩没有血色的手。总之，要满腔热情地歌颂工农兵，塑造工农兵的英雄人物形象。有一次她卧病在床，顾不得身体健康，马上阅读寄来的剧本修改稿。剧本中把区英才处理成牺牲了，中间人物阿螺成了主要人物，她很生气。说，不能把中间人物当成主角来写，而把英雄人物处死。她反复地向演员和摄制人员说："我们都吃着农民种的粮食，住着工人盖的房子，穿着工人织的衣服，人民解放军在国防前线保卫着我们，我们文艺工作者不去表现他们、歌颂他们，而去歌颂帝王将相、才子佳人、少爷小姐，能对得起工农兵吗？没有任何理由不去表现工农兵，歌颂工农兵"。拍时，不要"小桥流水"，而要"大江东去"，反映出工农兵的伟大气魄来。

为了教育演员、导演、摄制人员如何去塑造正面人物，如何按毛主席的《讲话》所指引的方向去干，江青同志组织了大家去看京剧样板戏《智取威虎山》《奇袭白虎团》。并且组织大家和南海民兵同吃同住同劳动，一块站岗放哨。使大家受到了深刻的教育，更加明确了"为工农兵服务"的方向，知道了如何去描写工农兵。

江青同志对培养新生力量很重视。阿螺这一角色，有人强调要老演员，可到处找不着。江青同志建议打破框框，不要老是白杨、赵丹，要大胆使用，大胆培养青年演员。后来，终于在摄制组里找到了。

江青同志为了拍好这一影片，非常认真负责。她带病工作，而不肯休息。有一次，看选演员的试片，江青同志带重病来审查。从院子到放映间只有二十多米的路，中间就歇了三次。很多同志为江青同志的这种精神感动得流下泪来，决心拍好《南海长城》，决不辜负江青同志的期望。

可是，电影界一小撮走资派对江青同志却十分仇视，百般抵制和破坏。这些反革命修正主义分子虽然无法阻止江青同志与革命文艺工作者接触，但他们却从其他地方加以破坏。比如彩色底片，他们把过了期的不能还原的彩色片拿来搪塞，经过多次交涉，就是不给好的。一会给你的胶片，演员不用化装拍出来的脸色也是通红通红的。一会儿给的却是演员的脸全是蜡黄蜡黄的。可是，他们却给拍大毒草《女飞行员》《阿诗玛》上等好彩色胶片，充分暴露了这帮家伙们反对电影改革，反对歌颂工农兵、宣传毛主席"全民皆兵"伟大战略思想的丑恶嘴脸。

《南海长城》电影至今还没有拍成，这笔账要算在中国赫鲁晓夫及陆定一、周扬、姚溱等人的身上！在这次摧枯拉朽、荡涤一切污泥浊水的文化革命中，我们要向这帮家伙们讨还这笔账！一定要把电影《南海长城》拍摄成功，早日登上无产阶级的银幕！让毛泽东思想永远占领电影阵地！

山雨欲来风满楼

陈伯达同志说过："京剧改革引起了一系列的改革问题，引起了对三十年代文艺黑线的批判。这就引起了要检查我们的文艺路线，是不是执行了毛主席《在延安文艺座谈会上的讲话》的指示，是不是执行了马列主义的文艺路线？是执行了无产阶级文艺路线，还是资产阶级文艺路线？革命经常是由一个地方打开缺口。现在的文化大革命就是由京剧（革命）打开缺口的。"

江青同志领导的京剧革命，打开了摧毁资产阶级司令部的突破口，加速了两个阶级、两条道路、两条路线的生死大搏斗！

毛主席一直关心着文艺界的斗争。六二年九月，毛主席指出："利用小说进行反党活动，是一大发明。凡是要推翻一个政权，总要先造成舆论，总要先做意识形态方面的工作。革命的阶级是这样，反革命的阶级也是这样。"一九六三年，毛主席又针对文化部"鬼戏""帝王将相，才子佳人戏"等提出尖锐的批评，严厉指出周扬、齐燕铭、夏衍、林默涵领导的旧文化部是"帝王将相，才子佳人部"。

中国赫鲁晓夫刘少奇公然攻击毛主席对文艺界的批评，狂吠："问题是禁止演戏的人多了，瓜没有熟，要去摘，主观主义，自以为是！"他竭力为"帝王将相，才子佳人戏"争夺舞台，说"可表现现代生活的，就演现代生活的戏，不能表现现代生活的，就演历史戏"。"唱词不能改，那个时代的话反映那个时代的思想"。黑主子赤膊上阵，喽啰们蜂拥而上，一片鬼哭狼嚎。反革命修正主义分子田汉在高级党校做报告公开反对毛主席。他说："大家知道，神也好，鬼也好，戏剧上都是允许的。这代表一种反抗精神，像《李慧娘》就代表了人民的愿望，死了还要报仇。"反革命修正主义分子徐平羽将毛主席的指示置之不理，竟让中国京剧院四团大演《包公下阴曹》的鬼戏，有人提出批评时，徐不以为然地说："你提这样的意见，还有人（指江青）提出禁演鬼戏呢！"

六三年九月，毛主席在党的中央工作会议上指出：戏剧要推陈出新，不能推陈出陈，光唱帝王将相、才子佳人和他们的丫头保镖之类。九月二十七日，又具体指示：文艺部门，戏曲、电影方面也要抓一个推陈出新问题。舞台上尽是帝王将相、家员丫鬟。内容变了，形式也要变，如水袖等等。推陈出新，出什么？封建主义？社会主义？旧形式要出新内容。按这样子，二十年后就没有人看了。上层建筑总要适应经济基础。十一月，指示：戏剧报是牛鬼蛇神，听说最近有些改进，文化方面特别是戏剧大量是封建落后的东西，社会主义的东西少，在舞台上无非是帝王将相。文化部是管文化的，应注意这方面的问题，为之检查，认真改正。如不改变，就改名帝王将相部，才子佳人部，或外国死人部。十二月在柯庆施的报告上批示："各种艺术形式——戏剧、曲艺、音乐、美术、舞蹈、电影、诗和文学等等,问题不少,人数很多,社会主义改造在许多部门中,至今收效甚微。许多部门至今还是'死人'统治着。……许多共产党人热心提倡封建主义和资本主义的艺术,却不热心提倡社会主义的艺术,岂非咄咄怪事。"但是,刘少奇、邓小平却反其道而行之。(未完待续)

无畏的战士,伟大的旗手,披荆斩棘的人
——无产阶级文化大革命的伟大旗手江青同志事迹连载之六

《红旗》第115期,1968年7月31日

一九六四年一月三日,刘、邓急急忙忙召开中央文艺座谈会,借口贯彻毛主席批示,实际阴谋抵制。在刘、邓授意下,周扬在会上做了一个与毛主席的批示大唱反调的发言。他千方百计地宣扬文艺界的"新气象",把他们的滔天罪行闭口不谈,只是什么"有时候抓不紧",对社会主义新东西"扶植、肯定不够"。其黑主子刘少奇大加赞赏,他赤膊上阵,为牛鬼蛇神辩护,说:"绝大部分是认识问题,也有些人是二心的、反党的,要进行批评,但不要像反右派那样",邓小平则抛出了一个反革命修正主义的文艺工作计划:"统一认识,拟定规划,组织队伍"。在这个会议上,江青同志和康生同志与这帮反动家伙们做了针锋相对的斗争。江青同志痛斥了刘少奇、邓小平对京剧的恶毒攻击。针对刘、邓散布的什么"革命现代戏简单粗暴",是"白开水""两条腿走路"……一一加以驳斥。康生同志针对刘少奇之流吹捧资产阶级"文学家"可以"改造人的灵魂"的谬论,驳斥说:"我的灵魂要靠那些文学家改造?我不承认!"

六四年春节,毛主席又一次指出:要把唱戏的,写诗的,戏剧家,文学家赶出城,统统都轰下乡去,分期分批下放到农村、工厂。不要总住在机关,这样写不出什么东西,你不下去就不开饭,下去就开

饭。五月，林副主席听取了关于全军第三届文艺会议汇报后，对部队文艺工作做了重要指示："无产阶级文艺的目的，就是要团结人民，教育人民，鼓舞革命的斗争；瓦解敌人，消灭敌人，进行兴无灭资的斗争。""我们的艺术作品，在内容上必须革命化，战斗化，必须以毛泽东思想为方针，反映现实生活，为工农兵服务，这是坚定不移的方向。"周总理在六月二十三日和参加革命京剧现代戏会演的各演出团、观摩团负责人、主要演员的会谈中，肯定了一九五八年演革命现代戏的方向，号召大家根据毛主席的要求"在戏剧界掀起一个革命"。江青同志在座谈会上发表了重要讲话，她说："对京剧演革命现代戏这件事的信心要坚定，在共产党领导的社会主义祖国舞台上，占主要地位的不是工农兵，不是这些历史的真正创造者，不是这些国家的真正主人翁，那是不能想象的事。我们要创造保护自己社会主义经济基础的文艺。帝王将相、才子佳人、牛鬼蛇神不能再占据戏剧舞台，戏剧必须为工农兵服务，而不能为地富反坏右和资产阶级服务。"康生同志也做了重要发言，他指出这次观摩演出的意义是极为重大的，这是社会主义文化革命的一部分。但是邓小平却跳了出来，大加反对，攻击江青同志说："有些人就是想靠批判别人出名，踩着别人的肩膀自己上台，对人家一知半解，抓着个小辫子就批判半天，好自己出名。"污蔑戏剧改革说："运动搞得有人不敢写文章了，新华社每天只收到二篇稿子，演戏只演兵，只演打仗的。"彭真也是在观摩演出期间多次造谣，攻击毛主席，攻击江青同志，攻击京剧改革是"吃手指头""穿开裆裤"阶段。其反动气焰嚣张到了极点！

一九六四年八月，毛主席在批判影片《北国江南》《早春二月》的报告上批示："可能不只这两部影片，还有别的，都需要批判"，"使这些修正主义材料公之于众。"江青同志贯彻毛主席指示，向陆定一、周扬、林默涵、姚溱等人提出，《林家铺子》《不夜城》《逆风千里》《红日》《革命家庭》《球迷》《两家人》《兵临城下》《聂耳》等一大批坏影片都应当批判，批判了可以达到思想、经济双丰收。陆、周、林、姚等人秉承彭真的意旨，拒不执行毛主席的指示，把原定批判十部坏影片的计划否定了，只批判《不夜城》和《林家铺子》两部。但是，在毛主席号召下，经过江青同志的不断督促，终于决定这批坏影片拿出来批判。

六五年一月，江青同志在上海市委关于几部影片上映问题的请示报告上批示，不要为坏影片遮丑，坏影片上映前不要修改。周扬违背江青同志的意见，说他已同彭真、罗瑞卿商量过，都同意坏影片修改后再上演。结果《不夜城》《舞台姐妹》《阿诗玛》等毒草上映前都做了修改美化。

无畏的战士

一九六五年一月，江青同志当面责成周扬、石西民等召开"全国电影摄影座谈会"。周扬等一小撮反革命修正主义分子串通一气，对江青同志的指示采取了阴一套、阳一套的反革命两面派手法，进行抵制和破坏。他们开始拖延时间，后来实在拖不下去了，就推给了旧电影局副局长反革命修正主义分子司徒慧敏，由他出面召集各厂的摄影师，讨论过期的彩色胶片如何使用的问题，阴谋扭转方向，谈完就散。

江青同志知道这个会已召开之后，立即表示要来参加。周扬闻讯后，惊恐异常，他恶狠狠地说："为什么要通知她，她来干什么？"

第二天，江青同志来了。周扬这个两面派也假惺惺地陪同前来，并请江青同志指示。江青同志语重心长地说她只有三句话，要与会同志："为无产阶级政治服务，为社会主义革命和社会主义建设服务，为工农兵服务。"江青同志并批评了会议室挂的一张毛主席画像，指出：这张画是抽象派的画，抽象派把真实形象抽掉了，你们熟视无睹，建议你们马上将这张画摘掉。江青同志还谈到要"标新立异"——"标社会主义之新，立无产阶级之异。"要破掉资产阶级的"导演中心制"等重要问题。这时，来参加开会的摄影师们才知道开这次会的真正目的。周扬看阴谋即将败露，不得不把原订的三天会期再延长七天，并亲自出马，和反革命修正主义分子刘白羽一唱一和，妄图抵消江青同志讲话的巨大影响。

刘白羽在假惺惺地提出文艺要革命的口号之后，话锋一转，大肆吹捧周扬之流导演的假整风，说什么"中宣部的工作组正在研究文艺的领导和为谁服务的问题"，"文化部要站起来革命"，"不要抬不起头"。刘白羽企图在"中宣部"这顶大红伞下，包庇他的喽啰们溜号过关。他还恶意歪曲江青同志提出的"标新立异"的口号，胡说什么"对三十年代文艺要一分为二"，"标新立异要以总结经验开始。"

在会上，反革命两面派周扬作了又臭又长的发言，反革命气焰极其嚣张。周扬说："地球上半数以上的人在看我们的影片，你们是和平战士。""三十年代继承了'五四'，但是它反帝反封建的思想和经验到了今天就大大的不够了"，还说什么瞿白音的反党的《创新独白》只是"虚无主义和颓废主义"，千方百计回避政治问题，避重就轻，企图蒙混过关。

他极端恶毒地歪曲江青同志提出的"标新立异"口号，借题发挥说："标新立异是任何阶级、时代共有的要求，有此要求人类才能进步。新就是新东西，异，就是不同于过去。""标新立异就是要有新的民族精神，新的民族形式，巨大的民族特点。""苏加诺退出联合国也是标新立异"，他处心积虑地抹杀阶级观点，混淆阶级界限，贩卖资产阶级的私货。

江青同志要破"导演中心制"，周扬却说什么："正因为导演在创作中是领导，所以才要听工农群众的意见。"周扬是把导演放在中心位置之后，再让导演以老爷的资格"听听"工农群众的意见，实质上与江青同志提的革命精神是完全针锋相对的。

在谈到学习问题时，周扬胡说："政治方向对了不等于问题就解决了。""千万不要轻视技巧。""没有知识就不知道该学习什么，反对什么。""要反对资产阶级思想，只有学习后才能反对它。""模仿是始，创作是终，先模仿，后创作……"周扬就是想让人们拜倒在资产阶级的脚下，当帝、修、反的走狗和奴才。是可忍，孰不可忍？

为了把会议彻底引向邪路，在会议总结时，周扬一伙大谈"技巧过硬""要学习数学、物理、化学"，就是不提突出无产阶级政治，不谈学习毛泽东思想。

江青同志对电影摄影、电影体制等问题，亲自写了一封很重要的信。江青同志说:"电影问题是复杂的,因为它是综合艺术,又是科学技术。它得通过摄影艺术才能在银幕上得到表现;不少彩色电影摄影师的技术没过关,少数黑白电影摄影师的技术也没过关,至于技巧那就难说了。因此,使某些电影质量降低(单就艺术和技术——即技巧来说)。为此,我曾建议中宣部和文化部召开一个'全国电影摄影座谈会'的专题会议,读了毛主席批的徐寅生的讲话,鼓励大家奋发图强,标社会主义之新,立无产阶级之异。讨论情况还不错。他们的这些简报有一些值得注意的意见。"江青同志特别着重指出:"为了彻底解决目前这种资本主义、修正主义的经营管理方式,我建议认真解剖一个麻雀(制片厂),废除导演中心制,实行党的民主集中制。所有创作人员都参加讨论,然后把好的正确的意见集中起来,由导演执行;不妥和不正确的意见,可以解释和批评。"

江青同志这封充满了无产阶级革命精神的信,判处了电影界资本主义统治的死刑。一小撮反革命修正主义分子对此恨得要死,怕得要命,他们害怕这封信在电影界会燃起熊熊的革命烈火,失掉他们向无产阶级专政进攻的阵地,于是使尽了反革命伎俩进行抵制和破坏。他们严密封锁消息,不让江青同志的信与广大革命群众见面。这封信转到反革命修正主义分子彭真手里,他根本不加理睬,一脚踢给旧文化部的肖望东。肖望东这个刘、邓的忠实走狗把信压了五个月之久,才假惺惺地让秘书写了一张纸条,说什么要电影局提出个处理意见。后来,肖望东一伙又拖压了三个月,才勉强拼凑了一个所谓"调查组",并指名让反革命修正主义分子吴雪当挂名队长。

"调查组"在北影工作了五个多月,听取了各方面的意见,搜集了一些资料。从这些意见和资料里,充分证实了江青同志对电影界所提出的问题,是完全合乎实际情况的。调查组最后写了一个调查报告,反革命修正主义分子吴雪、赵辛初、肖望东对此报告根本不闻不问,就在同时却集中全力炮制《北京农业大跃进》和《刘少奇访问四国》等美化刘少奇、彭真的大毒草影片。到了他们实在拖不下去的时候,便以攻为守,与北影厂党内走资派许里、吴小佩等人密室策划,阴谋将所谓"八个队的生产编制"强加给革命群众。

这个所谓"新编制"根本不是什么新鲜货，它是修正主义的"创作集体制"的翻版。唯一的区别就是把四个"创作集体"，分成几个摄影队。"导演中心制"不仅没有破，反而大大加强了。在创作集体中，导演尽管飞扬跋扈，但名义上毕竟只是一个创作集体的艺术总负责人而已；编成八个摄制队后，导演不仅是每个摄制队的艺术总负责人，而且还全部兼任队长，艺术、行政大权，独揽于一身，更便于他们肆无忌惮地作威作福，为资本主义复辟制造舆论准备。

蚂蚁缘槐夸大国，蚍蜉撼树谈何易。一小撮反革命修正主义分子不管他们多么猖狂反扑，玩弄什么花招，都不能挽回他们必然死亡的命运。"机关算尽太聪明，反误了卿卿性命"。由江青同志组织的姚文元同志的《评新编历史剧〈海瑞罢官〉》的发表，揭开了世界历史上从来没有过的波澜壮阔的无产阶级文化大革命的序幕，吹响了向刘、邓黑司令部黑线进攻的号角。《林彪同志委托江青同志召开的部队文艺工作座谈会纪要》以及毛主席亲手制定的划时代的历史文献"五·一六"《通知》，宣判了刘、邓以及其卵翼下的爪牙们的死刑。指引着全国亿万军民在浴血鏖战中奋勇前进！（待续）

无畏的战士，伟大的旗手，披荆斩棘的人
——无产阶级文化大革命的伟大旗手江青同志事迹连载之七

《红旗》第 116 期，1968 年 8 月 7 日

人间正道是沧桑

今日长缨在手，何时缚住苍龙？

一九六五年十一月，《文汇报》发表了姚文元同志的《评新编历史剧〈海瑞罢官〉》，吹响了无产阶级文化大革命的号角。这篇文章是在毛主席支持下，江青同志组织张春桥、姚文元写成的。由于怕彭真

反革命黑帮扼杀这篇文章，江青同志和张春桥、姚文元同志改了不知多少次，保密了七、八个月。

文章一发表，全国震动很大，亿万革命群众愤怒声讨吴晗反党反社会主义反毛泽东思想的滔天罪行，一致要求追查黑后台。彭真等一小撮反革命修正主义分子视如洪水猛兽，怕得要死，恨得要命，下令禁止北京各报转载。后见全国各报陆续登载了，拖了十九天之久才登在《北京日报》上。针对彭真等人的拼死抵制，毛主席下令将姚文元同志的文章印成小册子，全国新华书店发行，可北京就是不予发行。十一月二十八日，在周总理督促下，彭真被迫开会讨论北京报刊转载姚文元同志的文章问题。彭真问邓拓："吴晗现在怎样？"邓拓说："吴晗很紧张，因为他知道这次批判有来头。"彭真大声说："什么来头不来头，不用管，只要真理如何，真理面前人人平等。"狂妄地反对毛主席。而彭真的黑后台刘少奇、邓小平竟任命彭真为中央文化革命五人小组的组长，其余由陆定一、吴冷西、周扬、康生组成。他们排挤康生同志，保护"三家村"过关，保护"四家店"（彭、罗、陆、杨）过关。

十二月二十一日，毛主席与陈伯达、艾思奇等同志谈话，指出：姚文元的文章很好，点了名，对戏剧界、史学界、哲学界震动很大，缺点是没有击中要害。要害问题是"罢官"。嘉靖皇帝罢了海瑞的官，一九五九年我们罢了彭德怀的官。彭德怀也是海瑞。指出了吴晗的要害在于为右倾机会主义分子鸣冤叫屈。而彭真却为吴晗辩解说："我们经过调查，没有发现吴晗同彭德怀有什么组织联系。"邓小平也包庇吴晗说："吴晗就那么多问题，批判批判，就可以了"。公然与之昼夜在一起打桥牌。

六五年二月三日，彭真召集五人小组扩大会议。在会上发了七个攻击左派、包庇右派的材料，彭真要对左派进行整风，骂左派是"学阀"。扬言吴晗与彭德怀没有关系，因此不要提庐山会议了。康生同志在会上与彭真展开了针锋相对的斗争。但在彭真的指挥下，背着康生同志，由"阎王殿"的许立群、姚溱炮制了彻头彻尾的反毛泽东思想的"二月提纲"。这个提纲是由其后台刘少奇批准，并发之全国的。

刘少奇竭力保护爪牙，妄图把无产阶级文化大革命这一"无产阶级反对资产阶级及一切剥削阶级的政治大革命"纳入纯学术批判的轨道上去。他说："写文章要慎重，要有高水平，要写出高明的东西，这是打笔墨官司，不要辱骂"。

为了打掉这群牛鬼蛇神如此猖狂、嚣张的气焰，林彪同志委托江青同志召开部队文艺工作座谈会，请来了无产阶级的"尊神"中国人民解放军来攻他们。林彪同志给参加座谈会的同志们做了指示："江青同志昨天和我谈了话。她对文艺工作方面在政治上很强，在艺术上也是内行，她有很多宝贵的意见，你们要很好重视，并且要把江青同志的意见在思想上、组织上认真落实"。江青同志建议大家先看作品，再阅读毛主席的有关著作，并先后同部队的同志个别交谈八次，集体座谈四次，陪同大家看电影十三次，看戏三次，又看了二十一部电影。写下了《座谈纪要》。毛主席对纪要十分重视，亲自审阅修改三次。《纪要》是同"二月提纲"针锋相对的，是巩固无产阶级专政、粉碎资本主义复辟的重要文件，是高举毛泽东思想伟大红旗的马克思列宁主义的文件。它代表毛主席的司令部向全国无产阶级革命派发出战斗号召：开展无产阶级文化大革命，彻底揭露和打倒党内一小撮走资派，为巩固无产阶级专政而冲锋陷阵。

我们敬爱的副统帅对《纪要》给予了很高的评价。他说："这是一个很好的文件，用毛泽东思想回答了社会主义时期文化革命的许多重大问题，不仅有极大的现实意义，而且有深远的历史意义。"

三月二十八日，毛主席与康生谈话，批判"二月提纲"混淆阶级界限，不分是非。毛主席说：一九六二年十中全会做出了阶级斗争的决议，为什么吴晗写了那么许多反动文章，中宣部都不要打招呼，而发表姚文元的文章偏偏要跟中宣部打招呼呢？难道中央的决议不算数吗？扣压左派稿件，包庇反共知识分子的人是"大学阀"。中宣部是阎王殿。要"打倒阎王，解放小鬼！"

彭真一方面恶狠狠地打电话质问《文汇报》发表姚文元的文章："你们的党性那里去了！？"一方面召集会议，大肆吹捧自己说，他在合作化、工商业改造、农村工厂四清、国际反修方面，都不算落后分子，唯独在学术方面是落后分子。他说：这是因为上学迟，知道的情况少。四月份，在中央书记处会议上，康生同志传达了毛主席的指示。彭真做了形式主义的检查，却大为夸耀他过去、现在、将来，都不会反对毛主席。康生同志批判了他在批判吴晗中所犯的一系列严重错误，陈伯达同志从民主革命和社会主义革命的问题上，从政治路线方面批判了他的一系列的错误路线。周总理指出：彭真的错误路线，是同毛主席的思想对立的，是反对毛主席的。这次会议决定，起草一个通知，彻底批判"二月提纲"。四月十日，毛主席召开中央政治局常委会议讨论彭真问题。彭真在《北京日报》以三个版的篇幅，发表了吴晗、邓拓、廖沫沙三个人的材料，玩弄"丢车马、保将帅"的阴谋。中央识破了这一阴谋，通知全国不许转载。江青同志在《解放军报》上以高炬为名发表文章：《向反党反社会主义的黑线开火》，揭穿了旧北京市委彭真一伙"假检查、真反扑"的阴谋，号召全国无产阶级革命派乘胜追击，痛打落水狗。全国亿万军民响应江青同志号召，掀起了批判"三家村"、旧《北京日报》的高潮，并"直捣黄龙府"彻底地砸烂了旧北京市委这一修正主义分子的黑窝。

五月十六日，中央政治局扩大会议召开，通过了毛主席亲自主持制定的《五·一六通知》。这是一个具有伟大历史意义的划时代的文献，是马列主义宝库中最为光辉的明珠。毛主席指出："中央和中央各机关，各省、市、自治区，都有这样一批资产阶级代表人物。""全党必须高举无产阶级文化革命的大旗，彻底揭露那批反党反社会主义的所谓'学术权威'的资产阶级反动立场，彻底批判学术界、教育界、新闻界、文艺界、出版界的资产阶级反动思想，夺取在这些文化领域中的领导权。而要做到这一点，必须同时批判混进党里、政府里、军队里和文化领域的各界里的资产阶级代表人物，清洗这些人，有些则要调动他们的职务。尤其不能信用这些人去做领导文化革命的工作，而过去和现在确有很多人是在做这种工作，这是异常危险的。""混进党里、政府里、军队里和各种文化界的资产阶级代表人物，是一批反革命的修正主义分子，一旦时机成熟，他们就会要夺取政权，由无产阶级专政变为资产阶级专政。这些人物，有些已被我们识破了，有些则还没有被识破，有些正在受到我们信用，被培养为我们的接班人，例如赫鲁晓夫那样的人物，他们现正睡在我们的身旁，各级党委必须充分注意这一点。"《五·一六通知》决定解散彭真的五人小组，设立中央文化革命小组，隶属于常委领导。由陈伯达同志任组长，康生任顾问，江青同志任第一副组长，这就从组织上保证了文化革命的顺利开展。

从此，我们敬爱的江青同志，跟着伟大统帅毛主席，领导着中央文革小组，率领着全国无产阶级革命派和亿万革命人民，向刘邓资产阶级司令部发起了猛烈的攻击，彻底摧毁了资产阶级司令部，打倒了彭、罗、陆、杨反革命阴谋集团，打倒了党内头号走资派、中国的赫鲁晓夫刘少奇和另一个最大的走资派邓小平、反革命两面派陶铸，揪出了大大小小的各省市、各机关、自治区的走资派，挖出了隐蔽在党内的叛徒集团，横扫了一切牛鬼蛇神，国民党残渣余孽，大破了封建主义、资本主义、修正主义的旧思想、旧文化、旧风俗、旧习惯，大立了无产阶级的新思想、新文化、新风俗、新习惯，毛泽东思想的红旗飘扬在祖国的每一个角落，我们伟大的祖国更加壮丽，我们的无产阶级专政从来也没有像今天这样巩固！

"忆往昔，峥嵘岁月稠"

巍巍昆仑山在欢腾，滔滔扬子江在歌唱。我们敬爱的江青同志啊！你在漫长艰苦的岁月里，跟随毛主席为人民建立了不朽的伟大历史功勋，在无产阶级革命斗争史上将永远闪耀着永不磨灭的战斗的光辉。你"可上九天揽月，可下五洋捉鳖"的大无畏英雄气概，你英勇战斗、不畏强暴、不达目的决不罢休的战斗精神，有如长夜漫漫一颗闪耀着灿烂光辉的北斗，有如雾海蒙蒙孤帆远航一座光芒四射指引航程的灯塔。将永远激励着我们奋勇战斗，指引着我们勇往直前！我们红旗战士决心向你学习，为了捍卫毛主席的伟大思想，捍卫马列主义的第三里程碑，为了永保社会主义江山千秋万代永不变色，贡献出我们的满腔热血和战斗的一生！（未完）

无畏的战士,伟大的旗手,披荆斩棘的人

——无产阶级文化大革命的伟大旗手江青同志事迹连载之八

《红旗》第 117 期,1968 年 8 月 14 日

四海翻腾云水怒,五洲震荡风雷激!

一九六六年六月一日,我们心中最红最红的红太阳毛主席亲自批准发表了"全国第一张马列主义大字报",北京沸腾了!全国沸腾了!毛主席亲自点燃的无产阶级文化大革命的烈火,如迅雷急电,以燎原之势,燃遍全中国,震惊全世界,拉开了向党内走资本主义道路当权派发起总攻击的序幕,开创了共产主义运动的新纪元!

可是,就在这个时候,中国党内最大的走资本主义道路当权派、大叛徒刘少奇,乘着毛主席不在北京的机会,伙同党内另一个最大的走资本主义道路当权派邓小平,不顾陈伯达等同志的反对,公然对抗毛主席的指示,抛出了一条资产阶级反动路线,向全国各地派出大量的"工作组",站在反动的资产阶级立场上,镇压群众运动,颠倒是非,混淆黑白,围剿革命派,压制不同意见,挑起大规模的群众斗群众,实行白色恐怖,破坏毛主席的伟大战略部署。一个多月时间,就把全国如火如荼的群众运动搞得冷冷清清,把轰轰烈烈的无产阶级文化大革命打下去。

自从全国第一张马列主义大字报发表以后,江青同志就用一个来月的时间,密切观察形势,分析形势,立刻觉察到这种不正常现象。这时候,江青同志开始大量注意学校。例如南京大学匡亚明制造的反革命事件,西安交通大学的"六·六"事件,北京大学的"六·一八"事件。江青同志非常惊异,为什么一些出身成分很好的青年,从他们自己写的材料看,他们是革命的。可是,他们竟被打成所谓的"反革命",逼得他们自杀,精神失常,等等。因此,江青同志刚从上海回到北京,立刻以她那无产阶级革命家敏锐的目光,洞察了中国赫鲁晓夫的阴谋诡计。江青同志来不及休息,倾听了陈伯达同志、康

生同志以及在京的中央文革小组的同志们的意见，立刻报告了毛主席。与此同时，进行了大量的调查研究工作，收集了党内最大的走资派刘少奇、邓小平滔天罪行。制定和推行资产阶级反动路线、镇压群众运动的滔天罪行。

七月二十三日，江青、伯达同志遵照毛主席从群众中来到群众中去的指示，亲自来到北大，参加革命群众的辩论大会，看大字报，倾听各方面群众意见，支持无产阶级革命派。江青同志在北大发表了热情洋溢的讲话，她亲切地对革命同学说："我和陈伯达同志是来做小学生的，我和他一块来听同志们的意见，看一看你们的大字报。这样我们可以多懂得些事，少犯点错误，跟同志们来一块搞文化大革命。我们是一块的，不是脱离你们。你们什么时候有意见叫我们来，我们立即来。现在我们了解还不够，还提不出什么具体意见。总之，一片大好形势，你们的革命热情是好的，干劲是好的，我们都站在你们革命派一边。革命是大熔炉，最能锻炼人。革命派跟我们在一块，谁不革命谁就走开，我们站在革命派一边。"江青和伯达同志这种谦逊、平易近人的革命作风给广大革命师生留下了极为深刻的印象，至今回忆起来，仍是那样的亲切。这与党内走资派那种专横跋扈、不可一世形成了鲜明对照！

七月二十四日，伯达、康生、江青同志来到广播学院，江青同志高度赞扬革命师生说："你们的革命热情是很好的，热情应该鼓起来，不应该泼冷水。""我代表毛主席问候你们！毛主席很关心你们的革命事业，你们坚决站在无产阶级立场上，进行这次文化大革命运动。"江青同志对中国赫鲁晓夫搞的资产阶级反动路线，残酷迫害革命师生的罪行十分痛恨，她愤怒指出："……大门关得紧紧的，门口贴着'××不准进来'，比中南海还紧。我要来放火！"

七月二十六日，江青同志第四次到北大，这一次，严厉批评了北大工作组组长张承先，揭露了他们的反革命嘴脸。江青同志指出："六一八"斗争黑帮分子事件完全是一个革命事件！指出张承先的工作组是阻碍文化大革命的障碍物，要撤销工作组。

七月二十七日，江青同志进一步指出："工作组是石头，阻挡你们前进的道路。革命是不能叫别人包办代替的,要靠自己掌握马列主义毛泽东思想。"江青同志当时就不指名地批判了中国赫鲁晓夫:"有的人认为自己是老革命。革命要看他一生,同时还要看他在重大关键时刻如何表现。陈独秀曾经是党的领袖,后来成了党的叛徒。"江青同志多次揭穿了阶级敌人有意散布的"毛主席派的工作组"的谣言,江青同志说:"在文化大革命中,派工作组这个形式是错误的,他们的工作内容尤其是错误的,他们不把锋芒对准党内一小撮走资派,以及反动学术'权威',而是对准革命学生。斗争锋芒对准什么,这是一个大是大非的问题,这是马列主义毛泽东思想的原则问题!毛主席早在今年六月间,就提出不要急急忙忙派工作队的问题。可是党内最大的一小撮走资本主义道路的当权派,抗拒毛主席的指示,迫不及待地把工作队派出去了。"江青等同志严肃指出:毛主席没有派出一个工作组。从而完完全全戳穿了中国赫鲁晓夫的无耻谎言!(未完)

无畏的战士,伟大的旗手,披荆斩棘的人

——无产阶级文化大革命的伟大旗手江青同志事迹连载之九

《红旗》第 118 期,1968 年 8 月 23 日

江青同志当时最最坚决支持革命造反派要求撤销工作组的建议,她说:"你们要求撤销工作组,我们中央文革小组讨论了这个建议,觉得这是一个很好的建议。"对于中国赫鲁晓夫等党内最大一小撮走资派的反革命舆论,江青同志进行了坚决驳斥,同时以满腔热情鼓舞革命同志:"不要怕乱,乱和治是对立的统一,没有乱哪来的治?不受迫害,你们怎么知道革命的困难呢?多受一点迫害,能挺得住,将来才能做革命的接班人!我们相信你们能把无产阶级文化大革命搞好。希望同学们不要害怕,在大风大浪里锻炼。"

江青同志这一系列革命演说,传来了伟大领袖毛主席的声音,如

火种，重新点燃了文化大革命的燎原烈火，极大地鼓舞了广大革命师生的斗争，一大批受迫害的不出名的青少年冲破重重阻力，"杀"出来了！一度冷冷清清的北京城又沸腾了！江青等中央首长的讲话，不胫而走，如甘露，润了广大革命战士的心，句句说到了被压抑的革命造反派的心坎里；如利剑，击中了中国赫鲁晓夫的要害，敲响了资产阶级反动路线彻底破产的丧钟！

无产阶级文化大革命的灿烂春天来到了！

在同刘邓陶的这场斗争中，江青同志最忠实地执行毛主席的指示，最坚决捍卫毛主席的革命路线，像一个英勇无畏的战士，她总是站在最前线，毫无惧色地同阶级敌人搏斗。江青同志在无产阶级文化大革命的第二大回合中，做出了新的独特贡献。江青同志把调查来的材料及时如实地向毛主席做了详细汇报，反映了文化大革命的第一手真实情况，反映了广大革命师生极大的不可遏止的革命热情的造反精神；同时，江青同志毫不留情地揭发了中国党内最大的走资本主义道路当权派刘少奇、邓小平推行资产阶级反动路线的滔天罪行，为党召开的八届十一中全会上向刘邓资产阶级反动路线发动进攻提供了如山的铁证。

八届十一中全会，这是我党历史上第二次最重要的中央会议。第一次是一九三五年的遵义会议。那次会议结束了陈独秀、李立三、王明、博古之流的"左"右倾机会主义领导，确立了我们伟大领袖毛主席在全党全军的领导地位。从此，伟大的中国革命由毛主席亲自掌舵，经过急流险滩，绕过无数暗藏的礁石，从胜利走向胜利。而这次八届十一中全会，则清算了中国赫鲁晓夫刘少奇邓小平等党内最大的一小撮走资本主义道路当权派的资产阶级反动路线，确立了林彪同志为我们全党、全军、全国人民的副统帅，制订了无产阶级文化大革命的伟大纲领——光辉的"十六条"，粉碎了阶级敌人妄图篡党、篡军、篡政，复辟资本主义的阴谋。

我们敬爱的江青同志，在这场斗争中，首当其冲，立场最坚定，旗帜最鲜明，为无产阶级文化大革命立下了不可磨灭的丰功伟绩。它将载入革命的史册，万古不灭其辉！

无畏的战士

六六年八月五日,在党的八届十一中全会上,我们伟大领袖毛主席发表了《炮打司令部》的大字报。毛主席在这张大字报里写道:"全国第一张马列主义的大字报和人民日报评论员的评论,写得何等好啊!请同志们重读一遍这张大字报和这个评论。可是在五十多天里从中央到地方的某些领导同志,却反其道而行之,站在反动的资产阶级立场上,实行资产阶级专政,将无产阶级轰轰烈烈的文化大革命运动打下去,颠倒是非,混淆黑白,围剿革命派,压制不同意见,实行白色恐怖,自以为得意,长资产阶级的威风,灭无产阶级的志气,又何其毒也!联系到一九六二年的右倾和一九六四年形'左'而实右的错误倾向,岂不是可以发人深省的吗?"(未完)

www.ingramcontent.com/pod-product-compliance
Lightning Source LLC
Chambersburg PA
CBHW060546080526
44585CB00013B/466